纪念中国人民抗日战争暨世界反法西斯战争胜利70周年

著名抗日英烈和英雄群体

民政部优抚安置局　编

中国社会出版社
国家一级出版社·全国百佳图书出版单位

图书在版编目（CIP）数据

著名抗日英烈和英雄群体 / 民政部优抚安置局编. --北京：中国社会出版社，2015.8

ISBN 978-7-5087-5144-3

Ⅰ. ①著… Ⅱ. ①民… Ⅲ. ①抗日战争－民族英雄－生平事迹－中国 Ⅳ. ① K827=6

中国版本图书馆 CIP 数据核字 (2015) 第 196083 号

书　　名：著名抗日英烈和英雄群体
编　　者：民政部优抚安置局

出 版 人：浦善新
终 审 人：李　浩
责任编辑：朱永玲　姜婷婷　　**责任校对**：朱文静

出版发行：中国社会出版社　　**邮政编码**：100032
通联方法：北京市西城区二龙路甲 33 号
电　　话：编辑部：（010）51284828
邮购部：（010）58124845
销售部：（010）58124827
传　真：（010）58124870
网　　址：www.shcbs.com.cn
经　　销：各地新华书店

中国社会出版社天猫旗舰店

印刷装订：中国电影出版社印刷厂
开　　本：185mm×260mm　1 / 16
印　　张：26.5
字　　数：408 千字
版　　次：2015 年 11 月第 1 版
印　　次：2015 年 11 月第 1 次印刷
定　　价：68.00 元

中国社会出版社微信公众号

《著名抗日英烈和英雄群体》
编辑编委会

前　言

为隆重纪念中国人民抗日战争暨世界反法西斯战争胜利70周年，永远铭记抗日英烈的不朽功勋，弘扬伟大的民族精神和抗战精神，经党中央、国务院批准，民政部先后于2014年9月1日、2015年8月24日发布公告，公布两批共900名在抗日战争中顽强奋战、为国捐躯的著名抗日英烈和英雄群体名录。

民政部公告指出，中国人民抗日战争是近代以来中国反抗外敌入侵第一次取得完全胜利的民族解放战争，为挽救民族危亡、实现民族独立和人民解放，为争取世界和平的伟大事业，作出了彪炳史册的贡献。自1931年“九一八”事变中国人民揭开局部抗战的序幕，到1945年抗日战争全面胜利，中国人民在亡国灭种威胁的危难关头，同仇敌忾、浴血奋战，奏响了气壮山河的英雄凯歌，涌现出一大批抗日英烈和众多英雄群体。他们身上展现出的天下兴亡、匹夫有责的爱国情怀，视死如归、宁死不屈的民族气节，不畏强暴、血战到底的英雄气概，百折不挠、坚忍不拔的必胜信念，永远是激励中国人民克服一切困难、为实现中华民族伟大复兴而奋斗的强大精神动力。

编　者

2015年9月

目 录

第一批　著名抗日英烈和英雄群体

第一批

著名抗日英烈和英雄群体

孙铭武（1889—1932）辽东血盟抗日救国军总司令

字述周。男，1889年9月15日出生，辽宁清原人。1908年考入兴京（今辽宁新宾）警官教练所。1916年参加讨袁护国军。1919年，入东北军陆军第16师，历任连长、营长。1924年，曾任昌黎县警察局长、直隶五县警备司令部上校参谋长。1925年，因不满军阀混战、民不聊生的现状，毅然辞去军职返回奉天（今沈阳市），开客栈以维持生计。“九一八”事变后，亲眼目睹日军烧杀抢掠的野蛮暴行，立志抗日救国，遂与张显铭等相约，各返原籍，秘密组织抗日武装。回乡后，孙铭武与其弟铭久、铭宸秘密动员村民、亲友举旗抗日，并将家中田地、财产变卖，购置枪支弹药，还创作了《义勇军军歌》，鼓舞士气。张显铭回家乡新宾县后，与挚友张东郊、当地公安分队分队长盖光安、兴京第9大队28步兵中队长李栋材“约期哗变”。10月10日，孙铭武、张显铭、李栋材率部齐集清原县大苏河，歃血盟誓，宣布起义，成立辽东第一支400多人的民众抗日武装——血盟救国军，孙铭武任司令。随后，孙铭武率部在清原、新宾、通化等地开展抗日斗争，打响了东北民众武装抗日的第一枪。曾率部取得击退清原、通化、金川、柳河、兴京五县伪军联合进攻和反击伪满洲国警备司令于芷山偷袭的胜利，共歼敌近百人。由于纪律严明、作战英勇，得到各界爱国人士的广泛支持，部队迅速发展到1000多人。面对迅猛发展的血盟救国军，大汉奸于芷山恨之入骨。1932年1月19日，以谈判为名将孙铭武、张显铭等20余名将士骗至柳河县三源浦杀害。遇害前，孙铭武在给儿子的遗书中写道：“余本国家军人，必须与国同难。故奋然抗日，号召民众救国，但不幸中途惨遭挫折。父今为国死，吾子必继父志，为国努力，父虽死九泉已瞑目矣。”

罗伯特·肖特（1905—1932）军政部航空学校美籍飞行教官

男，1905年出生，美国人。曾在寇蒂斯民用航空学校学习，后在美国航空队服役，飞行技术精湛。1930年，应美国波音飞机公司的聘请，随同该公司出售给中国的波音218型驱逐机来华，担任试飞员兼教练。1931年6月，被南京国民政府航空署聘为军政部航空学校飞行教官。“一·二八”淞沪抗战开始后，肖特目睹日军暴行，屡次请求要与19路军并肩作战。1932年2月21日，驾机支援19路军对日作战，在吴淞口上空独战3架日机，击落1架。22日下午，驾驶波音218型驱逐机经过苏州南郊上空与6架日机搏斗，击落敌长机，但因寡不敌众，座机被击中，坠落牺牲。肖特是第一位在华对日作战牺牲的美国飞行员。国民政府为表彰他英勇抗战的功绩，特追晋其为空军上尉。

滕久寿（1899—1932）国民革命军陆军第19路军吴淞要塞司令部参谋长

字祺之。男，1899年1月出生，贵州都江人。1919年毕业于贵州陆军讲武堂炮兵科，历任排长、连长、营长、团长等职。1926年加入国民革命军，先后任中央陆军军官学校潮州分校校官、潮州警备司令部参谋长、第17军2师及第10军29师参谋长等职。1929年调任19路军吴淞要塞司令部参谋长。1932年1月28日，日本海军陆战队借口保护其侨民，向上海闸北阵地发起了全线攻击，并集中火力轰击吴淞要塞。滕久寿率全体炮兵奋勇还击，屡次击败日军的凶猛进攻。2月4日，日军派军舰13艘，飞机24架，向要塞炮台轮番轰击。滕久寿被弹片击中左肩，负伤后仍坚守阵地指挥战斗，直至中弹牺牲。

刘三春（1911—1933）东北人民革命军南满第 1 游击大队政治委员

又名山村。男，1911年出生，山东章丘人，1929年加入中国共产党。1931年赴奉天（今沈阳市），在中共满洲省委领导下从事地下工作，秘密筹建抗日武装。1932年1月3日，与王仁斋一同组建了中共柳河县委直接领导下的第一支人民抗日武装——柳河游击连，任连长。1933年9月14日，以柳河游击连为基础成立东北人民革命军南满第1游击大队，苏剑飞任大队长，刘三春任政治委员。游击大队成立后，在吉海铁路沿线袭敌营、截军车、断交通，出其不意地打击日、伪军。11月初，杨靖宇率东北人民革命军第1军独立师到达老鹰沟与刘三春会师。杨靖宇、刘三春、王仁斋3人决定以调虎离山之计攻打吉林省柳河县三源浦。24日，以少部兵力佯攻凉水河子日、伪军据点，三源浦的日、伪军慌忙派兵救援。晚10时许，率部攻打三源浦，活捉了日本稽查局长，缴获了日、伪军的全部弹药，战斗中刘三春身中数弹牺牲。

孟杰民（1912—1933）中国工农红军第32军南满游击队总队长

原名庆春。男，1912年出生，吉林磐石人，1930年加入中国共产党，是东北抗日联军第1军前身——南满游击队创始人之一。1930年，考入县立中学师范班。因品学兼优，被推选为学生自治会主席。“九一八”事变后，他积极参加张贴抗日标语、散发传单、街头演讲等抗日救亡活动，并组织了“反日救国会”。由于日、伪的高压政策，学生反日爱国运动失败。他投笔从戎，走上武装抗日的道路。1932年4月3日，与李红光等同志遵照中共磐石中心县委的指示，组织了“四三”反日农民大暴动。同年，县委派孟杰民等秘密打入驻磐石县烟筒山伪军第5旅13团2营7连进行策反活动，打死伪军连长后，率30余名士兵加入中共领导的抗日武装。1932年6月4日，中共磐石中心县委在磐东区三道岗小金厂成立满洲工农反日义勇军第4军第1纵队，孟杰民任第2分队分队长。7月，率队相继取得了黑石镇伏击战、偷袭郭家店伪军骑兵队、奇袭江南大场院、强攻伊通李大房子、攻克磐石县城等战斗的胜利，并成功策动伪吉海路警备司令部第5旅13团1营营长宋国荣率部反正。11月，杨靖宇组建中国工农红军第32军南满游击队，孟杰民任总队长兼1大队大队长。1933年1月1日，孟杰民在吉林省磐石县长胳膊屯解除汉奸地主张志仁的武装时牺牲。

邓铁梅（1892—1934）东北民众自卫义勇军第28路军司令

原名古儒，字铁梅。男，满族，1892年12月29日出生，辽宁本溪人。1917年，进入警界，曾任凤城县公安局局长、辽宁省警务处督察员、牡丹江市警察公署署长等职。“九一八”事变后，在凤城组建东北民众自卫军，任司令。仅一个多月时间，部队发展到2000多人。率部活跃在辽东半岛的丹东、凤城、岫岩、庄河一带，攻城池、占村镇、扒铁道、炸桥梁、打伏击、截军车，给日军以沉重打击。不久，东北民众抗日救国会任命邓铁梅为东北民众自卫义勇军第28路军司令。到1932年8月，共进行大小战斗近百次，部队不断壮大，总人数达15000多人，成为东北抗日武装中的一支劲旅。1932年9月，驻庄河县日、伪军调集3000余兵力向民众自卫军根据地发动进攻，邓铁梅事先在洋河河岸巧妙布防，与敌展开激烈的炮战后，派出2000多名战士，迂回至洋河上游渡河将日、伪军包围。经数小时作战，除少数日、伪军乘夜逃跑外，大多被击毙或缴械投降。1934年5月，邓铁梅由于长期奔波，身患重病，秘密到岫岩县小蔡沟张家堡子亲属家中养病，不料被日、伪军特务侦悉逮捕。在狱中，他大义凛然,威武不屈。9月28日，被杀害在奉天伪陆军监狱。1935年8月1日，中共中央发表的《为抗日救国告全体同胞书》中称他是为抗日救国而捐躯的民族英雄。

吉鸿昌（1895—1934）察哈尔民众抗日同盟军第2军军长、北路军前敌总指挥兼察哈尔警备司令

字世石。男，1895年出生，河南扶沟人，1932年秋加入中国共产党。1913年秋参加冯玉祥部队，历任连长、营长、旅长、师长、军长等职。1930年10月，所率部队接受了蒋介石的改编，任第22路军总指挥兼第30师师长。因对“围剿”红军态度消极，1931年8月被蒋介石解除兵权，强令其出国“考察”。1932年初，吉鸿昌回国后，联络和发动旧部，变卖家产，购买枪械，组织抗日武装。1933年5月，与冯玉祥一起组建察哈尔民众抗日同盟军，任第2军军长、北路军前敌总指挥兼察哈尔警备司令，随即率部进攻察北日、伪军，连克康保、宝昌、沽源、多伦4县，将日军驱出察境。抗日同盟军失败后，于1934年初被中央派往天津筹备组织反帝同盟和抗日武装。5月，吉鸿昌与南汉宸出面，在天津成立了中国人民反法西斯大同盟，吉鸿昌、南汉宸等人担任中央委员会及大同盟内的中共党团领导成员。1934年11月9日，在天津法租界被捕，关押在法国工部局监狱，后被引渡给北平军分会。24日在北平陆军监狱被杀害。2009年被评为“100位为新中国成立作出突出贡献的英雄模范人物”。

童长荣（1907—1934）中共东满特委书记

化名张树华，字灿华。男，1907年11月出生，安徽湖东（今枞阳县）人，1924年加入中国共产党。1925年夏，考入日本东京帝国大学预科第一高等学校。1926年春，成为中共东京特支负责人，领导全体共产党员和留日爱国学生积极开展反帝爱国运动。1928年5月，日军枪杀中国军民，制造“济南惨案”，留日学生和旅日华侨闻讯后义愤填膺。童长荣领导爱国志士组织中国留日各界反日出兵大同盟，掀起声势浩大的反日斗争。日本当局把他逮捕，童长荣在狱中坚贞不屈，继续斗争，日本政府无计可施，将他驱逐出境。1928年秋，回到上海任中共上海市沪中区区委书记。1930年，任中共河南省委书记兼中央巡视员。1931年,中共中央派童长荣到大连，先后担任中共大连特支书记、大连市委书记。在大连童长荣化名张树华，深入工厂、学校，组织工会、反日会等革命群众组织，开展工人运动。1931年11月,任中共东满特委书记，领导东满人民开展抗日武装斗争。在延吉、珲春、和龙、汪清4县相继创建了抗日游击队和游击根据地。1933年1月，东满特委整编了延吉、珲春、和龙、汪清4县的游击队，创建了中国工农红军第32

军东满游击队。在童长荣和特委领导下，东满游击队逐步发展成为东满抗日武装的中坚力量，建立的东满抗日根据地成为中国共产党领导的长白山区抗日游击根据地的重要组成部分。1934年3月21日，童长荣率部在汪清县十里坪庙沟一带被日军包围，突围时中弹牺牲。1935年8月1日，中共中央发表的《为抗日救国告全体同胞书》中称他是为抗日救国而捐躯的民族英雄。

孙永勤（1893—1935）民众抗日救国军军长

男，1893年出生，河北兴隆人。1933年12月，孙永勤组织领导兴隆县黄花川农民抗日暴动，建立民众军，任军长，在燕山脚下打响了农民抗日第一枪。1934年3月15日，民众军在迁安滦河沿一带活动，袭击日船3艘，毙日军10余人。4月初，在承德县上谷车站，歼伪军30多人。不久，民众军接受中共建议，改名为民众抗日救国军，下设4个总队，孙永勤任军长。一年时间里，率部先后攻克日军据点100多个，消灭日、伪军15000多人，在兴隆孤山战斗中，活捉了日本关税总长佐藤。1935年4月中旬，日军第7师团1部，伪军两个团和承德、兴隆、青龙县警察“讨伐队”在半壁山地区将孙永勤部包围并派飞机助战。经过血战，抗日救国军毙、伤敌700余人。5月23日，抗日救国军被日、伪军约万余人包围在遵化县茅山一带，孙永勤在突围激战中牺牲。1935年8月1日，中共中央发表的《为抗日救国告全体同胞书》中称他是为抗日救国而捐躯的民族英雄。

李红光（1910—1935）东北人民革命军第1军参谋长兼第1师师长

又名弘海、义山。男，1910年出生于朝鲜京畿道（今属韩国），1930年9月加入中国共产党，是东北抗日联军第1军前身——南满游击队创始人之一。1926年迁居吉林省伊通县（今属长春市）流沙咀子屯。“九一八”事变后，担任专惩汉奸的“打狗队”队长。1932年4月，组织领导磐石“四三”反日暴动。5月，中共磐石县委批准成立磐石工农义勇军，由孟杰民和李红光领导这支队伍。11月，中共满洲省委派杨靖宇整编磐石游击队。1933年1月，部队扩编为中国工农红军第32军南满游击队，杨靖宇任政治委员，李红光任游击队教导队政治委员，随同杨靖宇一起活动在磐石、双阳、伊通、桦甸、海龙等地。9月18日，东北人民革命军独立师成立，杨靖宇任师长兼政治委员，李红光任师参谋长。1934年8月，率部袭击了从沈阳到通化视察工作的日军司令的汽车队，日军的23辆汽车被炸毁11辆，击毙一名大佐和数名日本指导官，缴获步枪百余支。1934年11月，东北人民革命军第1军成立，任军参谋长兼1师师长。1935年5月9日，率200余人从兴京向桓仁进发。在兴京、桓仁交界的老爷岭与200多名日、伪军遭遇，他立即指挥战士向敌人猛烈开火。在战斗中胸部和腿部中弹，因伤势过重，于5月12日牺牲。

王德泰（1907—1936）东北抗日联军第1路军副总司令兼第2军军长

又名铭山。男，1907年5月23日出生，辽宁盖平（今属大石桥市）人，1931年2月加入中国共产党。1929年，受中共地下党员影响，参加中共领导的反帝同盟，投身反帝斗争。1931年后，积极参加抗日武装斗争。曾任中共东满特委委员兼组织部部长，延吉游击大队政治委员，东北人民革命军第2军独立师政治委员、师长，东北人民革命军第2军军长，中共南满省委委员，东北抗日联军第1路军副总司令兼第2军军长等职。参加革命后，积极从事抗日武装的创建和部队政治军事的训练，是延吉抗日游击队的主要创始人及领导人之一。开辟了安图车厂子、安南、长白山、南满等抗日根据地。率部取得了围攻安图县大甸子街、攻打三道湾、老关沟、大甸子、反击日军1934年秋至1935年春的“讨伐”、颠覆日军列车、反击日军对艿头山根据地的“讨伐”、围袭大阳岔伪军据点等数百次战斗的胜利。1936年11月25日凌晨，日、伪军纠集600余名步、骑兵，突然围袭驻抚松县与蒙江县交界处的小汤河村第2军军部，在指挥所部奋勇反击时中弹牺牲。

张敬文（1902—1936）中共哈尔滨市市委书记

原名义堂，曾用名竞生。男，1902年出生，山东阳谷人，1929年春加入中国共产党。1925年参加冯玉祥部队。1928年4月,到吉林省德惠县中东路东省特别区第2警察总署当警士。1929年春提升为陶赖昭派出所巡长。从此，张敬文就以巡长的公开合法身份为掩护，在敌人内部开展党的地下工作。1932年，成立中共陶赖昭特别支部，任特支书记。在他的领导下，中共陶赖昭特支做了许多发动群众的工作。1934年1月，到大连以《满洲日新闻》印刷工人的身份为掩护，秘密发展党员。到1935年1月，发展了30名党员，建立了满铁人船驿、西川印刷所等支部。1935年1月被中共满洲省委任命为中共大连市委书记，为党组织的发展做了大量工作。1936年3月，调任中共哈尔滨市委书记。到哈尔滨后在道外开设荣华客栈，以客栈老板的身份开展工人运动和发展党的组织。6月，由于奸细告密，在哈尔滨被日本宪兵逮捕。面对残酷刑讯和威胁利诱，坚贞不屈，毫不动摇。10月13日在哈尔滨被日军杀害。

李世超（1904—1936）中共满洲省委代理秘书长

原名云山，又名恩顺、英超、吴德禄。男，1904年出生，吉林伊通人，1932年加入中国共产党。1927年，考入朝阳大学法律系读书。学习期间阅读马列著作和进步报刊，初步确立民主革命思想。1932年初，到吉林女子师范学校任国文教员，以教员身份为掩护进行抗日救国活动。1933年3月，任中共吉林特支书记，积极开展抗日斗争。5月，吉林特别支部遭破坏后，转移到哈尔滨负责“革命互济会”和“反日会”工作，吸收20多名警察参加反日会，这些警察在掩护党的活动方面发挥了特殊作用。1933年秋，省委决定让李世超负责交通和文件发行工作。1934年4月，代理中共满洲省委秘书长，负责省委秘书处工作。1935年，被派到安东（今丹东市）负责党的工作。1936年2月，安东地下党组织遭日军破坏，李世超被捕入狱，在日军的严刑拷问、利禄引诱下，坚贞不屈。8月，被日军秘密杀害。

李学忠（1910—1936）东北抗日联军第2军政治部主任

又名宗学。男，1910年出生，山东掖县（今莱州市）人，1931年加入中国共产党。早年参加革命，曾在吉林、磐石一带从事党的地下工作。“九一八”事变后，去苏联学习。1934年冬回国。曾任中共东满特委组织部部长、东北人民革命军第2军独立师政治委员、军政治部主任等职。1935年春，率部粉碎日军的大“讨伐”，开辟了安图县车场子抗日游击根据地。3月，独立师在敦化县南大蒲柴河与数倍于己的日、伪军遭遇，即率9名战士担任阻击，掩护大部队转移，打退敌人多次进攻，完成阻击任务。5月起，日军增派重兵对根据地进行大规模的封锁和“扫荡”，妄图一举消灭我军。为打破日军的封锁和进攻，第2军开始西征。李学忠率第1路军2个连，于8月间从安图游击区出发，向抚松、桦甸、濛江地区进发。历经多次血战和艰苦跋涉，10月初，在濛江那尔轰与杨靖宇的第1军胜利会师。从此，率部驰骋辽吉边广大地区，英勇抗击日军，给敌人以沉重打击。1936年3月，东北人民革命军第2军改编为东北抗日联军第2军，李学忠任政治部主任。1936年8月，率少量部队去吉林省抚松县大碱场兵工厂工作时，遭日军“讨伐队”突然袭击。为保卫兵工厂和人民群众，指挥部队奋勇反击。战斗中，身负重伤牺牲。

赵一曼（1905—1936）东北人民革命军第3军1师2团政治委员

原名李坤泰，又名一超，字淑宁。女，1905年10月25日出生，四川宜宾人，1923年冬加入中国社会主义青年团，1926年转为中国共产党党员。同年11月，入武汉中央军事政治学校学习。1927年9月，去苏联莫斯科中山大学学习。次年回国，在宜昌、南昌和上海等地秘密开展党的工作。“九一八”事变后，被派往东北地区发动抗日斗争。先后任满洲总工会秘书、组织部长，中共滨江省珠河县中心县委特派员、铁北区委书记，领导工人进行罢工运动，组织青年农民反日游击队与敌人进行斗争。1935年秋，任东北抗日联军第3军1师2团政治委员。11月间，第2团被日伪军围困于一座山间。赵一曼为掩护部队突围，身负重伤，养伤期间被日军发现，战斗中再度负伤，昏迷被俘。日军对她施以酷刑，用钢针刺伤口，用烧红的烙铁烙皮肉，逼其招供。她宁死不屈，严词痛斥日军侵略罪行。为了得到口供，日军将她送进医院监护治疗。在医院里，她积极宣传抗日救国的道理，教育争取看护和看守人员。1936年6月28日，在看护和看守帮助下逃出医院。6月30日晨，被追敌再度抓捕，受到更加残酷的刑讯。8月2日，在珠河被敌杀害。2009年被评为“100位为新中国成立作出突出贡献的英雄模范人物”。

夏云杰（1903—1936）东北抗日联军第6军军长

又名云阶。男，1903年出生，山东沂水人，1932年加入中国共产党。幼年家境贫寒，只读过四年私塾便辍学参加劳动。后逃荒至黑龙江省汤原县。1933年末，建立了汤原游击队。1934年秋，任汤原反日游击总队政治委员。率领游击队开展游击战争，把反日游击区从太平川扩展到亮子河、黑金河、仙马河、格节河一带。1936年1月，汤原游击队改编为东北人民革命军第6军，夏云杰任军长。1936年5月25日，在汤原县委的配合下，发起袭击鹤岗煤矿事务所的战斗。击毙了日本官吏山口为市、桥田德次和伪警察队队长赵永福，缴获了大批战利品。同年9月，当选中共北满临时省委委员，部队改编为东北抗日联军第6军，任军长。1936年11月21日，在汤原县黑金河筹备给养和装备时，遭到伪汤原治安队的伏击，身负重伤后牺牲。

王仁斋（1906—1937）东北抗日联军第1军3师师长

原名人增，字仁斋。男，1906年9月21日出生，山东文登人，1927年加入中国共产党。1924年夏，毕业于益都（今青州市）甲种农业学校，毕业后回到故乡任教。1927年冬，受党派遣在抚顺、沈阳、三源浦等地从事工运、学运和抗日武装的筹建工作。1933年1月，中国工农红军第37军海龙游击队成立，任大队长兼政治委员。1936年春，东北抗日联军第1军第3师在新宾县倒木沟成立，王仁斋任师长。1936年6月间，参加在河里地区的会家沟“密营”召开的中共南满省委第二次代表大会，并当选为省委委员。1936年7月，王仁斋收编了“双虎”（程国钧）300多人的“山林队”。随后，由“双虎”带路，先后攻打了新宾的苇子峪、南杂木和抚顺市的搭连嘴子，缴获大量物资。1937年春节过后，在清原县三十道河子收编了金三号（李秀廷）的抗日军。在金三号的协助下，一举攻占日、伪军的据点八棵树，俘敌50余名，缴获大量战利品。1937年冬的一天，带领两名战士从辽宁省清原县筐子沟出发，去杨大堡筹集子弹和给养，行至钓鱼台时，遭日军袭击，中弹牺牲。

邓玉琢（1903—1937）国民革命军陆军第67军107师参谋长

字温璞。男，1903年出生，辽宁东港人。早年考入东北陆军讲武堂。1935年，张学良集训东北军高中级军官时，被聘为战术课教官。1936年12月，任抗日联军临时西北军事委员会总部参谋处处长，后任国民革命军陆军第67军107师参谋长。1937年10月，奉命参加淞沪会战，率部担任右翼军预备队。11月5日，日军第10军3个师团在杭州湾金山卫登陆，企图切断中国守军的后路。邓玉琢奉命率部担负掩护上海主战场中国军队撤退的任务。11月6日晚，在松江东南米市渡附近与登陆日军展开激战，打退日军多次进攻。11月8日夜12时，邓玉琢所部完成阻击任务，却遭到日军包围。次日傍晚，邓玉琢在白鹤港组织部队抢渡过河，遭日军攻击，战斗中，中弹牺牲。

乐以琴（1914—1937）空军第4航空大队22中队分队长

别号一忠。男，1914年11月11日出生，四川芦山人。1932年考入山东齐鲁大学物理系，后又考入中央航空学校，到杭州笕桥航空学校第3期进行飞行训练。毕业后，编入空军第4航空大队22中队，任少尉分队长。1937年8月,奉命参加淞沪会战。14日，日本王牌空军木更津联队窜入杭州上空。乐以琴驾机从笕桥机场起飞迎敌，与日军18架轰炸机展开空战，击落敌机4架。11月，乐以琴随部参加南京保卫战，在一个月的时间里，先后击落日机8架，荣记一等功，并被晋升为中尉。1937年12月3日，在南京上空战斗中，被日机击中牺牲。

朱赤（1900—1937）国民革命军陆军第9集团军88师262旅旅长

字幼卿，号新民。男，1900年2月12日出生，江西修水人。1925年，考入黄埔军校第3期步兵科。军校毕业后，随军参加北伐战争。抗日战争全面爆发后，率部与日军作战。1937年8月，任国民革命军陆军第9集团军88师262旅旅长，参加淞沪会战，率部占领日本海军陆战队司令部。上海沦陷后，奉命率部参加南京保卫战，担任中华门、雨花台右翼阵地的守备任务。1937年12月9日，日军向雨花台阵地进攻，朱赤率部顽强抗击，多次打退日军的进攻，因所部新兵居多，部队损失惨重。12月12日晨，日军在100余架飞机、10余门大炮的火力掩护下，再次向雨花台发起攻击。朱赤命令仅存的一个特务连，把剩下的几十箱手榴弹串联起来，待日军攻至阵地时，引燃手榴弹，杀伤大量日军。12日中午，日军用重炮集中轰击262旅阵地，整个阵地被炸成一片焦土，朱赤和全体官兵牺牲。

佟麟阁（1892—1937）国民革命军陆军第29军副军长

原名凌阁，字捷三。男，满族。1892年出生，河北高阳人。早年参加护国讨袁战争。曾任冯玉祥部陆军第11师第21混成旅旅长。1926年9月五原誓师后，随部参加北伐。1928年后，历任国民革命军第2集团军第35军军长、暂编第11师师长等职。1933年率部参加长城抗战，取得喜峰口大捷。同年5月，参加察哈尔抗日同盟军，任第1军军长兼代理察哈尔省主席，跟随冯玉祥打击日军，收复失地，为察省光复作出了贡献。1936年，任国民革命军第29军副军长，驻守平津一带。抗日战争全面爆发后，他率部奋勇抗击日本侵略军。1937年7月28日，在北平城外南苑的第29军司令部遭受40余架敌机的轮番轰炸，并有3000人的机械化部队从地面发动猛烈攻击。他与132师师长赵登禹誓死坚守阵地，指挥29军拼死抗击，后奉命向大红门转移，途中再遭日军包围。在组织部队突击时，被机枪射中腿部。部下劝其撤退，他执意不肯，说“个人安危事小，抗敌事大”，仍率部激战。头部再受重伤，因流血过多牺牲，后被追晋为陆军上将。1945年后，北平市政府将南沟沿改名为佟麟阁路，以示纪念。2009年被评为“100位为新中国成立作出突出贡献的英雄模范人物”。

吴克仁（1894—1937）国民革命军陆军第67军军长

字静山。男，满族。1894年出生，吉林宁安（今属黑龙江省）人。1915年，考入保定陆军军官学校炮兵科。1925年，赴日本炮兵学校学习。回国后，先后任东北陆军讲武堂炮兵研究班主任兼炮兵教导队队长、东北炮兵第18团团长、117师师长等职。1936年4月，升任国民革命军陆军第67军副军长，随军长王以哲驻延安，执行合作抗日的协定，为红军输送弹药物资。不久，升任第67军军长，率部驻防皖北、豫东地区。抗日战争全面爆发后，吴克仁指挥所部在津浦线姚马渡阻击南下的日军中岛师团。后因上海战事吃紧，吴克仁率部调往松江。1937年11月5日，日军第6师团、第18师团在杭州湾金山卫登陆，猛扑松江，企图迂回包抄上海。吴克仁奉命死守松江三日，以掩护上海守军撤退。吴克仁率部在松江苦战至11月8日夜，终于完成死守松江的任务。9日，率余部从松江突围。傍晚，吴克仁余部撤退至青浦白鹤港时与日军穿插部队遭遇，交战中，吴克仁中弹牺牲。

吴继光（1903—1937）国民革命军陆军第74军58师174旅旅长

原名绍琳，字铁夫。男，1903年出生，安徽盱眙（今明光市）人。黄埔军校第2期毕业。参加过北伐战争，历任排长、连长、营长、团长等职。1933年，任第18军98师294旅旅长，授少将军衔，后调任292旅旅长。同年，转投第74军58师师长俞济时，任该师174旅旅长。抗日战争全面爆发后，奉命率部参加淞沪会战。1937年11月，上海、松江相继沦陷，日军集中兵力两路夹击青浦，企图切断中国军队主力的退路。吴继光奉命率部在青浦阻击日军，与日军激战3昼夜，虽完成掩护主力转移任务，但吴继光所部却已陷入了日军的包围之中。11月7日，日军向吴继光所部阵地合围，吴继光被迫率部向白鹤港转移。白鹤港对岸的日军在飞机大炮的掩护下，强行架桥渡河追击。吴继光亲自带队阻敌，多次击退日军进攻。激战至11月9日，吴继光被炮弹弹片击中牺牲，后被追晋为陆军中将。

宋铁岩（1909—1937）东北抗日联军第1军政治部主任

原名孙肃先，曾用名宋占祥、铁坚、铁英，孙件、孙克敏，字晓天。男，1909年12月6日出生，吉林永吉人，1931年加入中国共产党。青少年时代在生活极其艰难的条件下，以优异的成绩从吉林省立第二师范学校毕业。1931年春，考入北平中国大学。曾任中国大学学生会主席、北平市大学学生联合会理事，在学生中从事党的秘密工作。“九一八”事变后，积极组织领导学生开展反日集会、游行示威、救亡宣传等抗日救亡活动。曾被推举为北平学生请愿代表团负责人率团赴南京国民政府请愿，呼吁政府停止内战，一致抗日，遭政府当局逮捕。后在学生、工人、各界人士及全国人民的支持和斗争下获释。1932年秋，回东北从事兵运工作。此间，编辑出版诗集《前进》，以鼓舞抗日斗志。1933年端午节，与曹国安一起成功领导伪军铁道警备第5旅14团迫击炮连起义，加入杨靖宇领导的中国工农红军第32军南满游击队，被编为迫击炮大队，任大队政治委员。9月，南满游击队改编为东北人民革命军第1军独立师，任政治部主任。为扩大抗日力量，贯彻党的反日民族统一战线政策，在做好本军内部政治工作的同时，东奔西走，积极联络各抗日武装共同抗日。1936年2月，东北抗日联军第1军成立后，曾任中共南满省委委员兼第1军政治部主任、中共东南满省委委员等职。随杨靖宇转战南北，参加了大荒沟伏击战、歼灭伪军邵本良部等十数次著名战斗。7月，奉命率部西征。后因日、伪军重兵严密封锁，被迫率部回师。在摩天岭伏击日军金田中队，取得击毙日军大尉金田以下80余人的胜利。由于长期在恶劣的环境下斗争，身患严重的肺病，到辽宁省本溪游击根据地老和尚帽子山里密营休养。日军侦知后，于1937年2月11日派兵围袭，他在掩护大部队突围时牺牲。

张中华（1912—1937）东北抗日联军第5军政治部主任

男，1912年出生，吉林永吉人，1932年加入中国共产党。1931年，考入哈尔滨铁路扶轮专科学校。“九一八”事变后，积极参加抗日救国宣传活动。1934年底，到吉东地区任共青团宁安县委书记。1935年6月，调到吉东特委任共青团特委组织部长。1935年冬，任中共宁安县委书记，亲自给地方武装队编写抗日歌曲。1936年初，调到东北抗日联军第5军任政治部主任，曾同副军长柴世荣在宁安南部将伪军一个连缴械，缴获轻机枪两挺、步枪80多支。4月，中共道南特委建立，张中华兼任道南特委书记，除参与第5军的领导工作之外，还积极开展地方党的工作和群众工作。1936年9月24日，任东北抗日联军第5军宁安留守处主任，率留守部队坚持绥宁老游击区的游击斗争，同时兼任中共道南特委书记，率部在代马沟袭击日、伪军的军用列车，击毙日军105人。1937年3月，中共吉东省委成立，被选为省委委员。入冬以后，率领第5军留守部队在牡丹江、宁安各地进行抗日游击斗争。1937年12月，敌人集结大批日、伪军向张中华率领的留守部队经常活动的地带进行搜索进攻。张中华和部队在宁安地区的桦皮沟一带遭到日、伪军包抄，战斗中受伤被俘，在狱中坚贞不屈，遭敌人杀害。

张甲洲（1907—1937）中国工农红军第36军江北独立师师长

别名震亚，化名进思，号平洋。男，1907年5月21日出生，黑龙江巴彦人，1930年加入中国共产党。1924年，考入沈阳文华中学，任学生会会长。1925年“五卅”惨案爆发后，领导全校学生举行反日示威游行。1928年，考入北京大学物理学院。在校期间积极参加学生运动。1930年4月，清华大学青年会为纪念五一国际劳动节，组织学生示威游行，同学冯仲云等被捕入狱。他为营救清华大学同学被捕入狱，后获释。同年9月，考入清华大学政治系。在此期间，张甲洲先后任中共北平西郊区委书记、中共北平市委宣传部长和中共北平市委代理书记等职。1932年4月，回到家乡巴彦，利用各种社会关系，于5月16日以结婚的名义，组成一支一二百人的抗日武装——东北工农反日义勇军（亦称巴彦游击队），任总指挥。8月30日，率部攻克巴彦县城，击毙驻守该城的伪军营长。义勇军经过整训后，成立教导队、少年队、士兵委员会、反日同盟军，部队人数增至700多人。10月，东北工农反日义勇军改编为中国工农红军第36军江北独立师，任师长，赵尚志任政治委员。12月中旬，率部自安达向北部进军，与马占山部会合。1933年初，由于遭到地主武装和森林警察不断的袭击，义勇军因弹尽粮绝被打散。1934年7月，只身来到富锦，化名“进思”，以中学教员身份为掩护开展地下抗日斗争。在工作中，凭自己的才干和学识，很快由教员升为教导主任、校长。经常组织学生开座谈会、讲演会和辩论会，启发学生的爱国热情。在他的教育和引导下，有一大批学生走上了革命道路。此外，还与活动在富锦一带的东北抗日联军第3军独立师取得联系，为他们提供情报，运送武器弹药。张甲洲的抗日活动引起日、伪当局的注意，为了确保他的人身安全，东北抗日联军第3军派人接应张甲洲归队。1937年8月28日，途经黑龙江省富锦县董老茂村时，遭伪地方团袭击牺牲。

张诚德（1880—1937）国民革命军陆军骑兵第1师师长

号善卿。男，1880年出生，察哈尔独石口（今河北赤城）人。历任晋绥军骑兵旅旅长、张家口警备司令、东北军骑兵第2师师长、骑兵第6师师长。1932年，任国民革命军陆军骑兵第1师师长。1935年4月，授少将军衔。1937年，任国民革命军陆军骑兵第2军3师师长。1937年8月初，平津失陷后，日军继续往张家口进犯，意图夺取山西大同。张诚德奉命率部抵抗，在日军机械化部队优势火力攻击下陷入苦战，僵持数日后，所部官兵伤亡殆尽。张诚德在指挥战斗中牺牲。

李兰池（1898—1937）国民革命军陆军第57军112师副师长

字锦卿。男，1898年出生，辽宁锦西（今葫芦岛市）人。东北陆军讲武堂第7期步科毕业，历任排长、连长、营长、团长等职。1933年，李兰池随部队参加热河抗战和长城抗战。抗日战争全面爆发后，任第57军112师副师长，率部参加淞沪会战。1937年11月，上海失陷后，日军继续向无锡、湖州进犯，在江阴要塞遭到中国守军顽强抵抗。李兰池奉命率部参加江阴保卫战，与日军激战5昼夜，屡次打退日军进攻。后因官兵伤亡众多，外援断绝，率部突围，向镇江转进。12月8日，参加南京保卫战。10日，率部到达南京太平门外，立即抢占蒋庙阵地。11日，日军第16师团一部来犯，李兰池率部应战，由于部队伤亡过重，防线动摇，李兰池亲上前线指挥战斗，击退日军进攻。12日，南京城被日军攻破，李兰池在指挥部队向紫金山北麓以南地区突围时，中弹牺牲。

李伯蛟（1897—1937）国民革命军陆军第28军63师187旅旅长

男，1897年出生，湖南邵阳人。早年投身军旅，曾任班长、排长、连长、营长、团长等职。抗日战争全面爆发后，李伯蛟任国民革命军陆军第28军63师187旅旅长，率部参加淞沪会战。1937年11月5日，日军第10军3个师团在杭州湾金山卫登陆，企图切断上海中国守军的后路。李伯蛟奉命率部在上海金山卫沿海前线阻击日军登陆，因敌我兵力悬殊，战况空前激烈，官兵伤亡惨重。为鼓舞官兵斗志，李伯蛟到最前线阵地督战指挥，被敌人炮弹击中牺牲。

陈荣久（1904—1937）东北抗日联军第7军军长兼第1师师长

男，1904年出生，黑龙江宁安人,1933年6月加入中国共产党。1931年，参加抗日救国军，任新编5连连长。先后在穆棱、海林、宁安等地活动，曾多次率部与日军交战，打击了日军的嚣张气焰。1933年2月，参加抗日救国游击军第4军，任军部副官。曾参加和指挥二道沟子、东京城、马莲沟等多次战斗。1934年，赴莫斯科东方大学学习。1936年秋回国后，任东北抗日联军第7军军长兼1师师长。同年冬，日军为消灭抗联第7军，调集数千日、伪军“围剿”虎饶抗日游击区，放火烧毁虎饶地区百分之七八十的房屋，到处疯狂屠杀抗日志士及家属。陈荣久率部在林海荒原里，与敌人展开长期的异常艰苦的斗争。1937年3月6日，日军对游击区和东北抗日联军第7军展开春季“讨伐”，妄图消灭这支新成立的抗日部队。为粉碎敌人的企图，陈荣久率队分几路截击敌人。在黑龙江省饶河县西北小南河天津班活动时，与300多名日、伪军遭遇。他沉着冷静指挥部队突围，并亲率部分指战员掩护大部队转移。激战中，中弹牺牲。

官惠民（1901—1937）国民革命军陆军第4军90师270旅旅长

字剑豪。男，1901年出生，广东曲江人。1924年考入黄埔军校第4期。毕业后任国民革命军陆军第4军特务连排长。1926年，参加北伐，屡建战功，历任连长、营长、团副及第4集团军参谋等职。1935年，毕业于中央陆军军官学校，任第90师团长。1937年夏，奉命率部参加淞沪会战，在罗店东南一线阻击日军。9月23日，日军在30架飞机的支援下，向官惠民所部发动攻击。官惠民指挥部队顽强抵抗，亲自率领300多人向日军发起反击，同日军展开白刃搏斗，守住了阵地。10月初，奉命撤至嘉定附近休整，升任第4军90师270旅少将旅长。10月中旬，奉命在上海嘉定县清水一线阻击日军。10月28日，日军在飞机、重炮的掩护下，向官惠民所部发动攻击。战斗中，官惠民左臂中弹，仍裹伤坚持指挥作战，率部与日军展开白刃格斗，后被日军炮弹击中要害。下午3时，官惠民因伤势过重牺牲。

庞汉桢（1901—1937）国民革命军陆军第7军170师510旅旅长

字胤宗。男，壮族,1901年出生，广西靖西人。1919年考入广西陆军讲武堂。毕业后任连长、营长、团长等职。1931年进入黄埔军校南宁分校高级班学习。1937年9月，任第7军170师510旅旅长，率部参加淞沪会战。10月19日夜，庞汉桢所部进驻上海陈家行北端阵地。22日，日军在飞机、重炮的配合下，攻占了陈家行阵地。当晚，庞汉桢率部反攻，经过数次冲杀，将阵地全部夺回。次日，日军集结援兵，全线出击，再次猛扑陈家行阵地，庞汉桢面对数倍于己的敌人和强大火力，率部坚守阵地，顽强抵抗日军的进攻，部队伤亡惨重。战斗中，庞汉桢被日军炮弹击中牺牲，后被追晋为陆军中将。

易安华（1900—1937）国民革命军陆军第9集团军87师259旅旅长

原名福如，号济臣。1900年4月2日出生，江西宜春人。1925年考入黄埔军校第3期宪兵科。1932年参加“一·二八”淞沪抗战，任87师营长，后升任87师522团团长。1937年，随第9集团军87师参加淞沪会战，升任87师259旅旅长。同年

12月参加南京保卫战，率部在光华门阻击敌人。10日，日军对光华门阵地发动攻击，易安华率部奋力反击。战斗中，头部、右臂负伤，仍带伤督战。当天午后，日军用重炮猛烈轰击光华门，城墙被炸开两处缺口，日军一部突入光华门阵地，易安华率一个加强团的兵力，经过一昼夜血战，将突入的敌人全部消灭。12日，日军再次攻击光华门，因左翼阵地被日军突破，担任右翼阵地防御的易安华所部受日军三面围攻。战斗中，易安华中弹牺牲。

罗策群（1893—1937）国民革命军陆军第66军159师副师长

字宇澄。男，1893年出生，广东兴宁人。保定陆军军官学校第6期工科毕业。历任参谋、营长、团长、师参谋长等职。1937年9月，任第66军159师475旅旅长，率部参加淞沪会战，在上海刘行与日军血战9昼夜，因功升任159师副师长。12月，参加南京保卫战。因师长谭邃患病，先期过江，罗策群代行师长之职，奉命率部在汤山阻击北上日军。罗策群亲临前线指挥作战，与日军激战两昼夜，后奉命退守光华门。12日夜，南京城防被日军突破，第66军、第83军集合部队出太平门，沿京杭公路向皖南突围。罗策群所部担负前攻任务，在紫金山北麓岔路口遇日军阻击，罗策群亲自率队向日军冲锋，战斗中，中弹牺牲。

郑廷珍（1893—1937）国民革命军陆军第9军独立5旅旅长

男，1893年3月5出生，河南柘城人。早年从军，历任冯玉祥部排长、连长、营长等职。1930年，中原大战结束后，郑廷珍的部队被蒋介石收编，郑廷珍被任命为独立第5旅旅长。抗日战争全面爆发后，郑廷珍亲赴南京请缨出战，后配属第9军，奉命参加太原会战。1937年10月11日，日军主力逼进忻口一线，凭借飞机、大炮等优势装备开始向中国军队阵地发起猛攻。郑廷珍率部坚守阵地，拼死血战，寸步不让。15日，南怀化高地陷于敌手，日军乘机扩大突破口，想一举突破中国军队防线，整个战局出现危机。前线总指挥卫立煌火速调集兵力，命令于16日发动反攻，夺回南怀化高地，郑廷珍率部参战。郑廷珍在前沿阵地观察敌情时，突然遭到日军机枪的猛烈射击，中弹牺牲，后被追晋为陆军中将。

姚子青（1909—1937）国民革命军陆军第18军98师292旅583团3营营长

字若振，号中琪。男，1909年1月出生，广东平远人。1926年，考入黄埔军校第6期，后参加北伐战争，历任排长、连长、副营长等职。1936年，升任第18军98师292旅583团3营营长。抗日战争全面爆发后，姚子青率部开赴上海参加淞沪会战，奉命驻守宝山县城。1937年8月28日，日军利用飞机、军舰舰炮对宝山县城狂轰滥炸，随后日军步兵发起攻击，姚子青率部英勇还击。经过一个昼夜的激战，毙伤敌军200余人。9月5日，日军2000余人从长江东、南、北三面登陆，再次围攻宝山县城，姚子青临危不惧，率部死守城垣，多次打退敌人的进攻。激战两昼夜，毙伤日军600余人。9月7日，日军急于攻下宝山城，用重炮轰毁东南城垣，并施放硫黄弹，使城内燃起一片火海。次日，日军从东南缺口突入城内，姚子青集结官兵与敌人展开白刃巷战，终因敌众我寡，姚子青和全营官兵牺牲，后被追晋为陆军少将。

姚中英（1896—1937）国民革命军陆军第83军156师参谋长

字若珠。男，1896年出生，广东平远人。黄埔军校第2期毕业，参加北伐战争。后进入陆军大学第8期学习，毕业后任独立第1师6团副团长。抗日战争全面爆发后，任第83军156师团长，参加淞沪会战，屡立战功，升任第83军156师参谋长。1937年12月，率部参加南京保卫战，扼守南京汤山一带，阻击日军沿宁杭公路北犯。6日，日军向汤山发动猛攻，姚中英率部与敌激战，多次击退日军进攻。8日，汤山一带失守，姚中英率部退守紫金山东北一带，日军尾随而来，攻势凶猛，阵地失陷。9日，率余部退守太平门。12日，日军攻破中国守城部队阵地，大量涌入城内。南京失陷在即，南京卫戍司令唐生智决定放弃南京，命令各路守军自行突围。姚中英在太平门指挥突围时，中弹牺牲。

姜玉贞（1894—1937）国民革命军陆军第34军65师196旅旅长

字连璧。男，1894年出生，山东菏泽人。1917年，毕业于山西陆军第1旅干部学校，历任排长、连长、营长等职。北伐战争后，入中央陆军军官学校高级班学习，1930年毕业，任晋绥军第1军1团团长。1934年，升任第34军65师196旅旅长，授少将军衔。1937年9月，率部参加太原会战，奉命在山西原平坚守7天，以掩护主力部队向忻口一线集结。10月1日，日军由代县南下包围原平，姜玉贞在前线指挥战斗，率部在城外与日军展开激烈的争夺战，多次打退日军进攻。因双方兵力悬殊，激战数日之后，姜玉贞所部伤亡惨重，被迫退入城内固守。10月8日，日军在飞机、大炮的掩护下，突破南门，攻入城内。姜玉贞率部与敌人展开巷战。10日夜，守城任务完成后，姜玉贞率余部突围，中弹牺牲，后被追晋为陆军中将。

赵崇德（1910—1937）八路军第129师358旅769团3营营长

原名开奎，又名宗德。男，1910年4月17日出生，河南商城人，1933年加入中国共产党。1930年秋参加红军，被编入红4军10师28团当战士。随军转战大别山区数十县，因作战勇敢，立下战功，不久被调任12师特务队班长。1931年10月，参加著名的黄安战役。随后，又参加商（城）潢（川）、苏家埠战役。1934年，参加二万五千里长征。长征途中，多次负伤、立功，由排长、指导员升为营长。抗日战争全面爆发后，赵崇德担任八路军第129师769团3营营长。为配合忻口战役，1937年10月16日，769团急行军进抵山西原平县东北阳明堡以南滹沱河东岸的苏龙口、刘家庄地区。第129师部命令第769团袭击敌人阳明堡机场，769团决定把袭击飞机场的重任交给第3营。10月29日晚，赵崇德率领第3营西渡滹沱河，直扑阳明堡日军飞机场。经过一个多小时的战斗，击毁停机坪敌机24架，歼灭日军100余人。赵崇德在掩护大家撤退的时候，身中数弹牺牲。赵崇德机智果敢，身先士卒，并以夜间作战和近战见长，他率领的营曾被授予“以一胜百”锦旗。八路军第129师师长刘伯承称赞夜袭阳明堡战役：“首战告捷，打得好！打得好！”11月4日，卫立煌在太原见到周恩来后，赞扬道：“阳明堡烧了敌人24架飞机，是战争历史上从来没有过的事情。我代表忻口正面作战的将士对八路军表示感谢，感谢!”1940年7月1日，第129师政治部编印的共产党诞生19周年及抗日3周年纪念丛刊《烈士传》，赵崇德的英雄事迹被收入《烈士传》。彭德怀元帅称赞他：“忠肝赤胆，与日月争光。”

赵登禹（1898—1937）国民革命军陆军第29军132师师长

字舜臣。男，1898年出生，山东菏泽人。1914年加入冯玉祥的部队，由士兵晋升为排长、连长、营长、副团长、旅长、师长等职。1926年参加北伐。“九一八”事变后，主张抵抗日本。1933年任第29军37师109旅旅长，后任第132师师长。1933年第29军长城抗战时，奉命率部增援喜峰口、潘家口，与敌激战，取得胜利，打击了敌军的嚣张气焰，大长了抗日军民的士气。抗日战争全面爆发后，7月下旬，日军在飞机和坦克的掩护下，分别向北平、天津以及邻近各战略要地大举进攻。担任132师师长的赵登禹，率部守卫北京城外的南苑。日军出动40余架飞机轮番轰炸阵地，并有3000人的机械化部队从地面发动猛烈攻击。132师将士在赵登禹的率领下，不畏强敌，奋勇抵抗。日军将中国军队切成数段，分割包围。部队孤军作战，在敌人炮火和飞机的狂轰滥炸下，损失惨重。赵登禹率部誓死坚守阵地，拼死抗击。7月28日，在奉命向北平撤退途中，遭日军伏击，他指挥部队与日军激战，胸部中弹牺牲，后被追晋为陆军上将。抗战胜利后，北平市政府将北沟沿大街改名为赵登禹路，以示纪念。2009年被评为“100位为新中国成立作出突出贡献的英雄模范人物”。

郝梦龄（1898—1937）国民革命军陆军第9军军长

字锡九。男，1898年2月出生，河北藁城人。早年入保定陆军军官学校第6期步兵科学习。毕业后加入冯玉祥部队，任第4军26旅旅长。曾参加北伐战争，历任第4军2师师长、第54师师长、第9军副军长、军长等职。1937年9月下旬，日军第5师团及察哈尔派遣兵团共5万余人进攻山西内长城防线，企图占领太原，第2战区司令长官部组织部队在忻口阻击日军，保卫太原。10月11日，郝梦龄率部参加忻口保卫战，与日军激战数日。10月16日，因南怀化高地被日军占领，郝梦龄所部奉命担任反攻任务。郝梦龄接到任务后，立即到前线督战，在通过距离日军阵地只有200米的一段隘路时，被日军的机枪击中牺牲，后被追晋为陆军上将。

饶国华（1895—1937）国民革命军陆军第21军145师师长

又名厥卿，字弼臣。男，1895年12月7日出生，四川资阳人。早年投川军，历任班长、排长、连长、营长等职。1935年11月，任第21军1师师长，不久改任145师师长。抗日战争全面爆发后，饶国华奉命率部出川。1937年11月中旬，为保卫南京，牵制从太湖流域西犯的日军，饶国华奉命驻守安徽广德。11月23日，日军第18师团在飞机大炮的掩护下进犯广德，饶国华亲自指挥部队在广德前方的泗安与敌激战，日军依靠优势兵力发动多次猛攻，饶国华率部拼死抵抗，击退敌人多次进攻，终因伤亡太大，泗安失陷。30日，日军主力逼近广德，饶国华又率部队于广德城郊顽强阻击进犯日军。日军见广德城久攻不下，连续从附近调集精锐部队，向广德进攻。饶国华部队被日军三面包围，补给线也被日军切断，最终广德被日军占领。随后，饶国华受命组织反攻，率领仅存的1营官兵与日军苦战。终因敌众我寡，被日军围困于十字铺据点。日军一再劝降，均被饶国华严辞拒绝。12月1日凌晨2时，饶国华举枪自戕，后被追晋为陆军上将。

夏国璋（1896—1937）国民革命军陆军第7军172师副师长

字超然，号元龙。男，1896年出生，广西容县人。保定陆军军官学校第9期步科毕业。先后任国民革命军陆军第7军司令部参谋、总司令部参谋等职。1932年，考入陆军大学第10期。毕业后，历任总司令部科长、团长、旅长、副师长等职。抗日战争全面爆发后，夏国璋任174师副师长兼522旅旅长，率部参加淞沪会战。1937年11月5日，日军3个师团在杭州湾金山卫一线登陆，企图切断中国军队主力的退路。第3战区长官部急令第170师和第172师，赴吴兴城郊八里店桥至升山一带阻击日军，掩护主力转移。这时，夏国璋被调任第7军172师副师长。接到命令后，即率1个旅的兵力先赶到预定阵地，与日军浴血奋战3昼夜。11月21日，夏国璋在前沿阵地视察敌情时，突遇日机轰炸，中弹牺牲，后被追晋为陆军中将。

秦霖（1900—1937）国民革命军陆军第7军171师511旅旅长

原名同观，字松涛。男，1900年8月12日出生，广西桂林人。1919年考入广西陆军讲武堂步科。毕业后，历任参谋、连长、营长等职。1936年入中央陆军军官学校第6分校高级班学习。抗日战争全面爆发后，任第7军171师511旅副旅长，奉命率部奔赴淞沪战场。1937年10月21日，所部在上海老人桥一带与日军激战，双方损失惨重。511旅旅长李楚霖阵亡，秦霖接任旅长。23日，日军全线反攻，秦霖指挥全旅奋勇作战。下午3时，日军再次猛攻该旅部分阵地。秦霖率部前去支援，弥补缺口。在行进中，与大批日军遭遇。激战中，秦霖中弹牺牲，后被追晋为陆军中将。

高志航（1908—1937）空军驱逐机部队司令兼第4航空大队大队长

原名铭久，字子恒。男，满族，1908年6月12日出生，辽宁通化（今属吉林省）人。1924年，考入东北陆军军官教育班，研习炮科。18岁被选派到法国研习航空，毕业后在法国空军见习。1935年，高志航被派往意大利考察。1936年5月回国，历任空军教导总队副总队长、第6航空大队大队长、第4航空大队大队长等职。1937年8月13日，淞沪会战爆发。次日，高志航率队起飞迎击日机，击落日机1架。10月，日机入侵南京，高志航率队迎击。这次战斗中，创出了击落17架日机而中国空军仅损失2架的战绩。高志航因战功卓著被晋升空军驱逐机部队司令兼第4航空大队大队长。1937年11月，高志航奉命率队赴兰州接收苏联援华的战机。飞至河南周家口机场时，因天气恶劣，在机场待命。11月21日，在机场突遭11架日机偷袭，高志航在进入机舱准备起飞时，被炸弹弹片击中牺牲，后被追晋为空军少将。

高致嵩（1899—1937）国民革命军陆军第9集团军88师264旅旅长

别号子晋。男，1899年9月7日出生，广西岑溪人。1924年，考入黄埔军校第3期。参加过北伐战争，历任排长、连长、营长、中校参谋等职。1932年，随第88师参加"一·二八"淞沪抗战。在庙行阵地战斗中，高致嵩协同各级军事主官指挥作战，多次打退日军进攻。1935年，升任浙江保安处补充团团长。1937年，奉命率部参加淞沪会战。到达上海后，所部编入第9集团军88师264旅，升任旅长。高致嵩率部在闸北持志大学及北站一带，与日军作战，击毙日军甚多。淞沪会战结束后，奉命率部参加南京保卫战，负责守卫城南中华门、雨花台一线。12月11日，日军对高致嵩所部阵地发动进攻。高致嵩率部顽强抵抗，多次亲率"奋勇队"进行反击，与日军展开肉搏。12日，在雨花台阵地指挥部队战斗时，中弹牺牲，后被追晋为陆军中将。

梁鉴堂（1897—1937）国民革命军陆军第33军69师203旅旅长

字镜斋。男，1897年出生，河北蠡县人。1920年入日本士官学校第13期炮科学习。毕业后，到第15混成旅孙岳部任职。历任参谋、团长、旅长等职。1931年12月，所部被编入第33军69师，任第203旅旅长。抗日战争全面爆发后，梁鉴堂奉命参加太原会战，率部在繁峙的茹越口正面阵地布防，配合友军迎击日军。1937年9月27日，日军铃木旅团一部2000余人，携重炮30余门，猛攻茹越口阵地，以威胁平型关防线中国军队的侧背。梁鉴堂所部阵地工事一半被炮火轰毁，梁鉴堂亲赴最前沿阵地督战，振奋官兵士气，与日军展开肉搏，所部伤亡过半。28日下午1时，因援兵不至，弹尽粮绝，茹越口阵地被日军突破。梁鉴堂在山顶指挥所观察敌情时，颈部负伤，仍坚持指挥战斗，后被随从强行背离阵地时，头部中弹牺牲。

萧山令（1892—1937）国民革命军陆军南京卫戍军宪兵副司令

字铁侬。男，1892年7月11日出生，湖南益阳人。保定陆军军官学校第3期毕业，曾任排长、连长、营长、团副、参谋长等职。1932年任国民政府南京宪兵司令部总务处长。1936年8月任宪兵司令部参谋长。1937年3月任宪兵司令部副司令。同年上海失陷后，萧山令受命担负起守卫南京的重任，升任南京警备司令部司令兼南京防空司令部司令、南京警察厅厅长、南京市市长、宪兵司令部代司令、南京卫戍军宪兵副司令等要职。1937年12月9日，日军从东、南、西三面围攻南京。萧山令率宪兵在清凉山一带阻击日军。12月12日，日军在飞机、大炮的掩护下，突破南京城防，南京守军奉命突围撤退。12月13日，在南京下关，为掩护撤退部队渡江，萧山令率宪兵和警察部队与日军展开激战，战斗持续5个小时，终因众寡悬殊，背水无援，所部数千将士多数战死。为了不被日军俘获，萧山令举枪自戕，后被追晋为陆军中将。

阎海文（1916—1937）空军第5航空大队飞行员

男，满族，1916年出生，辽宁北镇人。1931年“九一八”事变后，流亡北平，就读于北平东北中学。1934年秋，考入杭州笕桥中央航空学校。1936年10月，毕业分配到空军第5航空大队24中队见习。1937年4月，任少尉飞行员。1937年8月13日，日军进攻上海，淞沪会战爆发。8月16日，阎海文奉命驾机轰炸虹口日海军陆战队司令部，在完成轰炸任务返航时，座机被日军高射炮击中。跳伞后，因风向变化落入日军阵地，被日军包围。阎海文宁死不降，拔手枪击毙日军5人，击伤数人后，举枪自戕。

黄梅兴（1897—1937）国民革命军陆军第9集团军88师264旅旅长

字敬中。男，1897年1月出生，广东平远人。1924年5月，考入黄埔军校第1期。毕业后历任排长、连长、营长，参加北伐战争。1931年1月，任国民革命军陆军第88师264旅527团团长。次年，参加“一·二八”淞沪抗战，任第264旅副旅长兼527团团长，奉命防守庙行以南一带阵地，多次与日军作战，屡创敌军，因功升任第264旅旅长。1937年8月，黄梅兴所部编入第9集团军，参加淞沪会战，奉命沿江湾路向日海军陆战队司令部攻击，日军利用特制钢板防盾沿江湾路顽抗。黄梅兴和所部官兵毫不退缩，以沉重的代价向前推进。8月14日下午，黄梅兴所部奉命进攻日军设在爱国女校的据点，遭到猛烈的炮火袭击和飞机轰炸。黄梅兴在冲锋时，被炮弹击中牺牲，后被追晋为陆军中将。

谢彩轩（1896—1937）国民革命军陆军第66军159师477旅旅长

字必宾。男，1896年出生，广东合浦人。参加过北伐战争。历任排长、连长、营长等职。抗日战争全面爆发后，任第66军159师947团团长。1937年10月，开赴淞沪战场。21日，随部反击日军第9、第11师团。因江阴失守，所部腹背受敌，撤入苏州河南岸。11月，任第159师477旅旅长，率部转战苏南地区。11月底，奉命参加南京保卫战，在中山门一带阻击日军。12月12日，南京守军司令唐生智下令各部突围。晚9时，谢彩轩指挥全旅由太平门突围至中山陵以东的麒麟门镇时，遭遇日军坦克部队。在战斗中，谢彩轩中弹牺牲，1940年6月5日，被追晋为陆军少将。

蔡炳炎（1902—1937）国民革命军陆军第18军67师201旅旅长

字洁宜，别号孑遗。男，1902年出生，安徽合肥人。黄埔军校第1期毕业。曾参加北伐战争。1928年，任第1军3师8团团长。次年，任45师268团团长。1936年，任国民革命军陆军第18军67师201旅旅长。1937年，参加淞沪会战，蔡炳炎奉命率部在上海罗店设防。8月24日夜，蔡炳炎派兵埋伏在阵地前线，全歼前来偷袭的两个排的日军。次日凌晨，蔡炳炎下令，以一个团的兵力，向占据陆家嘴的日军第11师团出击，攻占其前沿阵地。但日军援兵不久到达，所部遭到日军疯狂反扑，死伤惨重。中午12时，蔡炳炎亲率一个营的兵力，继续在陆家嘴与日军反复冲杀。激战中，身中数弹牺牲。

马尔克·尼古拉耶维奇·马尔琴科夫（1914—1938）苏联空军志愿队队员

男，1914年出生，苏联人。1936年入伍，曾担任歼击机射击手、无线电报务员、大队初级指挥官。1938年1月，苏联派遣空军志愿队驱逐、轰炸等4个大队支援中国抗战。马尔琴科夫随志愿队来华。1938年7月9日，在武汉空战中，他身负两处重伤，仍顽强坚持驾机作战，并击落日机。因伤势过重于7天后牺牲，牺牲后获“苏联英雄”称号，并获列宁勋章。

马威龙（1906—1938）国民革命军陆军第27军46师136旅旅长

男，壮族，1906年出生，广西龙州人。黄埔军校第4期步科毕业。历任排长、连长、营长、团长等职。抗日战争全面爆发后，任中央教导总队第3团团长，率部参加淞沪会战，在江湾地区阻击日军，浴血奋战3个月，后升任教导总队第3旅旅长。1937年12月，参加南京保卫战，率部防守紫金山第二峰、老虎洞至岔路口一线。南京失守后，所部转战至皖南地区集结。1938年2月，调任第27军46师136旅旅长，驻防衡山地区整编补充。5月19日，率部参加河南兰封战役。马威龙率部协助友军向日军反攻，围困土肥原师团于罗王寨、三义寨一带。5月24日，马威龙到前线观察敌情，正遇上敌人猛烈炮击，被日军炮弹击中牺牲。

王平陆（1902—1938）华北抗日联军第3军区1支队司令员

原名高永祥。男，1902年出生，河北迁西人，1933年加入中国共产党。1933年3月，任中共河北省京东特委委员、中共迁安县县委书记。深入兴隆山区，发动群众，开展抗日救亡运动。同年12月，帮助和促成孙永勤在兴隆县黄花川举行抗日武装起义，组织起民众军。后和孙永勤一起率领民众军转战兴隆、青龙、承德和平泉等地，给日、伪军以沉重打击。1936年，任中共冀热边区特委书记。抗日战争全面爆发后，冀东党组织成立了华北人民武装自卫会冀东分会。王平陆任分会常委，在党内改任特委军事部长，专门负责冀热边区抗日游击战争的发动工作，做了大量的宣传和组织工作。12月，在迁安西部的黑洼村正式组建了华北抗日联军第3军区第1支队，王平陆任支队司令员。12月20日，率队进驻迁安、遵化交界的茅山诸乐寺，包围了一所伪警局，一枪未发，将30余名团丁全部缴械。1938年1月7日夜，率队出击伪满清河沿国境警防所，中弹负伤。翌日晨，因伤势过重牺牲。

王光宇（1911—1938）东北抗日联军第4军副军长

原名王兴。男，满族，1911年出生，吉林德惠人，1933年底加入中国共产党。“九一八”事变后，在哈尔滨市第一中学读书时便投身抗日救亡运动。1933年6月，与陶净非一起到宁安工农义务队工作，广泛宣传团结一致、抗击日军、争取民族解放的道理。1935年2月起，曾任东北反日联合军第5军1师1团政治委员、2师政治部主任、2师师长等职。1936年1月，遵照第5军党委特别会议精神，为粉碎日军的严密封锁，与2师师长傅显明率第5军2师向北执行先遣任务。在密山县袭击黄泥河子煤矿后，活动于牡丹江沿岸，进行艰苦卓绝的抗日斗争。1937年3月，任中共吉东省委委员兼第5军党委委员。在攻打依兰战斗中率部担任阻击，经数小时激战，毙伤双河镇出援之敌百余人，完成阻击任务。此战，共缴步枪3000余支，轻机枪13挺，电报机1台。5月后，率部转战依东、宝清等地，取得了李红眼子东山、土龙山五道岗等一系列战斗的胜利。10月，调任第4军副军长。1938年，日军为实现将东北抗日联军压缩在伪三江省范围内"聚而歼之"目的，纠集重兵加紧对东北抗日联军进行疯狂的"讨伐"。为保存力量，中共吉东省委决定实施西征。王光宇率第4军经多次激战和艰难行军，达到牡丹江、依兰、方正地区，与第5军军部及第5军1师胜利会师。曾率部取得了楼山镇、一面坡、沙河子、九里地等战斗的胜利。随后带领部队转战依兰、五常境内。1938年底，在黑龙江省五常县九十五顶山与日、伪军激战时牺牲。

王祯祥（1900—1938）国民革命军陆军第12军20师副师长

别号桢祥。男，1900年出生，湖南醴陵人。黄埔军校第1期毕业，参加过北伐战争。历任国民革命军陆军第1军1师排长、连长、营长等职。1930年，任中央陆军军官学校教导第2师作战科科长，不久调任第12军20师副师长。1938年7月30日，因九江被日军攻陷，瑞昌成为阻击日军西进的重要关隘。第9战区命令12军固守瑞昌及附近，掩护主力开进德安、瑞昌之间地带。8月13日，王祯祥所部进驻天子山、陈家山防守阵地。8月22日，日军第6旅团对王祯祥所部阵地发动猛攻，王祯祥协助师长指挥20师坚守阵地，击退日军多次进攻。次日，日军第6旅团除了对王祯祥所部阵地进行重炮轰击、飞机轰炸，还施放毒气。20师官兵猝不及防，因没有防毒面具和防毒手段，王祯祥和阵地上的官兵全部牺牲。

王铭章（1893—1938）国民革命军陆军第41军122师师长

字之钟。男，1893年出生，四川新都人。1914年7月4日，毕业于四川陆军军官学校第3期步兵科。历任排长、连长、营长、团长、旅长、师长等职。1935年，任国民革命军陆军第41军122师师长。1936年，授陆军中将军衔。1937年9月，开赴抗日前线。1938年初，任41军前方总指挥，率部参加徐州会战，奉命驻守滕县阻击日军。王铭章命令将南门、北门堵死，东、西城门暂留交通道路，随时准备封闭，准备死守滕县县城。3月14日，日军第10师团在飞机的掩护下向滕县发动全线进攻，王铭章率部与日军浴血奋战三昼夜。17日下午，因兵力悬殊，日军攻占滕县南城墙和东关，大批敌人突入城内。王铭章命令城内各部与日军巷战，西关守军死战待援，并准备亲自到西关指挥守军继续战斗，行至西关外电灯厂附近时，遭日军机枪扫射，王铭章身中数弹牺牲，后被追晋为陆军上将。

王锡山（1902—1938）国民革命军陆军第53军91师副师长

字岳刚。男，1902年出生，辽宁凤城人。东北陆军讲武堂第8期毕业，历任排长、连长、营长。“九一八”事变时，任东北军第25旅中校团副。1932年，参加冯占海等人组织的吉林自卫救国军，曾率部奔袭吉林榆树日军司令部，击毙日军支队长大川、副官阿部等数百人，缴获步枪数百支及迫击炮、轻重机枪等，本人在激战中负伤。后随冯占海投奔冯玉祥，被改编为第53军91师，参加热河抗战、察哈尔抗战、豫北抗战、山西太行山抗战和豫皖对日游击战。1938年初，升任第91师副师长。8月，参加武汉会战。日军第11军占领九江后，以第9师团、第101师团、第106师团、第27师团等部队在赣北展开攻势。王锡山随部与其作战。在万家岭战役中，先是驰援与日军第27师团激战的黄维第18军等部，随后参加在德安万家岭地区对日军第106师团及101师团一部的围歼战。10月5日，王锡山率部在江西柘林以北甘木关阻击日军第27师团增援106师团的战斗中，被日军重兵围攻，中弹牺牲。所部官兵虽牺牲大半，仍完成阻击作战任务，获第9战区嘉奖。

邓佐虞（1898—1938）国民革命军陆军第75军139师少将参谋长

字述唐。男，1898年出生，河北高阳人。早年毕业于陆军大学。抗日战争全面爆发后，任国民革命军陆军第75军139师少将参谋长。1938年2月，参加徐州会战，奉命在鲁南兰陵镇、洪山镇一带阻击日军，与敌人激战数日。5月15日，奉命率部移防萧县，阻击日军第9师团北犯徐州。16日，邓佐虞指挥所部在凤凰山、龙山及萧县县城南郊与日军展开激战，数次击退日军进攻。但由于部队伤亡较大，未得到休整，不得不退守城垣。18日，日军得到增援后由萧县城北突入城中，邓佐虞亲率城北官兵与敌肉搏。终因寡不敌众，与城北守城官兵全部牺牲。

冯安邦（1885—1938）国民革命军陆军第42军军长

字化民。男，1885年出生，山东无棣人。早年投身军旅，1917年，加入冯玉祥的部队。历任工兵营连长、营长、团长、旅长、师长并代理宁夏省主席等职。抗日战争全面爆发后，随第26路军开赴保定、石家庄，支援第29军保卫平津。冯安邦率第27师布防于北平以南琉璃河一线，多次挫败日军第20师团的进攻。1937年9月30日，冯安邦升任第42军军长，授中将军衔。10月上旬，冯安邦奉命率部参加太原会战，在汾河两岸的战斗中，歼灭日军第20师团77联队大佐联队长鲤登行一以下1000余人。1938年3月，参加徐州会战，所部担任守卫台儿庄右翼的重任。冯安邦亲赴右翼督战，率第27师协同第31师将在刘家湖一带的一部日军包围，有效地牵制了日军第10师团对台儿庄城的进攻，减缓了守城军的压力。徐州会战后，所部进入大别山区，转战鄂、豫皖边区小界岭一带，多次与日军作战。同年11月3日，冯安邦奉命由大别山向襄樊转进，在抵达襄樊时，遭遇日军飞机的轰炸，被弹片击中要害牺牲。

叶成焕（1914—1938）八路军第129师386旅772团团长

男，1914年出生，河南新县人，1929年参加革命，同年加入中国共产党。1930年参加鄂豫皖红军，屡建战功。抗日战争全面爆发后，任八路军第129师386旅772团团长，率部先后参加了长生口、神头岭、响堂铺等著名战斗，为第129师在抗战初期的“三战三捷”作出了重大贡献。1938年4月初，日军调集3万余人的兵力分9路向晋东南大举进犯。4月15日，侵占武乡县城的日军3000余人，沿浊漳河东撤。根据第129师师长刘伯承的部署，叶成焕率第772团等部为左纵队沿浊漳河北岸山地实施追击。16日晨，与其他部队一起在武乡以东的长乐村将东撤的日军大部截住，迅即发起攻击，将日军截为数段，压缩到狭窄的河谷里。至17时，第129师部队已将被围困于河谷里的日军基本歼灭。这时，有千余敌人从辽县来援。鉴于全部歼灭该股敌人已无把握，刘伯承决定以一部分兵力迷惑牵制敌人，主力立即撤出战斗。叶成焕接到命令后，一面指挥部队打扫战场，迅速撤离；一面跑上一个高坡，观察敌人增援部队的情况，完全把自己的安危置之度外。突然，一颗子弹射中了他的头部，于18日凌晨牺牲。当天下午，朱德、刘伯承、邓小平、徐向前、陈赓等八路军首长参加了为叶成焕举行的追悼大会和安葬仪式。2009年被评为“100位为新中国成立作出突出贡献的英雄模范人物”。

刘连科（1917—1938）八路军冀东抗日联军参谋长

男，1917年出生，河北滦县人，1936年初加入中国共产党。1938年6月，在丰润湾村召开遵化、迁安、滦县三路抗日联军负责人联席会议。会议研究决定正式成立冀东抗日联军，下设6个总队，由高志远任总司令，洪麟阁、李运昌任副总司令员，刘连科任参谋长。7月6日，冀东抗日大暴动爆发，冀东抗日联军分3路联合进攻遵化县城，受阻后，攻占了玉田县城。刘连科和李润民连夜秘密组织300多名暴动骨干，在滦县港北村举事，宣布成立抗日联军第5总队，攻打警察局，摧毁敌伪政权，扩大抗日武装，并攻取了滦县县城。8月，刘连科在河北省蓟县（今属天津市）潮白河与日、伪军作战中牺牲。刘连科参与组织的冀东抗日武装暴动，基本上摧毁了冀东地区的敌伪政权，是冀东人民全面抗战的一次大发动，是敌后战场的伟大壮举。

刘桂五（1902—1938）东北挺进军骑兵第6师少将师长

字馨山。男，1902年7月4日出生，热河凌南（今辽宁朝阳凌源）人。历任排长、连长、团长等职。抗日战争全面爆发后，任国民革命军陆军骑兵第2军6师少将师长。1938年春，随马占山东北挺进军出大青山，东进开辟新战场。日、伪军调集重兵封锁南北山口，挺进军苦战一个半月，伤亡惨重。为避免全军覆没，不得不在4月间西撤，刘桂五率6师担任后卫任务。1938年4月21日夜，在内蒙古百灵庙西南黄油杆子村宿营时，被日军包围。刘桂五指挥警卫队反复冲杀，直至次日早晨。终因寡不敌众，所部被敌人打散。刘桂五在战斗中被敌人的炮弹炸成重伤，因伤势过重牺牲。1938年6月9日，国民政府在西安革命公园为刘桂五将军举行追悼大会，八路军总司令朱德、副总司令彭德怀及各界代表都赠送挽联、发表讲话，颂扬抗日英雄。

刘震东（1893—1938）国民革命军陆军第5战区司令部高级参谋兼第2路游击司令

字曦洲。男，1893年出生，山东沂南县人。东北陆军讲武堂毕业。历任排长、连长、营长、团长等职。1925年任第7师6旅旅长。1927年升任东北军第15师师长，授中将军衔。抗日战争全面爆发后，刘震东带领秘书长、参议、副官、警卫等十余人，回家乡筹划组织地方抗日武装。1937年12月，任第5战区司令部高级参谋兼第2路游击司令。1938年1月，日军精锐板垣第5师团在青岛强行登陆，向临沂进攻。2月，刘震东奉命率部北上驻守莒县，随第3军团参加临沂保卫战。2月20日凌晨，日军围攻莒县，突破城西北角。刘震东闻信后亲临现场指挥战斗，与日军近距离搏杀。激战中，刘震东头部中弹牺牲，后被追晋为陆军中将。

刘曙华（1912—1938）东北抗日联军第8军政治部主任

别名李明学，化名老曹。男，1912年出生，山东济南人，1931年加入中国共产党。1934年在苏联海参崴列宁主义学校学习。1935年4月回国，到东北任中共密山县委书记，秘密地进行抗日宣传和组织工作。8月，在密山县哈达河开展抗日活动时被捕，不久，中共穆棱县委派人将其营救出来。1936年3月，代理中共穆棱县委书记。7月，任东北抗日联军第5军2师政治部主任。9月，到东北抗日联军第8军任政治部主任。1937年3月，当选为中共吉东省委委员、省委执行委员。不久，东北抗日联军三、四、五、八军在克上克召开联军会议，成立哈东联军办事总处，刘曙华为负责人，承担协调各军关系，统筹解决联军的粮食、衣服等物资的任务。3月19日，东北抗日联军三、四、五、八、九军联合攻打依兰县城。这次战斗中，刘曙华担任总稽查，率领40多名稽查队员没收了一部分敌伪财产。这次联合作战扩大了抗联的影响，破坏了日军春季大“讨伐”的计划。“七七”事变后，东北抗日斗争更为艰苦，刘曙华一面在教导队积极地向战士进行政治思想教育，加强对部队的整顿，一面又积极地与各师联系，号召大家坚持抗日不动摇。1938年6月，率领29名战士在桦川县七星砬子与8军3师师长王子孚所率部队会合。他发现王子孚策动叛变的阴谋后，同其进行了坚决的斗争，他利用各种机会向3师干部宣传党的抗日政策。8月22日，部队走到勃利县通天沟时，一些战士在他的影响下拒绝投降，王子孚恼羞成怒把刘曙华绑在大树上，割下他的舌头，用刀子一点一点割下他的皮肉，直到牺牲。

朱炎晖（1901—1938）国民革命军陆军第94军185师546旅旅长

又名桂林。男，1901年出生，浙江瑞安人。1926年7月，参加了北伐战争，先后任排长、连长、营长等职。1932年，“一·二八”淞沪抗战期间，在收复大场、庙行的战斗中，朱炎晖身先士卒，重创日军，受到嘉奖。1933年，升任第61师241团团长。1934年，入中央陆军军官学校高等教育班学习。毕业后，任中央陆军军官学校武汉分校战术教官。抗日战争全面爆发后，朱炎晖任第94军85师团长。1938年，升任85师546旅旅长，奉命进驻金中地区，担任阻击日军的作战任务。武汉会战打响后，中国军队在武汉外围地区与日军展开了拉锯式的争夺战。

朱炎晖染病在身，被担架抬着，亲临前线指挥作战。因指挥有方及全体官兵的拼死抵抗，阻滞了日军的前进速度。但由于敌我战力悬殊，546旅伤亡惨重，遭到日军包围。11月3日，在突围战斗中，朱炎晖中弹牺牲。

朱家麟（1892—1938）国民革命军陆军第40军39师115旅旅长

又名德馨，字国瑞。男，1892年出生，河北满城人。1922年，保定陆军军官学校炮科第8期毕业。1933年春，任第40军39师115旅团长，驻防河北遵化罗文峪。曾率部参加长城抗战，两次组建“敢死队”，与日军肉搏，歼灭日军数百人，受到军长嘉奖。该团被命名为“铁血团”。1937年，朱家麟从庐山军官训练团高级班毕业，升任第115旅旅长。同年8月，率部参加河北沧县姚官屯战斗，与日军矶谷廉介师团血战4天，击落日军重型轰炸机1架。1938年2月，参加徐州会战，朱家麟奉命率部在山东临沂阻击日军第5师团。5月11日夜，第5战区奉命作战略转移，朱家麟所部担任第40军后卫阻击任务。5月19日，在江苏沛县阻击日军时，中弹牺牲。

李延平（1903—1938）东北抗日联军第 4 军军长

男，1903年3月9日出生，吉林延吉人，1932年加入中国共产党。“九一八”事变后，满怀抗日救国热忱，一心投军杀敌。1932年1月，参加由救国军总部直接领导的自卫军补充团，先后任补充团副官和作战参谋。1932年3月1日，日军跟踪救国军向黑龙江省宁安县进犯。日军上田支队600余人分两路从敦化北上。3月20日清晨，上田支队主力到达宁安县南湖头墙缝。补充团在墙缝组织伏击战，击毙日军100余人。23日，率部在松乙沟伏击日军，利用春风大、草木易燃的自然条件，以火攻击日军，乌烟弥漫，日军顿时乱作一团，再次被打得焦头烂额。1933年1月4日，任游击支队支队长。同年冬天，被派往莫斯科东方大学学习2年。1935年冬，返回东北战场，在中共吉东特委工作。1936年2月，任东北抗日同盟军第4军代理军长兼1师师长。4月，东北抗日同盟军第4军改编为东北抗日联军第4军。6月20日，为了开辟新的游击区，率军部向宝清地区东征。7月15日，东征部队到达宝清县莲花顶子一带。8月5日，收缴了7区大排队武装，并争取该区20多名甲长和乡绅为部队捐助了大量粮食和钱款。1937年11月，任东北抗日联军第4军军长，率队在勃利、依兰、方正、宝清等地进行抗日斗争。1938年夏，率部向黑龙江省五常地区西征。同年秋，率第4军主力部队到达珠河、五常地区活动。11月20日，率

7名战士在珠河县（今尚志市）一面坡草顶子宿营，被叛徒杀害。

李学福（1901—1938）东北抗日联军第7军军长

原名学万，又名葆满。男，朝鲜族，1901年12月11日出生，吉林延吉人，1933年加入中国共产党。1933年，任饶河反日游击队军需长。为保障游击队粮食、服装、枪支弹药的供给开展大量工作。12月，参与组织攻打黑龙江省虎林县城的战斗，取得歼敌百余人的战绩。1934年，游击队改编为饶河反日游击大队，任大队长。同年9月，组织部队充分做好粉碎敌人冬季“讨伐”的各项准备，并组建一支滑雪游击队。1935年1月，指挥滑雪游击队利用大旺砬子山地反复奇袭日军，两三天内歼灭日军百余名。1935年9月18日，游击队改编为东北人民革命军第4军4团，李学福任团长。部队在小南河、小西山一带多次攻打日、伪军，屡立战功。1936年3月，任东北人民革命军第4军2师副师长。11月15日，任东北抗日联军第7军2师师长。1937年春，东北抗日联军第7军1师、2师合编后，任第1师师长。6月，率部在黑龙江省宝清县头道林子与900多伪军遭遇，打死打伤敌人100多名。1938年1月，任东北抗日联军第7军军长，并当选为中共第7军执行委员会常委。不久，因长期在艰苦环境下坚持斗争，积劳成疾，身患半身不遂，离开部队到苏联毕金城养病。同年8月8日，因医治无效病故。

杨靖远（1902—1938）八路军冀南军区第6军分区司令员

原名赵荣山，又名赵先周。男，满族，1902年出生,辽宁沈阳人。17岁考入中医专科学校，毕业后在沈阳、锦州一带行医，1922年到沈阳兵工厂做工，秘密参加革命活动，1930年加入中国共产党。1931年“九一八”事变后，参加东北抗日自治联军。他在沈阳与其他同志一起打死数名日军，为避敌搜捕，偕夫人陈华英乘车入关，到北平（北京）后，与中共组织接上关系。担任华北各界救国会执行委员，中共河北省委负责人，在北平、天津地区进行革命活动。1938年4月5日，受党组织派遣，到冀鲁边区领导抗日斗争，先后任国民革命军敌后抗日别动总队第31游击支队副司令员、冀鲁边区军政委员会委员、冀南第6督察专员公署专员、冀南军区第6军分区司令员。他坚决执行党的指示，深入发动群众，积极组织地方抗日民主政权，发展抗日武装，开展游击战争，曾先后率部参加围攻庆云城、赵家桥、纪王桥等战斗，有力打击了当地反动武装，扩大了党的影响。1938年12月，在指挥部队攻打盐山县反动武装孙仲文的老巢大赵村时不幸牺牲，尸体被孙仲文抢走，将头颅割下挂在寨门上威胁群众。杨靖远牺牲后，八路军东进抗日挺进纵队司令员萧华，命周贯五率部队赶赴盐山，攻破大赵村，孙部大部投降，少数顽抗者全被消灭。冀鲁边区军民为杨靖远烈士举行了隆重的追悼会。

沈东平（1905—1938）中共河南省委委员兼中共豫东特委书记

原名张秉乾。男，1905年6月27日出生，河南舞阳人，1929年加入中国共产党。1933年参加吉鸿昌领导的察哈尔民众抗日同盟军。同盟军失败后，来到河南省许昌、西华一带进行地下活动。1936年6月，主持建立中共许昌中心县委，任县委书记。7月，在许昌成立中共河南省临时工作委员会，沈东平为主要负责人。1937年4月，中共河南省委成立，任省委委员兼豫东特委书记，广泛开展抗日民族统一战线工作。1938年6月，创建了3000多人的西华人民抗日自卫军，任参谋长。7月下旬，带领自卫军在睢县河堤岭马路口与日军交战，缴获日军大车6辆，枪100多支，打死、打伤日军100余人。自卫军正准备撤离战场时，被敌援军包围，激战中牺牲。

陈宇寰（1897—1938）冀东抗日联军副司令员

男，1897年出生，河北滦县人。1934年参加共产党领导的滦县抗日救亡会。翌年2月21日，为反抗驻滦县战区保安总队刘佐周扩充反动势力，率联庄会与高志远领导的起义民团会师，将督察队、特务队全部缴械，活捉了督察处长李拱之。同日，又将来报复的300名骑兵击溃。抗日战争全面爆发后，陈宇寰参加了共产党领导的华北人民抗日武装自卫会冀东分会，成为领导滦县南部游击战争的负责人之一。1938年7月9日下午，在小陈庄主持召开了暴动大会，当晚率队攻打乐亭县城。返回后，陆续收缴了胡各庄、坨里、高各庄等地民团和地主的武器。并开仓放粮，赈济贫民，不到十天，队伍自3000人猛增到万余人。后被任命为冀东抗日联军副司令员。8月下旬，参加了八路军第4纵队和抗联领导在遵化铁厂举行的会议。他积极拥护共产党“积极开展敌后游击战争，创建敌后根据地”的主张，受到第4纵队邓华司令员的赞扬。9月3日，冀东抗联司令高志远、副司令陈宇寰发兵万余人围攻乐亭城，炮队把十几门大土炮架在城外各要口。在抗联10总队和23总队配合下激战3昼夜，收复乐亭，当即成立昌滦乐抗日联合政府和抗联警备司令部。10月9日，率部赴平西督训途中，宿营蓟县赵各庄，次日凌晨遭日、伪军包围，在率部冲杀中，中弹牺牲。

陈钟书（1891—1938）国民革命军陆军第60军183师542旅旅长

字树藩。男，1891年出生，云南安宁人。早年入云南陆军讲武堂学习，毕业后在龙云部任近卫团营副。1929年，任国民革命军陆军第38军98师3旅6团团长，后任第5旅10团团长。1937年，任第60军183师542旅旅长。10月，陈钟书率两团官兵随60军从云南出发，奔赴抗日前线。1938年3月，参加徐州会战，奉命开往台儿庄以北邢家楼集结。4月21日，60军与日军遭遇并展开激战，陈钟书指挥所部先后击退日军40多次进攻。战至24日下午5时许，日军步兵、骑兵向陈钟书部进攻，日军骑兵与守军步兵在阵地前展开白刃战，陈钟书连续刺杀多个日军士兵，多处负伤仍拼命杀敌。肉搏中，被子弹击中头部牺牲。

陈锦秀（1911—1938）八路军第115师344旅688团团长

男，1911年出生，河南固始人，1933年加入中国共产党。土地革命战争时期，曾任红25军营长，红15军团第75师233团团长、第73师和75师师长。参加开辟鄂豫皖革命根据地的斗争和鄂豫皖革命根据地历次反“围剿”作战。随军长征到达陕北后，率部参加劳山、榆林桥、直罗镇等战役。1936年春，随军东渡黄河，转战晋西。同年夏，为策应红二、红四方面军北上，又率部参加西征。抗日战争全面爆发后，任八路军第115师344旅688团团长，率部参加平型关战役。1938年1月22日，688团在团长陈锦秀的率领下，于河北平山温塘镇辛庄至南红岸寨之间区域设伏，与井陉、平山来犯的2000余名日军展开激战，日军损伤惨重，在即将全歼敌军之际，陈锦秀被援敌的炮弹击中牺牲。

陈德馨（1904—1938）国民革命军陆军第55军29师86旅旅长

字惟吾。男，1904年出生，河南鄢陵人。早年投身军旅，曾参加北伐战争，历任连长、营长、团长等职。1930年任国民革命军第55军29师86旅旅长。抗日战争全面爆发后，曾率部在山东临沂、德州、济宁等地与日军多次作战。1938年6月，日军发动武汉会战。9月，陈德馨奉命驻守湖北黄梅、广济一带。7日拂晓，日军1000多人，在10余架飞机掩护下，向86旅阵地发起全线进攻，陈德馨率部与来犯日军展开激战。10时，战斗达到白热化程度。陈德馨亲临前线指挥作战，被子弹击中左胸，仍不肯后退，直至援军赶到，才把他从昏迷中拖下火线。下午3时，终因伤势过重牺牲。16日，武汉各界举行公祭追悼陈德馨，后被追晋为陆军中将。

周元（1894—1938）国民革命军陆军第48军173师副师长

字凯之。男，壮族，1894年出生，广东明江人。早年从军，曾参加北伐战争，历任排长、连长、营长、团长等职。1934年，任副师长，入中央陆军军官学校第4分校高教班第5期学习。抗日战争全面爆发后，任国民革命军陆军第48军173师副师长，率部参加“八一三”淞沪会战。10月17日，在陈家行指挥作战时，身负重伤，仍坚持指挥到战斗结束才去医院治疗。1938年5月，参加徐州会战。周元亲率1033团官兵防守安徽蒙城，阻击日军向西进犯。5月7日，日军3000余人围攻蒙城，一部分日军攻入城内。周元指挥所部与敌激战，歼灭入城日军。9日，日军集结重兵再次攻入城中，激战中，周元多处负伤，仍率部拼杀，最终因失血过多牺牲。

周卓然（1904—1938）国民革命军陆军骑兵第6军7师师长

男，1904年出生，湖北钟祥人。黄埔军校第6期骑科毕业。历任国民革命军陆军排长、连长、营长、团长、骑兵旅副旅长、旅长、骑兵第7师副师长。抗日战争全面爆发后，周卓然随部开赴察哈尔地区，阻击沿平绥路东段前进的日军。1937年8月，周卓然率部驻守百灵庙，多次击退伪蒙军的进犯。1938年4月，为了策应徐州会战，打击日军，傅作义发动绥南战役，先后收复清水河和林县城（今内蒙古和林格尔）。周卓然率部增援傅作义的第35军，在和林县察圪洞与日军岩田骑兵联队遭遇，与敌人激战两昼夜，击溃了日军。周卓然在战斗中负重伤，回家乡养伤。1938年秋，前方告急，周卓然接到升任骑兵第6军7师师长并归队电报后，不顾自己的伤尚未痊愈，马上返回部队，率部赶赴前线。途经山西黄河渡口风陵渡北岸时与日军遭遇，战斗中，中弹牺牲。

周建屏（1892—1938）八路军晋察冀军区第4军分区司令员

原名宗尧，字兴唐，曾用名子炎。男，1892年8月26日出生，云南宣威人，1927年加入中国共产党。1909年，考入云南陆军讲武堂，更名建屏。1911年10月参加辛亥革命。1926年，入黄埔军校学习。参加了北伐战争。1927年，转入朱德军官教导团，参加八一南昌起义。后在上海、青岛等地从事革命工作。1930年9月，所部被扩编为红10军，任军长。1933年初，红10军被调往中央苏区，整编成为红11军，任军长。1933年10月，红军整编后，任红19师师长，后又调任独立红24师师长。1934年2月，参加第2次中华苏维埃全国代表大会，当选为中央执行委员。1936年，任中国人民抗日军事政治大学第2科科长、陕甘宁边区军事部部长。抗日战争全面爆发后，任八路军第115师343旅副旅长，参加了平型关战役。周建屏与刘道生一起在当地党组织支持下，建立了平山团和井陉、获鹿、正定、平定、阳泉、寿阳等若干支游击队。1937年底，任晋察冀军区第4军分区司令员，率领分区机关和部队，发动群众开展减租减息运动，壮大八路军队伍，开创和巩固了模范抗日根据地。周建屏戎马生涯30年，先后7次负伤。由于艰苦的战争环境和频繁的战事，1938年6月13日，因战伤复发不治病故。4分区军民几千人在小觉镇举行了追悼大会，沉痛悼念这位人民的好司令员。当地群众在太行山的山腰里，为周建屏司令员修起一座烈士墓。日军3次到小觉镇来“扫荡”，炸毁烈士墓，群众又3次修复起来。为了纪念周建屏，1940年8月，晋察冀边区政府决定，将平山、获鹿、井陉、正定县的部分地区组建成一个县，命名为“建屏县”。

范荩（1899—1938）国民革命军陆军第54军198师副师长

原名孟声，字致博。男，1899年出生，江西丰城人，1926年加入中国共产党。1922年毕业于保定陆军军官学校第8期。曾任黄埔军校第3期总队部教员及第7队少校队长。1926年参加北伐战争。1928年参加南昌起义。1930年经张治中介绍，在国民政府湖南省保安队任人事科科长。1937年在武汉参加珞珈山将校训练班。卢沟桥事变后，任国民革命军陆军第54军198师副师长。1938年夏，日军攻陷安庆后，投入14个师团、3个独立混成旅团和2个野战重炮旅团、2个战车团及海军第3舰队、航空兵团等，共计约35万兵力，沿长江两岸分五路进攻武汉。范荩奉命率部驻防长江北岸湖北黄陂地区。9、10月间，日军先后攻陷广济、田家镇等要塞后，一部向198师所在的湖北黄陂逼近。1938年9月，范荩在与日军的激战中牺牲，后被追晋为陆军中将。

范筑先（1882—1938）山东省第6区行政公署专员兼保安司令

原名金标，又名夺魁，曾用名仙竹。男，1882年出生，山东馆陶（今属河北省）人。历任炮兵营长、补充团团长、第8旅旅长等职。1931年回山东，先后任第3路军参议、沂水县县长、临沂县县长。1936年，任山东省第6区行政公署专员兼保安司令。抗日战争全面爆发后，范筑先拥护中国共产党的抗日主张，留在鲁西北地区组织群众进行抗日。1937年11月，先后建立了30多个县的抗日政权和6万人的抗日武装。1938年，为策应武汉会战，先后两次组织部队攻击驻守在济南的日军。11月初，毛泽东专门派人给他带去亲笔信，对其表示慰问和嘉勉。11月14日，日军进攻聊城，范筑先率部抗击，700多名将士大部分战死。次日，聊城被日军占领，范筑先宁死不当俘虏，举枪自尽。范筑先牺牲后，国民政府特令褒扬。中共重庆《新华日报》发表了敬悼抗日英雄范筑先先生的时评，延安中共中央《解放》周刊发表了纪念文章《哀悼民族老英雄范筑先》。

洪麟阁（1902—1938）冀东抗日联军副司令员

原名占勋，字冲霄，号洪桥。男，满族人，1902年出生，河北遵化人。抗日战争全面爆发后，与中共天津地下组织取得联系，成为天津各界民众抗日救国会负责人之一。作为党外人士、社会名流，被吸收为“华北人民抗日武装自卫委员会”的主要领导成员。1938年6月，冀热边特委在丰润县北田家湾子村召开军事会议，有遵化、迁安、滦县三路起义军负责人参加。会上宣布正式建立冀东抗日联军，洪麟阁任副司令员兼第3路总指挥。很短的时间内，洪麟阁部队已经发展到5000多人。在洪麟阁的带领下，联军士气高涨，先后攻克沙流河、遵化县鲁家峪和玉田县城。8月，所部与八路军邓华、宋时轮支队会合。10月，洪部在遵化县马兰峪遭受日军4个旅团的进攻，作战中洪麟阁头部和腿部负重伤，竭尽全力投出1枚手榴弹，炸倒数名日军后，中弹牺牲。时隔不久，杨十三等领导同志代表冀东抗联向党中央汇报冀东大暴动的情况时，朱德总司令说：“洪麟阁是我们党非常需要的知识分子和军事人才，他的牺牲对我们是一大损失。”

赵渭滨（1894—1938）国民革命军陆军第41军122师参谋长

原名渭宾，字象贤。男，1894年出生，四川成都人。抗日战争全面爆发后，赵渭滨任第41军122师参谋长，随川军出川抗日，参加平型关战役。后转战于山西娘子关、芹泉、榆次等地，给日军以重创。1938年1月，赵渭滨随部由山西转赴山东临城（今枣庄薛城区），参加徐州会战。3月上旬，日军矶谷师团由津浦线向南进犯，企图攻占徐州，赵渭滨随部固守滕县。3月14日，日军在飞机和密集炮火的支援下，开始向滕县发动猛攻，赵渭滨随部奋勇抗击，与日军激战3昼夜，始终坚守滕县县城。17日拂晓，日军调集数十辆装甲战车和大量炮兵，重新组织进攻。下午，因兵力悬殊，日军攻入城内。赵渭滨在西关外电灯厂附近指挥战斗时，遭日军机枪扫射，中弹牺牲，后被追晋为陆军少将。

赵锡章（1901—1938）国民革命军陆军第19军70师215旅旅长

字荣三。男，1901年出生，河北河间人。先后毕业于清河陆军预备学校及保定陆军军官学校步科第9期。历任排长、参谋、参谋长等职。1935年任晋绥军独立第3旅4团团长。1937年9月太原会战爆发，赵锡章随部参战，先后参加平型关、晋北、忻口等战役。忻口战役中率部在忻县、崞县交界之云中河南岸与日军激战，在友邻部队配合下，重创日军。战后因功升任国民革命军第19军70师215旅旅长。11月8日，太原失陷，赵锡章率部赴晋西防守。1938年2月，日军以优势兵力向晋南进攻，同时以两个旅团经汾阳、孝义向隰县川口镇进攻。为阻击日军南侵，215旅奉命布防于川口、牛槽沟、大麦郊一线。20日晨，所部防地遭日军步、骑、炮兵联合进攻。赵锡章率部与敌激战，因战力悬殊，撤至孔家庄、东沟里至任家岭一线设防。21日拂晓，全旅将士与来犯日军再次激战。午后2时，各团阵地多数被日军突破，设于杨村堡的旅指挥部也被日军三面包围。赵锡章亲率预备队上阵杀敌，战斗中身负重伤，仍坚持指挥作战，因流血过多牺牲，后被追晋为陆军中将。

理琪（1908—1938）山东人民抗日救国军军政委员会主席兼第3军司令员

原名游建铎。男，1908年出生，河南太康人，1925年加入中国共产党。1926年以管理无线电通讯的职业为掩护，在国民党军队中从事党的地下工作。1934年10月中央红军长征后，中央调理琪到上海工作。1935年11月，中共胶东特委领导的“11・4”武装暴动失败后，胶东党组织遭到严重破坏。1936年春，理琪奉命从上海到胶东，恢复重建中共胶东临时特委，任特委书记，领导文登、牟平、荣城等县的抗日救亡运动。同年11月，由于叛徒告密，胶东特委机关遭到破坏，理琪被捕。在济南监狱，他在酷刑拷问下坚贞不屈，与赵健民等十几位共产党员取得联系，秘密成立党支部，进行绝食斗争。1937年11月，经党组织营救出狱，返回胶东，复任胶东特委书记。12月24日，领导天福山抗日武装起义，成立了山东人民抗日救国军第3军。1938年1月，领导威海卫抗日武装起义成功后，成立第3军军政委员会和司令部，理琪任军政委员会主席兼第3军司令员。此后第3军迅速发展到8个大队。1938年初，日军占领烟台等地。为打击日军的嚣张气焰，理琪率领第3军在文登、牟平一带开展游击战，打击、牵制敌人。2月13日，理琪指挥第3军里应外合，收复牟平县城，活捉伪县长、伪公安局长以下70余人，缴枪百余支。烟台日军乘汽车奔袭牟平城，理琪率部分人员在城东雷神庙休整和部署工作时，被敌人包围，他带领战士们沉着应战，经过近10个小时的战斗，终于突出重围，但理琪却因伤势过重牺牲。

萨师俊（1895—1938）海军第1舰队中山舰舰长

字翼仲。男，蒙古族，1895年出生，福建闽侯人。毕业于烟台海军学校，历任海军江贞、建安舰副舰长，公胜、顺胜、威盛、楚泰舰舰长。1935年2月，萨师俊代理中山舰舰长一职，后任第1舰队中山舰舰长。1937年，抗日战争全面爆发，萨师俊奉命率中山舰在南京至上海一线筹备防御，并驻守南京。8月至11月，参加淞沪会战。会战失利后，国民政府迁往重庆，萨师俊率舰参与掩护转移、运输物资以及长江上的防务、布雷任务，之后随海军部西迁到湖南岳阳。1938年6月，武汉会战全面打响。10月，为支援武汉地面防空，海军司令部令中山舰撤下3门大炮支援武汉外围防空火力。后负责警戒金口至嘉鱼、新堤沿江一带，日军则派飞机猛烈轰炸金口至城陵矶一带，封锁长江运输线。10月24日上午，中山舰发现日本侦察机，萨师俊命全舰集中火力对日机射击，日本飞机遁走。下午再次遭遇6架日军轰炸机猛烈轰炸，中山舰舰尾左舷中弹。萨师俊双腿被炸断，仍坚持指挥，不肯离舰。最终遭日机扫射，中弹牺牲。

黄启东（1891—1938）国民革命军陆军第27军23师参谋长

字霞鹤，又字礼常。男，1891年2月1日出生，湖南平江人。1914年毕业于保定陆军军官学校第1期骑科。1927年任中央军事政治学校第3分校大队长。抗日战争全面爆发后，任第27军23师参谋长，驻守陕西临潼。后奉令参加沧县（州）战役，阻击日军沿津浦路南下。1938年2月，参加徐州会战，奉命率部移防山东郓城、菏泽。5月11日夜，日军第14师团在酒井旅团的掩护下，攻占濮县附近的董口，渡过黄河，进逼郓城。14日，日军主力向菏泽城发起猛攻。黄启东亲临前线指挥作战。在日军猛烈炮火下，所部伤亡惨重，菏泽防线崩溃。黄启东身边仅剩下直属部队和几名随从副官。15日，黄启东继续与日军展开血战，战斗中，头部负伤，仍命卫士背着指挥战斗，因流血过多牺牲。

谢升标（1903—1938）国民革命军陆军苏浙皖游击司令

字若鹏。男，1903年出生，浙江临海人。黄埔军校第3期毕业后，任国民革命军陆军第6师34团机枪连连长，参加北伐战争。1929年入庐山军官训练团学习，升任团长。1935年入中央防空学校学习，毕业后升任旅长。1937年，谢升标奉命率部参加淞沪会战。在南翔作战中，亲自率领一个小分队，改扮成日军，连闯几道关卡，袭击日军弹药库，引起连锁爆炸，致使日军阵脚大乱，中国军队乘势发动反击，使日军进攻受挫。国民政府嘉奖其为“虎胆英雄”。12月，谢升标被任命为苏、浙、皖游击司令，率部在江苏宜兴建立游击根据地，经常以破坏交通、夜袭等方式袭击日军。1938年4月初，第4军60师与日军遭遇，苦战于江苏宜兴、安徽广德两县交界处的凤凰岭、金鸡山一带。谢升标率边区游击队开赴金鸡山，配合第60师夹击日军而陷入重围，突围战斗中，中弹牺牲。

韩明柱（1913—1938）鲁东抗日游击队第8支队副司令员

原名张正。男，1913年2月出生，河南新县人。1929年任乡苏维埃委员，同年11月加入中国共产党。1930年参加中国工农红军。在红四方面军任红1军29团通讯员、连指导员，红73师279团2营政委、279团政委、219团政委等职。长征到陕北后，入红军大学学习。1937年“七七”事变后，被派到山东参加敌后抗日武装斗争，9月下旬到达济南，被山东省委分配到鲁东工委，同年底，参与发动牛头镇抗日武装起义，组成八路军鲁东抗日游击第8支队，韩明柱任副指挥。1938年2月，率队伏击日军汽车队，打死日军军官多名，缴获汽车等军用物资。3月，8支队与7支队会师，成立八路军鲁东游击指挥部，韩明柱任副指挥，东进胶东参与开辟以蓬（莱）、黄（县）、掖（县）为中心的抗日根据地，任胶东抗日联军指挥部副指挥。后率8支队回师西进，1938年11月29日，在长山县西蒙家村获悉50多名日军200多伪军来蒙家庄一带抢掠，他立即指挥部队伏击敌人，打死打伤日伪军40多人。在带领3名战士欲夺敌机枪时中弹牺牲。1957年，山东省人民政府将其遗骸迁葬于济南英雄山革命烈士陵园。

丁思林（1915—1939）八路军第129师386旅新1团团长

男，1915年4月出生，湖北黄安（今红安县）人，1933年9月加入中国共产党。1932年 5 月参加红军，曾任班长、排长、连长、营长、团长等职，参加了长征。抗日战争全面爆发后，任八路军第129师386旅772团1营营长。1938年9月任386旅新1团团长。1939年2月，在曲周县香城固的伏击战中，全歼日军安田中队和40联队补充大队，打死日军250余名，俘虏8名，毁掉汽车9辆，缴获火炮3门，枪百余支，粉碎了敌人破坏冀南根据地的阴谋。因表现出色，新1团被朱德同志赞誉为“模范青年团”，后又被八路军前方总部授予“朱德青年团”的光荣称号。1939年7月5日，日军109师团107联队3000多人向晋东南抗日根据地进行大“扫荡”。6日，丁思林率新1团在云族镇同敌人激战两天。8日，日军纠集兵力再次发动进攻，为掩护部队撤退，他主动阻击日军进攻。激战中，头部中弹牺牲。为表达对丁思林的哀思，八路军第129师政治委员邓小平同志写了《悼丁思林同志》的文章。

马耀南（1902—1939）八路军山东纵队第3支队司令员

名方晟，字耀南。男，1902年2月出生，山东长山（今属淄博市）人。1920年考入济南省立第一中学，1930年毕业于天津北洋大学机械工程系。在校加入中国国民党，积极投身反帝爱国运动。“四一二”反革命政变后，参与反蒋活动，被开除国民党党籍并遭通缉。1933年回家乡担任长山中学校长。1937年“七七”事变后，积极准备组织抗日武装，经共产党员林一山介绍，加入中华民族解放先锋队。在他主动要求下，中共山东省委先后派共产党员姚仲明、廖容标、赵明新来到长山中学，与他一起举行游击干部训练班，培养训练抗日干部。1937年12月，发动黑铁山抗日武装起义，组成山东人民抗日救国军第5军，任临时行动委员会主任，是第5军的主要领导人。1938年3月，起义部队发展到2000多人。国民党“鲁北抗日总司令”刘景良和山东省政府主席沈鸿烈多次派人拉拢他，并委以高官，均被他拒绝。4月，中共山东省委决定第5军改称山东人民抗日联军独立第2师，马耀南任师长。6月，独立2师又改称八路军山东人民抗日游击第3支队，马耀南任司令员，杨国夫任副司令员，霍士廉任政治委员。1938年10月，马耀南经郭洪涛、霍士廉介绍加入中国共产党。12月，第3支队改编为八路军山东纵队第3支队，辖6个团，马耀南仍任司令员。1939年初，3支队在胶济路南北、小清河以南广大地区开展抗日游击战争。开辟了清河平原抗日根据地。同年6月6日，日伪军3000余人将3支队包围于邹平刘家井一带。他与杨国夫临危不惧，指挥部队激战一天，打退敌人多次进攻，毙伤日伪军800多人。7月22日，3支队司令部在桓台县牛王庄与敌人遭遇，马耀南率司令部机关人员突围时遭敌伏击牺牲。在他的教育影响下，他的两个弟弟马晓云和马天民也参加了八路军，并在抗战中先后为国捐躯。在清河根据地，曾有“一马三司令”的佳话传颂。为纪念马耀南，清河区成立了“耀南中学”和“耀南剧团”,长山县曾改名为“耀南县”。

方叔洪（1908—1939）国民革命军陆军第51军114师师长

原名方范，字叔洪。男，1908年出生，山东济南人。毕业于日本陆军士官学校。毕业后去法国慕漠尼航空学校学习，去德国学习炮兵技术。1931年回国到19路军效力，参加“一·二八”淞沪抗战。1937年，任国民革命军陆军东北军112师667团团长，随部参加淞沪会战，坚守江阴五昼夜。因战功晋升114师参谋处长，后升任参谋长。1938年4月，方叔洪率部参加台儿庄战役，亲临前线指挥，多次击退日军进攻。中国军队取得台儿庄大捷后，日军发动反扑，第5战区下令转移，方叔洪奉命率部掩护鲁南兵团转移。1938年8月，率部参加武汉会战，在安徽石门口、富锦山一带阻击日军，后转战鲁南。1939年初，方叔洪升任第51军114师师长。6月24日，方叔洪率部转移到山东沂源县附近时，遭到日军围攻，遂向东南方向突围转移。25日，与追击的日军遭遇，激战中方叔洪头部、腰部数处中弹，为不被敌人俘虏，举枪自戕。

王禹九（1902—1939）国民革命军陆军第79军参谋处处长

男，1902年出生，浙江黄岩人。曾参加北伐战争，历任排长、连长、营长、团参谋主任等职。1932年，入南京陆军军官学校第3期学习。毕业后，任第98师584团团副。抗日战争全面爆发后，参加淞沪会战，因战功升任第79军参谋处处长。1939年春，日军为巩固武汉，维护长江下游交通，集中3个师团、3个旅团约10万日军进攻南昌。王禹九所部奉命参加南昌战役，在修水沿岸布防。3月20日，日军在200门大炮的掩护下，强渡修水。王禹九部与日军激战3天，伤亡过半。27日晨，79军军部在虬岭陷入重围，王禹九率仅存的特务连掩护军部突围，因敌众我寡，突围未能成功。战斗中，王禹九身中数弹牺牲，后被追晋为陆军少将。

王根英（1907—1939）八路军第129师政治部供给部财经干部学校政治指导员

原名庶心。女，1907年出生，上海人，1925年转为中国共产党党员。1923

年，参加中国共产党在上海举办的工人夜校学习，接受党的熏陶和培养。参加了著名的“五卅”运动，多次领导上海女工罢工，并参加了上海3次工人武装起义，起义胜利后被工人推举为上海市政府委员。1927年，出席了中国共产党在武汉召开的第5次代表大会和第4次全国劳动大会及国际工人太平洋劳动大会。曾任中华全国总工会委员、女工部部长、中共江苏省委妇女部部长。担任过中共中央在上海的地下联络员，协助丈夫陈赓从事中共中央情报工作。1932年“一·二八”淞沪抗战期间，为支援19路军抗战，在沪东组织了工人救护队，奔赴前线抢救运送伤员。1933年在上海被捕入狱，她率领狱中难友同敌人进行各种形式的斗争。1937年8月，周恩来代表中共中央到南京和国民党政府和谈，并亲自到狱中将王根英解救出来。出狱后到延安《新中华报》报社工作。1938年奉命调往抗日前线，任八路军第129师政治部供给部财经干部学校政治指导员。1939年3月8日，日军突袭驻扎在河北南宫县王家村的财经干部学校。王根英不顾个人安危，先用骡子转移伤员，突围成功后，为抢救落在村里的机密文件和公款，毅然返回村中去取，遭日军合围，牺牲在日军的刺刀下。

邓永耀（1912—1939）八路军第129师东进纵队政治部主任

又名永辉。男，1912年1月24日出生，湖南茶陵人，1930年加入中国共产党。1927年11月开始从事革命活动。1930年参加红军。曾任军团政治部文书、总务处处长、军团宣传队队长、军政治部宣传部长、师政治部主任等职。参加了中央红军长征。抗日战争全面爆发后，任八路军第129师骑兵团政治委员，率部转战冀南一带，为开辟冀南抗日根据地作出了重要贡献。后调任冀南第5支队政治委员，率部转战于武邑、阜城、枣强一带，粉碎了日、伪军多次“扫荡”。1939年初，调任第129师东进纵队政治部主任。3月3日晨，率部在武邑东南徐村与日军遭遇，他命令一部分战士掩护群众转移，一部分战士撤向邓庄村南设伏，自己带领30多名战士担负阻击任务，并将日军引入伏击圈。战斗中，不幸头部、腿部中弹，因流血过多牺牲。邓永耀牺牲后，《新华日报》（华北版）于1939年4月11日刊载了《纪念邓永耀同志》一文，对他的抗日功绩给予了高度评价。

叶辅平（1902—1939）新四军军需处处长

原名叶全。男，1902年出生，广东惠阳人，1928年6月加入中国共产党。1925年11月，随胞兄叶挺参加北伐军第4军独立团的组建工作，任团军需主任。1927年3月任第11军第24师军需主任。同年8月1日，参加南昌起义，任国民革命军第11军军需处处长。1930年以后，先后出任国民革命军第3军7师19团军需主任、第157师军需处会计科科长。1937年12月，到武汉参加新四军军部的组建工作。1938年1月任新四军军需处处长。此时，刚组建的新四军人多枪少、弹药奇缺。他一面采取自力更生的方针，培训军械人员，建立修械所和各支队的小兵工厂；一面亲自去广东向港澳同胞和海外侨胞募捐，购置武器弹药，想方设法保障部队的军需供给。一次，与叶挺夫人李秀文一起从香港买到3600多支驳壳枪和200多架望远镜，配发给新四军各部，提高了部队的作战能力。1939年，新四军军部驻安徽省泾县云岭时，日军飞机常来轰炸，为了不使军需物资遭受损失，他带领军需处人员到山上挖洞，把武器弹药分类深藏洞内。同年8月，叶辅平再次去香港运输军需物资。返回时，途经广西南宁八塘附近，遇车祸身亡。

江上青（1911—1939）中共皖东北特委委员

原名世侯。男，1911年4月10日出生，江苏江都人，1927年加入中国共产主义青年团，1929年转为中国共产党党员。1929年就读于上海艺大，并担任艺大地下党支部书记，从事地下学运工作。抗日战争全面爆发后，他和其他同志组织成立了江都县文化界救亡协会流动宣传团，从江都出发，溯江而上，广泛开展抗日宣传，组织动员民众抗日工作。1938年8月，遵照党的指示到安徽，在中共安徽省工委的领导下，参加了安徽省抗日民众动员委员会第8工作团，在大别山区开展抗日宣传工作。11月，皖东北地区被日军占领后，受中共安徽省工委派遣，他和一批共产党员到皖东北泗县工作，担任国民党安徽省第6行政区专员公署专员秘书兼保安副司令、第5游击区司令部政治部主任，利用合法身份，积极开展抗日宣传，培训抗日干部，建立抗日武装，推动抗日民族统一战线，为开辟皖东北抗日根据地培养了大批干部。同时，在秘密党员中建立了中共皖6区专署特别支部，任特支书记。1939年3月，中共皖东北特委成立，杨纯任特委书记，江上青为特委委员。他们协助中共豫皖苏省委领导，推动皖东北国共合作、团结抗战局面的形成。1939年7月29日，遭地主反动武装伏击牺牲。2009年被评为“100位为新中国成立作出突出贡献的英雄模范人物”。

牟光仪（1900—1939）中共胶东区党委职工部部长

男，1900年出生，山东潍县人。1911年就读于潍县养正小学。1917年考入文华中学。后因参加爱国学生运动被开除。先到华丰铁厂做工，后在潍县乐道院当电工。1926年牟光仪加入中国共产党。共青团山东省委书记关向应到潍县视察工作时，就住在他的电工房里。他把电工房作为党组织的秘密集会地点，在此印刷刊物和文件。利用工余时间把文件、刊物分发到党员、群众手中。济南“五三”惨案后，他受中共潍县县委指示，组织群众在坊子以东扒毁铁路，阻止日军兵列西上；还组织群众进行抗捐抗税等斗争。后因潍县形势恶化，1929年初转移到青岛普济路滋美冷藏公司当工人，从事党的地下活动。1930年春，在检修漏气管道时眼睛被有毒气体喷射，导致双目失明。回到家乡后，在党组织的领导下，以顽强的毅力，克服双目失明的重重困难，坚持开展农村斗争，为后来组建抗日武装创造了条件。1937年11月，牟光仪参与潍县抗日武装起义的领导工作。1938年1月底，起义部队成立八路军鲁东抗日游击第7支队，牟光仪任支队政治部副主任。4月4日，鲁东抗日游击第7支队和第8支队合编为八路军鲁东游击指挥部，牟光仪任指挥部政治部副主任。5月，鲁东游击队东征胶东，牟光仪留在潍东坚持斗争。同年9月任中共潍县工委组织部长。1939年3月，率部多次袭击潍城、坊子等地的日、伪岗哨，缴获枪支36支，又在坊子以东袭击了一个日军炮楼，缴获步枪4支，轻机枪1挺，组织成立了抗日游击队，他被群众亲昵地称为“瞎子司令”。5月，他到胶东区党委汇报工作，区党委指示他带领特务连50名指战员，返回昌邑、潍县一带执行扩军任务。他先后成功地争取国民党团长王炳臣带领100余人，原西北军营长徐子安带70余人，参加了抗日队伍(王炳臣后在战斗中牺牲，徐子安成为解放军的高级指挥员)。8月，他当选为胶东区党委常委，9月被任命为区党委职工部长，并兼胶东地区工会主席。12月日军对胶东进行大“扫荡”。12日黎明前，他与区党委党校和报社的同志在掖县河南村被日军包围，突围时牺牲。

吴焜（1910—1939）新四军江南抗日义勇军副总指挥兼第2路司令员

又名克刚。男，1910年5月出生，四川万县（今重庆市万州区）人，1930年加入中国共产党。1930年参加红军川东游击队。不久，游击队改编为红四方面军第33军，历任营长、团参谋长等职。1936年调红军第6军团，任团参谋长。长征途中，他带领部队打了不少恶仗，6次负伤。1937年初进入延安抗日军政大学学习。抗日战争全面爆发后，调任新四军第3支队6团副团长。1938年10月率部挺进苏南敌后，协同团长叶飞带领部队在金坛、镇江、句容、溧阳境内连续进行了镇丹路、白兔、北山、南塘、下蜀、龙潭、延陵等一系列对日、伪军的战斗。为执行中共中央关于向东作战的战略方针，1939年4月，率团向苏常太、澄锡虞地区挺进，开辟东路抗日战场。5月初与江南抗日义勇军（简称江抗）第3路会合，成立江抗总指挥部，第6团编为江抗第2路，任江抗副总指挥兼第2路司令员。率领所部激战黄土塘，夜袭浒墅关火车站、上海虹桥飞机场，给日、伪军以沉重打击。上海的《华美夜报》和《大美晚报》均报道了夜袭日军虹桥机场的消息。9月8日，率部途经江苏省江阴县马镇乡湖塘里一带，突遭顽军一部侧击。作战中，头部中弹牺牲。

杨裕民（1889—1939）冀东抗日联军第1路军政治部主任

原名彦伦，字灿如、十三。男，1889年出生，河北迁安人。1906年考入天津工艺学堂，后又在南开中学、直隶省立高等工业专门学校读书，毕业后任直隶工业试验所化工课课长。1920年，赴美国赛瑞术斯大学造纸专业学习，获博士学位。1923年毕业回国，创办造纸厂，后回乡创办私立平民女子学校。1929年，任河北省立工学院教授、斋务科主任。抗日战争全面爆发后，投笔从戎，组织“工字团”。1938年春，任冀东抗日联军第1路军政治部主任。6月，八路军由平西出发到达冀东丰润、玉田后，杨裕民率部协同作战。7、8月间，与日军作战50余次，毙敌甚众，曾收复玉田等15座县城。1939年6月，到八路军总部负责军工工作。7月21日，杨裕民因奔劳过度，心脏病复发，医治无效病故。毛泽东题写了《悼念冀东抗日英雄杨十三》的挽联；朱德题写了《彪炳日月》的挽词。

陈安宝（1891—1939）国民革命军陆军第29军军长

字善夫。男，1891年出生，浙江黄岩人。1916年毕业于保定陆军军官学校步科第3期。曾参加北伐战争。1933年任第79师副师长。1935年升任师长。抗日战争全面爆发后，率部参加淞沪会战，因战功升任第29军军长兼第79师师长。1939年3月，陈安宝率部参加南昌战役。17日，日军越过修河进犯南昌，陈安宝率领79师从浮梁奔赴东乡部署抚河和鄱阳湖防务。3月27日，南昌失陷。4月21日，中国军队组织反攻南昌，陈安宝率部参加反攻南昌作战，部队与日军胶着于高坊北端夏庄、吴庄、沙窝章村和西北高地山里桃、龙里张一线。5月6日拂晓后，日军向陈安宝所在部队发起攻击，因防守地域狭小，伤亡十分严重。午后4时，战斗越来越激烈，敌人部队已侵入桐树庙西北高地，直接威胁到整个部队安全，陈安宝急率身边仅余的特务排向敌人反攻，很快夺回了被敌侵占的桐树庙西北高地。5时，日军突破中国军队左翼龙里张阵地，双方进入白刃格斗，陷入混战状态，陈安宝急忙带着随从官兵冒着日机的轰炸赶往督战。在途中的田埂上，中弹牺牲，后被追晋为陆军上将。

茅丽瑛（1910—1939）中国职业妇女俱乐部主席

女，1910年8月出生，浙江杭州人，1938年5月加入中国共产党。早年就读于上海启秀女中。1931年毕业后，考入苏州东吴大学法律系，后因经济拮据而辍学。1931年3月考入上海海关，当英文打字员。1935年参加上海中国职业妇女会。1936年加入中国共产党领导的海关进步团体“乐文社”，阅读进步书籍，组织半公开的读书会，开始走上了革命的道路。“八一三”淞沪会战爆发后，参加了海关华员战时服务团，参加支援抗战活动。1937年11月加入海关华人组织的救亡长征团，奔赴广州、香港等地开展抗日救亡宣传工作。后因计划改变，从广州到上海启秀女中任教，继续参加抗日活动。1938年5月，在上海成立中国职业妇女俱乐部，被选为主席，领导妇女界抗日救亡活动，与各救亡团体一起，发起劝募寒衣联合大公演，组织物品慈善义卖会，以救济难民名义为新四军添制军衣，筹集经费。1939年12月12日晚，正当她走出会所时，突然遭到日、伪特务枪击，身中3弹，于15日伤重不治牺牲。茅丽瑛牺牲后，上海各界群众团体为其举行了隆重的公祭活动。1949年12月，茅丽瑛烈士殉难十周年之际，陈毅为其题写“为人民利益而牺牲是最光荣的，人民永远纪念她”的挽联，《解放日报》出版纪念特刊。

胡发坚（1906—1939）新四军第1支队参谋长兼江南抗日义勇军第3路副司令员

男，1906年出生，江西吉安人，1927年加入中国共产主义青年团，1929年转为中国共产党党员。1930年参加红军游击队。同年10月编入红军第4军第11师第2团。曾任团政治委员、红军第1军团第1师第1团参谋长、红军第1师参谋长等职。参加了中央苏区反“围剿”和长征。长征途中，参加四渡赤水、强渡乌江、强渡大渡河等著名战斗。1937年1月进入延安抗日军政大学学习。抗日战争全面爆发后，所部改编为新四军，任新四军第1支队参谋长，后兼任江南抗日义勇军第3路副司令员。1938年6月，部队挺进苏南敌后，协助第1支队司令员陈毅指挥部队进行了西善桥、新丰车站、句容、东湾、华山、延陵等大小百余次战斗。在打击日、伪军，清剿土匪武装的同时，积极扶植和发展抗日武装，组织与发动群众，建立半政权性质的抗敌总会等群众团体，开辟抗日游击区，给日、伪军以沉重打击，为苏南抗日根据地的建设作出重大贡献。1939年3月15日，在江苏省武进县洛阳乡指挥部队瓦解与收缴土匪大刀会武装时，中弹牺牲。

唐聚伍（1899—1939）国民革命军陆军东北抗日游击队司令

原名福隆，字甲洲。男，满族，1899年出生，吉林双城人（今属黑龙江省）。早年投入奉军，因作战勇敢，屡立战功，升任营长。1926年被选送到东北讲武堂第6期步科学习。毕业后被提升为第3军团卫队旅4团团长。1929年调任辽宁省边防军第1旅1团团副。“九一八”事变后任1团团长。1932年4月21日，唐聚伍率全团官兵及辽东14县军警、民众起义，成立了辽宁民众自卫军，他被推选为总司令。11月，自卫军编入东北义勇军第3军团，他被推任为总指挥。1938年，唐聚伍受命在冀东组建东北抗日游击队，任司令。1939年5月16日，唐聚伍率部在河北迁安县平台山与日军遭遇，激战两个昼夜，击毙敌人数百人。18日，日军调集重兵包围了唐聚伍驻地。危急情况下，唐聚伍亲自率部杀向日军，与敌人展开殊死搏斗。激战中，唐聚伍被流弹击中腰部，仍指挥部队冲锋。后遭到敌人机枪的猛烈扫射，唐聚伍和200多名部下全部牺牲。

格里戈里·阿里莫维奇·库里申科（1903—1939）苏联空军志愿队大队长

男，1903年出生，乌克兰人，联共（布）党员，苏联空军少校。1939年，他和考兹洛夫受苏联政府派遣，率两个“达沙式”轰炸机大队来华，援助中国人民的抗日战争。库里申科以朴素、坚实、谦逊、热情、友好和对工作认真的态度，赢得了中国飞行员的尊敬和赞誉。他不知疲倦地向中国飞行员讲解飞机性能、特点，并把先进的操作技术和战术，无私地传授给中国飞行员。他对中国飞行员要求严格，上课、训练、飞行一丝不苟，讲解通俗易懂，深入浅出。1939年10月14日下午，库里申科接到作战命令，出击日军军事基地，他立即率队驾机迅速沿长江向东飞去。编队飞临武汉上空时，遭到日军机群的拦截。库里申科沉着地指挥机群，对敌机展开攻击。经过激战，击落6架敌机。狡猾的敌人以3架战斗机包抄库里申科的指挥机，他的飞机遭到重创，单机冲出重围，仅以一个发动机沿着长江向驻地返航。到达万州上空时，机身失去平衡，难以控制。为了保护飞机免遭破坏，他不顾个人安危，操纵飞机，寻机迫降，终于平稳迫降在长江水面上。

库里申科由于长时间驾机，劳累过度，再也无力跳出机舱，为中国人民的抗日战争献出了年轻生命。2009年被评为“100位为新中国成立作出突出贡献的英雄模范人物”。

诺尔曼·白求恩（1890—1939）加美援华医疗队医生

男，1890年3月3日出生，加拿大人，1935年11月加入加拿大共产党。1916年毕业于多伦多大学医学院，1935年被选为美国胸外科学会会员、理事。抗日战争全面爆发后，受加拿大共产党和美国共产党的派遣，率领一个由加拿大人和美国人组成的医疗队支援中国人民的正义斗争，为抵抗日本侵略军的中国军民服务，于1938年3月到达延安，随即转赴晋察冀抗日根据地。他积极投入到组织战地流动医疗队、出入火线救死扶伤的工作中，为减少伤员的痛苦和残疾，他把手术台设在离火线最近的地方。他提议开办卫生材料厂，解决了药品不足的问题；创办卫生学校，培养了大批医务干部；编写了多种战地医疗教材并亲自讲课。他的牺牲精神、工作热忱、高度责任心，堪称模范。他虽年近五旬，但多次为伤员输血，一次竟连续为115名伤员做手术，持续时间达69个小时。1939年10月下旬，在抢救伤员时左手中指被手术刀割破，终因伤势恶化，感染败血症，医治无效，于11月12日在河北省唐县黄石口村逝世。12月1日，延安各界举行追悼大会，毛泽东题了挽词，并写了《纪念白求恩》一文，高度赞扬白求恩伟大的国际主义和共产主义精神。2009年被评为“100位为新中国成立作出突出贡献的英雄模范人物”。

郭征（1914—1939）八路军第120师独立1旅参谋长

又名辉勉。男，1914年出生，江西泰和人，1930年10月加入中国共产党。1930年7月参加中国工农红军。1937年1月被选送到延安抗日军政大学第2期学习。毕业后历任营长、团长等职。1937年8月任八路军第120师司令部科长，随军东渡，转战晋西北地区。1938年12月，随第120师主力挺进冀中，参加保卫冀中抗日根据地的斗争。1939年4月任第120师独立1旅参谋长，在冀中参加指挥和直接指挥大小战斗100余次。4月23日至25日，在齐会战斗中，配合独立2旅取得歼灭日军700余人的重大胜利。战后，贺龙师长说：“要给郭征这个江西伢子记功”。同年9月25日上午，驻石家庄和正太铁路沿线的日军独立混成第8旅团第31大队，以及灵寿、正定等四县伪军共1500余人，由灵寿出动，突袭晋察冀边区南部重镇陈庄，企图消灭八路军主力部队。晋察冀军区和第120师首长决定以少数兵力牵制敌人，集中优势兵力运动歼灭敌人。27日，敌占领陈庄。郭征和独立1旅政委朱辉照、副旅长王尚荣等，带领旅主力部队隐蔽集结于冯沟里地段。28日，敌焚毁陈庄后向东退却，全部进至冯沟里、破门口等八路军伏击地域。郭征在前沿指挥所里指挥第2团顽强阻击，先后打退了敌人的6次攻击，有效地迟滞了敌人的行动，使友邻各部队完成了对敌人的四面包围。黄昏时分，八路军各部队开始对敌人发起攻击，经过激烈的战斗，将敌分割后包围于冯沟里、破门口两个村内。战斗进行至29日黄昏，被围困的敌人大部分被歼灭。独立1旅正面只剩下被200余敌人占据的最后1个高地。为了迅速解决战斗，郭征在仅距敌300多米的前沿阵地上，指挥部队向敌人发起最后的猛烈进攻。激战中，胸部和头部中弹负伤，因伤势过重牺牲。此战，共歼敌1100余人，保卫和巩固了晋察冀抗日根据地。战后，第120师在行唐县秦台乡秦台村，为郭征举行了隆重的追悼会。

董毓华（1907—1939）冀东抗日联军司令员

字实存，化名王春裕、王仲华等。男，1907年4月3日出生，湖北蕲春人，1926年3月加入中国共产党。1924年8月考入武昌启黄中学，在董必武等的教育和培养下，他积极参加革命活动。1933年7月考入北平中国大学政治经济系学习。9月，他组织成立了中国大学学生救国会，任第一任主席，参与组织了“一二·九”学生运动。1938年6月底，冀东成立抗日联军，准备起义。为了加强领导，组织上委派董毓华以华北人民武装抗日自卫委员会委员（实际是政治委员）的身份，改造一支地方民团部队。7月6日，冀东大起义爆发。起义中，他亲临前线，率部收复北宁铁路以南失地，并在友军的配合下，一举攻克滦南、乐亭两县城。后因敌人集结重兵反扑，部队被迫向平西转移。10月，率部冲破敌人的重重围堵，到达平西。在平西整训期间，被任命为冀东抗日联军政委，后又任联军司令员。1939年6月，因积劳成疾，身患重病，在涞水县蓬头村军区医院病故。

魏大光（1911—1939）八路军第120师独立2旅旅长

原名纪青，曾用名占瀛。男，1911年9月1日出生，河北霸县人。1935年投身抗日斗争。1938年3月，华北人民抗日联军第27支队成立，下辖4个总队，共有4000多人，任司令员。仅几个月部队就发展到6000多人。1938年11月底，部队改编为冀中军区独立第5支队，任司令员。1939年3月，在贺龙师长的主持下，冀中军区独立5支队与358旅716团合编为第120师独立2旅，任旅长。4月23日，独立2

旅参加河间齐会战役。同年5月，接受贺龙师长交给的回家乡招兵扩大部队的任务。他带领30多名干部，昼夜兼程，回到霸县堂二里，活动范围扩大到武清、安次、永清一带。仅3个多月的时间，将十几股1000余人的地方武装收拢起来，并进行了整编。任务完成后，乘船行至霸县大宁口村北时，与日军汽艇遭遇，魏大光与同船的12名同志全部牺牲。叶剑英参谋长在《八路军军政杂志》上发表了《悼八路军魏旅长大光光荣殉国》的文章。

马振华（1905—1940）中共津南地委书记

曾用名李泽民。男，1905年出生，河北盐山人。高小毕业后，在本村举办贫民小学，白天教书，晚上开设拳房，练习武艺，组织乡亲进行抗交粮租、反纳粮税斗争，受到广大贫苦农民拥戴。1932年春加入中国共产党。同年秋，任后韩村党支部书记。后任中共津南特委特派员。1937年任中共鲁北特委组织委员，7月参与领导冀鲁边抗日武装起义，9月任华北民众抗日救国军政治部主任。10月任冀鲁边工委组织部长。救国军收复乐陵城后，组建特务团，马振华兼任政治主任。12月，华北民众抗日救国军改为国民革命军敌后别动总队第31游击支队（简称31支队），马振华仍兼特务团政治主任。1938年9月，中共冀鲁边区特委成立后，马振华任特委民运部长，后兼盐山县委书记。1939年7月任津南地委书记。并任冀鲁边区军政委员会委员。他不辞辛苦，不畏艰险，紧紧依靠群众，发动人民武装，巩固地方抗日民主政权，除奸、破路、支援主力部队，与日寇汉奸展开游击战争。1940年9月11日晚，他在宁津县柴胡店薛庄召开秘密会议，不料被敌人侦知，当夜突被300多名日伪军包围，因寡不敌众，在战斗中牺牲。他牺牲后，冀鲁边区党委曾于1941年6月将宁津县改称“振华县”。

王溥（1908—1940）八路军晋察冀抗日游击军司令员

原名彦东，又名英亚。男，1908年2月出生，辽宁兴城人，1939年春加入中国共产党。1923年考入兴城中学，次年进入东北陆军讲武堂，毕业后留校任少校教官。“九一八”事变后，他在奉大（今沈阳市）任伪陆军训练班教官。1937年调往河北保定，任伪警防3纵队第6区队上校区队长。1938年与八路军首次遭遇，八路军战士在战壕里喊话：“中国人不打中国人”，“我们的敌人是日本侵略者”，受到很大触动，毅然下令不许开枪。此后，晋察冀敌工部部长多次和他会面，在共产党的教育、启发下，他懂得了许多抗日救国道理，决心起义。1938年

8月23日，他经过周密计划，利用区队日本顾问去北平开会的时机，趁午夜把队伍拉出城外宣布起义，后部队命名为晋察冀抗日游击军，王溥任司令员。1940年8月，率部参加百团大战，在70公里铁路线上多次袭击日、伪军，炸毁4座铁路桥梁，收割电线数千斤，有力地打击了敌人。11月1日，日、伪军调集3万余人，对北岳根据地进行大规模“扫荡”。战斗中，他中弹负伤，遭敌包围，不愿被俘，用最后一发子弹自戕牺牲。王溥牺牲后，晋察冀军区司令员聂荣臻给予了很高的评价。1963年，八一电影制片厂以王溥的英雄事迹为原型拍摄了电影《野火春风斗古城》。

节振国（1910—1940）冀东抗日联军第2路司令部直属特务第1大队大队长

男，1910年10月9日出生，山东武成（今河北故城）人，1939年加入中国共产党。1938年春参加开滦5矿同盟大罢工。罢工结束后，日军和英国资本家狼狈为奸，对罢工积极分子肆意逮捕和屠杀。日军闯入节振国家抓捕他时，节振国毫无惧色，用菜刀砍杀日军宪兵队长高野等数名敌人。这一事件，激发了当地矿工的抗日斗志。不久，中共冀热边区特委按照党中央关于开展冀东游击战争的指示，发动了冀东人民武装抗日大暴动，节振国任八路军冀东抗日联军第2路司令部直属特务第1大队大队长，先后率部智取丰润县板桥警察所，截获警察分队并处决汉奸王唯先等。1940年5月，在晋察冀分局党校结业后，回到工人特务大队工作。8月1日，在团长陈群指挥下，率部夜袭赵各庄敌人的弹药库，撤至滦县下尤各庄休整。下午2时遭到日、伪军围袭，突围作战中牺牲。1940年，延安《中国工人》杂志载文宣传节振国的英雄事迹。新中国成立后，他的英雄事迹，先后被创作成中篇小说《赤胆忠心》、长篇小说《血染春秋》和现代京剧《节振国》。

吴隆煮（1914—1940）八路军第129师386旅17团副团长

男，1914年出生，湖北黄安（今红安县）人，中国共产党党员。1930年参加红军，随红四方面军转战鄂豫皖和川陕根据地，参加了长征。先后担任过班长、排长、指导员、营教导员等职。抗日战争全面爆发后，到第129师386旅772团任3营特派员。10月参加两次七亘村伏击战，击毙400多人。后任772团3营、1营教导员。1937年底到1938年4月，随部队转战到晋东南地区，相继在长生口诱伏战、神头岭伏击战、响堂铺伏击战、长乐村追歼战等战斗中，屡立战功。1938年5月

29日，日、伪军800多人偷袭八路军386旅旅部驻地磁县彭城镇，吴隆煮率1营参加战斗，连续6次打退敌人的疯狂进攻。经1天激战，歼敌200多名，粉碎了敌人的进攻。陈赓旅长赞扬道：这一仗，沉重打击了敌人进攻彭城的企图，胜利地保卫了彭城。1939年11月任386旅补充团政治委员。1940年补充团改为17团，任副团长。1940年8月20日，参加百团大战。21日，留守在太岳区的17团与决死1纵队56团执行权店至漳源段铁路破袭任务，吴隆煮率领战士与日军板津大队展开白刃格斗，冲锋在前，连续刺杀多名敌人，打退敌人多次进攻。激战中，吴隆煮为掩护通信员，中弹牺牲。

张自忠（1891—1940）国民革命军陆军第33集团军总司令

字荩忱。男，1891年出生，山东临清人。1917年入冯玉祥部，历任营长、团长、旅长、师长等职。1931年后任第29军38师师长。1933年参加长城抗战，任喜峰口第29军前线总指挥，打退了日军，守住了阵地。抗日战争全面爆发后，先后任第59军军长、第33集团军总司令兼第5战区右翼兵团司令等职。1938年3月，日军进犯台儿庄，奉命率第59军急行军增援台儿庄作战，为整个战役胜利赢得了时间。1940年5月，中国军队与日军15万精锐部队在枣阳、襄阳、宜昌等地进行枣宜会战。他亲自率领部队与日军决战。在部队被敌层层包围的不利形势下，他身先士卒、冲锋在前、力战不退，与日军拼死搏杀，最后身中7弹牺牲。国民政府为张自忠举行国葬，追晋其为陆军上将。北京、天津、武汉等城市建有张自忠路，以示纪念。2009年被评为“100位为新中国成立作出突出贡献的英雄模范人物”。

李林（1914—1940）八路军第129师新编9旅25团团长兼政治委员

本名朝法，字惠卿。男，1914年出生，河北威县人，1930年加入中国共产党。1935年任冀南人民抗日救国军副连长。1936年1月任华北人民抗日救国军第1师副连长兼排长。1937年2月被派到延安中共中央党校学习。1938年3月任中共广（宗）威（县）中心县委书记，建立了地方抗日政权，建立拥有100多支枪的游击队和两个县区武装。同年4月，先后调任冀南独立支队政治委员、第1军分区司令员。年底组建了赵县、藁城、束鹿、晋县、宁晋、栾城等县抗日民主政府和各县游击大队，抗日武装力量达7000余人。由于冀中、冀南两个抗日根据地的迅速发展，对日军威胁很大，日军除了对抗日根据地和正规部队进行大规模“扫荡”外，还推行“囚笼战术”，将两个地区分割成若干小块，每隔二三里修建一个炮楼。为了打破敌人的“囚笼战术”，抗日根据地军民于1940年夏季开展了大规模的破路斗争。1940年，李林调任八路军第129师新编9旅25团团长兼政治委员，多次组织实施破袭战，有效打击了敌人的“囚笼战术”。在百团大战中，取得歼灭日军井川大队1个分队、缴获大量枪炮和弹药的战绩，受到八路军总部通令嘉奖。同年10月，李林率部在沧石路秦村与日军70多人遭遇，经过激烈拼杀，消灭大部遭遇之敌。打扫战场时，遭1名残敌偷袭牺牲。

李林（1915—1940）晋绥边区第11专署秘书主任

原名秀若，又名小峰。女，1915年出生，福建尤溪人，1936年12月加入中国共产党。幼年侨居印度尼西亚。1929年回国后，积极参加抗日救亡运动。1936年考入北平民国大学。随即赴太原参加山西牺牲救国同盟会举办的国民师范学校军政训练班，任特委宣传委员兼女子第11连党支部书记。抗日战争全面爆发后，坚决要求到前方杀敌，被派到大同，任牺盟会大同中心区委宣传部部长，后随晋绥边区工作委员会到雁北抗日前线，宣传和组织工人、农民、学生参加抗日武装。11月任雁北抗日游击队第8支队支队长兼政治主任。1938年春改任整编后的独立支队骑兵营教导员，率部驰骋雁北、绥南与日、伪军作战，屡建战功。同年7月，牺盟会晋绥边工委成立，调任边委会宣传委员兼管边区地方武装。后当选为晋绥边区第11行政专员公署委员。1940年4月，日、伪军集中1.2万兵力，对晋绥边区进行“扫荡”。晋绥边区特委、第11行政专员公署机关和群众团体等500余人被包围。为掩护机关和群众突围，她不顾怀有3个月的身孕，率骑兵连勇猛冲杀，将日、伪军引开，自己却被围困。26日，在身负重伤后，仍英勇抗击，毙伤日、伪军6人。被日、伪军包围后，她不愿被俘，将最后一发子弹射向自己英勇牺牲。中共晋西北区党委机关报《新西北报》发表社论，称赞李林是“中国民族英雄的最光荣典型”。2009年被评为“100位为新中国成立作出突出贡献的英雄模范人物”。

李荣（1901—1940）八路军冀南军区第4军分区司令员兼政治委员

男，1901年出生，四川人，1930年加入中国共产党。1929年参加红军，曾在中央红军大学学习，参加长征。1935年8月调任红军左路军总部作战科科长，后任第33军参谋长。1937年8月任八路军总部高级参谋。1938年夏调第129师东进纵队任高级参谋。年底，任冀南军区第4军分区司令员兼政治委员，全面领导根据地的抗日斗争，有效阻击了日、伪军对冀南抗日根据地的多次“扫荡”，并多次组织实施粉碎敌人“囚笼战术”的战斗，为华北抗日战局的好转，发挥了重要作用。1940年7月，在河北省永年县临洺关战斗中牺牲。

杨木贵（1901—1940）新四军第3支队军需处主任

男，1901年出生，河南南阳人，1938年加入中国共产党。1936年参加红军游击队，曾任闽北游击队中队长。抗日战争全面爆发后，所部改编为新四军。1938年负责新四军第3支队5团的军需工作。1939年春任第3支队军需处主任。工作上刻苦耐劳、认真负责、安排周密，一年时间使支队军需工作走上正轨，在新四军军需工作会议上被评为“最佳支队”。1940年4月，日军纠集驻南京、芜湖、铜陵等地的第15、17、116师团各一部10000多人，分东西两路对皖南抗日根据地进行空前规模的大“扫荡”。26日，东路清水师团田中支队及驻扎在童村街、晏公店的日、伪军约4000人在飞机的掩护下，从三个方向向安徽省南陵何家湾新四军第3支队驻地发动疯狂进攻，阵地上战况空前激烈。战斗中，为保护新四军第3支队的账款、文件，遭日军包围，率领军需处人员突围时，中弹牺牲。

杨靖宇（1905—1940）东北抗日联军第1路军总司令兼政治委员

原名马尚德，化名张贯一，字骥生。男，1905年2月16日出生，河南确山人，1926年加入中国共产主义青年团，1927年5月转为中国共产党党员，是东北抗日联军的创建人和领导人之一。1928年后在河南、东北等地从事秘密革命工作。1929年春赴东北，任中共抚顺特别支部书记，领导工人运动。“九一八”事变后，任中共哈尔滨市委书记兼满洲省委军委代理书记。1932年秋被派往南满，组建中国工农红军第32军南满游击队，任政治委员，创建了以磐石红石砬子为中心的游击根据地。1933年9月任东北人民革命军第1军第1独立师师长兼政治委员。1934年4月联合17支抗日武装成立抗日联合军总指挥部，任总指挥。同年11月任东北人民革命军第1军军长兼政治委员。1936年6月任东北抗日联军第1军军长兼政治委员。7月任东北抗日联军第1路军总司令兼政治委员。率部转战长白山麓，继创建磐石抗日游击根据地后，又建立了濛江、那尔轰、金川、集安老爷岭和辽宁老秃子山等抗日游击根据地。指挥所部进行了歼灭伪军邵本良部、袭击老岭隧道工程、伏击敌骑兵教导旅等有名战斗，均重创日、伪军。1936年6月、11月，两次挥师西征，有力牵制了敌人，配合全国抗战。1938年下半年以后，敌人调集重兵“围剿”东北抗日联军，斗争进入异常艰难的时期。仅从1940年初到2月中旬的50多天里，杨靖宇就率部与敌作战40多次，由于没有粮食弹药补充，每天只能以草根、树皮和棉絮充饥。1940年2月23日，杨靖宇在蒙江县保安村三道崴子，孤身一人被关东军重兵围困。他拒绝投降，与日、伪军交战20分钟，身中数弹牺牲。杨靖宇牺牲后，残忍的日军将其割头剖腹，发现他的胃里净是枯草、树皮和棉絮，竟无一粒粮食。为纪念杨靖宇，1946年蒙江县更名为靖宇县。2009年被评为“100位为新中国成立作出突出贡献的英雄模范人物”。

陈文彬（1911—1940）八路军津南抗日自卫军政治委员

又名光蛟。男，1911年6月12日出生，湖南茶陵人，1930年加入中国共产党。1935年1月担任红17师50团政治委员。11月17日随红2、6军团长征。1936年7月，红2、6军团在甘肃会宁整编，任51团政治委员。抗日战争全面爆发后，任第120师359旅719团2营营长。陈文彬与贺庆积奉命带领部队到忻(县)崞(县)地区开展地方工作，扩大武装力量。他们仅用两个多月时间，就以忻崞支队及侯马团的一部分增编成719团。贺庆积任团长，陈文彬任政治委员。1938年3月31日，719团配合兄弟部队进行收复宁武县城战斗。上午10时许，阳方口方向敌骑兵部队600余人，在飞机掩护下前来增援，驻宁武县城之敌乘机出动夹击攻城部队。719团与兄弟部队合力阻击阳方口增援之敌。激战中，陈文彬左臂负伤，仍然坚持指挥战斗。取得了歼敌300余人、击毙日军千田联队长、收复宁武县城的胜利。1938年夏，陈文彬带领719团1营进驻应县东安峪一带，建立抗日民主政权，仅用半年时间，组织建立5个抗日游击大队。同年7月27日，陈文彬与贺庆积奉命率部进入冀中，与张仲瀚领导的津南抗日自卫军合编，陈文彬任津南抗日自卫军政治委员。9月27日，参加陈庄战役，缴获敌轻重机枪23挺，步枪500余支。1940年2月中旬，津南抗日自卫军和冀中军区7个团奉命开赴冀南参加讨伐石友三的战斗。2月24日拂晓，津南自卫军在广平县西张孟村一带与策应石友三的日军遭遇，展开激战，连续击退敌人7次进攻。日军遭到重创后，灭绝人性地施放毒气。陈文彬率部坚持战斗，毙敌200多人。战斗结束后，陈文彬在返回冀中途中遭到敌机扫射，头部中弹牺牲。

陈翰章（1913—1940）东北抗日联军第1路军3方面军指挥

男，满族，1913年6月14日出生，吉林敦化人，1932年加入中国共产党。1932年9月13日参加敦化城南太平山救国军，参加了攻打敦化县城的战斗。1932年10月，救国军联合抗日山林队攻打宁安县城后，任救国军前方司令部秘书。1934年6月任宁安工农抗日义务队政治指导员。1935年2月，东北反日联合军第5军（1936年1月改为东北抗日联军第5军）成立，任第5军第2师参谋长，并兼任师党委书记。1936年春调到东北抗日联军第2军2师（后改称第5师），先后任师参谋长、代理师长、师长，并兼任师党委书记。1938年8月，率领第2军5师在宁安横道河子与日军“讨伐队”激战，歼敌400余人。1939年秋东北抗日联军第1路军3方面军正式建立，任指挥。大沙河一战，历时两天，消灭日军500多名，缴获机枪7挺、步枪300支、掷弹筒及其他军用物资不计其数。1940年4月，在战斗中腿部受伤，因为没有消炎药，伤口发炎化脓，他就用一根小木棍把布条捅进伤口里，咬着牙来回拉动布条，把烂肉和脓血全部清理出来，处理之后率部继续战斗。1940年12月8日，由于叛徒告密，遭到日军包围，率十几名战士与敌展开激战，右手、胸部负伤倒在雪地，用左手射击，被敌人夺去手中枪支，用刺刀剜出双眼，鲜血流尽牺牲。陈翰章牺牲后，日军将他的头颅割下，送到伪满首都新京（今长春市）邀功请赏。

官楚印（1909—1940）新四军豫鄂挺进纵队路东总队政治委员

男，1909年4月出生，河南光山人，1928年加入中国共产党。1929年被选为光山县弦南区第5乡苏维埃副主席。1932年秋组织成立弦南区第5游击队。1933年后，历任第9路游击师的团政治委员、师政治委员等职。红25军长征后，留在光山坚持游击战争。1936年后，历任中共豫东南特委常务委员，豫东南第3路游击师师长、政治委员等职。抗日战争全面爆发后，战斗在大别山的红28军改编为新四军第4支队开赴皖中抗日前线。1938年6月赴延安抗日军政大学学习。1939年3月回到鄂东北新四军游击第6大队工作。同年5月，大队政治委员熊作芳负伤后，任大队代理政治委员，率部打击伪军李汉鹏部，瓦解伪军千余人。8月在边区党委的领导下，很快又组建800余人的新四军游击第8大队，任大队长。同年，任新四军豫鄂挺进纵队路东总队政治委员。带领这支队伍战斗在大别山区，给入侵日军以沉重打击。1940年，在湖北省黄陂县（今大悟县）王家河与日军作战中，不幸中弹牺牲。

罗化成（1895—1940）新四军第2支队政治部主任

男，1895年10月3日出生，福建长汀人，1927年9月加入中国共产党。1929年秋，他所领导的农民武装编入红军第4军4纵队，曾任红军特务大队大队长、红军闽西医院院长、汀州福音医院医师、福建省苏维埃政府副秘书长兼红军福建军区后方留守处主任等职。1929年12月出席古田会议。红军主力长征后，留下坚持游击战争。曾被国民党逮捕，受尽酷刑，后在押解途中逃脱，寻找到党组织。1935年11月，辗转至香港从事抗日宣传工作。1937年8月回闽西南工作。1938年1月所部编为新四军第2支队，先后任第2支队军医处处长、军需处处长、政治部副主任、政治部主任等职。率部挺进江南敌后，兼管当涂、芜湖、江宁的地方工作，先后建立了县、区、乡三级抗日民主政权和中共基层组织，组织农民、青年、妇女成立抗日群众团体。在长期的艰苦斗争中积劳成疾，患上重病。陈毅司令员多次劝他去后方养病，并书古人诗："留得五湖明月在，何愁无处下金钩。"以劝之，他以古人诗："醉卧沙场君莫笑，古来征战几人回"答之。继续带病坚持在抗日前线工作。1940年2月20日，率部在大雪中与日军作战，受冻致病，心脏病突发，在苏南竹箦桥病故。陈毅在他墓前致词，称他是"新四军的优秀的领导干部"、"最实际的救国的革命人才"。

郑作民（1902—1940）国民革命军陆军第2军副军长兼第9师师长

别名振华、文贝、治新。男，1902年出生，湖南新田人。1924年，考入黄埔军校第1期。历任排长、连长、营长、团长、旅长等职。抗日战争全面爆发后，任第2军9师代理副师长。1938年晋升为师长。1939年升任第2军副军长兼第9师师长。先后参加淞沪会战、徐州突围战和田家镇守卫战。1940年1月，为配合杜聿明的第5军向日军强攻，收复昆仑关，郑作民奉命率部驰援南宁。所部到达广西昆仑关后，立即投入战斗，在其他部队和苏联飞机的协助下，收复了昆仑关。2月22日，日军凭借空中优势，攻占宾阳，严重威胁昆仑关。3月3日所部奉命撤退。郑作民指挥部队对日军发起佯攻，以掩护部队转移，行至广西上林县遭到日军战机轮番袭击。郑作民被炸弹击中牺牲。

金方昌（1920—1940）中共代县县委宣传部副部长兼城关区委书记

男，回族，1920年6月11日出生，山东聊城人，1938年2月加入中国共产党。1938年从山西民族革命大学毕业后，到山西省代县担任赵家湾区委书记。在金方昌的带领下，赵家湾区人民群众的抗日热情高涨，各村建立农会、青救会、民兵自卫队，成立了党的基层组织。1939年冬金方昌到敌人控制严密的代县城关区工作，任城关区委书记。1940年春当选为中共代县县委委员、宣传部副部长兼城关区委书记。1940年冬日军对抗日根据地代县一带进行大“扫荡”。11月22日，金方昌在代县大西庄与抗日人民武装自卫队转移公粮时，被日军包围。战斗中，被敌人俘虏，关押在代县监狱。在狱中，敌人对金方昌进行多次审讯，金方昌拒绝敌人的劝降，敌人打断他一只手，挖掉他一只眼睛。12月3日在代县北关外刑场被日军杀害。金方昌牺牲后被晋察冀边区政府授予“晋察冀边区模范党员”的光荣称号，生前战斗过的代县大西庄改名为“方昌村”。

姜墨林（1921—1940）东北抗日联军第2路军总指挥部直属教导团青年义勇军小队长

男，1921年出生，黑龙江宁安人，1935年2月加入中国共产主义青年团。自幼父母双亡，10岁即从事繁重的农业劳动。“九一八”事变后，在地下党组织的培养和教育下，走上抗日救国道路。1932年刚满11岁的姜墨林参加了中共领导的地下组织中国共产主义儿童团。曾多次深入日军占领区东京城、马莲河、宁安镇等地做侦查工作。1934年，13岁的姜墨林参加绥宁反日同盟军王毓峰团当战士，他苦练杀敌本领，掌握射击要领。参加了同盟军在镜泊湖北面的杨胖子沟战斗。第一枪打死一个日本兵，接着又炸飞一个日本军官。经过初战考验后，被调到反日同盟军军事委员会，在东北反日联合军第5军军长周保中同志亲自领导下做通信侦查工作。1934年夏，随部队开始远征，参加了袭击中东铁路石头河子车站守备伪军的战斗，共缴获枪械50余支，弹药5000余发，其他军需品若干。1935年2月被编入东北反日联合军第5军第1师1团3连当战士。参加了老黑山打红袖头的战斗，共歼敌100余人，缴获迫击炮1门。1935年12月下旬，日本军纠集了大批兵力“讨伐”我抗日根据地，党组织决定突袭双河镇，以此转移敌人的目标。姜墨林等几名队员被选拔为突击队，参加攻打东关据点的战斗。他们机智灵活，英勇顽强，一举炸毁了敌人的碉堡，使部队顺利地攻占了双河镇。同年5月，调任第2军4团青年义勇军小队长。1936年2月所部编入东北抗日联军，任第2路军总指挥部直属教导团青年义勇军小队长。1937年冬，奉命率领小部队出外筹集军需物资，不到一个星期的时间，就筹集了上千斤棉花和其他物资。1938年8月党组织派他去苏联学习。回国后，即率小部队活跃在绥芬河大青山及牡丹江中东铁路沿线一带。1940年深秋，小部队来到东宁县乜河镇活动。乜河镇南有一个敌人据点，驻有日军20余人。深夜里，姜墨林率部袭击敌人，不到半个小时，全歼驻守据点的日军。后被闻讯而来的日、伪援军层层包围。战斗中，姜墨林击毙多名日、伪军。最后，自戕牺牲。

胡一新（1907—1940）八路军第120师独立第6支队政治委员

原名佃敬，又名一庭。男，1907年出生，绥远（今内蒙古）丰镇人，1932年秋加入中国共产党。1933年4月任察哈尔抗日同盟军第2师2团一个连队的政治工作负责人。6月下旬，第2师在吉鸿昌将军的指挥下，征战察北。胡一新在收复康保、宝昌、沽源等县的战斗中，英勇顽强，不怕牺牲，受到好评。特别是在收复察北重镇多伦的战斗中，表现得更为突出，堪称表率。1936年11月参加了著名的百灵庙战役。1937年10月任中共清水河县县委书记。1937年12月任中共晋绥边区特委宣传部长。他充分发挥自己的特长，排节目，作演讲，广泛宣传群众，教育群众，发动群众，使党的统一战线政策和抗日救国十大纲领家喻户晓，深入人心。在晋绥地区出现了有人出人，有枪出枪，有钱出钱，全民抗战的喜人局面。1938年7月，经常活跃在雁北各地抗日武装队伍——第5支队、11支队、平鲁6支队和右玉7支队，也正式编为八路军第120师独立第6支队，胡一新任政治委员。由于他出色的政治工作和模范的带头作用，使第6支队的军政素质显著提高，成为一支战斗力很强的英雄部队，特别是他亲自率领的第6支队的骑兵营，方圆百里，享有威名。他亲自指挥支队骑兵营和步兵营，参加了长流水、小破堡、厂汉营、杀虎口等多次战斗，均获全胜，歼灭了大量日、伪军。1939年秋，日、伪军兵分数路，大举进犯晋绥边根据地。10月16日夜，胡一新率领骑兵营袭击临时驻扎在右玉县杀虎口的一个骑兵连指挥部，仅用半个多小时就全歼伪骑兵连。战斗中，胡一新被子弹击中左眼和膝部，膝关节被打碎。后在朔县墙凤岭韩offensive村隐蔽治疗。由于药品奇缺，环境恶劣，1个月后转到第120师卫生部。1940年伤口恶化，因医治无效牺牲。

钟毅（1901—1940）国民革命军陆军第84军173师师长

字天任。男，1901年11月4日出生，广西扶绥人。早年考入广西省立第三师范学校。毕业后，到韶关讲武堂第2期步科学习。曾任排长、连长、营长等职。因屡立战功，升任团长，并留学日本。回国后，到陆军大学学习。抗日战争全面爆发后，任国民革命军陆军第31军414旅旅长。1938年任第84军173师师长，先后参加徐州会战和武汉会战。1940年5月1日，日军大举进犯枣阳、宜昌。钟毅奉命掩护主力转移率部阻击，与日军血战7天，双方损失惨重。5月9日，完成阻击任务撤退时，遭日军重兵包围。钟毅率部奋力抵抗，终因弹尽援绝，举枪自戕，后被追晋为陆军中将。

闻允志（1904—1940）八路军冀鲁豫军区第1军分区政治委员

原名家骅，字永之。男，1904年出生，湖北浠水人，1926年加入中国共产党。1928年赴日留学。回国后，投身抗日救亡运动，因参与组织“反帝大同盟”被捕。1935年赴北平任《世界日报》社会学副刊撰稿人，积极宣传抗日救国主张。抗日战争全面爆发后，曾任河北张荫梧干部养成所政训科科长兼教官、政训处处长等职。1938年初，闻允志积极联络各方，组织了太行抗敌联防委员会。1938年，以民运工作团为基础，建立民军第9支队，任支队长。后经中共批准，扩编为第11团，任政治部主任。1939年3月，经中共中央北方局调任抗日军政大学1分校训练部教育科长，6月担任华北抗日民军党代表并兼任政治部主任。闻允志迅速建立了党的组织，并恢复了党在部队中的政治工作，积极对部队进行了改造，在短时期内，华北抗日民军出现了新的局面。1940年4月，华北抗日民军调往冀鲁豫建立抗日根据地，他任冀鲁豫军区第1军分区政治委员兼华北抗日民军政委。他率部活动于濮阳、内黄、滑县一带，与朱程共同领导军民粉碎了日军多次残酷扫荡，建立了沙区抗日根据地。8月奉八路军总部命令，调回总部。21日，经河北大名县元村龙王庙至东龙湾小滩西之间抢渡卫河时，遭日军巡逻艇袭击，在战斗中牺牲。

徐秋（1903—1940）八路军冀鲁豫军区第8军分区司令员

原名秋香。男，1903年出生，湖南平江人，1930年加入中国共产党。1927年，毛泽东领导的湘赣边界秋收起义爆发，他参加了当地的赤卫队。1930年7月参入中国工农红军，被任命为红58团团部参谋。1934年10月参加长征。1937年8月红军改编为八路军，随八路军第115师开赴抗日前线。1939年春，随八路军第115师东进支队进入鲁西，先后任鲁西军区后勤科长、冀鲁豫军区第8军分区司令员等职。他经常深入群众，领导减租减息运动，组织地方武装，给敌人以沉重打击。1940年3月，率部乘日、伪军进驻郓城县谭庄村立足未稳之机，夜袭敌营，一举歼敌200余人，缴获大批枪支弹药。9月12日，根据地派南下干部途经郓城，主动担负起境内护送任务。在赵楼受到敌人包围，为了保护南下干部的安全，自己率领部队从正面突围，中弹牺牲。

顾士多（1914—1940）新四军江北游击纵队第2团副团长

原名百汉。男，1914年出生，河南罗山（今湖北大悟）人，1928年参加革命工作，1931年加入中国共产党。1931年参加中国工农红军。历任排长、连长、营长、团长。红四方面军主力长征后，留鄂豫皖边区坚持长达三年艰苦卓绝的游击战争。曾任红28军手枪团中队长、鄂东北独立团团长。抗日战争全面爆发后，红28军改编为新四军，任新四军第4支队9团团长，率部挺进皖中对日作战。1938年5月17日，指挥所部于巢县蒋家河口伏击日军，取得新四军成立后对日军首次作战的胜利，揭开了华中敌后抗日游击战争的帷幕。1938年秋，部队整编，调任新四军第4支队第7团副团长。1939年9月，入新四军教导总队学习。结业后任新四军江北游击纵队第2团副团长。参与指挥棋盘岭、范家岗、潘家园、东阁镇对日作战数十次。1940年8月，在安徽省无为县石涧埠反击日、伪军“扫荡”的战斗中，中弹牺牲。

顾永田（1916—1940）晋西北行政公署8分区专员

男，1916年出生，江苏铜山人，1936年加入中国共产党。1931年，在铜山县师范学校读书时，积极参加抗日救亡活动。1936年被党组织派到延安学习，同年9月任山西牺牲救国同盟会总部执行委员和太原市2区牺盟会特派员。“七七”事变后，组织太原各工厂工人成立山西工人武装自卫队，历任自卫队连政治指导员、营教导员，坚持敌后游击战争，打击日本侵略者。1938年初任文水县县长，组织抗日政府，开展敌后抗日运动。1940年山西省晋西北行政公署成立，任晋西北行政公署8分区专员，率队在交城县边山一带组织抗日活动，牵制敌人“扫荡”。2月11日，顾永田亲率队到交城县木头沟伏击前来“扫荡”的日、伪军时，中弹牺牲。

曹亚范（1911—1940）东北抗日联军第1路军1方面军指挥

又名青山、俊生。男，1911年出生，北京人，1931年加入中国共产党。1928年，曹亚范被派到东满地区和龙县以教员的身份作掩护，秘密进行革命活动。1930年，参加了党领导的延边和龙地区的“五卅暴动”。1931年夏任中共东满特委巡视员，指导延吉、汪清等地反日斗争。1933年11月任中共和龙县委书记，并兼管安图县的工作。为保障根据地群众和游击队的给养，想方设法筹措“常备粮”。1935年2月，任中共东满特委秘书长。不久，由和龙渔浪游击区转移到安图县车场子，领导当地群众开展反日斗争。5月，东满游击队改编为东北人民革命军第2军，任第2军2团政治委员。到部队后，十分注重部队的政治思想教育，积极宣传党的方针政策。曾率部远征到蛟河一带与日、伪军展开多次战斗，有力打击日、伪统治势力。1936年3月，东北人民革命军第2军改编为东北抗日联军第2军，任第2军党委委员兼3师政治委员。同年冬调任第1军2师师长。抗日战争全面爆发后，积极开展游击战争，袭扰日军后方，率部转战临江、抚松、蒙江、长白等地，取得了回头沟、三道庙岭、漏河等战斗的胜利，有效牵制了日军兵力。1938年初，率部取得攻打七道沟部落、板石沟子岗等战斗的胜利，共歼敌数百人。同年8月，任东北抗日联军第1路军第1方面军指挥，率部多次袭击日、伪军“火堆”，缴获大量武器弹药和给养。11月，在八道江率部突破日、伪军数千人的重重包围，成功突围。1939年，率部攻克多个日本集团部落，有效摧毁日军的屯垦计划。同年冬，为打破日军的疯狂“围剿”，率部转战于吉林金川、临江、集安、通化一带，进行艰苦卓绝的抗日斗争。1940年4月8日，曹亚范在蒙江县(今靖宇县)龙泉镇谭家坊遭叛徒暗害牺牲。

黄振亚（1905—1940）琼崖抗日游击队独立总队第3大队队长

原名秉刚。男，1905年12月出生，广东儋县（今属海南省）人，1924年加入中国共产党。1925年春，组织儋县留省学生会，任主席。编辑出版《儋县留省学生会会刊》，开展革命活动。1926年1月起，历任中共儋县特支支委、中共海头党支部书记、中共儋县县委委员、中共海头区委书记等职。抗日战争全面爆发后，在海头地区组建抗日武装队伍，后编入琼崖独立总队第3大队。领导海头地区人民开展抗日救亡运动。1938年3月云龙改编后，任广东省民众抗日自卫团第14区独立队行政书记。1939年4月，任琼崖抗日独立总队第3大队队长，与国民党、地方武装配合共同抗日。1939年秋，调回琼崖抗日游击队独立总队，协助冯白驹同志开展革命工作。1940年4月初，琼崖特委决定在儋县组建第6大队，派遣黄振亚等人率领20多名干部、战士和军械工人开展建队工作，在抱舍墟与日军遭遇，激战中牺牲。

董天知（1911—1940）八路军第129师决死队3纵队政治委员

原名董亮。男，1911年4月1日出生，河南荥阳人，1930年夏加入中国共产主义青年团，1932年加入中国共产党。1929年春，进入宏达学院读书时，参加党的外围组织“鏖尔读书会”，进行革命活动。1936年10月，奔赴山西太原，参与领导牺牲救国同盟会工作，并被推选为牺盟会中心区负责人。1937年底任八路军第129师决死队3纵队政治委员。1939年12月，根据斗争需要，成立了新的决死第3纵队，编入八路军第129师序列，董天知任政治委员。1940年8月20日，百团大战开始，董天知奉命率队破坏五阳至晋城交通，袭击潞城微子镇日军据点。20日夜，行军至潞城王村，被日军包围。他带领警卫队迅速抢占制高点，与日军奋战4个小时。面对日军的猛烈攻击，董天知镇定自若，沉着指挥，左臂中数弹仍坚持战斗。21日晨，日军再次发起猛攻，董天知与敌白刃肉搏，在日军中往返冲杀，腰臂负多处伤。在击退敌人进攻之际，头部中弹牺牲。

谢家庆（1912—1940）八路军晋冀豫军区第4军分区政治委员

男，1912年出生，河南罗山人，1932年加入中国共产党。在红军中历任班、排、连、营、团长等职，身经百战，负伤多次。1937年入抗大学习。同年底任磁县工作团团长，并组建了1支游击队，任队长。游击队转战于晋、冀、鲁、豫各地，在粉碎日军多次“扫荡”战斗中，冲锋陷阵，屡立战功。1938年12月任八路军第129师抗日先遣支队3大队大队长。1940年调任八路军第129师386旅16团团长，后任八路军晋冀豫军区第4军分区政治委员。1940年8月参加百团大战，率领全团参加收复榆社之役，歼敌1个大队。后敌人以十余万大军对晋东南实行“毁灭扫荡”，他率领全团官兵，奋战3个多月。10月14日，在阵地上用望远镜观察敌情时被流弹击中头部牺牲。

鲁雨亭（1899—1940）新四军第6支队第1总队总队长

原名鸿逵，又名鲁鹏，字雨亭。男，1899年11月18日出生，河南永城人，1939年8月加入中国共产党。1919年受五四运动影响，在河南政法学堂毕业后，弃文学武，考入河南宏威军事学校。1920年后，历任河南陆军第2混成旅掌旗官、建国豫军军法处处长、河南省武安县（今属河北省）县长等职。抗日战争全面爆发后，任河南省政府保安处秘书长，积极响应中共抗日救国号召，组织民众参加抗日活动。不久，回家乡永城县出任县长，支持中共地方组织开展抗日救亡活动。因受地方顽固势力的反对和排挤，在日军侵占永城后，辞职下乡另行组建了一支抗日武装，并变卖家产充作军费，购置枪弹，打击日、伪军，先后取得20

余次战斗胜利，队伍发展到900多人。1938年底，新四军游击支队到达永城一带活动，他立即派人联系共同抗日事宜，并断然拒绝国民党的高官厚禄。1939年8月29日，率部参加新四军，所部编为新四军游击支队第1总队，任总队长。10月，部队经整训后，转战夏（邑）永（城）砀（山）地区打击日、伪军，开辟夏永砀抗日根据地，成为该地区的一支抗日劲旅。1940年2月1日，游击支队改编为新四军第6支队，仍任第1总队总队长。2月下旬至3月中旬，率部在芒砀山地区成功进行两次反击日军"围剿"的战役，歼灭日军佐野联队长以下60余人、伪军数百人，给"围剿"之敌以沉重打击。驻徐州日军恼羞成怒，纠集第21师团本野旅团及伪军第3军数千人，于3月31日晚，包围第1总队驻地芒砀山地区。4月1日8时许，日、伪军数千人在炮兵的配合下，分四路向第1总队驻地发起进攻。面对异常危急的形势，他与政治委员孔石泉商议决定，部队化整为零，分散突围，并亲率特务连迅速抢占交通要道李黑楼，构筑阵地，阻击日军，掩护大部队转移。战斗中，鲁雨亭身中数弹牺牲。为纪念这位抗日英雄，新四军游击支队将他的家乡河南省永城县山城集改名为"雨亭集"，抗日军政大学第4分校图书馆命名为"雨亭图书馆"，第1总队报纸命名为《雨亭报》。永城人民在芒砀山南麓为他兴建了"雨亭祠"。

寸性奇（1895—1941）国民革命军陆军第3军12师师长

字念洁。男，1895年出生，云南腾冲人。1909年，考入云南陆军讲武堂，1910年加入孙中山先生领导的同盟会。1923年被孙中山任命为大本营少将录事参军、中央直辖宪兵司令等职。1927年被提升为第34旅副旅长。抗日战争全面爆发后，任第12师34旅旅长，率部参加太原会战，与日军激战于山西井陉、阳泉地区。因战功显著，升任第3军12师师长，并奉令调守中条山，担任西面阵地防守任务。1941年5月，日军集中10余万精锐主力，对中条山地区发动突然袭击，张店镇阵地遭日军突破，12师退守第二线阵地。5月12日，日军攻陷左翼水谷朵高地，寸性奇奉命率部突围。战斗中，寸性奇右腿被日军炮火炸断。13日晚，重伤后的寸性奇，率余部数十人突围至毛家湾，遭遇日军拦截。交战中左腿也被炸断。寸性奇自知伤势严重，不肯被俘受辱，拔剑自戕，后被追晋为陆军中将。

王立人（1910—1941）八路军第115师敌工部部长

男，1910年生，天津人。1930年参加中国工农红军，1932年加入中国共产党。1936年1月，曾负责与东北军王以哲部统战联系，后参加了营救西路军的工作。1939年到山东抗日根据地，先后任八路军第115师政治部保卫部副部长，敌军工作部副部长、部长等职。他在战场上拍摄了许多抗战纪实照片，有力地宣传了抗日根据地军民不畏强暴、英勇抗敌的事迹，其中一幅反映1939年8月2日山东梁山战斗的照片（此战我军一举歼灭日伪军200余人），被编入《中国人民解放军历史资料图片集》。1941年11月30日,王立人在山东沂蒙地区大青山反“扫荡”中牺牲。

王竣（1902—1941）国民革命军陆军第80军新编27师师长

原名王俊，字杰三。男，1902年5月10日出生，陕西蒲城人。黄埔军校第3期毕业。历任第17路军营长、陕西警备第1旅1团团长、陕西警备第1旅旅长等职。1939年晋升为第80军27师副师长，不久又升任新编27师师长。1941年5月，日军为歼灭驻守晋豫地区中国军队主力，控制黄河以北地区，发动中条山战役。王竣奉命扼守中条山地区的黄家庄、羊皮岭、门坎山、曹家川、马泉沟、台岩一带。5月7日凌晨，日军分东、北、西三路在飞机、大炮的掩护下，向中条山地区各隘口猛烈进攻。王竣所部背水作战，死守阵地。次日，北路日军坂垣师团向王竣所部右翼阵地猛攻。王竣率部拼死抵抗，战至黄昏，部分阵地被攻破，所部官兵伤亡惨重。9日，王竣在阵地指挥战斗时，遭日军战机低空扫射，中弹牺牲，后被追晋为陆军中将。

汉斯·希伯（1897—1941）记者

男，1897年6月13日生于克拉科夫（原属奥地利，现属波兰）。1918年去德国读大学并参加工人运动，不久加入德国共产党。曾在德国莱比锡和德累斯顿等地从事新闻工作，　在德国、英国和美国的一些报刊上发表文章。1925年希伯到上海，后去广州，在北伐军总政治部编译处工作。1927年蒋介石、汪精卫相继背叛革命后，希伯声明他的信念与国民党的观点不能统一，不久回到德国，以笔名“亚细亚人”出版《从广州到上海（1926—1927）》一书，介绍中国革命和中国共产党的情况，吸引了欧洲的许多读者。“九一八”事变后，希伯于1932年再次到上海，在美国《太平洋杂志》和英国《曼彻斯特卫报》上发表政论和报道，揭露日本侵略罪行。1934年，由海参崴经苏联返回欧洲，半年后第三次到上海。1938年到延安，受到毛泽东会见，并采访了许多干部和群众。1939年二三月间，到皖南新四军军部，访问了周恩来、叶挺、项英等领导人。回到上海后，在英文期刊《太平洋事务》上，发表了一批介绍新四军的文章。皖南事变后，他先后发表《叶挺将军传》等文章，揭露国民党破坏统一战线的罪行。不久，与夫人秋迪一起到苏北新成立的新四军军部，访问了刘少奇、陈毅、粟裕等，撰写了一部8万字的书稿《中国团结抗战中的八路军和新四军》。为了报道八路军在山东敌后英勇抗战的事迹，1941年9月，希伯从苏北到达山东滨海八路军115师师部驻地。访问了罗荣桓和朱瑞、黎玉等许多指战员和农民，还访问了一些日本战俘，参加了不少集会。他白天采访，晚上写作，先后写出通讯《在日本占领区的旅行》和两个长篇报告《八路军在山东》、《为收复山东而斗争》，同时补充修改了在苏北写的书稿。他明确指出："如果没有中国共产党领导的八路军、新四军在敌后坚持抗战，中国的抗战能坚持到今天是不可想象的。"11月初，日伪军对沂蒙山区进行空前残酷的大"扫荡",希伯参加了由罗荣桓领导的留田突围，并在八路军第115师的《战士报》上发表战地通讯《无声的战斗》。11月29日，希伯在山东沂南和费县交界处的大青山反"扫荡"战斗中牺牲。山东军区为汉斯·希伯题词"为国际主义奔走欧亚，为抗击日寇血染沂蒙"。他的墓在山东省临沂市华东烈士陵园。

白乙化（1911—1941）八路军冀热察挺进军平北军分区第10团团长

字野鹤，绰号"小白龙"。男，满族，1911年6月11日出生，辽宁辽阳人，1930年加入中国共产党。1928年，白乙化考入沈阳东北军教导队，后升入东北陆军讲武堂步科。1931年秋受党的委派，到辽阳以教书为名，宣传抗日救亡，秘密积蓄力量。次年，组织抗日义勇军，率部转战辽西、热北，连战连捷，得绰号"小白龙"。1935年12月9日，组织参加"一二·九"学生运动，不久被捕。1936年夏出狱后，奉党的指示赴绥西东北垦区工作，历任中共绥西特委委员、中共垦区工委书记、垦区特委书记。抗日战争全面爆发后，他组织成立抗日民族先锋队，任总队长。1939年，抗日民族先锋队与冀东抗日联军整编为华北抗日联军，任副司令员。在这期间，他指挥了沿河战斗，击溃日军大岛大队，击毙奥村中队长。后所部改编为八路军冀热察挺进军平北军分区第10团，白乙化任团长。改编后即率部参加了粉碎日军对平西抗日根据地10路围攻的战役，屡创日军，并在东胡林阻击战中击落敌机1架。1940年4月，为完成"巩固平西，坚持冀东，开辟平北"的战略任务，他率10团到密云潮白河以西地区，经大小100余次战斗，开辟丰（宁）滦（平）密（云）敌后抗日根据地。组建多支地方抗日武装，协助地方建立了党组织，领导丰（宁）滦（平）密（云）抗日军民开展了艰苦卓绝的敌后武装斗争。同年9月至11月，白乙化又及时返回内线，寻机打击撤退之敌，一举歼灭日军“常胜部队”哲田中队，取得了这次反“扫荡”的胜利。他指挥10团粉碎了日伪军对丰滦密的大“扫荡”，并在反“扫荡”中率部开辟新区，使丰（宁）滦（平）密（云）抗日游击根据地由初创时的4个区一下发展到8个区。为配合百团大战，白乙化两次出击平古路，破坏了敌人的交通线。由于白乙化智勇双全，能文能武，加上10团屡战屡胜，根据地迅速发展，丰滦密人民十分信赖和拥戴他，因而受到了晋察冀军区的表扬。1941年2月4日，伪满道田讨伐队170余人沿白河向根据地进犯，白乙化率部在密云县马营西山与敌人激战，毙俘敌117人，保卫了根据地。但在战斗即将胜利结束时，他被子弹击中头部牺牲。八路军冀热察挺进军在《告全军同志书》中指出，白乙化的牺牲“不但是八路军挺进军的损失，而且是中国共产党和中华民族的一个很大损失!”

白文冠（1873—1941）河北省献县东辛庄村民

女，回族，1873年1月出生，河北献县人，民族英雄马本斋之母。她心地善良，秉性刚烈，乐于助人，经常周济更贫苦的乡邻，深受村民爱戴和敬重。马母生有三子，教子有方，教育儿子做人要正直，不屈辱、不苟且，要爱国爱族，学好汉，当英雄，为穆斯林争光。抗日战争全面爆发后，积极鼓励儿子组织武装开展抗日斗争。在她的影响下，一支回民的抗日义勇队组织起来，并经常给日军以打击。日军无计可施，决定逮捕白文冠，以其为铒,诱马本斋率部来救时消灭回民支队。1941年8月27日,日、伪军五六百人,包围了东辛庄。围村之前，白文冠和部分群众已隐蔽到村外的庄稼地里。日、伪军挨家挨户进行搜查，把许多群众押到清真寺前，用刺刀对准人们的胸膛，逼问白文冠下落。为了保护群众，白文冠主动走了出来。在敌人监狱中，她视死如归，大义凛然，绝食九天牺牲。白文冠牺牲后，《解放日报》两次以较大的篇幅报道了白文冠的英雄事迹。朱德总司令和彭德怀副总司令致电冀中军区，称赞：“中国人民有这样的母亲，不仅是中国人民的光荣，中国妇女的光荣，而且是中华民族不会灭亡的具体例证。”马本斋牺牲后，朱德总司令写下了著名的挽联：“壮志难移，回汉各族模范；大节不死，母子两代英雄。”

任光（1900—1941）音乐家

笔名前发。男，1900年11月9日出生，浙江嵊县人。1919年到法国里昂大学音乐系勤工俭学。1928年回国，在上海法侨百代唱片公司任音乐部主任。上世纪30年代初，他结识了田汉等左翼进步文化人士，受到进步思想的影响，参加中共领导的左翼剧联音乐小组、苏联之友音乐小组、中国新音乐研究会等进步组织，与聂耳、冼星海等一起探索新兴音乐的创作道路，积极从事革命音乐的创作与传播，并利用职务之便刻录包括《义勇军进行曲》在内的大量抗日救亡歌曲唱片，广为发行，激发全国人民的抗日斗志，被音乐界誉为:“民族的号手”。1934年，推出了他的电影音乐成名作《渔光曲》。后来创作的《打回老家去》、《王老五》等歌曲风靡全国。1937年，赴法国巴黎音乐学院进修。在法期间，出席了由42个国家代表举行的世界反法西斯侵略大会，他创作的《中国进行曲》被列入《世界革命名曲选》。1938年，返回国内。1940年7月，随叶挺到皖南新四军军部工作。1941年1月，在皖南事变中牺牲。

邢清忠（1899—1941）国民革命军陆军第15军65师师长

男，1899年出生，河南嵩县人。早年入伍，历任排长、连长、营长、团长等职。1936年2月任第15军64师191旅旅长。抗日战争全面爆发后，奉命赴河北正太路沿线作战。1937年10月参加忻口战役，守备东西荣华村及灵山一带阵地，与日军展开争夺战。邢清忠亲率预备队，突破敌人阵地，歼灭敌军一个营。1939年10月，因战功升任第15军65师师长，担任中条山地区董封一带守备任务。1941年5月，日军为了消灭晋南、豫北的中国军队，发动中条山战役。5月14日，在日军猛烈炮火的攻击下，董封阵地失守，邢清忠率部向太岳山区突围时，中弹牺牲，后被追晋为陆军中将。

刘子超（1906—1941）山东省文化界救亡协会常务委员、组织部长

原名起亚，又名苏华。男，1906年出生，广东兴宁人，1926年8月加入中国共产党。在新圩、水口一带从事党的工作。曾任新圩党支部宣传委员。1928年12月党组织遭破坏后，辗转到上海，改名苏华。入上海艺术大学，其间与潘汉年、彭康、李初梨等密切往来。1929年春任中共沪西区委宣传部长，秋后调任闸北区委书记，曾两次被捕，一度与党失去联系，仍积极从事革命活动。1936年在阎锡

山处讲授社会科学。抗日战争全面爆发后，被介绍到第1战区司令长官程潜的政治部工作。后通过18集团军驻第1战区联络处主任、中共中央北方局组织部长朱瑞，恢复了党的关系。后任“华北军政干部训练所”主任，华北军政干部学校（简称华干）校长。其间协助朱瑞恢复和开展豫北、直南、晋豫地区的抗日武装斗争。1938年4月，任太行南区游击司令部司令员，辖4个支队3000多人，在豫北一带活动。1939年2月，任八路军晋冀豫军区第5军分区副司令员。1939年6月，刘子超随同徐向前、朱瑞率领的八路军第1纵队，到达山东抗日根据地。任八路军第1纵队、山东纵队政治部宣传部长。主持创办了山东纵队《前卫报》，撰写了山东纵队队歌，成立了鲁迅艺术宣传队。他还在山东《大众日报》上发表了许多重要文章。1940年8月，在山东抗日民主根据地各界代表参加的联合大会上，当选山东省战时工作推行委员会（山东抗日民主政权）委员，山东省各界救国联合总会执行委员，山东省文化界救亡协会常务委员、组织部长。1941年冬，日军在山东实行“铁壁合围”“大扫荡”，12月11日，山东纵队领导机关遭敌包围，刘子超在沂水县突围时牺牲，安葬于山东蒙阴“孟良崮烈士陵园”。

刘海涛（1907—1941）八路军鲁中军区司令员

原名刘保仁。男，1907年生，山东东阿人。1927年到黑龙江省珠河县（今尚志县）当伐木工人，曾拉队伍同土豪恶霸斗争。1931年“九一八”事变后，率部参加抗日义勇军孙朝阳部，在巴彦、宾县一带活动。1933年加入中国共产党，同时参加赵尚志领导的珠河反日游击队，参加开辟以珠河三股流为中心的铁道南游击区的斗争。1934年春随部被编为东北反日游击队哈东支队，先后任第1总队1、3、7大队大队长。1935年起任东北人民革命军第3军1师1团团长。率部在方正、延寿、牡丹江等地区开展游击战争。1936年赴苏联莫斯科东方劳动者共产主义大学学习，1938年初回国到延安。同年8月21日奉命随黎玉、张经武从延安出发、于11月到达山东抗日根据地。先去泰西一带开创抗日根据地,1938年12月任八路军山东纵队第6支队司令员,在泰西的平阴、东阿和东平、汶上地区开辟抗日游击根据地。1939年7月，任山东第1军区（包括后来的鲁中、鲁南、滨海地区）司令员。1940年4月任山东纵队第9支队司令员。1940年任山东纵队第2旅副旅长。1941年8月任鲁中军区司令员，为创建沂蒙山区抗日根据地做出重要贡献。1941年11月初,日、伪军5万重兵对沂蒙山区实行“铁壁合围”式的大“扫荡”，11月17日在芦山遭敌合击,在分头突围中,刘海涛率一个警卫排,边打边撤到蒙阴城东的杜家林,18日在一个瓜棚休息时被捕,后被杀害。

孙春林（1906—1941）八路军胶东军区南海指挥部司令员

原名纯令。男，1906年出生，山东海阳人，1929年加入中国共产党。1928年考入军阀刘珍年创办的军官学校，开始接触中共地下工作者。1929年春毕业，奉党组织的派遣，进入国民党海阳县司马区民团，任大队长。1931年，经党组织安排，任国民党莱阳县鲍村民团军事教官。同年秋，受党组织委派到国民党莱阳4区任教练，从事地下工作。不久，中共莱阳县委遭破坏，孙春林辗转于旅顺、沈阳、珲春、北京等地进行革命活动。1936年冬，被派到阎锡山在太原创办的军官学校进行地下革命活动。1937年，去延安学习。1938年，孙春林回到胶东，投身到抗日战争的第一线，他率部在敌占区同日本侵略军周旋。1940年春，调任胶东八路军5支队警卫1营营长，率领部队先后攻克下邱堡、北寺口等数处敌据点。同年冬，任北海指挥部指挥。1941年夏，任南海指挥部指挥（亦称司令员）。当时南海地区日、伪、顽的势力比较强大，对抗日民主根据地构成严重威胁。面对艰难危险的形势，他同广大指导员同甘共苦，发动群众，扩建武装，带领部队拔据点、扫顽匪，取得很大成效。同年秋，日军集中兵力妄图消灭这支抗日武装。为避敌锋芒，他带领刚组建不久的队伍，由平度大泽山区转到莱西县榛子沟村隐蔽，因奸细告密，被日、伪军包围。面对数倍于己的日军，孙春林镇定指挥。在过河时，中弹负伤，他仍然坚持指挥，终因伤势过重牺牲。

朱立文（1909—1941）新四军第5师15旅副旅长

原名连升。男，1909年9月24日出生，广西百色人，1930年加入中国共产党。1929年参加百色起义后，加入红7军。1934年参加了长征。抗日战争全面爆发后，先到新四军竹沟留守处工作。后任新四军豫鄂挺进纵队第3团参谋长、第5团副团长、第6团团长等职。1940年10月指挥坪坝伏击战，以两个营兵力阻击了日军千余步、骑兵的进犯。1941年4月任新四军第5师15旅副旅长兼43团团长，并兼任襄西指挥部指挥长。同年底，为开辟（汉）川汉（阳）沔（阳）地区，15旅决定发起侏儒山战役，歼灭伪定国军汪步青部。12月7日全歼伪第3团团部。23日，率43团、44团及天汉支队各一部，迅速攻占裴家山、将军岭，歼灭伪机炮营全部和新兵连一部。下午，驻黄陵矶日军近千人前来增援。因敌众我寡，被日军包围，激战中牺牲。

朱鸿勋（1899—1941）国民革命军陆军第53军副军长兼第130师师长

字柏亭。男，1899年出生，吉林农安人。早年就读于天津南开中学。毕业后入伍，历任连长、参谋长、营长、团长、师长等职。因治军有方，晋升为国民革命军陆军第53军副军长兼第130师师长。1938年，武汉会战爆发，朱鸿勋奉命率部进驻三溪口，保卫湖北通往湘、鄂、粤的要道——阳新的防御任务。6月，日军一个旅团猛烈攻击朱鸿勋所部阵地，企图一举突破中国军队防线，切断粤汉铁路，使守卫武汉的军队无路可退。危急情况下，朱鸿勋带病亲临前线指挥作战，与日军作战7昼夜，为武汉守军撤退赢得了宝贵时间。1940年底，朱鸿勋奉命率部驻防湖北藕池口，阻击日军西进。所部官兵的顽强抵抗，激怒了日军，开始对朱鸿勋所部实施报复。1941年初，日军出动数架飞机轰炸前方指挥部，朱鸿勋中弹牺牲，后被追晋为陆军中将。

朱毓淦（1906—1941）中共鲁中区党委社会部部长

原名国栋，曾用名玉干。男，1906年出生，山东泰安人。1926年在泰安一中参加了中共支部领导的秘密革命活动。1927年加入中国共产党。同年9月任中共泰（安）莱（芜）新（泰）区委学运委员。1929年4月任泰安特支书记。1930年2月，山东省委遭破坏，泰安特支活动停止，朱毓淦到黄河北的平原县以教书为掩护，从事革命活动。1931年初担任沧州至徐州段党的地下交通员。1932年9月任中共泰安中心县委书记。1933年7月，泰安党组织遭破坏，朱毓淦到大连，在日本人办的火药厂任党小组组长。12月又回到泰安，负责泰安南部及东南部的党组织工作。抗日战争全面爆发后，朱毓淦协助范明枢建立了泰安县人民抗敌自卫团，任政治部长。1938年1月1日，参加了中共山东省委领导的徂徕山起义。5月调到省委机关任锄奸科科长。6月任中共泰安县委组织部部长，积极团结地方武装一致抗日，经常带领部队，以游击方式袭击日军。10月任泰安县委书记兼组织部长。1939年任苏鲁豫皖边区省委社会部长，随山东纵队首长指挥部队开展游击战。 1940年调任鲁中区党委社会部部长。1941年11月8日，日军合击鲁中区党委和鲁中军区驻地芦山，转移时因敌特告密被捕。敌人对其威逼利诱无果后，对其进行严刑拷打，他始终英勇不屈，大义凛然。18日，在蒙阴县苏家庄被日军割掉舌头，挖去双眼，刺穿胸膛牺牲。

李寿龄（1918—1941）中共清东地委组织部部长

男，1918年出生，山东邹平人。1935年考入济南省立第一师范，加入学生进步组织。1936年加入中华民族解放先锋队。1937年加入中国共产党。“七七”事变后,受中华民族解放先锋队派遣，在长山附小以教师身份为掩护，开展抗日救亡活动。12月，参加黑铁山抗日武装起义，后被派往长山6区工作，将6区韩子衡部编为山东人民抗日救国军第5军19中队，李寿龄任政治指导员。1939年5月任中共邹长中心县委书记。1940年后，历任清西办事处主任、寿光中心县委书记、清东地委组织部部长等职。1941年12月8日，在寿光县朱鹿与日、伪军作战时牺牲。

杨忠（1909—1941）八路军第115师教导第6旅兼冀鲁边军区政治部主任

又名欧阳吉善、欧阳忠。男，1909年9月出生，江西安福人。1930年带领大桥乡20多名青年农民到永新县参加红军。同年加入中国共产党。1934年10月，随红军第3军团参加长征，抵达陕北后到红军大学学习。平型关大捷后，八路军第115师一部到阜平一带开辟根据地，杨忠任民运工作团团长。1938年9月27日，随第343旅政委萧华抵达冀鲁边区乐陵，收编德平国民党军队曹振东的杂牌军，改编为八路军济阳支队，任支队政委。1940年3月调任鲁北支队司令员兼政委。1941年1月，冀鲁边区的津南支队与鲁北支队等部合编为第115师教导第6旅兼冀鲁边军区，杨忠任政治部主任。为打通冀鲁边区与清河区的联系，7月上旬，杨忠与军区政委周贯五等率部队，过了黄河，到达清河根据地，与清河区领导人商讨建立两区联系的具体措施。7月24日，杨忠率千余人部队再次南下东进，9月3日，部队到达惠民县夹河村、陈牛庄时，日军集结的共计2000余人的“讨伐队”，包围杨忠部。9月4日上午，日军突然发起猛烈袭击，杨忠在激战中身负重伤，为了不拖累正在突围的战士们，他一声不吭，挣扎着爬向一片豆子地，直到生命的最后一刻。10月13日，第115师政治部发出电报，向八路军总部报告夹河战斗情况。电文说：杨忠“辗转鲁北，坚持鲁北反扫荡战争，他在战士和群众中具有很高的威望，对鲁北根据地之创造，建树了无数的功勋……”为了缅怀烈士，渤海行署曾将三边县改为“杨忠县”，以表彰烈士的功绩。

汪雅臣（1911—1941）东北抗日联军第10军军长

别名景龙，报字“双龙”。男，1911年出生，山东蓬莱人，1935年加入中国共产党。1929年在东北军26旅34团当兵。“九一八”事变后，在五常县组建反日山林队。1933年冬组建“双龙队”抗日武装，任队长。后来这支队伍改编为宋德林部第4支队。1933年底率队攻打向阳山，消灭50余名伪军，活捉两名伪军团长，缴获大批军用物资。1935年春成立反满抗日救国义勇军。1936年初，部队改编为东北人民革命军第8军，任军长。曾数次率部与赵尚志等部联合作战。1936年冬，第8军改编为东北抗日联军第10军，仍任军长，全军达千余人。同年，日、伪军1300余人联合进山“讨伐”抗联10军。汪雅臣指挥部队在朱旗口子设伏，当发现进入伏击圈之敌，伪军在前开路，日军在后压阵。命令部队放过伪军，专打日军。激战2小时，歼灭日军300多人。1937年夏，由于战斗频繁，子弹奇缺。亲自带领警卫员化装成农民进入伪军邓旅军营，说服伪军旅长，筹措6箱子弹，解决了部队弹药缺乏的压力。1941年1月29日，日、伪军数百人在寒葱河子包围率部追捕叛徒的汪雅臣，他立即命副军长张忠喜带20人突围，自己率余下的十几名战士阻击敌人。战斗中，他提起机枪向敌军猛烈射击，胸部、腿部多处中弹牺牲。

苏精诚（1915—1941）八路军第129师386旅政治部主任兼太岳军区政治部主任

男，1915年出生，福建海澄（今龙海）人，1931年考入厦门美术专科学校，在校期间加入共青年团，1932年加入中国共产党。入党后返回海澄组织游击队，并率队参加中国工农红军，历任宣传队长、敌工科科长、宣传科科长等职。红1军团政治委员聂荣臻和政治部主任罗荣桓对苏精诚的出色表现给予了高度评价。聂荣臻元帅曾说：“精诚是个好同志，好干部。”1936年在西北军中做统战工作。抗日战争全面爆发后，任八路军第115师343旅政治部宣传科长，参加了著名的平型关战斗。1938年6月，调任第129师385旅团政训处主任，赴冀南参加开辟抗日根据地的斗争。同年8月调任386旅政治部宣传科科长。驻水冶伪军“皇协军第1军”中的徐靖远、黄宇宙、王朝翰在八路军敌工人员策反下，于8月7日击毙了该军军长李福和日军高级参谋长谷川少将、皇协军顾问植田大佐等30余人，并率1000多人向第129师投诚。这一行动引起日军恐慌，派出飞机轰炸，使投诚部队乱了阵脚。在这关键时刻，刘伯承师长派苏精诚赴该部稳定军心。苏精诚赶到起义部队后，召开大会宣讲八路军的政策，出色完成了任务。1939年2月10日，随386旅参加威县香城固战役，率宣传队至前线宣传鼓动，并参加战斗。同年6月任386旅政治部主任。1940年6月兼任太岳军区政治部主任。1941年1月28日，在山西省韩壁与日、伪军作战中牺牲。

辛锐（1918—1941）姊妹剧团团长

女，1918年出生，山东章丘人。早年就读于济南正谊中学，善绘画，工木刻，“九一八”事变后，曾在济南举办美术展览，将义卖所得全部捐给抗日将士和东北的流亡同胞。1938年，她和父亲辛葭舟及妹妹辛颖一起进入沂蒙山区抗日根据地，参加八路军，同年加入中国共产党。先在山东省委党校学习,后到《大众日报》社工作。1941年山东抗日根据地成立姊妹剧团，她任剧团团长。她亲自编写剧目,自任导演和演员。组织排演了《雷雨》、《血路》等大型剧目。1941年11月，5万多日、伪军对沂蒙山区进行“铁壁合围”大扫荡。她与陈明婚后怀有身孕，在反“扫荡”战斗中又负重伤，被抬进山洞隐蔽治疗。12月17日被日军搜山发现，面对包围的日军，她扔出手榴弹炸死炸伤多名敌人，掩护战友突围。用最后一颗手榴弹与冲到跟前的敌人同归于尽。年仅23岁的辛锐和她未出世的孩子一起为国捐躯。

丘东平（1910—1941）鲁迅艺术学院华中分院教导主任

原名潭月，字席珍。1910年出生，广东海丰人，1926年加入中国共产党。1927年从事革命文艺创作活动。1936年7月和鲁迅等共同发表《中国文艺工作者宣言》，坚决要求抗日救国。1938年1月参加新四军，曾任新四军第1支队司令员陈毅的秘书、新四军第1支队政治部敌军工作科科长。随新四军先遣支队进入苏南后，写出反映韦岗战斗的报告文学《截击》。参加苏南对日作战多次后，写出了《把三八式枪夺过来》、《溧武路上的故事》等一大批战地通讯。皖南事变后，任鲁迅艺术学院华中分院教导主任、苏北文化协会第1届理事。战时状态下，在积极参与教学和社会实践的同时，写出长篇小说《茅山下》。1941年7月，日、伪军1.7万余人，对苏北抗日根据地盐（城）阜（宁）地区进行规模空前的大“扫荡”。鲁艺分院师生分散转移。他与孟波、许晴率2大队200多人行动。7月24日凌晨，由陶家舍转移至北秦庄时，遭日、伪军围袭，他率领师生突围，在冲过被敌军火力封锁的一座小桥时中弹牺牲。

陈明（1902—1941）山东省战时工作推行委员会副主任委员兼秘书长

原名陈若星，字少微。男，1902年出生，福建龙岩人。1917年入龙岩省立九中，在校期间阅读进步书刊，受到五四运动影响。1921年毕业后在小学、中学任教。1923年与邓子恢等出版发行《岩声》月刊，以“改造旧社会，宣传新文化”为宗旨。1924年加入中国共产主义青年团。1925年到邓中夏、瞿秋白、张太雷等主持的上海大学半工半读，同年加入中国共产党。后任中共龙溪中心县委书记、福建省委党务特派员、闽南特委书记、福建临时省委书记、福建省委宣传部长等职。1928年9月，赴苏联莫斯科东方大学学习。1931年冬回国进入中央苏区，任红军总政治部宣传科长、瑞金红军学校教员。1934年10参加长征。1936年在红军大学高干科任教。1937年“七七”事变后，任八路军随营学校政治委员。1938年10月，调任八路军第115师政治部宣传部长。1939年3月，随陈光、罗荣桓率领的115师师部到山东抗日根据地。同年冬，调任中共中央山东分局党校副校长。1940年2月，任山东全省宪政促进会常务委员。7月，在山东各界代表参加的联合大会上，当选主席团成员。并被选为山东省临时参议会驻会议员，山东省战时工作推行委员会（抗日民主政府）委员、秘书长、政治组成员，山东省民众总动员委员会执行委员，山东省各界救国联合总会执行委员。同时任山东省战时工作推行委员会中共党团副书记。同年10月，任山东分局政府工作部长。1941年3月，任山东省战时工作推行委员会副主任兼秘书长、民政处长，4月1日，任山东分局政府工作委员会副主任。为创建新民主主义的山东抗日民主政权、依法施政，做出重要贡献。1941年11月，5万多日、伪军对沂蒙山区进行“铁壁合围”大扫荡。11月30日拂晓，陈明率领山东分局和战工会机关部分人员，在大青山被敌人包围，突围时双腿负伤，他的4个随行人员牺牲了3个，在敌人紧逼上来时，他严厉命令警卫员吴开宝只身突围，自己强忍疼痛向敌人连发三枪，把最后一颗子弹留给自己，壮烈牺牲。

陈中柱（1906—1941）国民革命军陆军鲁苏皖边区游击第4纵队司令

字退之。男，1906年10月20日出生，江苏建湖人。1928年，黄埔军校第6期毕业。抗日战争全面爆发后，任国民政府军事委员会战地特种团第3总队团长，曾参加过台儿庄战役和徐州会战。1938年底，接受鲁苏皖边区游击总指挥部聘请，出任第4纵队司令。1939年秋，率部进驻江苏泰州，同新四军配合在苏中一带打游击，曾设伏击沉日军汽艇2艘。1941年6月，日、伪军分多路“扫荡”，围剿陈中柱的鲁苏皖游击总指挥部。由于日军来势迅猛，陈中柱所部未能及时转移，遭到日军围攻。所部边打边退，损失惨重。退至武家泽一带遇日、伪军拦截，陈中柱带着卫兵迎敌时，身中6弹牺牲。

陈文杞（1904—1941）国民革命军陆军第80军新编27师参谋长

男，1904年出生，福建莆田人。1925年考入黄埔军校第5期。毕业后参加北伐战争。先后任排长、连长、营长、大队长、团长和参谋主任等职。抗日战争全面爆发后，陈文杞随部转战各地，多次与日军作战，屡建战功。1941年任第80军新编27师参谋长，授少将军衔，率领部队开赴黄河防线。同年5月，陈文杞率部参加中条山战役，奉命率部坚守张店镇、台寨村一线。5月7日，日军借助毒气、飞机轰炸和炮火打击，不断攻击陈文杞所部阵地，在战局极其不利的情况下，陈文杞仍然率部坚守阵地3昼夜。最终因弹尽援绝，伤亡惨重，阵地被日军攻破。陈文杞率部与日军展开白刃战，在拼杀中牺牲。

陈若克（1919—1941）山东省妇女救国联合总会常务委员

又名玉兰、雪明。女，原籍广东顺德，1919年生于上海。12岁进工厂当童工。1934年在上海广东兄弟橡胶厂做工时，入中共地下党组织在沪东举办的工人夜校学习。1936年8月加入中国共产党，一面做工一面从事工人运动。1937年抗日战争全面爆发后，日本侵略军占领上海，陈若克离开上海经武汉到晋东南，入华北军政干部学校学习，后任中共晋冀豫区党委党校组织科副科长。1939年6月，随丈夫朱瑞到达山东抗日根据地，先后任八路军第一纵队、山东纵队直属工作科科长、中共中央山东分局妇委会委员。1940年2月，任山东全省宪政促进会执行委员。7月，在山东抗日根据地各界代表参加的联合大会上，作山东妇女运动报告。当选为山东省临时参议会驻会议员、山东省民众总动员委员会执行委员、山东省妇女救国联合总会常务委员。参与山东抗日根据地新民主主义政权建设。1941年冬，日军对沂蒙山区进行大“扫荡”，11月7日晚，她随军转移时，因临近分娩行动不便，在战斗中被俘。两天后在狱中产下一个婴儿，经过近20天的审讯和酷刑折磨，坚贞不屈。11月26日，她怀抱刚出世的婴儿，被押赴沂水县刑场，同孩子一起英勇就义。

周子昆（1901—1941）新四军副参谋长兼新四军教导总队总队长

原名维宽，字仲和。男，1901年出生，广西桂林人，1925年10月15日加入中国共产党。1920年参加桂军。1925年夏转入孙中山大元帅府铁甲车队，11月被编入叶挺独立团。1926年参加北伐战争中的汀泗桥、贺胜桥战役。1927年8月1日参加南昌起义。1928年参加湘南起义。曾任红军团长、师长、军参谋长、军长、军团参谋长、福建军区司令员兼第34师师长等职。参加中央苏区历次反“围剿”和长征。1936年任红军总司令部第1局局长。1937年任抗日军政大学训练部部长。抗日战争全面爆发后，任新四军副参谋长兼新四军教导总队总队长。参与组织新四军各支队分别开赴苏南、皖南、皖中、苏中抗日前线，开展抗日游击战争。在皖南主持召开两次参谋工作会议，为提高全军参谋工作水平，加强司令部建设起了很大作用。同时，为部队培养大批军政干部。1940年4月、10月，日军第15、16、17、116师团分两次均纠集万余人，对皖南进行规模空前的大“扫荡”，他协助军首长指挥部队迎头痛击来犯之敌，歼敌1900余人，粉碎了日军的“扫荡”。皖南事变后，与项英等一起辗转隐蔽。1941年3月14日凌晨，与项英一同被叛徒杀害于安徽省泾县赤坑山蜜蜂洞。

巫恒通（1902—1941）新四军第6师16旅47团团长

字天侠。男，1902年出生，江苏句容人，1939年秋加入中国共产党。在教育界工作多年，曾任句容县教育局督学、江苏省教育厅小学辅导员、泰兴县教育局局长。抗日战争全面爆发后，于1939年3月在家乡成立句容县民众抗敌自卫团，并主动与新四军建立联系，接受指导。1939年11月，句容县民众抗敌自卫团改编为新四军江南指挥部新编第3团，任团长。皖南事变后，日军乘机反复“扫荡”茅山地区，他在江苏句容多次指挥部队击退日军的突袭。日、伪军对他恨之入骨，杀其兄，掳其子，毁其家。这更激起巫恒通对日本侵略者的仇恨。1941年4月28日，任新四军第6师16旅47团团长兼句容县县长。7月随16旅回师茅山，协同兄弟部队一道连续拔除28个日、伪据点。9月6日，在大坝上村遭到日军包围，负伤被俘。日军百般威胁利诱，并将其幼子带到囚室企图软化其意志，但其坚贞不屈，绝食8天就义。

林铎（1915—1941）八路军第115师卫生部政治委员

原名桂五。男，1915年出生，辽宁辽中人。1934年考入东北大学俄文系，曾参加“一二·九”学生运动。1937年加入中国共产党。抗日战争全面爆发后，在第2战区民族革命大学第4分校学习。毕业后曾在山西政治保卫队51团、第115师独立支队任职。1940年5月随独立支队到达山东后，调任第115师政治部组织科科长，12月调任第115师卫生部政治委员。1941年11月，5万余日、伪军，对山东抗日根据地沂蒙山区实行“铁壁合围”大“扫荡”，妄图一举消灭中共山东党政军领导机关和沂蒙山主力部队。林铎在山东沂南和费县交界处的大青山组织后方医院及伤病员突围时在战斗中牺牲。

武士敏（1892—1941）国民革命军陆军第98军军长

字勉之。男，1892年出生，河北怀安人。曾参加同盟会、护国讨袁和北伐战争。曾任西北军第1师2旅旅长、第42师124旅旅长兼潼关警备司令等职。西安事变后，任国民革命军陆军第169师师长。1939年升任国民革命军陆军第98军军长。1941年5月，中国军队中条山战役失利，大部后撤。武士敏率领的第98军转入敌后，与八路军一起在山西抗击日军。9月下旬，日军集中主力3万余人，将第98军合围在山西沁水县东峪、西峪。日军多次派人劝武士敏投降，但均遭拒绝。9月23日，日军向第98军发起攻击，武士敏指挥部队顽强抵抗，多次组织突围，因敌人封锁严密，所部损失惨重。武士敏在突围战斗中，头部中弹，因失血过多牺牲，后被追晋为陆军中将。

罗忠毅（1907—1941）新四军第6师参谋长兼第16旅旅长

原名宗愚。1907年出生，湖北襄阳人，1932年加入中国共产党。1927年入冯玉祥部当兵。1931年参加宁都起义，编入中国工农红军第5军团。后到瑞金入红军学校学习。1934年10月中央红军主力长征后，任福建军区第3分区副司令员兼参谋长、闽西南第1作战分区司令员、闽西南游击队第1纵队司令员，在闽西南地区坚持极其艰苦的3年游击战争。抗日战争全面爆发后，任新四军第2支队参谋长、江南指挥部参谋长，参与创建以茅山为中心的苏南抗日根据地。参与指挥水阳伏击战、官徒门奇袭战等战斗。1940年7月新四军江南主力北渡长江后，任重建的江南指挥部指挥，留苏南坚持敌后抗日游击战争，指挥部队多次挫败日伪军“扫荡”、“清乡”的进攻。1941年4月任新四军第6师参谋长兼第16旅旅长。同年11月28日，日军纠集3000余兵力，突然袭击第16旅旅部和中共苏皖区委机关驻地江苏省溧阳县塘马村。与旅政治委员廖海涛一面指挥部队阻击敌人，一面组织党政军机关转移。为了使机关安全撤出，指挥阻击部队竭力拖住日军，陷入敌军重重包围，战况空前激烈。在毙敌三四百人后，终因寡不敌众，与廖海涛及270余名指战员全部牺牲。2009年被评为“100位为新中国成立作出突出贡献的英雄模范人物”。

项英（1898—1941）新四军副军长

原名德隆，又作德龙，又名飞龙，曾化名江钧、张成。男，1898年5月出生，湖北武昌人，1922年4月加入中国共产党。是杰出的无产阶级革命家、工人运动的著名活动家、党和红军的早期领导人之一、新四军的创建人和主要领导人之一。1920年起从事工人运动。1922年出席了在上海召开的中共二大。曾任湖北全省工团联合会组织主任、中共中央职工运动委员会负责人、中共三至六届中央委员。在中共六届一中全会上当选为中央政治局委员、常委。在莫斯科召开的共产国际第六次代表大会上当选为共产国际监察委员会委员。曾参与领导1923年京汉铁路“二七”大罢工和1925年沪西日商纱厂工人二月罢工。1926年，发动武汉工人配合北伐军攻克武昌。1928年2月至7月，任中央临时政治局委员、常委。1930年8月任中共中央长江局书记。11月赴中央革命根据地。1931年1月后，历任中共苏区中央局委员、代理书记，中华苏维埃中央革命军事委员会主席、副主席，中华苏维埃共和国中央执委会第一副主席。1934年1月，在中共六届五中全会上当选为中央书记处书记。1934年10月红军主力长征后，任中共中央苏区分局书记、中央军区司令员兼政治委员。留在南方与陈毅等一起领导红军和游击队坚持了艰苦卓绝的南方三年游击战争，保存了革命力量，保持了南方战略支点。抗日战争全面爆发后，任新四军副军长。1937年12月任中共中央长江局委员、东南分局（后改为东南局）书记、中共中央革命军事委员会新四军分会书记。在武汉与叶挺共同组建了新四军军部。随后，与陈毅等分别赴各游击区传达党的指示、宣传党的抗日民族统一战线政策，将南方8省13个游击区的红军和游击队编组成新四军，并与叶挺等一起立即整训部队，加强军政建设。与叶挺一道指挥部队多次粉碎日、伪军对皖南的进攻和“扫荡”。皖南事变后，辗转隐蔽。1941年3月14日，在安徽省泾县赤坑山蜜蜂洞被叛徒杀害。1998年，中央有关部门在人民大会堂为项英举行了诞辰100周年纪念座谈会。

唐淮源（1886—1941）国民革命军陆军第3军军长

字佛川。男，1886年出生，云南江川人。1911年毕业于云南陆军讲武堂，加入滇军。先后担任排长、连长等职。1930年任第12师副师长兼第35旅旅长。1932年任第12师师长。1936年10月任第3军副军长。抗日战争全面爆发后，唐淮源奉命北上，在冀西一带及晋东、晋南一带与日军作战。1937年秋晋升为第3军军长。1938年奉命率部转入晋南中条山作战。1941年5月，日军调集兵力10余万，分三路进犯中条山。唐淮源所部在温峪村附近与日军遭遇，被日军包围。唐淮源亲率官兵反复冲杀，奋力突围。终因四面受敌，弹尽援绝，所部官兵伤亡殆尽。为了不被俘获，唐淮源举枪自戕，后被追晋为陆军上将。

袁国平（1906—1941）新四军政治部主任

原名袁裕，字醉涵，笔名最寒。男，1906年5月26日出生，湖南宝庆（今邵东县）人，1925年加入中国共产党。1925年10月考入黄埔军校第4期政治大队学习。1926年7月参加北伐战争。1927年8月、11月，参加南昌起义和广州起义。起义失败后，余部改编为工农革命军第4师，任师党代表、师党委书记。1929年被派往湘鄂赣根据地工作，先后任中共湘鄂赣特委委员兼宣传部部长，红五军代理政治委员、政治部主任。1930年，当选为红四军、红五军、红六军前委委员。曾先后任红三军团政治部主任，红八军政治委员，红一方面军政治部副主任、代主任。参加了中央苏区反“围剿”和长征。到达陕北后，任西北革命军事委员会后方办事处主任、中国工农红军学校政治委员、红军教导师政治委员、抗日红军大学第2分校政治委员、中共陇东特委书记兼八路军驻陇东办事处主任等职。抗日战争全面爆发后，任中共中央东南分局（后改为东南局）委员、中共中央军事委员会新四军分会常委、新四军政治部主任。参与领导新四军向皖中、皖东、苏南、苏中敌后进军，开展抗日游击战争。协助叶挺、项英进行建军和统战工作。在皖南，曾两次主持召开新四军政治工作会议，主持起草颁发《新四军政治工作组织纲要草案》、《新四军政治工作十讲》等印发全军学习，为新四军政治工作建设作出突出贡献。1941年1月，在皖南事变中牺牲。

贾力更（1907—1941）晋绥游击区行政公署驻绥察办事处蒙政处处长

原名康福成。男，蒙古族，1907年5月12日出生，内蒙古土默特旗(现土默特左旗)人，1925年加入中国共产党。1919年，在土默特高等小学学习时，积极参加学生爱国运动。1923年5月，归绥学界为纪念五四运动，他和同学们一起组成纠察队，走上街头，举行爱国讲演，开展抵制日货，提倡国货的宣传活动。1925年2月，在北京蒙藏学校附中插班学习，多次参加北方党组织领导的以反帝反军阀为斗争内容的游行示威和宣传活动。1926年初，同7名蒙、汉族同学，受中共北方区委的派遣，前往广州到毛泽东主办的第6届农民运动讲习所学习，结束后回到归绥，担任绥远特别区农民部农民运动特派员，到归绥西区开展农民运动。1929年4月，被派到蒙古党务大学学习。1932年学业结束后，被分配到赤色职工国际中国工人俱乐部任干事兼会计。抗日战争全面爆发后，领导土默川人民开展抗日救亡斗争。1938年秋，侦知日本侵略军在大同城北的卧虎湾设有一座大型军火库。库内储存着大批武器弹药，日军企图以此为军火基地，向南进攻晋西北抗日根据地，向西进攻伊克昭盟和后套地区。他带领三人爆破小组，成功炸掉该军火库。1938年10月，中共中央决定创建大青山抗日游击根据地。为创立根据地，他积极向蒙古族群众宣传党的民族政策和主张，宣传八路军抗战事迹，改善部队与当地群众关系，引导蒙古族青年投身革命，动员大批青年前往延安学习。1939年9月，中共土默特旗成立了蒙古工作委员会，创建了蒙古族抗日游击队，贾力更是主要负责人。他率部与其他抗日游击队合作，袭击和林格尔伪军骑兵团一部，在绥西智擒日军小队长小野，智夺敌人在耿家营子军马。1939年底被绥蒙区党委推选为中共七大代表。1940年初任中共绥西地委蒙民部部长，负责绥西地区蒙古民族工作。1940年8月，绥西各界代表在小西梁召开抗日团结会议，成立了晋绥游击区行政公署驻绥察办事处（后改为绥察行政公署），贾力更任蒙政处处长。1941年3月，贾力更带领一批爱国青年赴延安学习，途经绥西张启明沟时被日军包围，激战中牺牲。

郭猛（1913—1941）新四军第1师2旅4团政治委员

原名光昭。男，1913年2月18日出生，江西吉水人，1929年加入中国共产党。1930年参加工农红军，曾任战士、连政治指导员、团政治委员。1934年10月，红军主力长征后，留在湘赣边坚持游击战争。抗日战争全面爆发后，所部改编为新四军。曾任中共吉安中心县委书记兼新四军吉安通讯处主任、新四军第1支队2团政治处主任兼扬中办事处主任、新四军苏北指挥部第2纵队2团政治委员、新四军第1师2旅4团政治委员。1938年4月，随新四军第1、2支队先遣支队挺进苏南敌后，实施战略侦察。6月，参加韦岗伏击战，击毙日军少左土井以下20多人，击毁军车2辆，缴武器一部，日钞7000元，军用品4车。新四军江南首战告捷，有力地打击了日军的嚣张气焰，鼓舞了江南军民的抗日斗志。此后，率部参加了新塘伏击战、夜袭句容城，讨伐伪军李长江部和反“扫荡”等多次战斗，给日、伪军以沉重打击，为创建苏南、苏中、苏北抗日根据地作出了贡献。1941年12月29日，盘踞在江苏省盐城县的一股伪军出城抢粮，郭猛率部出击，部分残敌仓皇逃窜。他乘胜追击至唐刘河畔地区时，与龙冈增援之敌展开战斗。战斗中，不幸中弹负伤，因伤势过重牺牲。

赖传湘（1904—1941）国民革命军陆军第10军190师副师长

又名镇之。男，1904年出生，江西南康人。1926年10月，黄埔军校第4期毕业，参加北伐战争。曾任总司令部副官、科长、副营长、营长等职。抗日战争全面爆发后，奉命率部开赴抗战前线，参加淞沪会战。1938年7月任第47师18团团长。次年12月升任旅长。1941年5月任第10军190师副师长。同年8月，日军调集16万兵力汇集岳阳，准备发动第二次长沙会战。9月，日军发起进攻，第二次长沙会战打响。战斗中，赖传湘奉命代理190师师长，带领全师将士浴血奋战。9月23日，率部收复长沙北部高地。次日，日军发起反攻，赖传湘指挥部队奋勇杀敌。战斗中，中弹牺牲，后被追晋为陆军中将。

廖海涛（1909—1941）新四军第6师16旅政治委员兼政治部主任

男，1909年3月出生，福建上杭人。1930年加入中国共产党。曾任区苏维埃主席、中共代英县县委副书记、上杭游击大队政治委员。红军主力长征后，率部在闽西南坚持艰苦卓绝的三年游击战。抗日战争全面爆发后，1938年，闽西南游击队改编为新四军第2支队，先后任第2支队4团政治部主任、政治委员等职，与团长卢胜一起率部挥师苏南，展开于江宁、句容、溧阳、溧水地区开展游击战争，创建敌后根据地。1940年2月任新四军第2支队副司令员兼政治部主任。5月，亲自指挥赤山（江宁、句容边）战斗，歼日军中队长以下130余人。7月，苏南新四军北渡后，任新组建的新四军江南指挥部副指挥长，坚守苏南抗日根据地。皖南事变后，任新四军第6师16旅政治委员兼政治部主任。6月，与旅长罗忠毅一道率部连克日、伪军28个据点，恢复了皖南事变前的抗日根据地。10月，他和旅长罗忠毅率旅部及中共苏皖区委机关驻江苏省溧阳县塘马村一带。1941年11月28日，日军集中步、骑、炮联合兵种共3000余人，突然袭击塘马村。他组织旅部及中共苏皖区党委机关转移，率部对敌阻击，掩护机关人员突围，打退日军10余次疯狂进攻。从凌晨一直坚持到中午，毙伤日、伪军三四百名。但因身陷重围，他与旅长罗忠毅同270多名指战员一起牺牲。

燕鼎九（1894—1941）国民革命军陆军第1战区游击挺进军22纵队副司令兼河南省第8军分区保安副司令

原名寿琪，号定九。男，1894年出生，河南新蔡人。黄埔军校第4期毕业。1927年8月任中央陆军军官学校第5期副区队长。抗日战争全面爆发后，任第1战区游击挺进军22纵队副司令兼河南省第8军分区保安副司令。1941年1月，日军第11军司令官园部和一郎纠集6个师团、一个旅团发动豫南战役，企图歼击汤恩伯第31集团军。日军由鄂豫边境沿平汉线分三路北犯，意在打通平汉线交通。燕鼎九奉命率部抗击，在河南汝南城郊与日军展开激烈战斗。燕鼎九亲率突击队百余人，袭击日军侧翼，击毙日军多名。后因敌众我寡被俘。日军急于获取中国军队的行动计划，用麻绳将燕鼎九捆住，滥施酷刑，连番逼问。燕鼎九始终未透露半点信息。日军恼羞成怒，用刺刀连刺其喉管致燕鼎九重伤牺牲，后被追晋为陆军少将。

魏拯民（1909—1941）东北抗日联军第1路军副总司令

原名关有维，字伯张。男，1909年2月3日出生，山西屯留人，1926年加入中国共产主义青年团，1927年1月转为中国共产党党员。“九一八”事变后，被派到东北工作，曾任中共哈尔滨道外区委书记、中共哈尔滨市市委书记，发动和组织群众开展抗日斗争。1936年3月任中共东满省委书记、东北抗日联军第2军政治委员。同年7月后，曾任中共南满省委书记、东北抗联第1路军总政治部主任、第1路军副总司令等职，与第1路军总司令兼政治委员杨靖宇指挥所部在辉南、松江、蒙江（今靖宇县）、金川、桦甸等地抗击日、伪军，挫败日、伪军多次大规模的“讨伐”。曾指挥大沙河、寒葱岭等战斗。在第1路军副总司令王德泰、总司令杨靖宇牺牲后，承担起领导全省党的工作和指挥对日作战的重担。他不顾心脏病、胃病等疾病的折磨，夜以继日地工作。1940年3月，在桦甸县头道溜河主持召开省委扩大会议，决定抗联第1路军各部要抓住敌人的薄弱环节，出奇制胜，继续在长白山区开展游击战争。同时还决定由魏拯民接替杨靖宇统率第1路军。会后，亲率部队在安图县红旗河伏击日军，击毙敌总指挥田前等140余人。接着又先后取得了袭击哈尔巴岭车站和黄泥河子伪警察队等重大胜利。因长期抱病征战，日益严重的病情迫使他离开部队到吉林省桦甸县抗联密营休养。1941年3月8日，因叛徒告密，日、伪军100人包围桦甸县四道沟抗联密营。重病之中的魏拯民率11名抗联战士奋起反击，终因寡不敌众，在与敌作战中牺牲。

于寄吾（1915—1942）八路军西海军分区政治委员

原名于纪武，又名于己午，字志新。男，1915年出生，山东牟平（今属烟台）人。1934年考入济南师范学校，1935年加入中国共产党，1936年7月毕业后，到济宁“乡村建设研究院”受训，一年后分配到黄县北马乡校任校长。抗战爆发后，乡校解散，他回到家乡，在牟平城东关租赁了一所小屋，做发动、联系青年学生的抗日工作。1938年3月，他到达敌后抗日根据地，初在胶东特委战委会工作，1939年夏任胶东区党委秘书长，后又兼任政府工作部部长。1941年2月任中共西海地委书记，兼任西海军分区政治委员。他倡导出版了党报《西海导报》和党刊《团结》。1942年冬，日军“扫荡”胶东。12月，中共西海领导机关被敌四面包围于萌山，西海军分区司令员赵一萍、政治委员于寄吾、参谋长于一心各带一个排突围，与敌人展开殊死搏斗，战斗持续了几个小时，终因敌众我寡，于寄吾与胞兄于一心牺牲。

孔庆同（1912—1942）八路军冀中军区第8军分区司令员

男，1912年出生，河南光山人，1928年加入中国共产党。1937年，在丰润县腰带山一带组织党员和农民自卫会，成立冀东第一支抗日武装队伍，他任冀东抗日联军第1支队支队长。1938年，第1支队扩编为冀东抗日联军第4总队，他任总队长，率部打击丰润、遵化两县的日、伪军。1938年7月8日，遵化伪军保安队出动130多人扑向铁厂。孔庆同闻讯后立即带队抢先到铁厂北边的玉皇庙迎敌，经过约两个小时的激战，将伪军全部打垮，俘获80余人，缴枪80余支，战马35匹，给遵化的日、伪军以沉重打击。7月9日，孔庆同等又率部出击，兵不血刃拿下了兴城镇。他通过强大的政治攻势，促使伪满警察所长王生存带手下40余人反正。随后，抗联4总队再接再厉，平息丰润王官营一带的民团叛乱，扩大抗日影响。当地群众纷纷加入抗日队伍，仅王官营就有500多人参加抗联。4总队在短短几天里就由400多人发展到4000多人，改编为冀东抗日联军第1梯队，辖4个总队，孔庆同任梯队长。1939年到中共中央晋察冀分局党校学习。1940年从党校学习毕业，到冀中第8军分区任副司令员。在保定一带坚持平原游击战，后任第8军分区司令员。1942年10月20日，他带领一个手枪班赶到河间县左庄，对河间县开展抗日斗争作了指示。第二天拂晓，部队驻地被数倍于己的日、伪军包围。战斗中，孔庆同中弹牺牲。

王凤山（1906—1942）国民革命军陆军第34军暂编45师师长

字鸣岐。男，1906年出生，山西五台人。1927年参加北伐战争，任第69师203旅营长。抗日战争全面爆发后，参加了平型关茹越口守卫战。1941年升任第218旅旅长，后转任第34军暂编第45师师长，驻守汾南万泉、荣河、河津一带。1942年，日军在汾南地区屡屡受挫，为挽回战局，集中汾南各县日、伪军，形成优势兵力对万泉地区反复“扫荡”。6月22日，日军千余人，坦克7辆袭击45师驻地。师部及第2团被包围在汾南万泉西张瓮村。王凤山率部坚守阵地，与日军展开了殊死搏斗。激战至23日下午5时，日军增兵2000多人。在敌众我寡、兵力悬殊的情况下，王凤山亲自率领预备队冲上前线与敌近战。战斗中，王凤山臂部受伤，仍坚持指挥战斗。后因腹部连中数弹牺牲，后被追晋为陆军中将。

王远音（1915—1942）八路军冀中军区第8军分区政治委员

原名鸿业。男，1915年6月出生，山西五台人，1936年加入中国共产党。1936年在北平西郊从事抗日救亡活动。1937年任国民抗日军中心队委书记。1938年1月，国民抗日军被编为八路军晋察冀军区第5支队，任政治部主任。1938年，又改编为晋察冀军区独立师，任师政治部副主任。1939年调任冀中军区第3分区政治委员。1940年6月，冀中各分区与晋察冀军区统一编序，第3军分区改称第8军分区，任第8军分区政治委员。1942年5月，日、伪军对冀中抗日根据地实行残酷的“扫荡”。6月，在肃宁县西张庄战斗中身负重伤，但仍然顽强地阻击敌人，在身陷重围时，自戕牺牲。

王泊生（1915—1942）八路军冀南军区第6军分区政治委员

又名鸣锋。男，1915年出生，河北景县人，1932年秋加入中国共产党。1936年在南京参加了全国各界救国会，后到北平从事救亡运动，主办《大众文化》杂志。1937年8月，他去延安抗日军政大学学习，毕业后留抗大任政治教员，期间参加山西省“牺盟会”工作。1939年由抗大回冀南任中共束鹿县委副书记、书记。不久，调任冀南区1地委宣传部长，1地委代理书记，后又调任2地委书记。1940年11月，调任冀南区5地委书记、分区政治委员。由于工作劳累，他不幸染上肺病，但他仍然顽强地工作。一次部队在枣北活动，他连吐十几口血，头晕目眩，晕倒在地，但他仍然坚持战斗在第一线。1942年任冀南6地委书记、分区政治委员。1942年10月27日，赴河北省枣强县检查工作，遭到敌人追击。28日凌晨，转移到边庄深林处被敌人包围，激战中王泊生中弹牺牲。

包森（1911—1942）八路军冀东军分区副司令员

原名赵宝森，又名赵寒。男，1911年7月21日出生，陕西蒲城人，1932年加入中国共产党。“九一八”事变后，组织宣传队到三原、泾阳县城宣传抗日。1932年在三原、泾阳县等地领导农民组织游击队。西安事变后在杨虎城部任特务营指导员。1937年3月赴延安，入中国人民抗日军政大学学习。抗日战争全面爆发后，随八路军奔赴华北抗日前线。1938年随军挺进平西，在晋察冀抗日根据地独立1师工作，任33大队总支部书记。任职期间，包森率部英勇作战，历经大小战斗数十次，歼灭日、伪军数百人，缴获枪支数百支。不久，包森被任命为冀东军分区副司令员，到盘山开辟新抗日根据地。1939年4月，率部在遵化城东北活捉日本天皇表弟赤本宪兵大佐，震惊日本朝野。6月任八路军第13支队副司令员。1940年开辟盘山抗日根据地。1941年率部参加反“治安强化运动”。1942年2月17日，带领部队住在遵化县西北20里的野虎山时，遭到日军田中大队和“伪满洲队”的突然袭击。在指挥作战中，包森胸部中弹牺牲。

左权（1905—1942）八路军副参谋长

原名纪权，号叔仁，字自林。男，1905年3月15日出生，湖南醴陵人，1925年1月加入中国共产党。同年12月赴苏联学习。1930年回国后到中央苏区工作，先后任中国工农红军学校第1分校教育长、新12军军长、红5军团15军军长兼政委、中革军委一局局长、红1军团参谋长等职，参加了中央苏区历次反“围剿”作战。1934年10月参加长征，并参与指挥强渡大渡河、攻打腊子口，以及直罗镇、东征等著名战役战斗。1936年5月任红1军团代理军团长。抗日战争全面爆发后，担任八路军副参谋长、八路军前方总部参谋长，协助朱德、彭德怀指挥八路军开赴华北抗日前线，开展敌后游击战争，粉碎日军多次残酷“扫荡”，威震敌后。1940年秋，协助彭德怀指挥著名的百团大战。1941年11月指挥八路军总部特务团进行黄崖洞保卫战，经8昼夜激战，以较小的代价歼敌千余人，被中央军委称为“‘反扫荡’的模范战斗”。从1939年至1941年，他撰写了《论坚持华北抗战》等文章，总结敌后抗战经验。1942年5月，日军对太行抗日根据地进行“铁壁合围”大“扫荡”。25日，他在山西省辽县麻田附近指挥部队突围转移时，在十字岭战斗中牺牲。2009年被评为“100位为新中国成立作出突出贡献的英雄模范人物”。

石景芳（1912—1942）八路军冀鲁边军区第1军分区司令员

原名玉琮，字景芳。男，1912年出生，山东无棣人。1937年2月加入中国共产党。1933年在无棣县上高中期间，积极参加进步活动。1936年在刘凤台小学当教员时，成立“友谊读书会”，并创办会刊《斗争》，向进步青年传播马列主义和革命思想。抗日战争全面爆发后，成立了以共产党员为骨干、以青年知识分子为主体的无棣县“抗日救亡会”,任会长。1937年8月任中共无棣县工委宣传委员。9月任无棣县工委书记。他积极组织武装力量，开展抗日斗争。利用从国民党县政府截取的教育经费，买了几十条枪，组织了40余人的部队，在无棣西部与敌伪展开英勇的斗争。1938年3月，参加了共产党领导的国民革命军别动总队第31游击支队，任政治特派员。同年夏秋之交，到东光县开辟抗日根据地。1938年8月任东光县抗日民主政府县长。1939年至1942年，石景芳任鲁北行政委员会主任、冀鲁边区第1专署专员。他按照冀南、鲁中，冀鲁豫等地区的政策法令，根据本地区的实际情况，推行抗日民主政策达300多项。1942年被评为推行政策法令的模范，享有“模范专员”的称号。1941年3月兼任冀鲁边军区第1军分区司令员。1942年5月，侵华日军华北最高指挥官冈村宁次亲率5万兵力，进行疯狂的大“扫荡”。6月，石景芳与地委书记杜子孚、组织部长邸玉栋率机关干部和警卫连百余人转移时，在四柳村遭遇日军，在与敌作战中牺牲。

孙开楚（1910—1942）八路军总部后勤部军工部政治委员

男，1910年出生，湖南郴县（今郴州苏仙区）人，1926年10月加入中国共产党。1928年1月，组织游击队参加湘南起义，被选为中共郴县县委委员，后随部队上井冈山。1929年任红4军军部机要保密员，并随红军长征。1935年任毛泽东机要文书。9月升任机要科科长。1939年任八路军总政治部组织部部长。1940年任八路军总部后勤部军工部政治委员。1942年春赴华北局党校学习。1942年5月，侵华日军华北最高指挥官冈村宁次亲率5万兵力，对冀中开始了疯狂的大“扫荡”。5月22日，日军对山西地区进行残酷的大“扫荡”，突遭日军包围被捕，7月遇害。

孙伯龙（1903—1942）八路军鲁南军区副司令员

原名孙景云，字伯龙。男，1903年出生，山东峄县（今属枣庄市）人。1926年考入黄埔军校第6期预科，不久加入国民党。1931年到博山、安丘两县国民党县党部任职。1934年，因对国民党不满，离开国民党县党部，回到峄县创办文庙小学，积极从事抗日救亡活动。“七七”事变后，孙伯龙在家乡组建起一支百余人的抗日武装。1938年6月，经共产党员朱道南提议，孙伯龙与邵剑秋等部组成山外抗日军四部联合委员会，任该会副主任，在运河两岸开展抗日游击战争。1939年八路军第115师进入鲁南后，12月，孙伯龙、邵剑秋部与115师和陇海南进支队各一部，组成115师运河支队，孙伯龙任支队长。1940年10月，任鲁南军区副司令员。1941年2月率部队重新开辟黄邱山套抗日根据地，建立了黄邱、旺庄、新河等游击区，并控制了微山岛。1942年1月1日晚，驻地军民举行欢度新年晚会，日军乘机集结千余部队星夜奔袭，2日拂晓包围了毛楼子村，孙伯龙突围时牺牲。

孙毅民（1914—1942）八路军冀南军区第4军分区政治委员

原名景彦，曾用名国英。男，1914年1月25日出生，河北新河人，1933年加入中国共产党。1936年6月成立抗日救国先锋队。1937年12月，调到南宫苏村参加东进纵队，任政治部民运干事。不久，南宫西区战委会成立，任战委会组织部部长，党组织负责人。1938年3月调任南宫县战委会组织部部长。同年6月调任中共南宫县委民运部部长。不久又兼任县战委会主任，为以南宫为中心的冀南抗日根据地的建立和发展创造了有利条件。1938年11月任冀南军区第4军分区政治部主任。1940年春，新 7 旅建立并兼管4分区，孙毅民任新7旅政治部副主任兼第4分区武装科科长。1941年1月，重建分区时任分区政治委员，并任 4 地委委员。1942年4月29日，日军出动几万兵力，对冀南根据地进行“铁壁合围”。孙毅民在香城固指挥突围战斗中牺牲。1942年10月，经冀南行署批准，在临西一带成立宏毅县，以纪念孙毅民、杨宏明两位烈士。

朱世勤（1904—1942）国民革命军陆军暂编第30师师长

字俭堂。男，1904年出生，山东单县人。早年参加国民革命军，曾任特别侦探队中队长、大队长，鲁北水上保安副司令等职。抗日战争全面爆发后，奉命随部北上抗日，驻防德州。后进驻河北境内，指挥所部与日军展开游击战争，屡立战功，升任第1路游击1旅旅长。1938年朱世勤率部参加台儿庄大战，奉命侧击日军右翼，扰敌后方支持主力正面作战。台儿庄战役结束后，朱世勤率部在鲁西敌后坚持游击战。不久升任国民革命军陆军暂编第30师师长。1942年5月4日，日军“扫荡”山东单县潘庄，朱世勤所部遭到2000余日军进攻。朱世勤指挥部队奋力抵抗，死守阵地，多次打退日军进攻。下午4时，日军重新集结兵力，在坦克掩护下攻入阵地，朱世勤所部伤亡惨重，在组织余部撤离途中，遭到日军截击，朱世勤与副师长、参谋长及多名随从一起牺牲，后被追晋为陆军中将。

许亨植（1909—1942）东北抗日联军第3路军总参谋长兼第 3 军军长

原名许克，别名李熙山、李三龙。男，1909年出生于朝鲜庆尚北道（今属韩国），1930年加入中国共产党。1913年迁居辽宁省开原县。1931年任中共宾县特支委员。组建农民抗日救国会、自卫队等抗日群众团体，在宾县境内同日、伪军进行斗争。1934年任东北反日游击队哈东支队第1大队大队长。1935年任东北人民革命军第3军第1师2团团长，曾率部攻破日军驻延寿县柳树河子据点。1935年任东北人民革命军第3军第3师政治部主任，成功指挥啦啦屯、小山子等战斗。1936年任中共北满临时省委委员兼东北抗日联军第3军第1师政治部主任，率部在铁力县境内的孙灵阁山战斗中，击毙日军80余人。1938年1月，率领第9军第2师、第3军第1师从依兰出发，向海伦方向远征。8月16日任西北临时指挥部参谋长。1939年4月任东北抗日联军第3军军长。不久，第3、6、9、11军改编为东北抗日联军第3路军，任总参谋长。1940年3月，东北抗日联军第3路军编成3、6、9、12四个支队，任第12支队政治委员。随后，率部在肇州县丰乐镇缴了伪军的枪械，活捉伪镇长，打开银行、仓库，将金钱和物资分发给群众。1941年调任东北抗日联军第3路军9支队工作，率领下属的3个小分队在各自的活动地区建立了抗日救国会等组织，积蓄了新的抗日力量。1942年8月，在邵凌河河套检查分队工作时遭伪警察包围。率部突围时，中弹牺牲。

何云（1905—1942）《新华日报》华北分馆社长兼总编辑

原名朱士翘，笔名何文、王再然、露沛。男，1905年出生，浙江上虞人，1932年加入中国共产党。1927年考进复旦大学，半年后到日本早稻田大学专攻经济学。“九一八”事变后，回国投身到抗日救亡运动。12月加入上海文化界反帝联盟，编辑《中国论坛》杂志，协助宋庆龄、何香凝工作。1933年任国民御侮自救会组织宣传部长，四处奔波，发展党员，壮大革命力量。1933年6月，被国民党逮捕，判处无期徒刑，关押在南京中央军人监狱。抗日战争全面爆发后，国共两党重新合作，何云获释后到南京《金陵日报》任编辑，宣传抗日救国。1938年初赴武汉，任《新华日报》国际版编辑。同年底，被派往华北敌后，在极其困难的环境下，着手筹备华北《新华日报》的创刊工作。1938年12月19日，《新华日报》华北分馆宣告成立，何云任分馆管理委员会主任（社长）兼总编辑。1939年元旦，《新华日报》华北版创刊号诞生。《新华日报》华北版成为华北敌后新闻事业的一面旗帜，不仅在敌后发挥着巨大作用，而且在国际上引起关注。1940年9月1日，中国青年新闻记者学会北方办事处在山西省辽县成立，何云当选办事处主任。1941年7月7日被选为晋冀鲁豫边区临时参议会参议员，撰写了《新民主主义的新闻政策》，为党的新闻事业奠定了理论基础。1942年5月，敌人向太行山区发动大“扫荡”，企图摧毁八路军总部和《新华日报》华北分馆。27日，在辽县（今左权县）大羊角附近被日军包围，突围时牺牲。

吴师孟（1899—1942）新四军第2师军工部部长

原名初生。男，1899年出生，湖南平江人，1927年加入中国共产党。同年参加农民自卫队。参加平江起义后，曾任排长、会计科科长、经理处处长。1933年4月，因掩护辎重物资转移负伤被俘，遭严刑拷打，坚贞不屈。后被组织营救出狱。在鄂赣边坚持游击战争。抗日战争全面爆发后，1938年1月所部改编为新四军第1支队1团，任团军需主任。1939年春调任新四军第1支队军需主任。在经费十分困难、物资奇缺的条件下，开源节流、精打细算，多方筹集经费和物资，有力保障部队的军需供应。皖南事变后，曾任新四军军工部副部长、新四军第2师军工部部长。在高邮县金沟区平安乡，白手起家建起拥有150多名工人的兵工厂，月产子弹2500发、手榴弹600枚、迫击炮弹66发。这些弹药及时补充到部队，有力地打击了日军。他和兵工厂厂长吴运铎受到中共中央军委和新四军军部的嘉奖。1942年8

月，在安徽省盱眙县（今属江苏省）旧铺镇翟庄，因积劳成疾病故。新四军第2师为其召开了隆重的追悼会。新四军副军长张云逸致悼词，高度评价其为抗日救国所作的贡献。

张仁槐（1912—1942）八路军冀中军区政治部宣传部部长

男，1912年出生，山西定襄人，1932年底加入中国共产党。1932年考入北京师范大学，积极参加中国共产党的外围组织活动。1935年担任中共北平师大地下党支部书记。后调区委，负责民先北平地方部队的领导工作。1936年8月，受党的委派，带领流亡学生到太原直接参加抗战活动。抗日战争全面爆发后，被派任中国第2战区民族革命战争战地总动员委员会，任宣传部宣传科科长。太原失守后，转到汾阳坚持抗日斗争。后到苛岚县举办军政干部训练队，先后培训了700余名学员，为抗日战场输送了一批武装干部。1938年张仁槐调任八路军冀中军区政治部宣传部部长。他经常深入部队，进行宣传教育工作，鼓励干部战士战胜困难，坚持抗战。同时，在他领导和主办的《前线报》上，经常撰写文章，宣传党的抗日方针政策。他还组建了综合性文艺团体火线剧社，开展形式多样的宣传活动。在他指导下还举办了4期摄影培训班，为军区培养了一批随军记者。1942年5月，日本侵略军华北方面军在伪军的配合下，约5万余人，采取“铁壁合围”、“反复合击”等手段，对冀中抗日根据地进行残酷的大“扫荡”。在反“扫荡”斗争中，张仁槐带领工作团随军转战。23日，部队行至深县以南地区，突遭日、伪军包围，他带领部队奋勇冲杀，突围未果，中弹牺牲。

张元豹（1916—1942）马来亚共产党中央委员兼宣传部部长

男，1916年出生，福建仙游人,1932年加入中国共产党。1930年，到仙游县坝下小学任教，参加了革命互济会，并积极参与中共地下党组织领导的农运工作。1933年夏调到中共莆属（闽中）特委机关工作。1934年3月任共青团莆田中心县委书记，除了负责莆田、仙游两县团的工作外，还兼任农运工作。1934年4月，莆田县党组织遭到破坏后，秘密从仙游前往厦门，又从厦门辗转到新加坡，最后到马来西亚霹雳州把巴埠的华侨小学任教。1935年到1936年，经常撰写进步文章，投稿《中华晨报》副刊。同时撰写时论和具有革命内容的文艺作品，在《星洲日报》、《南洋时报》等报上刊登，扩大革命思想的影响。1938年任马来西亚共产党中央委员兼宣传部部长，负责马来西亚的文化界救亡工作和新加坡的工人运动。1941年，张元豹由于长期劳累，积劳成疾，患了肺病，仍然带病坚持工作。年底，在新加坡开展工人运动。1942年，由于叛徒出卖，张元豹被捕，被关进新加坡四排坡大监狱。入狱后遭受日军的严刑拷打，但他严守党的秘密，坚贞不屈。1942年下半年，肺病复发，在狱中病故。

张友清（1904—1942）八路军前方总部司令部秘书长

又名学静、一新、又清、刘光远、王彦青，字新农、守仁。男，1904年3月21日出生，陕西神木人，1925年加入中国共产党。1927年初入武汉中央军事政治学校学习。同年任第10军政治部民运部部长。1928年任中共亳县特委委员兼鹿邑县县委书记，被派往皖北组织暴动。暴动失败后赴北平从事地下工作。1929年2月任中共北平市委书记。同年6月被捕。次年出狱后调任中共天津市委书记。1931年再次被捕入狱，关押在北平军人反省院（草岚子监狱），狱中坚贞不屈。1936年9月经党组织营救出狱。出狱后任中共山西工委书记。1937年10月任中共山西省委书记。1938年任晋西南区党委宣传部长。1939年1月任中共中央北方局统战部部长。1942年初任八路军前方总部司令部秘书长兼中共中央北方局秘书长。同年5月，在与日军战斗中被捕，被押送到“太原工程队”集中营。由于狱中环境异常恶劣，受尽摧残，导致张友清一病不起。1942年7月1日，病故于太原集中营。

张琦（1910—1942）国民革命军陆军中国远征军第66军新编38师113团团副兼第3营营长

字先积，号以群。男，1910年出生，湖南祁阳人。1927年秋任南京国民政府财政部税警总团连部文书，后任特务长、排长。1935年冬考进黄埔军校广州分校第13期受训。毕业后升任连长。抗日战争全面爆发后，参加了武汉会战和第一次、第二次长沙会战。1941年，税警总团改编为新编第38师。1942年4月编入中国远征军赴缅甸作战，张琦任第66军新编38师113团团副兼第3营营长。4月15日夜，驻缅英军被日军围困在仁安羌北面一带，请求中国远征军派兵驰援。张琦所在的113团领受了此项任务。17日黄昏，113团到达仁安羌，当晚与日军展开激战，于18日击溃日军北岸防线。19日，张琦率部向日军山地工事发起进攻，并亲自到阵地察看地形和进攻路线，暴露在日军暗堡火力下，背部中弹牺牲。全团官兵同仇敌忾，当天便取得战斗胜利。仁安羌战斗救出了包括驻缅英军总司令亚历山大在内的7000多名英军，以及被日军俘获的英军俘虏、美国传教士和新闻记者

500多人。英国皇室授予张琦一枚银星勋章，以表彰他在仁安羌战斗中的贡献。

李永安（1912—1942）八路军冀鲁边军区第3军分区副司令员

字国瑞。男，1912年生，山东宁津人，1933年加入中国共产党。1931年在宁津师范读书时因从事抗日救亡活动，被开除学籍，回乡务农。1935年任中共宁津东区区委副书记。1941年任八路军冀鲁边军区第3军分区副司令员。司令员杨铮侯长期不在分区工作，经常在军区随后来叛变的邢仁甫活动。李永安实际主持分区军事工作。他率部开展游击战争，给日、伪军以沉重打击。1942年11月，日军纠集2万余人，对乐陵铁家营大洼进行大“扫荡”。李永安与敌人遭遇。在强敌面前，他指挥若定，组织军民分散转移。战斗从拂晓一直持续到中午，因寡不敌众，李永安自戕牺牲。

李竹如（1905—1942）山东省战时工作推行委员会秘书长

原名李贻蓴，字世华，又名一凡。男，1905年1月5日出生，山东利津人。1922年起先后在山东惠民第4中学、南京东南大学附中、济南正谊中学就读时，积极参加爱国学生运动。1927年加入中国共产党。1928年夏考入南京中央大学法学院。1931年“九一八”事变后，任南京中央大学中共地下支部书记，参与领导抗日救亡运动。在国民党反动当局追捕下，1932年初到山东省立（济南）第一乡村师范任教。同年夏转到（平原）第五乡村师范，在校组织读书会，秘密发展党员，培养了一大批革命青年。同时与友人在济南创办《新亚日报》，任副社长兼总编辑，宣传抗日救亡。1936年到上海创办《文化报》，任主编。经常用大量篇幅揭露日本帝国主义的侵略阴谋，抨击国民党独裁专制制度。1937年抗战全面爆发后，在奔赴延安途中，同年10月被八路军第129师留在山西做民运工作，后任晋冀豫区党委机关报《中国人报》社长、中共中央北方局机关报《新华日报》华北版副总编辑。1939年6月，随徐向前、朱瑞率领的八路军第1纵队，到达山东抗日根据地，先后任第1纵队、山东纵队政治部民运部长，中共中央山东分局民运部长。1940年初任山东分局宣传部长，兼任山东《大众日报》社长、新华社山东分社社长。同年2月，任山东全省宪政促进会常务委员兼组织部长。7月，在山东各界代表参加的联合大会上，当选主席团成员，并在大会上作山东三年抗战历史和山东民运工作报告。被选为山东省临时参议会驻会议员，山东省战时工作推行委员会（简称战工会，即抗日民主政府）委员、教育组副组长，山东省民众总动员委员会常务委员，山东省各界救国联合会总会常务委员，山东省文化界救亡协会会长。同时任山东省战时工作推行委员会中共党团委员。9月2日被选任山东省临时参议会秘书长。1941年3月，任山东省战时工作推行委员会常务委员、教育处副处长。4月1日，任山东分局政府工作委员会委员。10月，任山东分局群众工作委员会书记。11月，陈明牺牲后接任山东省战时工作推行委员会秘书长兼民政处处长。1942年3月又兼山东分局调查研究室主任。他在参议会和战工会工作期间，组织起草了中国历史上第一个《人权保障条例》等法律法规，为山东抗日根据地的新民主主义政权建设、法治建设及各项工作的开展，作出重要贡献。1942年冬，日军对沂蒙抗日根据地进行第二次大规模扫荡，11月2日，山东军区和战工会被敌人包围在沂水县对崮峪山上。突围时，李竹如头部中弹牺牲。徐向前题词称赞“李竹如同志是我党宣传新闻战线上一位杰出的组织者和活动家。”

李贞乾（1903—1942）湖西行政公署专员

原名秉刚。男，1903年出生，江苏丰县人。1927年毕业于徐州师范学校。1928年任丰县师范校长兼国民党丰县党部执行委员。因保护进步学生，引起国民党县党部不满，后调任丰县中学校长。1935年12月，与孙叔平秘密领导了丰县中学援绥抗日活动，并募集捐款寄给绥远抗日前线将士。“七七”事变后，对国民党当局不满，正式退出了国民党，以丰县中学学生为主组成了青年抗日救国服务团，积极从事抗日救国活动。1938年春加入中国共产党。同年5月在家乡成立丰县抗日游击队第6中队，任队长。6月中旬，6中队与华山镇抗日游击队合编为苏鲁人民抗日义勇队第2总队，任总队长。2总队经常活动在李新庄一带，使其成为湖西抗日根据地的中心。11月，日、伪军袭击2总队的后方——李新庄，经过一天多激战，毙伤日军20多人，伪军30多人。1939年1月，2总队与685团合编为苏鲁豫支队。6月，率部挺进鱼台县，消灭伪军700余人，活捉伪县长朱启森。7月被选为鱼台县抗日民主政府县长。1940年，湖西行政公署成立，李贞乾任专员。1940年至1942年任专员期间，争取抗日力量，建立地方武装，成立群众组织，巩固壮大湖西抗日根据地。1942年12月20日，日本石井师团纠集日、伪军1万余人，对湖西抗日根据地进行“扫荡”，21日上午，李贞乾在突围战斗中牺牲。

李松霄（1906—1942）冀南第5专署专员

男,1906年出生，河北武邑人。1936年夏加入中国共产党。1931年考入清华大学土木工程系，期间阅读进步书刊，接受进步思想，积极参加抗日救亡活动。“九一八”事变后，参加赴南京要求抗日的学生请愿团。1935年，参加“一二·九”学生运动和华北抗日民族解放先锋队，后又发起组织武邑县旅平同学会，编辑出版进步刊物《纯泉》。“七七”事变后，返回家乡积极宣传党的抗日救国主张，组织乡民武装抗日。1937年秋，参加武强县青年抗日义勇军，任义勇军政治部主任。1938年5月，义勇军改编为八路军第129师青年抗日游击纵队，任政治部主任，赴曲周、广平一带，开展抗日工作。8月任武邑县战时工作委员会主任，发动团结一切力量共同抗日。1939年1月任武邑县抗日民主政府县长，带领全县人民与日军进行了坚决的斗争。1940年1月任冀南第5专署专员。1942年5月，在太行山区抗日根据地参加反“扫荡”斗争中牺牲。

杜子孚（1916—1942）八路军冀鲁边军区第1军分区政治委员

又名兰友。男，1916年出生，河北南皮人（今山东宁津）。“九一八”事变后，积极联络进步同学，开展抗日救亡宣传活动。1934年入天津第一师范学校,从事革命活动。1936年回乡后又入泊镇省立第九师范学校，从事秘密抗日活动。1936年加入中国共产党。1938年任南皮、东光等县县委书记。1939年至1941年，先后调任冀鲁边区津南地委委员兼民运部部长，中共陵县县委书记和中共冀鲁边区第2地委书记。1941年，调任中共冀鲁边区第1地委书记兼冀鲁边军区第1军分区政治委员。参与领导了冀鲁边抗日根据地的反“扫荡”战斗。1942年6月18日，率领地委、专署机关干部和警卫连百余人，转移到河北省东光县四柳村时，被3000多名日军包围。面对数十倍于己的敌人，他沉着应战，组织部队突围。激战中牺牲。

杨宏明（1910—1942）八路军冀南军区第4军分区司令员

男，1910年出生，湖北黄安（今红安县）人，1929年加入中国共产党。1928年参加工农红军，曾任连长、营长、团长等职。参加了中央苏区历次反“围剿”斗争和两万五千里长征。抗日战争全面爆发后，奉命到华北敌后开展抗日游击战争。1938年1月任八路军第129师补充团副团长。1940年6月任八路军冀南军区第1军分区司令员。1941年秋至1942年春，调任冀南军区第4军分区司令员。1941年秋，日军对杨宏明所部驻地一带发动大“扫荡”，杨宏明带着部分部队到邢济路北作战。不久驻在济南的伪军冯二皮部带领3个团，在临西建立了十几个据点。1942年4月，杨宏明奉命率两个团攻打伪军占据的马鸣堂村，在战斗中，他亲临前线指挥，并爬上房顶用机枪扫射敌人，战斗胜利结束，冯二皮部大部被歼，余者溃窜。敌人并不甘心失败，于4月29日纠集大量兵力向杨宏明部发动围攻。杨宏明准确判断敌情，指挥部队声东击西，成功突围。在突围中，杨宏明中弹牺牲。

汪洋（1913—1942）八路军鲁中军区第1军分区政治委员

原名之正，字诚斋，号洪波。男，1913年出生，山东东阿人。1936年2月加入中国共产党后，被中共山东工委派往东北学兵队，任政治指导员。西安事变后回到延安。抗日战争全面爆发后，被八路军总部派往鲁中创建抗日武装，开辟抗日根据地。1938年任八路军山东纵队第4支队3团团长兼政治委员，率领部队赴莱芜矿山，一举消灭秦启荣伪军主力300多人，鼓舞了当地群众的抗日热情。不久，汪洋率领部队收复滕县，被当地人民群众誉为“铁骑军”。后汪洋受中共山东省委派遣，率领整编后的2团开赴莒县、临沂、郯城一带，开辟新的抗日根据地。1940年9月，第1支队、第4支队主力合编为八路军山东纵队第1旅，汪洋任政治部主任。下辖4个团，兵力1万余人。百团大战中，汪洋奉命亲率1旅指战员在山东莱芜、博山一带向日军发动猛烈进攻。他历经大小战斗20余次，俘虏、击毙日、伪军1200余人，缴获枪支500余支。1941年8月，八路军山东纵队第4旅成立，他任政治委员。同年秋，日、伪军对泰山地区进行“扫荡”，四处设立据点，封锁泰山抗日根据地。汪洋率领4旅11、12团，连续攻克西高都等10多处日军据点，打通了沂山、蒙山与芦山的日军封锁线，恢复了鲁中抗日根据地。1942年3月任鲁中军区第1军分区政治委员。10月16日夜，日军调集6000多人，分6路向汪洋所部驻地莱芜北部山区刘白杨村袭来。汪洋组织地委、专署、军分区机关共300余人突围。17日拂晓，率部在莱芜县吉山西岭突围激战中，因寡不敌众，身负重伤牺牲。1945年8月莱芜县抗日民主政府将吉山钓鱼台改为“汪洋台”，台上建有“汪洋亭”。

陆升勋（1907—1942）八路军胶东军区副司令员

男，1907年10月出生，山东昌邑人。19岁考入青州山东省立第4师范。1926年毕业后回本村任教。1927年，他在大陆村组建起100余人的农民协会，开展抗粮、抗捐、抗税斗争。1935年到山东邹平乡村建设研究院学习。1936年加入中国共产党。抗日战争爆发后，他受组织派遣返回昌邑，在本村和邻村办起青年夜校，积极宣传共产党的抗日主张。1938年2月，他带领30余名青年，参加了昌邑县瓦城抗日武装起义，并任八路军鲁东游击队第7支队特务中队队长，是年4月任鲁东游击队指挥部特务大队队长。1939年1月任八路军山东纵队特务团团长。1940年9月任山东纵队第1支队副司令员等职。1941年10月入中共山东分局党校学习。1942年3月任鲁中区沂蒙专署专员。同年10月，奉命调胶东军区拟任副司令员，12月8日在赴任途中，行至莱阳县孙家夼遭日伪军包围，突围中牺牲。

陈子斌（1899—1942）八路军第129师新编4旅10团团长

男，1899年出生，河北深县人，1940年加入中国共产党。1921年曾在山东一县级政府当书记员。后任深县戒烟所所长。抗日战争全面爆发后，任青年抗日义勇军副司令，活动在南宫、枣强、束鹿、深县、安平一带。1937年冬到1938年春，在交河县数次与日、伪军的战斗中，缴获了一些武器，队伍也很快发展到几千人。1938年6月，青年抗敌义勇军团改编为八路军第129师青年抗日游击纵队（简称青纵），陈子斌任青纵2团团长。1940年青纵2团改编为新4旅10团，陈子斌仍任团长。同年秋，他率部伏击押送军需物资的日、伪军，在战斗中胳膊负伤，他全然不顾，仍率部猛冲，快速结束战斗，缴获10余辆汽车的军用物资和大批枪支弹药，活捉十几个敌人，受到第129师师部的通令表扬。1942年4月29日，该旅及4分区部队驻威县的香城固、下堡寺一带。陈子斌率领的第10团驻威县东南下堡寺以北杏园附近，突遭日、伪军4000多人围困。为了掩护旅直属队向东突围，陈子斌率部，在轻重机枪的掩护下，以手榴弹、刺刀与敌人展开了肉搏战，顽强抗击，浴血奋战，给敌人以重大杀伤。在激战中牺牲。

林心平（1919—1942）金坛、溧阳、宜兴、武进、丹阳五县抗日联合政府文教科科长

原名梁玉。女，1919年2月2日出生，浙江平阳人，1936年11月加入中国共产党。1936年8月参加革命，在上海从事地下交通工作。抗日战争全面爆发后，任八路军驻上海办事处机要秘书。1937年11月赴延安抗日军政大学学习。毕业后，先后在中共中央长江局、中共浙江省金华特委从事统战工作。1939年秋任新四军第1支队文工团副团长。同年冬到溧阳县新昌协助开辟新区工作。以办夜校的形式，宣传、发动群众，组织贫农小组、妇抗会、青抗团，并发展党员，建立党支部。1941年3月起，任金坛、溧阳、宜兴、武进、丹阳五县抗日联合政府文教科科长。同年夏，国民党保安第9旅投降日军后，进驻长（荡湖）滆（湖）地区，袭

击我抗日部队。为扩大抗日武装，分散敌人兵力，党组织决定由她兼任宜兴县官村区区长，负责开辟长漏东南边区的抗日武装斗争。经数月工作，将张河港大河抗日游击区扩展到滆湖南岸的新桥一带。1942年6月不幸被捕，受尽酷刑，坚贞不屈。同年7月20日，在江苏省金坛县官林小学被日军杀害。遗体被敌投入硝镪水池中毁尸灭迹，尸骨无存。

林伯熙（1909—1942）琼崖抗日游击队独立总队第3支队支队长

字鹤琴。男，1909年出生，广东文昌（今属海南省）人，1942年初加入中国共产党。早年参加革命活动。抗日战争全面爆发后，在文昌县重兴地区组织抗日后援会。1938年，赴延安陕北公学学习。同年秋，从延安返回重兴，建立文昌县经济中队进行武装抗日，并任中队长，后编入重兴游击队。1940年9月，重兴游击队改编为琼崖抗日游击队独立总队第1大队第1中队，任中队长。1941年，任第1支队副支队长，并被选为琼崖东北区抗日民主政府委员。1941年7月，率部在文昌县美德村附近歼灭日军60余人，缴获武器弹药一批。1942年初，任琼崖抗日游击队独立总队第3支队支队长。不久，在金鸡岭伏击日军的战斗中牺牲。

范子侠（1908—1942）八路军第129师新编10旅旅长兼太行军区第6军分区司令员

男，1908年出生，江苏丰县人，1939年加入中国共产党。早年参加东北军，后被选派到天津东北军随营学校学习。毕业后，在东北军曾任连长、营长、团长等职。1931年“九一八”事变后，因不满国民党的不抵抗政策，愤然辞去军职。1933年参加察哈尔抗日同盟军，任团长。率部参加克复康保、多伦等地区对日军作战。1935年，绥东抗战爆发后，秘密打入伪军李守信部金宪章旅，任营长。在百灵庙战役中策动全营起义，并迫使金宪章旅投降。抗日战争全面爆发后，在河北无极、藁城、新乐、行唐一带组织抗日义勇军。1939年11月接受共产党领导，将所部改编为八路军平汉抗日游击纵队，任司令员。1940年任八路军第129师新编10旅旅长，率部参加了百团大战。同年12月被任命为八路军太行军区第6军分区司令员。1942年2月，日军对太行、太岳抗日根据地发动“第2期驻晋日军总进攻”。12日，范子侠率部与日军骑兵在沙河高庄展开反“扫荡”激战，中弹牺牲。延安《解放日报》发表《悼范子侠等四位同志殉国》的社论。八路军第129师师长刘伯承、政治委员邓小平在追悼会上称他是“模范的布尔什维克，最忠实于中华民族解放事业的战士”。

郑文道（1914—1942）中央社会部情报人员

化名程和生、丁振东。男，1914年出生，广东香山（今中山县）人，1938年7月加入中国共产党。1933年考入上海同济大学附设高级工业职业学校机械科，在校期间接触进步同学，阅读进步书刊，组织共产主义研究小组。1937年夏，在青岛参加了由中共青岛地下党领导的抗日游击队。1938年2月，郑文道与何克希等以“华东人民武装抗日会”名义，到驻江阴县西石桥的由梅光迪领导的一支抗日部队里工作，以争取、改造并领导这支地方武装，开展敌后抗日游击战。1938年9月，经党组织安排，郑文道到日本“满铁上海事务所”，表面经营南满铁路和重工业，实为日本侵略军设在中国的高层情报机关工作。郑文道充分利用这一合法身份，同先在这里做情报工作的日籍中共党员中西功紧密合作，将获取的日本侵略军在上海以及在中国其他地区的情报，通过中共地下党组织的渠道，不断地传送到延安八路军总部，为党中央和八路军总部制定战略决策提供了重要依据。1940年底，郑文道及时将日本侵华大本营作出的南进军事部署情报送出，为党中央及早准确判断日军战略意图提供了佐证。此情报转去苏联后，为苏联从西伯利亚抽调兵力投入东线战场，取得斯大林格勒保卫战的胜利，赢得了宝贵的时间。周恩来说：“这个情报是国宝。”在近三年的时间里，经郑文道亲手接收和转送的重要情报近百余件，从未发生过丝毫的差错，堪称情报战线上的无名英雄。1941年10月，日本东京警视厅侦破了共产国际谍报集团案后，决定对驻国内外的情报机构进行一次全面审查，逐渐牵连到日本在中国的“满铁上海事务所”的人员。1942年7月29日，郑文道被从东京来上海的警视厅特务和日本宪兵逮捕。在押送到日军司令部的途中，郑文道跳车致使头部流血过多，处于休克状态。日本特务怕失去活口，到司令部后先把他送到4楼医务室抢救。在郑文道治伤期间，敌人多次对他刑讯逼供。但郑文道都低头不语，不吐露任何情况。日本特务们只得将郑文道再押到病房，就在郑文道被押回4楼病房时，他抓住敌人疏忽的瞬间，从窗口跳楼牺牲。

姚显微（1905—1942）国立中正大学文史系教授、抗日战地服务团团长

原名名达，字达人。男，1905年出生，江西兴国人。20岁入清华研究院深造，受业于国学大师梁启超。1929年任上海商务印书馆编辑兼特约撰写，出版了

《万有文库》，撰写了《中国目录学史》、《目录学》、《中国目录学年表》。1934年，姚显微执教于上海复旦、暨南两大学，还在上海开设女子书店，并创办进步刊物《女子月刊》，宣传妇女解放，振奋民族精神。1935年6月，参加上海文化界的爱国运动，与150多名文化界知名人士联名发表《我们对于文化运动的意见》，希望唤起民众觉醒，努力去“完成民族解放的功业”。12月，与文化界300余人联名发表《上海文化界救国运动宣言》，号召文化界“应立即奋起，站在民众面前，展开救国运动”。1940年10月任国立中正大学文史系教授，主讲和编写《中国通史》。1942年5月，任中正大学抗日战地服务团团长，率服务团积极进行抗日宣传，在前线抢救伤员，慰问伤病官兵，散发慰问金，深入战地进行报道工作。7月，服务团在新干县石口村被日军包围，姚显微在突围中牺牲。为纪念他，中正大学成立“显微学社”，并建有“显微亭”。

柯棣华（1910—1942）印度援华医疗队医生

原名德瓦卡纳特·桑塔拉姆·柯棣尼斯。男，1910年10月10日出生，印度人，1942年7月7日加入中国共产党。1938年，参加巴苏大夫领导的五人援华医疗队来到中国。1939年2月，前往延安参加了八路军医疗队。1940年6月，到达晋察冀边区，受到晋察冀军区司令员聂荣臻亲切会见。1941年1月，被任命为白求恩国际和平医院首任院长。柯棣华率队走遍了晋东南、冀西、冀南、冀中、平西和晋察冀等敌后抗日根据地，数次通过敌人的封锁线，沿途施行手术50余次，诊治2000余名伤病员。特别在百团大战第二阶段晋察冀军区的涞水战役时，负责阵地救护工作，在13天的战斗中，他接收了800余名伤病员，施行手术达558人。1941年，主持450多例外科手术外，并担任教学任务，亲自编写了外科手术讲义，为我军培养了大批高级医疗工作者。1942年12月9日，柯棣华因癫痫病发作，在前线病故。

洪振海（1910—1941）鲁南铁道游击大队大队长

又名洪衍行。男，1910年出生，山东滕县人。1938年3月参加革命，在苏鲁人民抗日义勇总队先后任班长、排长。后经总队除奸训练班培训，同年10月与王志胜一起潜回枣庄火车站西侧的陈庄，建立抗日情报站，以烧焦炭为掩护收集情报。1939年8月，他带人在日伪重兵把守的枣庄，首次夜袭了日本洋行，毙伤3个以经商为名的日本特务。1940年2月，他任鲁南铁道游击队队长。配合鲁南山区的部队反“扫荡”。同年7月，与另两支铁道队合编为鲁南铁道游击大队，洪振海任大队长。在敌人严密控制的铁路线上，采用灵活机动的战术，带领队员扒铁轨、炸桥梁、撞车头、截物资，搞得日、伪军晕头转向、不得安宁。在一次战斗中，他们缴获细布1800余匹，军服800多套，还有毛毯、棉被及药品等，解决了鲁南军区部队的冬装问题。鲁南铁道游击大队的英雄事迹，当时多次在《大众日报》和《鲁南时报》上刊登，后来出版了广为流传的著名小说和电影《铁道游击队》。1941年12月，鲁南铁道游击大队驻地枣庄黄埠庄，被数百日、伪军包围，洪振海在率部与敌作战中牺牲。

赵尚志（1908—1942）东北抗日联军第2路军副总指挥兼第3军军长

曾化名李先生、李育才。男，1908年10月26日出生，辽宁朝阳人，1925年加入中国共产党。同年冬受党派遣南下广州进入黄埔军校第4期学习。1926年5月，按照党的指示，回到哈尔滨参加建立党组织和从事反帝反军阀的革命活动。曾两次被捕入狱，始终坚贞不屈。1931年“九一八”事变后经党组织营救出狱，被任命为中共满洲省委常委、军委书记。1933年10月领导创建北满珠河反日游击队，任队长。随着部队的发展壮大，1934年6月任东北反日游击队哈东支队司令，与李兆麟等创建了珠河、汤原抗日游击根据地。1935年1月任东北人民革命军第3军军长。1936年1月任北满抗日联军总司令部总司令。同年8月任东北抗日联军第3军军长。后任中共北满临时省委执委会主席、东北抗日联军第2路军副总指挥。面对日伪军的疯狂“讨伐”、“清剿”，赵尚志率领抗联部队进行了英勇无比的艰苦战斗，远征松嫩平原，爬冰卧雪，风餐露宿，作战百余次，打破了敌人一次次重兵“讨伐”和“清剿”。1942年2月12日，赵尚志率部在奔袭黑龙江珠河县梧桐河的警察分驻所途中，被混入抗联内部的日军特务击中腹部被俘，遭敌人严刑审讯，宁死不屈，壮烈牺牲。凶残的日军把他的头颅割下运到长春，将他的躯体扔入松花江中。2009年被评为“100位为新中国成立作出突出贡献的英雄模范人物”。

钟效培（1914—1942）中共山东分局青年运动委员会书记

又名爱华。男，1914年6月出生，江西兴国人。1928年参加革命。1930年春加入中国共产主义青年团，曾任共青团区委书记。1931年5月加入中国共产党后，曾任村支部书记，龙砂、均村、杰村三个区的党委常委，兴国县团委书记，兴国县委常委和中心县委常委等职。1932年10月，调往宁都任共青团江西省委宣传部部长和组织部部长。1934年4月任共青团江西省委书记。10月，中央红军开始长征，钟效培遵照党组织的决定，留在江西坚持游击战争。1938年，到中共长江局东南分局工作，历任吉安中心县委书记、赣西特委书记、江西省委常委兼青年部长等职。1939年到延安中共中央党校第29班学习，毕业后分配到中央青委组织部工作。1941年2月，率青年工作队到达山东抗日根据地，任中共中央山东分局青年运动委员会书记。1942年2月，在第二次山东省青年代表大会上，当选为山东省青联主任，创办毛泽东青年干部学校山东分校。9月，青年干部学校山东分校第1期学员结业后，分局青委留下50名同志与青委机关干部一起，成立了山东青年工作团，钟效培任副总团长。10月初，钟效培带领青年工作团部分同志进入鲁中。10月下旬，钟效培到莱芜县茶业口一带寻找泰山地委，在莱芜县榆林前村遭到日、伪军袭击。突围时身负重伤，送往莱芜县茶叶区法山村的军分区医院治疗。12月13日，因伤势过重牺牲。1987年，共青团山东省委、中共莱芜市委在吉山村西的迎壁山建立“钟效培烈士纪念碑”。

夏云超（1917—1942）八路军胶东军区卫生部部长

男，1917年出生，山东威海人。1934年考入北平大学医务系，参加“一二·九”学生运动。抗日战争全面爆发后，返回山东老家，在小学任教，与共产党员李耀文等相识，积极参加抗日救亡活动。1938年4月加入了中国共产党。7月，参加山东人民抗日救国军第3军，历任山东人民抗日救国军第3军第3路卫生处主任、山东纵队第5支队61团卫生队长。1939年任第5支队后方医院院长兼政治委员。1940年任山东纵队第5旅卫生处处长兼政治委员。1942年8月，任八路军胶东军区卫生部部长。同年11月，日军在山东乳山县马石山地区大“扫荡”，夏云超组织转移、疏散伤病员，落入敌人的包围圈，在突围时自戕牺牲。

徐宝珊（1908—1942）八路军第129师新编8旅24团团长

男，1908年出生，山东博平（今属茌平县）人，1938年加入中国共产党。抗日战争全面爆发后，群众自发地组织起来，成立联庄会，担任乡长的徐宝珊被推选为联庄会会长。1937年10月，徐宝珊组建抗日武装，后被编入山东省第6区行政公署专员、保安司令范筑先所部第32支队第2团，任营长。1939年初，任博平县第1届抗日民主政府县长，对外称“博东行署主任”。1939年2月7日，徐宝珊营正式扩编为筑先抗日游击纵队第7团，任团长。1940年6月，筑先纵队第8团被编入八路军第129师新编8旅24团，任团长。整编后，部队开赴冀南地区。按照冀南军区部署，8月20日，率部投入华北八路军发起的百团大战。因在百团大战中战功卓著，第24团被授予“模范战斗团”称号。1941年7月，出席晋冀鲁豫边区临时参议会第一次会议，会后留中共中央北方局党校学习。1942年5月中旬，日军为了消灭活动在太行区的八路军总部和第129师领导机关，出动万余兵力，对太行根据地实行“铁壁合围”。5月25日，在山西省辽县（今左权县）麻田地区反“扫荡”战斗中牺牲。

郭陆顺（1914—1942）八路军第3纵队回民支队政治委员

男，1914年出生，湖南浏阳人，1927年加入中国共产党。1929年，参加红军浏阳第1支队，后编入红军第6军团，历任班长、排长、连指导员等职。1935年，调到红军2军团。参加了长征。参加战斗上百次，负伤11次。抗日战争全面爆发后，红军主力改编为八路军，任第120师359旅某团政治处主任，跟随贺龙参加创建晋西北根据地工作。1939年，八路军第120师挺进冀中后，任八路军第3纵队回民支队政治委员，与马本斋一起，率部转战冀中平原，回民支队发展到2500余人。他们围景和、打淮镇、攻大城，连续作战27次，歼敌500余人，不断给日军以沉重打击。在冀中军区召开的第3次政工会议上，军区授予回民支队1面锦旗，上面绣有“打不烂，拖不垮，攻无不克的铁军”13个大字。1940年8月，在冀中军区统一的指挥下，郭陆顺和马本斋率回民支队积极投入到百团大战，破击敌人铁路、公路。11月中旬，回民支队在八路军一部配合下对深泽县城进行围攻，连续激战4个昼夜，两度袭入城内，毙伤敌100多人，有力地配合了全区的作战。1941年夏，郭陆顺和马本斋奉命率回民支队回师东进。经过一年多的连续作战，转战整个冀中，回民支队有了很大的发展。1942年，日、伪军出动5万余人对冀中进行大“扫荡”。4月27日，回民支队在献县高官村以东阻击由泊镇向深（县）武（强）饶（阳）增援的敌人，歼敌300余人。临近战斗结束时，郭陆顺在阵地前沿用望远镜观察敌情时，被敌流弹击中头部牺牲。

郭国言（1913—1942）八路军太行军区第3军分区司令员

男，1913年出生，湖北黄陂人，1931年加入中国共产党。1929年，参加中国工农红军，历任班长、排长、红31军91师营教导员、91师271团政治委员等职。1937年9月，随八路军总部、第129师开赴华北抗日前线。先后任八路军第129师386旅772团副团长和团长等职。1940年任太行军区第3军分区司令员兼山西决死队第3纵队副司令员。1942年2月9日，日、伪军对根据地进行大“扫荡”。郭国言率部阻击进犯武乡县太有镇的日、伪军，激战中，中弹牺牲。

崔曙光（1911—1942）中共陕甘宁边区党委秘书长

原名世荣。男，1911年2月12日出生，陕西绥德人，1927年4月加入中国共产党。大革命失败后，辍学返乡，在周围农村宣传革命，发展中共党员，创建了直属中共绥德县委领导的铁茄坪党支部，任支部书记。在铁茄坪党支部发展、壮大的基础上，组建了中共绥德县第1个区委会，统一领导绥德东南地区党的组织和革命斗争。1935年，先后任陕北特委巡视员、西北工作委员会巡视员、陕北第3分区区委书记等职。1935年冬任中共延安县委书记，承担起带领全县共产党员和革命群众解放延安县的艰巨任务。1936年7月，调任中共陕北省委秘书长、陕甘宁边区党委秘书长，积极帮助协调组织、宣传、统战等部门的工作。1939年上半年，入中共中央党校学习6个月，后又到中央马列学院学习两年。1941年10月，被调派到中共山东分局工作。1942年5月，辗转赴任途中，在河北武安、涉县一带被日军包围，突围中牺牲。

常德善（1910—1942）八路军冀中军区第8军分区司令员

又名保胜。男，1910年出生，山东峄县（今枣庄市）人，1929年加入中国共产党。早年参加西北军。1929年，率西北军一个班参加中国工农红军第3军，历任红军营长、团长等职。长征到陕北后，任红军第二方面军2军6师参谋长。1937年9月初，常德善任八路军第120师挺进支队队长，率部向华北抗日前线挺进。1938年随部开赴晋西北抗日前线，同年底，挺进冀中地区，与第120师大清河南部队和冀中子弟兵相配合，取得大曹村阻击战、曹家庄伏击战、邢家庄截击战等多次胜利，给日军以沉重打击。特别是著名的河间齐会战斗，歼灭日军700多人，创造了平原作战的光辉战例。1939年秋常德善任冀中军区第3军分区司令员。1940年6月，晋察冀军区所属各分区统一编序，3分区改为8分区，常德善任8军分区司令员。1942年5月，日、伪军5万余人对冀中抗日根据地大举“扫荡”。常德善率部与敌浴血奋战，重创敌军。6月8日，在河北省肃宁县西张庄战斗中，中弹牺牲。1962年10月，河北省军区为其建立纪念碑，贺龙元帅亲自撰写碑文，赞誉常德善“功勋卓著，业绩永存”。

谢翰文（1904—1942）八路军总部后勤部政治部主任

又名汉文，号鸿锡。男，1904年出生，湖南耒阳人，1926年加入中国共产党。1925年“五卅”惨案发生后，他积极声援上海工人的反帝斗争，并当选湖南雪耻会耒阳分会副会长。1928年任红4军第28团书记官。1929年4月，红5军收复井冈山，部队进行整编，他调任4纵队党代表。1934年6月，任红3军团秘书长。1934年10月，随军长征，为红军编写了许多行军快板，对鼓舞部队士气起到了很大的作用。1935年9月，红一方面军到达哈达铺，改编为陕甘支队后，调到西北红军大学（即红军教导师）任校务处长。1937年1月，西北红军大学改名为中国人民抗日军政大学，任学员13队队长，后又调校部任政治宣传科科长。1939年庆祝“抗大”成立3周年时，他负责举办的“抗大成绩展览会”，共陈列出3000多种展品，曾得到毛泽东、朱德等中央领导同志的好评。同年，他被评选为全校先进政治工作者。1940年初任八路军总部后勤部政治部主任。1942年5月，日军对华北的冀中、太行、太岳、晋西北等抗日根据地进行拉网大“扫荡”，总部决定实行战略转移。在5月25日的突围中，他和妻子双双被俘。谢翰文在狱中被秘密杀害。

窦来庚（1900—1942）山东省保安第17旅旅长

字峰山。男，1900年9月13日出生，山东临朐人。1919年，考入济南一中。同年，转入山东省武术传习所学习武术。结业后参加全国武术考试，获得第1名。1937年任国民革命军陆军第3集团军司令部警卫队队长。1938年，回乡组织抗日国民义勇队，任队长。1938年秋，抗日国民义勇队接受国民党改编，组成山东省保安第17旅，窦来庚任旅长。1942年，日军调集3千多人在向山东临朐盘阳一带“扫荡”时，包围了17旅驻地。战斗中，17旅部队伤亡殆尽，窦来庚中弹负伤。后因弹尽无援，不愿被俘，窦来庚举枪自戕。

戴安澜（1904—1942）国民革命军陆军中国远征军第5军200师师长

又名衍功，号海鸥。男，1904年出生，安徽无为人。1924年底，考入黄埔军校第3期。毕业后，历任排长、连长、营长、团长。1937年升任第73旅旅长。1938年3月，参加台儿庄战役，因战功卓著得华胄勋章1枚。1939年升任国民革命军第5军200师师长。1939年冬，在收复昆仑关战斗中，戴安澜率部击毙日军旅团长中村正雄。1940年1月，戴安澜所部在坚守昆仑关战斗中，毙敌百余人，毁敌坦克2辆、炮4门，缴获枪械百余支。戴安澜在战斗中身负重伤，因战功突出，被国民政府颁授四等宝鼎勋章1枚。1942年，国民政府军事委员会组建中国远征军部队，戴安澜奉命率部赴缅甸作战。3月，在同古保卫战中，坚守12天，打退了日军20多次冲锋，歼灭日军4000多人，俘敌400多人。5月18日，戴安澜所部在郎科地区遭到日军伏击，双方发生混战。戴安澜亲临前线指挥，身负重伤。由于缅北密林地形复杂和连绵阴雨，终因缺乏药物医治，他的伤口化脓溃烂，26日下午，在缅甸北部茅邦村牺牲，后被追晋为陆军中将。2009年被评为“100位为新中国成立作出突出贡献的英雄模范人物”。

马定夫（1915—1943）八路军第129师新编10旅30团政治委员

又名镇西，号马丁。男，1915年出生，山西榆社人，1936年春加入中国共产党。14岁考入榆社县城高小读书时开始接受进步思想。1935年考入北平镜湖高中，开始同党组织接触，并加入党的外围组织“反帝大同盟”，开始了革命斗争生涯。1937年，受党的派遣，回到家乡开展宣传救亡活动。同年10月，成立抗日游击队，任第3大队指导员兼大队长。11月任中共榆社县委组织部部长。1938年改任宣传部部长。1939年，榆社县抗日游击队编入八路军第129师，他任第129师新编10旅30团政治委员，率部在太行山抗击日军。1943年，他率领全团参加了著名的祁县印染厂战斗，重创日、伪守军。1943年6月，马定夫奉命带领部队赴晋中地区的太谷县南山中北岭一带伏击敌军，击毙日本宪兵队长中野部30多名日军。7月23日，日、伪军200余人偷袭南山枫子岭村，直接威胁着千余名群众的生命安全。他身先士卒，率部与敌血战，掩护群众转移，战斗中腹部中弹牺牲。马定夫牺牲后，第30团3连被命名为“马定夫爱民模范连”。太谷县抗日民主政府将枫子岭村更名为“马定夫村。”

王璞（1929—1943）抗日儿童团团长

原名兰贵。男，1929年10月3日出生，河北顺平人。1940年，晋察冀抗日根据地进入了大巩固时期，为了加强治安防特，粉碎敌人的破坏阴谋，野场小学成立了抗日儿童团。王璞热心抗日，经常参加一些抗日活动，被选为儿童团团长。他带领儿童团员扛着红缨枪站岗、放哨、查路条，防止敌人进入，还经常帮助村干部拥军优属、坚壁清野，进行文娱宣传，为八路军带路等，人们称他们是“小八路”。1943年，日军先后纠集重兵破坏抗日根据地。日、伪军把河北省顺平县野场村附近几个村子的200名群众赶到一块平地上，又在对面的山坡上架起3挺机枪。日本军官逼迫群众交出八路军。这时，王璞高高地举起右手：“儿童团员们!让我们一起背诵《儿童抗日公约》吧!”日军官命令3挺机枪同时开火，王璞和119名无辜群众牺牲。后来晋察冀边区政府授予他为“抗日民族小英雄”。

邓振询（1904—1943）苏南行政公署副主任

又名仲询、重民。男，1904年出生，江西兴国人，1929年2月加入中国共产党。1927年，参加农民运动，是兴国暴动的领导人之一。曾任兴国县塘石乡工会委员长、浴国县总工会委员长等职，深入工人中进行革命宣传，积极组建各类基层工会组织。1931年11月7日，作为江西省的工会代表，出席了在瑞金召开的第一次全国苏维埃共和国工农兵代表大会。1932年，先后担任了江西省职工联合会执行委员兼组织部长、江西省职工联合会委员长、全国手工业工会委员长等职。长征时任红一方面军5军团政治部地方工作部部长，到陕北后任中央政府西北办事处劳动部长兼中华全国总工会西北办事处主任。1937年10月，奉命赴南昌开辟敌后抗日游击根据地，开展抗日民族统一战线工作。1938年1月起，先后任中共江西省委副书记兼组织部长、中共中央东南分局民运部长、中央皖南特委书记、中共苏皖区委书记、中共江南区委副书记等职，协助邓子恢、张鼎丞等完成了新四军第2支队的组建工作，保证了支队按期开赴江南抗日前线；协助陈毅、粟裕等实现了苏南抗日根据地的巩固和发展，使苏南根据地成为新四军挺进苏北的桥梁。1941年8月，随新四军第18旅进入苏中地区工作。1942年8月调入华中局党校学习。学习结束后，任华中局民运部部长。同年底转任中共苏皖区委书记。1943年春任苏南行政公署副主任。1943年8月3日,随新四军46团宿营在江宁县禄口乡冯潭庄时遇敌情，在转移中渡秦淮河时，意外坠江身亡。

田守尧（1915—1943）新四军第3师8旅旅长

男，1915年出生，安徽六安人，1931年加入中国共产党。1934年任红25军营长。参加了长征。后任红15军团78师团长、师长。抗日战争全面爆发后，任八路军第115师344旅687团副团长。在平型关战役中负过伤。1938年春任687团团长。在晋东南反击日军“九路围攻”的战斗中，率部在张店担任阻击，指挥部队勇猛作战，出色地完成了阻击任务。1939年后，历任第344旅副旅长、八路军第2纵队新编2旅旅长、八路军第5纵队第2支队司令员等职。1940年5月，奉命率部南下华中，支援新四军创建苏北抗日根据地。皖南事变后任新四军第3师8旅旅长，率部在盐阜地区开展抗日游击战争。1943年，与新四军第3师参谋长彭雄率干部队由海路赴延安学习。3月17日，在江苏省连云港附近小沙东黄海海面与日军汽艇遭遇，即与敌展开激战，腿部负伤后仍坚持战斗，直至牺牲。

石嘉植（1918—1943）八路军冀南军区政治部敌工部行动科科长

原名嘉直。男，1918年3月20日出生，陕西富平人，1937年5月加入中国共产党。1937年赴延安抗日军政大学学习。毕业后任八路军第129师386旅文化宣传干事。从1937年10月下旬到1938年2月，第129师在正太路南侧多次伏击日军，参加了长生口、神头岭、响堂铺等歼灭战，消灭日军3000多人，在晋东南站稳了脚跟。在神头岭战斗中，石嘉植初露锋芒。1938年2月，在晋东南反击敌军围攻时，石嘉植主动请求带一个班插入敌营侦察，消灭十几个日军，活捉日军多名，全班无一伤亡。战斗结束后，被冀南军区授予“威震敌胆的英雄”称号。后随军开赴河北，任八路军冀南军区政治部敌工部行动科科长。1940年冬天，为冲破敌军封锁，打通冀南和冀中的通道，冀南军区决定将在德州到石家庄铁路沿线活动的地下武装改编为德石敌工队，石嘉植任队长。1943年3月被日、伪军抓捕入狱，在狱中被日军杀害。

孙明瑾（1905—1943）国民革命军陆军第10军预备10师师长

号玉轩。男，1905年9月10日出生，江苏宿迁人。1927年，考入黄埔军校学习。毕业后，历任国民革命军陆军排长、连长、营长、团长、高级参谋、参谋长、副师长等职。1940年，任国民革命军陆军第10军预备第10师参谋长，授少将军衔。1941年12月，率部参加第三次长沙会战，在守卫长沙的战斗中，重创日军。孙明瑾因功晋升为预备10师师长。1943年11月，日军为牵制中国军队在滇西发动的大反攻，发动常德会战。11月底，在常德外围，守军部队与日军展开激战。在攻防战的危急关头，第9战区命令预备10师火速驰援常德。12月1日，孙明瑾率部在常德外围赵家桥一带与日军正面作战时，侧翼遭日军袭击，所部与日军陷入混战。混战中，孙明瑾中弹牺牲，后被追晋为陆军中将。

朱程（1910—1943）八路军冀鲁豫军区第5军分区司令员

字公行。男，1910年出生，浙江平阳人，1939年9月加入中国共产党。1929年毕业于黄埔军校第6期。1937年任河北民军教导队第10队队长。1938年5月，河北民军第10和第11大队合并，朱程任第11大队大队长。9月，河北民军到太行南区敌占区活动，破坏遂清铁路，袭击敌伪据点，部队很快发展到300余人。1939年7月经过整编，河北民军第4团改编为华北抗日民军，朱程任司令员。10月，朱程精心部署，组织了漂亮的山西襄垣狮山伏击战。这次伏击战消灭日军100余人，击毁满载军火和军需品的汽车11辆，缴枪80余支。1940年，朱程领导的华北抗日民军正式编入由左权参谋长兼任司令员的第2纵队，称为华北抗日民军第1旅兼冀鲁豫军区第1军分区，朱程任旅长兼分区司令员。从1940年5月到1943年5月的3年中，朱程率领部队开辟了以内黄县为中心的沙区抗日根据地，敌人对沙区惨绝人寰的大"扫荡"被粉碎，后率部解放豫北辉县县城。1943年夏朱程调任冀鲁豫军区第5军分区司令员，他率部进入曹县东南日、伪、顽控制区一带活动，开辟新区。9月下旬，日军3000余人向根据地"扫荡"。朱程在曹县王厂村率部转移时遭到敌人包围，在与日军战斗中牺牲。日军战地记者记述了王厂战斗之惨烈，说："朱程决死指挥"、"必死抵抗，不见降服的样子"。1943年12月，中共冀鲁豫区党委和军区为朱程召开隆重追悼大会，军区司令员杨得志在追悼大会上致悼词说："朱程同志的牺牲，使我中华民族失一将才，边区部队失去了一位良好的指挥员，我党损失了一个优秀的布尔什维克干部。"

许国璋（1898—1943）国民革命军陆军第67军150师师长

字宪廷。男，1898年出生，四川成都人。早年加入川军，历任排长、连长、团长等职。抗日战争全面爆发后，许国璋任第3师9旅25团团长。后随第29集团军出川抗日，升任第67军483旅旅长。1938年率部参加黄（梅）广（济）战役，奉命在黄梅以南阻击日军，打退日军多次进攻，坚守阵地达一个月之久。10月，许国璋率部掩护战区主力转移，在鄂东上巴河战役中，重创日军。同年秋，许国璋又率部进驻京山、钟山、大洪山等地，与日军多次作战，保卫了鄂西门户，为鄂西大捷作出重要贡献。1941年升任第67军150师副师长。次年升任师长。1943年11月，日军为牵制中国军队在滇西发动的大反攻，打击中国军队的士气，发动常德会战。许国璋率部在常澧公路阻击日军。由于日军行动迅速，许国璋被迫率一部退守湖南桃源陬市，被日军重重包围。11月21日夜，许国璋率部突围。激战中，中弹牺牲，后被追晋为陆军中将。

李忠（1915—1943）八路军冀南军区第2军分区政治委员

原名郑树筠。男，1915年出生，河北冀县人，1934年加入中国共产党。抗日战争全面爆发后，在北平参加学生救亡运动，后赴平西参加抗日游击战争。1939年返回冀南，任中共南宫县县委书记。1941年春任冀南军区第2军分区政治委员、中共冀南区第2地委书记。1942年，领导第2军分区抗日军民，多次粉碎日军“扫荡”。组织敌后武装工作队，袭击敌人，给敌人以沉重打击。1943年3月14日，他带领20多名武工队队员进入驻地隆平县（今河北省隆尧县）水阎庄村检查工作。15日被日、伪军包围。他亲率武工队突围到距水阎庄村三里以外的白家寨，身中数弹牺牲。

萧永智（1915—1943）八路军冀南军区第7军分区司令员

男，1915年出生，湖北黄安（今红安县）人，1932年5月加入中国共产党。1930年4月参加中国工农红军，后任红4军10师政治部主任。抗日战争全面爆发后，任八路军第129师386旅772团、政治处主任、副政治委员、政治委员。他参加指挥的长生口、神头岭、响堂铺、路王坟等战斗，都取得了很好的战绩。其中神头岭一役，消灭日军1100人左右，俘虏20多人。1940年5月，先遣纵队与筑先纵队合编为第129师新8旅，萧永智任政治委员。同年8月，百团大战开始后，冀南军区部队攻打肥乡，萧永智、赵健民率部参战。1941年到太行山北方局党校学习，学习结束回到冀南。1942年任冀鲁豫第3地委书记兼第3军分区政治委员，后任八路军冀南军区第7军分区司令员。萧永智在冀南、鲁西北地区转战数年，组织指挥过多次战斗，打了不少漂亮仗。1943年冀南军区决定组织卫东战役。9月22日，萧永智带领基干团300多人驻守清平县陈官营。23日早8点，聊城、临清的日军广濑旅团数千人，分两路合围陈官营。在突围中，他中弹牺牲。萧永智是当时八路军优秀的青年干部之一，对他的牺牲，刘伯承、邓小平等多次表示惋惜。为纪念他，1945年将清平县改为“永智县”。

陈飞龙（1908—1943）国民革命军陆军第58军新编10师代理师长

字绍平。男，1908年出生，湖南岳阳人。1929年2月，黄埔军校第6期炮科毕业。历任连长、营长、团长等职。1940年任第58军新编10师代理师长，曾参加第二次、第三次长沙会战。1943年11月，日军为牵制中国军队在滇西发动的大反攻，打击中国军队的士气，发动常德会战。11月19日，陈飞龙奉命率部从衡山出发，急行军7天，到达常德市城南仁东市黄土店一线。11月27日，第9战区电令新编第10师“立即攻占德山，打通常德，克服困难完成任务”。次日，陈飞龙所部向在德山的日军发动攻击。日军集结援兵1000多人向陈飞龙所部反扑，全师官兵浴血奋战，伤亡惨重。29日，陈飞龙在盖家冲战斗中，中弹牺牲，后被追晋为陆军少将。

周复（1901—1943）国民革命军陆军鲁苏战区政治部中将主任

字旭人，又字光显。男，1901年出生，江西临川人。黄埔军校第3期步科毕业，后赴日本明治大学学习。1927年，任黄埔军校入伍生部政治部秘书兼军校政治部《三民周报》编辑、黄埔同学会宣传科长。1929年改任军校政治部秘书。1931年，创办东亚新闻社，任科长。“七七”事变爆发后，周复任第1战区政治部中将主任，参与指挥中原地区对日作战。1939年初，任鲁苏战区政治部中将主任，兼战区特别党部执行委员会书记长。1940年，主持创办《阵中日报》，兼任社长。1940年—1942年的两年间，该报坚持每日出版，对官兵进行爱国教育，号召抗日救亡，鼓舞战区官兵士气。1943年2月，日军2万余人对鲁苏战区的胶东抗日游击根据地指挥部、113师驻地城顶山一带发动大规模“扫荡”。企图寻歼鲁苏战区主力。2月21日，周复在山东安丘与日军激战中，中弹牺牲，后被追晋为陆军中将。

孟昭煜（1918—1943）八路军鲁南独立支队政治委员

字曦光。男，1918年出生，山东滕县人。1937年5月加入中国共产党。1938年1月，参加了滕县党组织创办的农民抗日训练班。3月，在鲁南参加人民抗日义勇总队，任班长。9月，义勇队改为直辖4团，孟昭煜任2营教导员，后到中共山东省委党校学习。1938年年底，回原部队任政治处组织股长兼团机关党总支组织委员。1939年秋，所在部队改编为八路军第115师苏鲁支队，孟昭煜任支队政治部组织科科长。1940年冬，苏鲁支队改编为115师教导2旅5团，孟昭煜任团政治处副主任。1942年春，调任鲁南军区沂河支队副政治委员。他和支队其他领导人带领部队保护民众，打击敌人，为坚持临（沂）、郯（城）、邳（县）地区的抗日斗争做出了积极的贡献。同年12月，中共鲁南区党委决定将活动在鲁南地区的铁道大队、微湖大队、滕沛大队和峄县大队3支较大的游击队，合编组成鲁南独立支队，任命孟昭煜为独立支队政治委员。1943年5月，他带领支队敌工股长王建安和警卫员朱奇昌深入邹坞、香城一带开展工作，与伪军相遇，为掩护朱奇昌带机密文件和筹集资金顺利突围，不幸被捕，后被敌人杀害。

易良品（1912—1943）八路军冀南军区第6军分区司令员

男，1912年出生，湖北麻城人，1933年加入中国共产党。参加红军，历任红4军学兵连排长、连长、通讯队长等职。1933年，任红四方面军第31军93师274团政治委员，后任31军91师团长。率部在宣达战役和粉碎敌“六路围攻”、“三路围攻”等战役中，立下赫赫战功，该团荣获红四方面军“夜袭长胜军”奖旗，易良品被提升为第93师副师长。1935年，任271团团长。1936年冬，任274团团长。抗日战争全面爆发后，易良品任八路军第129师386旅772团2营营长。第772团是部队晋东南赫赫有名的英雄团，很受刘伯承师长的赏识。1940年5月调任冀南新7旅旅长。参加了百团大战，率部参加王高路破击战和攻打武城县刘官屯敌据点，取得胜利。攻克敌碉堡16座，全歼伪治安军两个团。毙伤日、伪军500余名，俘日、伪军450余名，缴步枪500多支、轻机枪27挺、子弹数万发。9月22日攻打武城县刘官屯敌据点，炸死日军23名、伪军19名，俘虏日、伪军60多名，缴获据点全部武器弹药及100多马车的物品。“易旅长让鬼子坐飞机”，被老百姓传为美谈。这两次战斗战果辉煌，受到刘伯承、邓小平两位首长的好评，受到八路军总部通报表彰，延安、太行、太岳、冀南等根据地报刊，都以显著的版面予以报道。1942年，调任冀南第6军分区司令员。这一年敌人对冀南“扫荡”、“合围”达700余次，第4分区、第6分区是敌“合围”的重点地区。易良品率部顽强打击敌人。1943年，参加在冀县刘庄召开的政工会议后，在枣南县杨庄宿营时被敌人包围，突围中弹负伤。3月25日，因伤势恶化牺牲。4月12日的《新华日报》华北版向全边区人民报道了易良品牺牲的不幸消息，对他的抗日事迹进行了宣传报道。

郑行福（1908—1943）新四军第7师供给部部长

男，1908年出生，湖北黄安（今红安县）人，1928年加入中国共产党。1929年参加中国工农红军。参加了长征。抗日战争全面爆发后，1938年3月，从延安调到新四军工作。1939年4月，随叶挺军长到江北，任新四军江北游击纵队政治部主任。皖南事变后任新四军第7师供给部部长。1943年3月17日，日军第116师团和第15师团各一部及伪军共6000多人，分8路向皖江抗日根据地巢县、无为中心区大举“扫荡”。在反“扫荡”的战斗中不幸被俘，押解到安庆遭日军杀害。

赵义京（1914—1943）八路军冀南军区第5军分区司令员

男，1914年出生，湖北黄陂人，1933年加入中国共产党。1930年参加中国工农红军。随军参加长征,到达陕北后，入抗日军政大学学习。抗日战争全面爆发后，随八路军第129师开辟太行山抗日根据地，任师通讯队长、作战参谋和科长等职。1938年后，历任冀南军区第5军分区参谋长、副司令员、司令员等职，5分区的各县、区之间组建了县大队、区小队、村游击小组，扩大了抗日武装力量。1940年7月初，赵义京指挥抗日军民破坏了5条敌人交通运输线。7月25日夜，率分区武装会同军区第25团，埋伏于武邑与衡水间的苏正、苏义地区。次日凌晨，衡水日军川井大队100余人来犯。战斗中，赵义京身先士卒，仅用9分钟便取得战斗胜利，缴获战马9匹、八八式野炮1门、机枪两挺。这次战斗被第129师评价为“创造了在平原地区迅速、干净消灭敌人的伏击战的范例”，受到八路军总部司令部、总政治部的通令嘉奖。1943年8月，冀南5军分区在枣强县小白庄召开全区各县武装科长、县大队正副队长和教导员会议，遭2000多名日、伪军包围。赵义京临危不惧，指挥部队突围，在与敌激战中，赵义京身中数弹，壮烈牺牲。副司令员陈耀元也在这次战斗中牺牲。为了纪念两位烈士，将枣北县改名为“赵陈县”。

唐克威（1913—1943）中共水东地委书记

原名徐德乾，字建明。男，1913年6月7日出生，湖北枣阳人,1935年10月加入中国共产党。“一二·九”学生运动后，唐克威成为华北各界救国联合会党团重要负责人之一。1937年5月，带领北平、天津、济南学生1800多人到延安。在中央党校学习后，分配到中共中央组织部工作。伺后，历任中共冀南区委党校校长、豫北地委宣传部长、冀鲁豫边区第3地委书记、第8地委书记兼军分区政治委员等职。在艰难的环境中，发动群众，多次粉碎日军“扫荡”，巩固并发展根据地，被誉为“开荒”干部。1940年12月任水东地委书记兼水东独立团政委，领导各区县扩大抗日武装，开展生产自救和拥军优抗活动。1943年1月27日，率部在水东地区的常营村遭日军包围，在突围失利的情况下举枪自戕。

柴意新（1898—1943）国民革命军陆军第74军57师169团团长

字泽高，号惹愚。男，1898年出生，四川南部人。1925年，考入黄埔军校第3期学习。不久加入中国共产党。1926年毕业后，分配到第74军，历任连长、营长。后进入陆军大学特别班第5期学习。毕业后任第74军副参谋长。抗日战争全面爆发后，柴意新先后率部参加过淞沪会战、南京保卫战、武汉会战、鄂西会战。1943年升任第74军58师参谋长兼第169团团长。1943年11月，日军为牵制中国军队在滇西发动的大反攻，打击中国军队的士气，发动常德会战。柴意新奉命率部进驻常德，担任常德城东门守卫任务。11月18日，日军集结重兵向柴意新所部阵地发起猛攻。柴意新竭力鼓舞全团官兵士气，据险扼守，奋力抵抗。战斗中，中弹牺牲，后被追晋为陆军少将。

郭好礼（1904—1943）八路军冀南军区第1军分区参谋长兼路南支队司令员

原名福堂。男，1904年8月13日出生，河北临漳人，1939年11月加入中国共产党。早年参加冯玉祥救国军，任连长。1930年任临漳县保安中队队长。1937年任河北民军第1路军副司令员兼5支队司令员，率部抗战。同年底，5支队改编为八路军33支队，郭好礼任支队长。1940年春，33支队编入第129师386旅774团，任副团长。8月，率部参加百团大战。9月调任冀南军区轮训队副队长，组建抗日武装临安支队。1941年9月调任冀南军区 1 军分区参谋长。1942年秋，路南一带的局面略有好转，冀南军区决定抓紧有利时机，组建路南支队，由冀南第1分区参谋长郭好礼兼任司令员。他带领部队两度攻克临漳、成安县城，歼灭大批日、伪军，活捉十几名日本兵，缴获了大量枪支、弹药和其他物资。1943年1月，路南支队接连拔除日、伪张仁堂、何家庄等5个据点。2月4日晚，又一举攻克了魏县城。1943年春，妻子和女儿被敌抓去，逼迫郭好礼投降，他坚决拒绝。2月4日晚，郭好礼率部一举攻克魏县县城。27日，日、伪军调动大队人马围攻郭好礼部队驻地魏县漳河村，他在突围时中弹牺牲。

高捷成（1909—1943）冀南银行总行行长

男，1909年9月17日出生，福建漳州人，1932年5月加入中国共产党。1926年参加国民革命军。大革命失败后，离开国民党军队。1928年，考入厦门大学攻读经济学，期间协助其叔父的百川钱庄理财，曾暗中抽取资金资助共产党领导的闽南游击队。1932年4月，在漳州参加中国工农红军，历任宣传队长、总务处长、会计、组织科长。1934年10月，参加长征，随中央红军到达陕北。随后进入红军大学第1期学习，并创立军队会计制度。抗日战争全面爆发后，随八路军第129师赴华北敌后开辟晋冀鲁豫抗日根据地，任冀南税务总局局长、晋冀鲁豫财经处处长，开创了冀南与太行区财经工作之典范。为了应对敌人的金融战，发展根据地经济建设，八路军总部和中共中央北方局作出决定，筹建冀南银行，并责成高捷成担当此重任。1939年10月，冀南银行成立，高捷成任总行行长兼政治委员。冀南银行发行钞票，标志着晋冀鲁豫边区军民揭开了与敌金融战的序幕。在高捷成的带领宣传下，冀钞很快在市场站住了脚，在人民心中扎下了根，被誉为“抗日货币”。他还提出了旨在加强根据地物质基础，共同应对外币，巩固抗币信用，调剂和增加抗日军民供给，巩固根据地经济基础的五行（晋察冀银行、陕甘宁银行、山东北海银行、晋西北农民银行、冀南银行）通汇战略性计划。1943年5月14日在河北省内邱县白鹿角村与日、伪军遭遇，战斗中牺牲。

乾云清（1906—1943）八路军冀中军区第6军分区40区队区队长

男，1906年出生，湖南人。少年时参加了中国工农红军。抗日战争全面爆发后，随八路军第120师转战晋西北抗日战场，任特务团连长。不久，调冀中警备旅，任营长、作战股副股长。1942年，日军对冀中抗日根据地进行残酷的“五一”大扫荡，实行野蛮的“三光”政策。乾云清时任冀中军区31区队区队长，他率领部队在深县、束鹿、赵县、晋县等地不断打击、牵制日军，给日军以迎头痛击，创造了冀中第6军分区突袭敌军的模范战例，受到冀中军区通令嘉奖。1943年5月，乾云清调任40区队区队长，指挥了大里寺、西泽北、和庄、黄龙等20多次战斗，缴获大批武器装备，活捉日、伪军100余人。日军指挥官也不得不佩服“八路军的战术高明。乾部队真是厉害！”1943年8月，在深南北黄龙与日军展开激战。乾云清奋勇当先，战斗接近尾声时中弹牺牲。牺牲后被冀中军区追认为“战斗英雄”。

符竹庭（1912—1943）中共滨海区党委书记兼滨海军区政治委员

原名符宗仔。男，1912年出生，江西广昌人。1927年加入中国共产主义青年团，1928年转入中国共产党，同年参加中国工农红军。1929年后历任江西红军独立2团大队政治委员。1931年后历任红3军7师19团、21团政治委员。1933年6月任红1军团第1师1团政治委员，参加了中央苏区历次反“围剿”，获二等红星奖章。1934年9月任红1军团第2师政治部主任，参加了长征。到陕北后，任红1方面军政治部巡视团主任。1936年6月入陕北抗日红军大学学习。抗日战争爆发后，任八路军第115师343旅686团政治处主任，参加平型关战斗后，任第343旅补充团政治委员。1938年9月随萧华到达冀鲁边区，任八路军东进抗日挺进纵队政治部主任，参与创建冀鲁边抗日根据地。1939年9月萧华等率挺进纵队机关和主力一部转入鲁西后，符竹庭任冀鲁豫边区军政委员会书记。1940年3月符竹庭率挺进纵队司令部直属队等转移到鲁西，任鲁西军区政治部主任兼115师独立旅政治部主任。1940年底，任115师教导第2旅政治委员。1941年率部进入滨海地区，参与指挥青口、郯城等战斗。1943年3月任滨海区党委书记兼滨海军区政治委员，同年11月，与军区司令员陈士榘指挥攻克赣榆城战斗。11月26日，在反击日军袭击时负重伤牺牲。1945至1950年，山东省人民政府曾将赣榆县改名为竹庭县。

黄骅（1911—1943）八路军冀鲁边军区副司令员兼115师教导第6旅副旅长

原名黄金山，又名黄为有。男，1911年2月2日出生，湖北阳新人。年幼时父母双亡，7岁到地主家里放牛，后来当过裁缝、木匠学徒。1926年15岁时当了乡儿童团团长。1928年参加了赤卫队 ， 1929年春加入中国共产党 。1930年参加彭德怀率领的红五军，历任司号员、勤务兵、班长、排长、连长、指导员、营长、团参谋、团长等职。曾参加中央苏区的五次反 “围剿”和长征。1936年入红军大学学习。毕业后留校任干部二团政治委员。1937年抗日战争全面爆发后，黄骅被派往晋西南创建抗日根据地 。1938年8月，调任晋西南边区党委军事部长兼115师晋西独立支队副支队长。1940年10月，随独立支队从晋西到达山东抗日根据地，任鲁西军区第3军分区司令员。1941年7月被派到冀鲁边军区任副司令员兼115师教导第6旅副旅长。参与组织领导冀鲁边军民开展游击战争，粉碎日、伪军的多次“扫荡”。1943年6月30日，黄骅与参谋主任陆成道等在新海县赵家村开会时，被混进革命队伍的叛徒冯冠奎杀害。1945年山东军区决定将新海县改称黄骅县。

彭雄（1915—1943）新四军第3师参谋长

男，1915年2月出生，江西永新人。1930年加入中国共产党。1929年参加中国工农红军，历任红3军团通讯员、排长、连长、作战参谋、营长、团参谋长等职。参加了长征。为抢渡金沙江勇士之一。到达陕北后，任红10军团第4师参谋长。抗日战争全面爆发后，先后任八路军第115师343旅686团参谋长、八路军第115师独立旅副旅长、黄河支队司令员等职。参加了平型关战役和开辟吕梁山及鲁西抗日根据地多次斗争。皖南事变后，调任新四军第3师参谋长。参与指挥了苏北抗日根据地反“扫荡”战斗。1941年9月，率部攻克了被日军称为模范工事的涟水县郑潭口据点。筹划出版了《抗日民族革命战争的战略问题》一书，成为很受部队欢迎的军事教材。1943年2月，与第8旅旅长田守尧率11名团以上干部奉命去延安学习。3月17日，乘木帆船途经江苏省连云港附近小沙东海域时，与日军巡逻艇遭遇。他指挥干部、战士用驳壳枪、手榴弹三次打退敌艇的猛冲。战斗中，腿部、胸部中数弹牺牲。

彭士量（1904—1943）国民革命军陆军第73军暂编5师师长

号秋湖。男，1904年8月5日出生，湖南浏阳人。黄埔军校第4期毕业，参加北伐战争，历任排长、连长、营长、副团长等职。1932年，考入陆军大学第11期学习。1935年12月升任第83师参谋处处长。不久，任预备第4师参谋长、副师长等职。抗日战争全面爆发后，率部先后参加淞沪会战、太原会战、徐州会战、武汉会战、第一次长沙会战。1941年，调任第6战区司令长官部高级参谋兼干训团教育处长。1942年年底，调任第73军暂编5师副师长，率部参加了第三次长沙会战。1943年升任暂编5师师长。11月，日军为牵制中国军队在滇西发动的大反攻，打击中国军队的士气，发动常德会战。暂编5师奉命坚守石门，阻止日军从西向常德包抄。11月8日，日军第3师团、第13师团在飞机大炮的掩护下向石门发起猛攻，暂编5师在彭士量的指挥下浴血奋战。所部官兵坚守8个昼夜，伤亡惨重。15日拂晓，在完成阻击任务后，彭士量率余部向石门西郊突围时，被子弹击中要害牺牲，后被追晋为陆军中将。

曾仁文（1906—1943）八路军总部后勤部参谋主任

原名永丰，男，1906年12月出生，江西吉水人，1927年，加入共青团，历任共青团吉水县仁寿区、德桂区、南区区委书记，1932年加入中国共产党。1929年11月，参与领导吉水仁寿暴动。1930年10月任少共吉安县县委书记。1931年，参加中国工农红军。曾任共青团吉水县支部书记、区委书记、县委组织部部长、县委书记、江西军区独立第13团政治委员、游击总队政治委员、团长、模范师政治委员等职。1934年10月，参加长征，后任军委纵队收容队政治委员、红一方面军政治保卫局侦察科科长、野战军后勤部特派员、援西军保卫部长等职。抗日战争全面爆发后，任八路军总后勤部特派员、太原办事处保卫科长、垣曲第2办事处主任兼政治委员等职。1940年冬任晋中支队支队长兼政治委员。1942年春任八路军总部后勤部参谋主任。为确保军需物资安全，他选择隐蔽处挖储藏洞，并加以伪装。日军数次进山搜查，均一无所获。后勤保障工作得到彭德怀首长肯定。1943年5月，在山西和顺与日军作战时，曾仁文指挥部队阻击，掩护杨立三和后勤机关转移。打退了上千名敌人的多次进攻，歼灭日军300多人。子弹打光后，曾仁文和十几名战士跳下悬崖牺牲。

韩增丰（1916—1943）八路军晋察冀军区第4军分区8区队区队长

字光宇。男，1916年出生，河北平山人，1932年加入中国共产党。1934年秋考入山西军官学校，毕业后在阎锡山部队任职。抗日战争全面爆发后，任冀西游击队第3大队大队长，后任晋察冀军区第4军分区8区队区队长。1938年率部队袭击井陉上安火车站。1939年冬，率队于洪子店伏击日军，歼敌数十名，继而又拔敌上庄村据点。1941年冬率队奇袭石家庄大郭村日军飞机场，炸毁敌运输机2架，缴获10余部电话机，俘敌30余名，并夺取日军准备运往日本的大批棉花，解决了八路军和游击队的冬装问题。获八路军副总司令彭德怀嘉奖。韩增丰也被日军称为“活张飞”、“韩猛子”。1943年秋，所部于行唐县宋营遭日、伪军包围，韩增丰率部分人员突出重围。时已负伤，再度冲进敌人包围圈内，指挥战士与敌拼杀，掩护被困部队和群众转移，激战中牺牲。晋察冀军区追授其为“战斗英雄”。人民政府将他的故乡观音堂乡改为光宇乡，湾子村改为光宇村。文艺工作者根据他的生平，创作了《韩猛子传奇》、《战神》、《巧计破温塘》、《花狸虎大闹灵寿城》、《朱食村大血战》等许多脍炙人口的文艺作品。

鲁宝琪（1913—1943）八路军鲁中军区敌工部部长

曾用名鲁波，1913年出生，山东泰安人。1928年加入中国共产党。1932年受中共山东省委派遣，到海阳县开展工作，建立中共牟海县委，任县委宣传委员。抗日战争全面爆发后，按省委指示组建中共泰安县临时县委，任书记。参与组织“泰安县各界抗敌后援会”、“泰安县民众抗日总动员委员会”、“泰安县抗日救亡剧团”及“泰安人民抗敌自卫团”，并任自卫团政治部主任。10月，泰安县委成立，任组织部长。日军侵占泰安城后，鲁宝琪带领60余人参加了徂徕山抗日武装起义。起义武装组成八路军山东人民抗日游击第4支队，他任1中队指导员。1938年2月，组建泰安独立营，任教导员。1939年调任山东纵队政治部审讯科长。1942年被派到泰山一带敌占区，任八路军鲁中军区敌工部部长，负责搜集日、伪军情报和交通工作。鲁宝琪整顿了泰安地下情报交通站，搜集了大量情报，完成了对过路干部的接应护送等任务。1943年10月，鲁宝琪带通信员到泰安城东与岱峰区中队布置工作，由于被人告密，当夜被泰安伪县大队包围。突围时身中两弹，伤重被俘。被俘后，鲁宝琪坚贞不屈，拒绝饮食和治疗，伤情急剧恶化，于10月20日牺牲。

解蕴山（1905—1943）冀南第1专署专员

又名解瑨。男，1905年出生，河北大名人，1927年春加入中国共产党。1923年，考入直隶省立第X师范学校（后改为河北省立大名X师），期间阅读进步书刊，接受革命思想。1929年，在中共大名县委担任领导工作。后两度回到大名X师担任会计工作，团结进步学生和教职员工开展抗日救亡活动。“七七”事变后，积极宣传革命，组织抗日救亡团体，在大名、广平、馆陶等县的冀鲁边境地带建立抗日救国会。1938年5月，任大名县政府民运科科长，在解蕴山的领导下，大名县各区普遍建立抗日小学和培训抗日干部的培训班，这对进一步打开大名县的抗日局面起到了重要作用。1940年3月，八路军挺进冀南，被冀南行署任命为大名县县长。此后，他以4区抗日大队为骨干，吸取3区、5区两个抗日大队组建冀南军区抗日游击第2支队，任政治委员。1942年初调任冀南第1专署专员，领导所辖的大名、魏县、成安等6个县的抗日军民，同敌人展开斗争。1943年5月，在冀南魏县反“扫荡”战斗中牺牲。

雷烨（1917—1943）八路军晋察冀军区冀东军分区政治部组织科科长

原名项金土，曾用名雷雨、雷华、朱靖。男，1917年出生，浙江金华人，中国共产党党员。高中毕业后，投身抗战，入八路军抗日军政大学第4期学习。1938年，由八路军总政治部派往晋察冀边区任前线记者团记者。以《抗敌报》为阵地，采用文化斗争的形式对敌军展开斗争。因擅长文学创作和摄影，兼任各报刊特约记者和通信员。1938年8月，深入冀东前线，组织成立文艺团体“路社”，创办了文艺刊物《路》、《文艺轻骑队》、《国防最前线》等，并亲自担任编辑工作。这些刊物在宣传党的路线主张、教育冀东地区军民等方面发挥了重要作用。1941年后，历任冀东军分区政治部宣传科科长、组织科科长等职，并被选为晋察冀边区参议员，出席第1届参议会。代表作有《冀东人民》、《日军烧杀潘家峪》。1943年4月19日深夜，数百名日、伪军朝曹家庄方向奔袭。雷烨不顾个人安危，先指挥村民转移到安全的地方，随后才带领两名警卫员进行突围。4月20日拂晓，走到南段峪石堂村时，与敌人遭遇。交战中身负重伤，为掩护战友突围，他孤身一人奋力抵抗，最终陷入敌人重围。雷烨不甘被俘受辱，举枪自戕。

丁振军（1913—1944）冀热边特委第4地委书记

原名丁凯。男，1913年出生，河北滦县人，1934年加入中国共产党。1928年，考入滦县汇文中学，毕业后任小学教员，以教员身份为掩护，从事党的地下工作，宣传革命，发展党组织。1935年底，被吸收为中共滦县县委委员，在发展滦县党组织方面立了首功。“七七”事变后，被中共京东特委任命为特派员，到稻地一带发展党组织和抗日游击小组。1938年6月，中共冀热边特委在丰润县田家湾召开会议，决定发动冀东抗日大暴动。丁振军被任命为冀东抗日联军第4总队政治主任，并以冀热边特委特派员的身份，到冀东西部一带宣传并组织暴动。1939年10月，任晋察冀边区行政委员会冀东办事处主任，代表行署管辖冀东东部政权。1942年8月，地委作出开辟北宁路南地区的决定，派丁振军担任这一地区的党政军总负责人。他密切联系路南实际，经过一年的隐蔽开辟，到1943年初，开展工作已深入到乐亭沿海，统辖面积已达1170个村，奠定了创造平原游击根据地的基础。1943年夏，路南工委改建为中共冀热边特委下属的第4地委，行政机构称第4专署，丁振军任第4地委书记兼专员。1944年7月，第4地委在丁振军的提议下开办路南暑期政治学校，进一步巩固发展抗日民族统一战线。10月17日，在丰润县舨依寨召开会议时遭到敌人包围，突围中牺牲。

卜荣久（1908—1944）八路军冀热辽军区卫生部政治委员

原名汝宣。男，1908年出生。河北蓟县（今属天津市）人，1936年加入中国共产党。1933年在通县师范学校上学期间，加入“反帝大同盟”，1935年在北平中国大学读书，参加了“一二·九”学生运动，并被推选为青年抗日先锋队大队长。同年春他返回蓟县，开展抗日救国运动。1937年2月，以开诊所为掩护从事抗日活动。1938年4月4日任蓟县抗日救国总会主任。参加了冀东暴动，后任昌（平）延（庆）怀（来）联合抗日县县长，蓟（县）遵（化）兴（隆）联合抗日县县长，冀热边区行政专员公署秘书长。1944年7月任新组建的冀热辽军区卫生部政治委员。1944年10月16日，冀热边区特委在丰润县张庄子召开特委扩大会议。冀热辽军区卫生部政治委员卜荣久参加了会议。次日，在杨家铺遭到5000多名日、伪军的包围合击，在突围战中牺牲。

马本斋（1901—1944）八路军冀鲁豫军区第3军分区司令员兼回民支队司令员

字守清，号本斋。男，回族。1901年2月10日出生，河北献县人，1938年加入中国共产党。他早年投身奉军当兵，逐级升至团长。“九一八”事变后，因不满国民党蒋介石的不抵抗政策，毅然弃官返乡。抗日战争全面爆发后，在家乡组织回民抗日义勇队，奋起抵抗日本侵略军。1938年4月率队参加八路军，所部改编为冀中军区回民教导总队，任总队长。1939年，回民教导总队改编为八路军第三纵队回民支队，任司令员。1942年8月，回民支队奉命到达冀鲁豫抗日根据地，被任命为冀鲁豫军区第3军分区司令员兼回民支队司令员。他作战勇猛，身先士卒，在回民支队和广大群众中享有很高威望。回民支队在他的率领下，战斗力不断提高，队伍发展到2000多人，成为一支能征善战的抗日劲旅。从1937年至1944年，他率回民支队奋勇杀敌，经历大小战斗870余次，歼灭日伪军3.6万余人，屡建战功。1943年底，在率部参加冀鲁豫抗日根据地反蚕食战斗中，颈后长了毒疮。由于战事繁忙，加之缺医少药，不久病情加重。1944年1月底，回民支队奉命开赴延安。出发前，他抱病为部队作了最后一次动员，叮嘱指战员“要跟着党，跟着毛主席，抗战到底！”同年2月7日，在山东莘县不幸病逝。同年3月17日，延安各界隆重集会，追悼马本斋。毛泽东、朱德、周恩来等中共中央领导人题写挽联，对马本斋给予了高度评价。毛泽东挽：“马本斋同志不死”，朱总司令挽：“壮志难移汉回各族模范，大节不死母子两代英雄”。周恩来挽：“民族英雄，吾党战士”。2009年被评为“100位为新中国成立作出突出贡献的英雄模范人物”。

马晓云（1906—1944）八路军渤海军区第6军分区副司令员

原名方杲。男，1906年9月4日出生，山东长山（今淄博市）人。1924年，参加东北军，“九一八”事变后回到家乡，从事抗日救亡活动。1937年年底协助其兄马耀南参与领导黑铁山抗日武装起义，任山东人民抗日救国军第5军第7支队支队长。1938年12月任八路军山东纵队第3支队7团团长。1939年8月加入中国共产党。同年底，党组织调马晓云去延安抗日军政大学学习。1942年夏学习期满，回到山东，任清河军区清西军分区副司令员，为巩固和发展清西抗日根据地作出重要贡献。清西专员公署成立后，马晓云兼任专员。1944年1月，清河军区与冀鲁边军区合并为渤海军区，清西军分区改为渤海军区第6军分区，马晓云仍任副司令员。在同年夏季攻势作战中，马晓云与政委李曼村率6个主力连、青城县大队及地方武工队共800余人，拔除青城县王家庄据点。经过反复争夺，据点内的4个炮楼已被攻下3个，残余的日伪军龟缩到西南角的一个炮楼里负隅顽抗，部队几次攻打都未成功。马晓云遂决定用大型炸药包把它炸毁。正当马晓云检查炸药质量时，敌人的一发炮弹落在炸药上，马晓云当场牺牲。徐向前亲笔为抗日牺牲的马家三位亲兄弟题词：“马耀南、马天民、马晓云同志永垂不朽”。

王少奇（1912—1944）八路军冀热辽军区卫生部部长

原名毓昆，曾化名王英、黄忠、李广，字季儒。男，1912年4月26日出生，河北香河人，1936年加入中国共产党。1927年，王少奇考入通县师范学校。1935年，参加“一二・九”学生运动。1936年2月加入中华民族解放先锋队。1938年4月，王少奇参加了中共蓟县县委在盘山千像寺召开的代表会议，会议决定举行冀东抗日大暴动，成立蓟县抗日救国总会，王少奇任蓟县抗日救国总会宣传部长。他们到各地进行活动，建立救委会，发展会员、筹措枪支和经费，组织武装。7月31日，他率部配合八路军第4纵队一举攻克了蓟县县城。1938年年底，任中共蓟县县委武装部部长。1939年9月，王少奇任蓟遵兴游击队政委由平西返回冀东。同年11月，蓟遵兴支队与刘向道领导的队伍合并为第1总队，王少奇任总队政委。1940年10月，任蓟（县）宝（坻）三（河）联合县县长，开辟抗日根据地。1944年10

月16日，冀热边特委在丰润县张庄子召开特委扩大会议。时任冀热辽军区卫生部部长的王少奇，也参加了这次会议。第二天，在杨家铺遭到了5000多名日、伪军的包围合击。王少奇沉着应战，并掩护受伤的同志转移。突围中，王少奇胸部中弹，伤势严重。面对蜂拥而上的敌人，王少奇自戕牺牲。

王甲本（1901—1944）国民革命军陆军第79军军长

字立基。男，1901年8月出生，云南平彝（今富源县）人。1918年考入云南陆军讲武堂第15期炮兵科。历任排长、营长。1929年任国民革命军陆军第51师151旅旅长。1937年任国民革命军陆军第18军98师副师长。先后参加了鄂西会战、第一、二、三次长沙会战、常德战役、衡阳战役，屡立战功。后升任第79军军长。1944年，日军为挽回败局，发动旨在打通大陆交通线的豫湘桂会战。9月，日军以十余万兵力分三路进犯广西。79军奉命在湖南零陵、东安一线阻击日军。9月7日，王甲本带领军部直属部队进驻湖南东安县附近的一个小村庄。探知这一消息后，数千日军化装成友军和农民，向王甲本军部驻地袭击。王甲本亲自率领军部手枪排拼死反击，与日军展开肉搏战，激战中王甲本被日军刺中腹部牺牲，后被追晋为陆军中将。

王克山（1919—1944）八路军胶东军区第5旅13团2营4连2班副班长

男，1919年出生，山东寿光人，1944年3月加入中国共产党。1940年参加八路军，同年10月编入八路军胶东军区第5旅13团2营4连2班，后任副班长。入伍3年来，历经50多次战斗，每次战斗都猛打猛冲，曾5次负伤，全身留下9处伤疤。1941年3月16日，王克山所在的13团参加奇袭栖霞牙山的战斗，他主动请战，担任爆破手，用炸药包炸毁敌人一个坚固工事，为部队清除进攻道路上的主要障碍。这次战斗，全团共歼灭伪军一个营。1943年，在掖县驿道战斗中，他只身一人追敌3里多路，击毙伪军1人，俘虏伪军1人，缴获机枪1挺。1944年春，胶东军区开展春季战役攻势，决定拔除伪军赵保原设在莱阳河源西沟的据点。驻守据点的敌人有近2000人，筑有9座长方形大碉堡。2月18日，战斗打响，王克山所在的4连仅用15分钟，就突破敌人两道壕沟、两道围墙，并率先将村北的一座大碉堡爆破。他头部虽负伤，但仍然坚持战斗，连续炸毁敌人3个大碉堡，全连共炸掉敌人5个大碉堡。王克山用他的神勇和智慧，为13团创造白天连续爆破成功的战例。河源西沟攻坚战的胜利，得到胶东军区和山东军区首长高度评价，13团得到通令嘉奖，4连获得“河源西沟第一连”的称号，王克山被评为胶东军区“爆炸大王”。同年4月，王克山所在4连驻防地王家夼突遭日、伪军袭击，王克山率2班勇猛出击，将敌人截为两段，吸引敌人兵力，为主力迂回敌后赢得时间，最终将偷袭敌人击溃。战斗中，王克山中弹牺牲。1944年7月，胶东军区召开首届战斗英雄代表大会，追认他为“胶东军区战斗英雄”。

王剑岳（1906—1944）国民革命军陆军第57军8师副师长

原名王师，字大炳。男，1906年出生，湖南澧县人。黄埔军校第5期毕业。参加过北伐战争。历任排长、连长、副营长、营长等职。抗日战争全面爆发后，随部参加淞沪会战，因战功升任补充旅第1团团副。1938年升任第48师2团团长。1940年任中央陆军军官学校第7分校第17期大队长和副总队长。1941年任第28师82团团长。1944年升任第57军8师副师长。1944年4月，日军为挽回败局，发动旨在打通大陆交通线的豫湘桂会战。6月，王剑岳奉命率部在河南灵宝阻击日军。6月10日凌晨2时，日军突破友军防线，大批日军涌入阵地。王剑岳率领将士杀向敌人，与日军展开肉搏。战斗中，王剑岳左肩负伤，仍指挥官兵奋勇冲杀，直至中弹牺牲，后被追晋为陆军少将。

卢广伟（1903—1944）国民革命军陆军骑兵第5军8师副师长兼政治部主任

字济吾。男，1903年出生，辽宁凤城人。东北讲武堂第5期炮科毕业。历任排长、连长、营长、副团长、参谋长、骑兵团团长等职。抗日战争全面爆发后，奉命率部转战江西、江苏一带。后任国民革命军陆军骑兵第8师315旅旅长，授少将军衔。1939年，率部在江西修水南岸与日军血战21天，全旅官兵仅剩300余人。1941年升任国民革命军陆军骑兵第5军8师副师长兼政治部主任。1944年，日军为挽救在东南亚的失利战局，打通大陆交通线，发动豫湘桂会战。卢广伟奉命率部在安徽颍上阻敌。5月5日，在司令部部署作战计划时，突遭日机轰炸，躲避不及被炸伤。在送往医院途中，因流血过多牺牲。

任常伦（1921—1944）八路军胶东军区14团副排长

男，1921年出生，山东黄县（今龙口市）人，1941年6月加入中国共产党。17岁加入本村抗日自卫团，1940年8月参加八路军。先后在山东纵队第5旅15团、胶东军区14团任战士、班长、副排长。抗日战争中，他作战机智勇敢，负伤9次，多次出色完成战斗任务。1940年他第一次参加战斗，在攻打掖县郭家店日军据点时，手中没有枪，用大刀同日军拼杀，夺得一支三八式步枪。1941年3月，在海阳县攻打发城伪军外围据点战斗中，他率一个战斗小组，冒着密集火力，用铡刀把鹿岩砍开一道缺口，又带伤冲近碉堡，烧毁碉堡大门。再次负伤仍不下火线，顽强登上碉堡，投进集束手榴弹，配合战友攻克碉堡。1944年2月，在莱阳县河源西沟战斗中，任常伦负伤不下火线，带领全班，打退40余名日、伪军的进攻，对战斗的胜利起了重要作用。同年8月，他出席山东军区战斗英雄代表大会，被选为主席团成员，并获山东军区“一等战斗英雄”称号。代表大会刚刚结束，他日夜兼程赶回部队。此时，他伤口还没愈合，肩膀里还嵌着敌人的弹片。11月，在海阳县长沙堡围歼日军战斗中，他率一个班夺取了小高地，并连续击退日军数次冲锋。弹药打完后，率领战士同数倍于己的敌军白刃格斗，他连续刺死日军5人，守住了阵地，在战斗中中弹牺牲。战后，他生前所在连被命名为“任常伦连”。他的家乡黄县孙胡庄被命名为“常伦庄”。在胶东抗日烈士陵园英灵山上,立有他的全身铜像。中国革命历史博物馆中陈列着他从日军手里夺来的三八式步枪。

吕公良（1903—1944）国民革命军陆军暂编第15军新编29师师长兼许昌警备司令

原名吕周。男，1903年2月20日出生，浙江开化人。毕业于黄埔军校，历任国民革命军陆军第89师连长、参谋、师参谋长等职。抗日战争全面爆发后，参加扼守南口、居庸关战役。1937年10月升任第89师参谋长。后参加台儿庄会战，并升任第85军参谋长。1939年参加随枣战役。同年夏调任第13军参谋长。1941年春升任第31集团军高级参谋。后任华中抗日总队第5纵队司令、周家口警备司令等职。1943年冬任第15军新编29师师长。1944年兼任河南许昌警备司令。1944年夏，在许昌保卫战中，指挥全师官兵数千人，抗击数万之敌，以普通轻型武器，与日军的飞机大炮、坦克较量。战斗之初，给日军重创。但因敌我力量悬殊，短短几天，战死沙场的官兵达2000多人。1944年5月1日，日军攻占许昌城，吕公良与其部下全部牺牲，后被追晋为陆军少将。

吕旃蒙（1905—1944）国民革命军陆军第31军参谋长

原名大乙，号伯民。男，1905年4月24日出生，湖南零陵人。黄埔军校第5期毕业。历任排长、连长、营长、团长等职。1935年，被派到陆军大学第13期将官班深造。抗日战争全面爆发后，吕旃蒙先后担任陆军军官学校总队副、预备第2师参谋长。1939年任第4战区长官部少将高级参谋。1942年调任第31军参谋长，随部队驻防靖西、龙州、凭祥一带。1944年11月初，日军集结重兵攻打桂林外围守军各阵地，战斗中施放毒气，并以装甲车掩护进攻，使固守外围阵地的守军伤亡惨重。经过两天两夜的激战，外围阵地被日军占领。11月9日晚，全城大部分落入敌手，指挥所也陷入重围。吕旃蒙集结剩余部队向西突围，奋战至次日拂晓，终因敌众我寡，久战无援，在西路猴山隘一带，吕旃蒙中弹牺牲，后被追晋为陆军少将。

何万祥（1915—1944）八路军滨海军区第6团2连连长

男，1915年出生，甘肃宁县人，1936年加入中国共产党。1931年参加中国工农红军。1935年参加红二十五军长征。1936年2月，红军东渡黄河时，何万祥被选为渡河突击队员。渡船在河心被冰块撞了个窟窿，他用脊背堵住洞口，保证渡船安全冲到对岸。上岸后他第一个冲到敌堡跟前，炸掉了敌堡。何万祥被誉为渡河英雄。1939年春，何万祥随115师到山东抗日根据地，8月到达鲁南。在部队攻打郯城时，他奉命阻击敌人增援，带领53名战士，连续击退300多名日军的4次轮番冲锋，成功地掩护了大部队和群众转移。1943年11月19日夜，时任滨海军区第6团2连副连长的何万祥，率领24名突击队员，到达敌之赣榆城门外潜伏。侦察员化装成老百姓，利用敌军中的内线骗开城门后，何万祥率突击队，迅速消灭了守门伪军一个排，占领了城楼，并点火为号，引导第6团和第23团迅速突入城内。此役共歼敌2000余人。1944年1月，在滨海军区发起的歼灭汉奸朱信斋战役中，升任连长的何万祥带领两个排，成功突破前沿障碍，英勇攻占6个地堡和1座炮楼，在东南角打开一突破口，将朱信斋逼入西北角的一个炮楼中，最后4连用火烧烟攻使朱信斋束手就擒。同年3月25日，何万祥率所在营参加鲁中军区第三次讨伐吴化文战役中牺牲。何万祥被山东军区授予“一级战斗英雄”称号。他生前所在的2连被命名为“何万祥连”。山东军区文工团编写的歌曲《我们的连长何万祥》，在山东抗日根据地广泛传唱。何万祥牺牲时的大泉山，改名为“万祥山 ”，山下公路命名为“万祥路”，在山顶还立了一座石碑纪念他。

余子武（1901—1944）国民革命军陆军第62军151师副师长

号文波。男，1901年出生，广东台山人。1923年，考入北京政法大学，后入读日本东京政法大学。1926年，考入日本士官学校第20期学习。1929年毕业回国，随即入伍粤军。历任参谋、连长、营长、团长等职。抗日战争全面爆发后，曾率团参加淞沪会战和南京保卫战，屡立战功，获得第3战区的传令嘉奖。1939年7月晋升国民革命军陆军第62军151师参谋长。1943年调任第151师副师长。1944年7月，日军发动长衡会战，余子武所部奉命增援衡阳守军，在衡阳雨母山、衡阳西站一带与日军反复争夺。8月4日，151师师部在雨母山与三塘地区遭日军偷袭，余子武率部奋勇抗击。次日，余子武在与日军肉搏中，中弹牺牲，后被追晋为陆军少将。

吴其芳（？—1944）新四军第5师供给部部长

本名段永干。男，河南叶县人，中国共产党党员。抗日战争全面爆发后，1938年，被叶县党组织送到确山县竹沟青年干部训练班学习。1939年1月，随李先念部南下到豫鄂边抗日根据地工作。1943年任新四军第5师供给部部长。1944年6月，奉命回叶城了解豫中沦陷情况。1944年11月，在湖北孝感地区与日、伪军作战中牺牲。

张文彬（1910—1944）中共南方工作委员会副书记兼组织部部长

又名纯清，曾用名南杰、刘宗义、刘崇义。1910年7月5日出生，湖南平江人，1927年加入中国共产党。1927年，赴武汉农民运动讲习所学习。学习结束后，回平江县组织工农武装,历任西区特委书记、中共平江县委军事部部长。1928年7月,平江起义取得胜利,他率领部分工农赤卫队参加红5军。历任红5军党代表、红3军军团政务科长、红3军团政治保卫局局长等职。1934年2月,在中央苏区第二次中华苏维埃共和国代表会上，当选为中央执行委员。长征时任红15军团保卫局局长。1936年2月,红15军团成立渡河司令部，任政委。抗日红军大学成立后，被第1批保送入校学习，毕业后调到毛泽东身边任秘书，后又担任中共中央秘书长。1936年夏,受命到西安负责领导西北地区党的组织和西北军的统战工作，协助周恩来出色完成了对“西安事变”调解谈判任务。1937年5月,任红军驻兰州办事处主任,为营救被关在兰州集中营的西路军指战员做了大量工作。抗日战争全面爆发后,奉中共中央之命,抵达广州,领导广东等地人民开展抗日斗争。1938年4月,任中共广东省委书记。不到两个月，先后建立了中山中心县委、东莞中心县委、南顺工委等地中心支部，使广东党的组织得到迅速发展。同时组建东江人民抗日游击纵队。1940年6月任粤北省委书记。10月任中共南方工作委员会副书记兼组织部长。深入海南、东江抗日游击队指导工作，并成立了广东军政委员会和广东人民抗日游击总队。1941年12月,香港沦陷,他同八路军驻香港办事处的廖承志一道周密布置，安全护送何香凝、柳亚子、邹韬奋、茅盾等800多名爱国民主人士及美、英等国数十名国际友人通过陆路、水路分批返回内地。这一行动受到中共中央的表扬，得到各方高度赞誉。1942年6月,被叛徒出卖被捕，关押在江西省泰和县监狱。在狱中遭受残酷折磨，于1944年8月26日病故。

李汉卿（1903—1944）新四军第5师赣北指挥部指挥长

男，1903年出生，湖北新洲人，1927年加入中国共产党。1927年投身农民运动。1928年当选中共黄冈县县委常委。1935年被国民党抓壮丁。抗日战争全面爆发后，1938年9月逃离国民党军，参加共产党领导的独立游击5大队（隶属于国民革命军第21集团军），曾任排长、连长。1940年7月，参加彭思桥战斗。战后，奉命率部至蕲（春）广（济）开辟抗日根据地。9月任中共蕲广边县委委员、武装部部长。1941年后，历任新四军第5师独立1团2营营长、独立1团参谋长、独立4团团长、第4军分区挺进17团团长、赣北指挥部指挥长等职。1941年9月，在反击日、伪军对蕲广边军政联合办事处驻地黄土岭“扫荡”的作战中，击毙日军指挥官以下数十人，粉碎了日军的“扫荡”。参与开辟豫鄂敌后抗日根据地和赣北抗日根据地。1944年11月，率部攻打湖北省广济县杨家桥张家湾日、伪军据点时，在指挥作战中牺牲。

李家钰（1892—1944）国民革命军陆军第36集团军总司令

字其相。男，1890年5月17日出生，四川蒲江人。1915年，四川陆军军官学校第3期毕业，历任川军见习军官、团长、旅长、第1师师长、四川边防军总司令。1935年，川军整编，任整编104师师长兼四川第1绥靖区司令官。1936年，川军再次整编，任第47军军长。1939年冬，李家钰升任第36集团军总司令兼第47军军长，统辖第14、第17、第47等3个军和7个师兵力。1944年，日军集结14万重兵发动豫中会战，先后占领郑州、许昌、洛阳等地。李家钰奉命率部进至河南陕县东姚院村一带阻击日军，掩护主力部队撤退。5月21日，日军以数千人兵力，分3路包围李家钰集团军总部。李家钰率总部官兵奋力拼杀，突围至陕县以南秦家坡遭到日军伏击。在日军密集火力的射击下，李家钰和总部官兵200余人全部牺牲，后被追晋为陆军上将。

杨大章（1909—1944）冀热边行政公署第1地区专署专员

原名士英，又名章棣。男，1909年出生，天津人，中国共产党党员。1928年，考入天津北宁铁路车僮训练班，毕业后被分配到行李房任司事，不久调到辽宁绥中车站做站务工作。“九一八”事变后，回到天津继续到行李房任司事，从事党的地下工作，积极宣传马列主义，声讨日军罪行。1936年，到山海关—天津—郑州段负责铁路联系工作，借职务之便，积极散发抗日宣传品，组织并领导铁路段抗日救国会工作。1939年4月，到冀热察区党委党校学习。7月，学习期满后任晋察冀第6专署（即平西专署）民政科长。1940年兼任平西专署秘书主任，不久调到昌宛联合县任县长。在杨大章的领导下，昌宛根据地的政权建设和群众性的武装斗争出现新的局面，杨大章也因此获得“模范县长”的称号。1943年7月，撤销晋察冀边区第13专署建制，成立冀热边行署，下设5个专署，杨大章任第1地区专署专员。1944年5月19日，由于叛徒告密，在蓟县下营镇团山子村开会时遭到日、伪军包围，在指挥突围时牺牲。

杨小根（1922—1944）八路军冀中军区第6军分区44区队2小队副队长

原名名哲。男，1922年出生，河北博野人，1941年底加入中国共产党。1939年3月参加八路军。随部队穿过平汉铁路到达太行山后，在晋察冀军区警备旅2团3营9连9班当战士。杨小根作战勇敢，1941年底升任9班班长，1941年、1942年连续两年被评为模范战士，《子弟兵报》专门刊登杨小根的事迹。1942年底调任冀中6分区44区队1大队2小队6班班长。1944年担任冀中军区第6军分区44区队2小队副队长。先后参加了赵县城西傅家庄战斗和河渠战斗。在战斗中，他冲锋在前，不怕牺牲，5年间，亲手俘虏伪军6名，缴获步枪6支，机枪3挺和大量战利品，成为6分区战士们学习的榜样。1944年8月初，受冀中军区通令表彰，被授予“战斗英雄”称号。8月9日，日、伪军到赵县大西章村“扫荡”。杨小根带领区小队参加反击日、伪军“扫荡”的战斗，在追赶溃逃日军时中弹牺牲。

杨学诚（1915—1944）新四军第5师鄂皖兵团指挥部政治委员

又名奇山。男，1915年8月出生，湖北黄陂人，1936年5月加入中国共产党。1934年秋考入清华大学。1935年参加“一二·九”学生运动。1936年2月加入中华民族解放先锋队。同年秋任中共清华大学支部书记。1937年5月，跟随刘少奇、彭真到延安参加中共全国代表会议。抗日战争全面爆发后，先后在北平、武汉、济南、南京等地从事流亡学生工作，开展抗日救亡活动。1938年6月后，曾任中共湖北临时省委委员兼青委书记、中共鄂中特委书记、中共鄂豫边区党委组织部部长和社会部部长、新四军豫鄂挺进纵队路西指挥部政治委员、豫鄂边区天门西南剿匪指挥部政治委员、豫鄂边区行政公署副主任兼政府党团书记、新四军第5师鄂皖兵团指挥部政治委员。积极组建抗日武装，创建抗日根据地，建立抗日民主政权，开展抗日武装斗争。1939年3月31日，率应城县抗日游击队在公安寨设伏，袭击乘船前往宋河慰问日军的日本皇室慰问团及护送士兵100余人。击毙慰问团团长（日本皇室成员）及以下10余人。在与新四军鄂皖兵团指挥部指挥长刘少卿一起领导开辟鄂南抗日根据地期间，患结核性肋膜炎，迫于环境艰苦，得不到休息和治疗，病情恶化，于1944年3月6日病故。

萧孝泽（1902—1944）国民革命军陆军第36集团军总司令部高级参谋兼参谋处代理处长

号海粱。男，1902年出生，四川富顺人。中央陆军军官学校高等教育班第5期毕业。曾任排长、连长、副营长等职。1935年入中央陆军军官学校特别训练班学习。毕业后分派到河南省安阳县任军训教官。1938年初，调任河南禹县自卫团司令，担负起“实行自卫，抵抗暴力”的地方军事工作。1940年调豫西任师管区第4补充兵团副团长。1942年，入成都中央陆军军官学校高等教育班第9期学习。毕业后，被授陆军少将军衔，派任第36集团军总司令部高级参谋兼代理参谋处长。1944年，日军为打通通往东南亚战场的大陆交通线，发动豫湘桂会战，调集14万兵力向河南进攻。在洛阳决战的李家钰、高树勋等6个集团军向豫西撤退，日军乘势追击。萧孝泽率部在云梦山完成抗击日军东西夹击、掩护友军西撤任务后，退至陕县以南秦家坡时，遭遇日军伏击，中弹牺牲。

邹韬奋（1895—1944）新闻记者、出版家

原名恩润。男，1895年11月5日出生，福建永安人，祖籍江西省余江县。1912年,到上海圣约翰大学读文科。1920年10月任《生活》周刊编辑。1926年任《生活》周刊主编。“九一八”事变到“一·二八”淞沪抗战期间，他主编的《生活》周刊以团结抗敌御侮为根本目标，成为国内媒体抗日救国的一面旗帜。1932年7月，成立生活书店，任总经理。生活书店成立后，团结了一大批进步的作者，几年内，在全国各地的分支扩展到56家，先后出版发行数十种进步刊物和包括马克思主义译著在内的1000余种图书。1933年1月，参加中国民权保障同盟，当选为执行委员。7月，赴苏、美等国进行社会调查。1935年8月回国后，积极参加抗日救亡运动，在上海、香港等地主编《大众生活》周刊、《生活日报》和《生活星期刊》，并担任上海各界救国联合会和全国各界救国联合会的领导工作。1936年11月，与沈钧儒等7人因积极宣传抗日被国民党政府逮捕，时称“七君子事件”。抗日战争全面爆发后获释，在上海创办《抗战》三日周刊。上海沦陷后，转至武汉，继续主编《抗战》。武汉沦陷后，到重庆创办和主编《全民抗战》。1938年任第一届国民参政会参议员。1941年，先后在香港、广东东江游击区和苏北敌后抗日根据地从事抗日民主的文化宣传工作。由于长期工作环境恶劣，重病缠身，被党组织秘密送回上海医治，带病在病床上完成了最后的遗作《患难余生记》。1944年7月24日在上海病故，9月28日中共中央追认他为中国共产党正式党员。

陈宝风（1925—1944）八路军渤海军区民兵飞行爆炸组组长

男，1925年出生，山东高青人，1943年加入中国共产党。1941年参加民兵，任飞行爆炸组组长。同年底，陈宝风等在高苑通往魏家堡的公路上埋设地雷，炸死日军4名，炸毁汽车1辆。1942年春，陈宝风得知在魏家堡修据点的敌人经常到村东北角一个坟地里烤火，便在火灰附近布下地雷，炸死敌人4名。1943年夏，陈宝风掐断魏家堡据点的电话线，把敌人诱骗出据点，在敌人经过的一棵大树下埋下“连环雷”，将在大树下乘凉的十几名日、伪军全部炸死。同年11月12日，日、伪军对高苑抗日根据地进行“扫荡”，陈宝风在交通要道埋下地雷，将下车探路的驾驶员炸死，迫使日、伪军不得不派出排雷工兵排雷，继而陈宝风又研究制造出“二起雷”，炸死炸伤多名排雷工兵，有力地阻击了日、伪军对高苑抗日

根据地的“扫荡”。1944年1月到2月间，陈宝风每天要埋设3到5处地雷，近一个月共埋设地雷90多处，爆炸成功60余处，使日、伪军遭受重大伤亡。1944年2月，陈宝风带病在通往高苑县城的公路上埋地雷时，不慎引爆地雷牺牲。1945年，八路军渤海军区授予陈宝风“民兵英雄”、“特等爆炸大王”称号。

陈绍堂（1897—1944）国民革命军陆军第47军104师步兵指挥官

男，1897年出生，四川邻水人。历任排长、连长、营长、团长。1931年4月，升任第47军104师3旅少将旅长。1936年2月授陆军少将军衔。抗日战争全面爆发后，随第47军出川抗战，任第47军104师步兵指挥官。参加过太原会战、同蒲路战役、中条山战役等重要战役。1944年，日军为挽回败局，发动旨在打通大陆交通线的豫湘桂会战。5月21日，陈绍堂所部在河南陕县秦家坡遭日军伏击，中弹牺牲。

陈济桓（1893—1944）国民革命军陆军第16集团军桂林城防司令部参谋长

号昆山。男，1893年出生，广西岑溪人。中央军事政治学校第1分校第7期高级班毕业。历任营长、参谋、司令、团长、参议等职。1930年4月，出任南宁卫戍司令部少将副司令。8月，所部改编为第45师，陈济桓改任副师长。1936年6月任第4集团军中将参军。1939年3月改任广西绥靖公署中将参军兼公营第2矿区主任。1943年8月授陆军少将军衔。1944年任第16集团军桂林城防司令部参谋长。同年，日军为挽回败局，发动旨在打通大陆交通线的豫湘桂会战。郑州、洛阳等地相继失守后，9月初，日军自衡阳出发，向广西进犯。11月1日，日军向桂林城发动猛烈进攻，陈济桓率部与日军展开浴血奋战，终因势力悬殊，日军在飞机掩护下，攻入城内。11月10日，核心阵地最后防线被日军突破，陈济桓随即率余部向城西猴子山转移，在猴子山坳与日军展开激战，所部损失惨重，陈济桓身负重伤。危难之际，陈济桓命令身边卫士化装突围，自己举枪自戕，后被追晋为陆军中将。

威廉·瑞德（？—1944）美国志愿援华航空队飞行员

男，美国人。1941年随美国志愿援华航空队参与对日作战。1942年3月，滇缅公路被日军切断，中美共同开辟空中运输航线，即著名的“驼峰航线”。1942年5月到1945年8月，“驼峰航线”运输战略物资80多万吨，中美共坠毁和失踪飞机609架，牺牲和失踪飞行员1500多名。瑞德在华作战期间，创下击落日机18架的辉煌纪录。1944年1月19日,瑞德在出击日军返航时，因机场被日机炸毁无法降落，飞机燃油耗尽，跳伞遇难。

高小安（1916—1944）八路军晋察冀军区第13军分区第1区队副区队长

原名瑞泉。男，1916年5月6日出生，河北滦县人，1932年加入中国共产党。1935年5月，秘密组织了一支武装队伍。同年8月改编为路南游击小队，这是一支共产党领导下的冀东地方最早的游击队。1936年任丰（润）滦（县）边游击队长。1937年12月，经多余屯会议，确定为丰（润）滦（县）南部开展游击活动的负责人。1938年冀东抗日暴动时，发展抗日武装3000余人，被编为13总队，任总队长。8月13日，在攻打乐亭县城时，任城西总指挥。攻克乐亭后，指挥部队先后打曾家湾、克小集、攻越支、夺宣庄，连战连捷。1939年8月被任命为八路军第13支队第9总队副总队长。1940年1月到抗日军政大学第2分校学习。学业期满后，返回冀东。春节后，以高小安为主任的路南工作团奔赴路南。半年内，开辟出100余村庄，建立了迁滦卢联合县区政权。9月，又调任晋察冀军区第13军分区第1区队副区队长，协助丰滦、昌乐等县组织抗日政权。他灵活运用游击战术，创造了许多克敌制胜的战例。从1942年底到1944年春仅1年多的时间里，亲自指挥和参与戟门、大庄河、南北堡、北圈、学旺庄、魏各庄、焦庄等著名战斗，重创日、伪军，受到晋察冀军区司令员聂荣臻的通令嘉奖。1944年农历2月25日，日军驻滦县偏凉汀坦克部队，对冀东路南地区进行侦察“扫荡”。在乐亭焦庄战斗中，高小安为了接应和掩护其他同志，主动把敌人的坦克引向自己，在敌人密集火力扫射下，身中数弹牺牲。

黄永淮（1902—1944）国民革命军陆军新编第29师副师长

号泗光。1902年出生，四川安岳人。黄埔军校第5期步科毕业。历任国民革命军第88师排长、连长、营长、团长等职。1942年调任第31集团军高级参谋，兼新编第29师副师长。1944年3月，日军发动豫中会战，黄永淮率部驻守河南许昌城。4月，郑州、新郑等地相继失陷。4月底，日军第27师团将许昌城包围，在飞机的掩护下，向许昌城发动攻击。黄永淮所部官兵浴血奋战阻击日军三日之久，终因势力悬殊，许昌城被攻破。5月1日拂晓，黄永淮奉命率部突围。突围至城东附近，遭遇日军袭击，经过3个多小时激战，所部伤亡惨重。黄永淮腿部中弹负伤，在邓庄乡被日军俘获。在押解途中，黄永淮乘机夺得手枪击毙一名日军，后遭日军杀害，后被追晋为陆军少将。

黄魂（1903—1944）琼崖抗日游击队独立总队政治部主任

原名符权重。男，1903年8月4日出生，海南琼山人,1926年3月加入中国共产党。1926年，从琼山中学毕业后，回到石桥乡一带进行革命活动，秘密发展中共党员，筹建农会。1927年秋任琼山县第13区委副书记。12月，率全区1000多名农会骨干及赤卫队员成立区赤卫队，同时成立区农会和区苏维埃政府。1928年8月任中共定安县委书记。1932年任中共琼东县委书记。1935年5月任琼崖特委委员、宣传部长。抗日战争全面爆发后，积极开展抗日宣传活动，成立抗日后援会和工人、农民、青年救国会等抗日救亡团体。1939年，在琼山县树德乡创办《抗日新闻》报，宣传报道中国共产党领导的军民抗日情况。1941年任琼崖特委常委兼统战部长。通过各种渠道和关系争取各界团结工作，动员争取他们投身抗日。1942年，任琼山县抗日游击司令部总指挥，先后率部袭击了大致坡、美兰、塔市、灵山、大林等日、伪据点。1943年，中共琼崖特委成立琼崖东、西、南3个区的军政委员会，各代表琼崖特委、政府、独立总队对各地区实行党政军一元化领导。黄魂被任命为南区军政委员会主任，同时琼崖独立总队第2支队开进南区活动。1944年4月，调琼崖抗日游击队独立总队任政治部主任。1944年5月3日，率部在昌感县四荣乡上荣村与日、伪军激战时，左腹中弹昏迷，被俘后遭枪杀。

彭雪枫（1907—1944）新四军第4师师长兼政治委员

男，1907年9月9日出生，河南镇平人，1925年6月加入中国共产主义青年团，1926年9月转为中国共产党党员。他辗转于各地，曾从事学运、兵运工作，参与领导农民暴动，开展党的秘密工作。1930年5月被派到苏区，先后任江西军区政委、红军大学政委等职。1934年10月参加长征，任红3军团5师师长等职，在攻克娄山关、第二次占领遵义城、巧渡金沙江、飞越大渡河、通过水草地，以及直罗镇等战役战斗中屡建战功。抗日战争全面爆发后，任八路军总部参谋处处长兼八路军驻晋办事处主任。1938年春调赴河南确山竹沟，兼任中共河南省委军事部部长，组织训练抗日武装。同年9月组建新四军游击支队，任司令员兼政委，领导开辟豫皖苏边区抗日根据地，任中共豫皖苏边区书记。后任新四军第6支队司令员兼政委、八路军第4纵队司令员。1941年皖南事变后，任新四军4师师长、淮北军区司令员，领导根据地军民同日、伪军进行艰苦斗争，先后取得1942年冬季淮北反“扫荡”和1943年3月山子头战役的胜利，巩固和发展了淮北抗日根据地。1944年8月执行中央向河南敌后进军的指示，指挥所部进行西进战役。9月11日在河南夏邑八里庄指挥作战时牺牲。2009年被评为“100位为新中国成立作出突出贡献的英雄模范人物”。

程仲一（1916—1944）绥南专署专员

原名重远，字子达，后改名为仲一，字必达。男，1916年12月16日出生，山西五寨人，1937年4月加入中国共产党。1937年8月，参加八路军驻晋办事处秘密举办的首届党训班。10月，受山西党组织指派，回五寨县建立战地动员委员会（简称动委会），任副主任委员。1938年被选任主任委员，同时秘密担任临时县委负责人。中共五寨县委成立，任宣传部长。1939年1月，与王庭弼、白如冰等率晋西北抗日动员委员会部分干部转入大青山，担任归凉动委会主任，率当地游击队配合八路军骑兵支队消灭归绥、凉城一带土匪武装，开辟抗日游击根据地。1939年秋，任绥东专署专员，带领武装工作队，三下丰东，开辟了丰东地区的抗日游击根据地。1940年春调任绥中专署专员。1943年秋调任绥南专署专员，率部活动于三道沟一带，给日、伪军沉重打击，鼓舞了当地抗日军民。1944年2月10日凌晨，由于汉奸出卖，被日、伪军重兵合围于凉城县郭木匠沟，突围中牺牲。

阚维雍（1900—1944）国民革命军陆军第31军131师师长

原名庆福，号伯涵。男，壮族，1900年出生，广西柳州人。广西陆军讲武堂工兵科毕业，历任第7军工兵营营长、第57师参谋处长、第4军12师36团团长、第19师参谋长等职。抗日战争全面爆发后，入陆军大学乙级将官班第1期学习。1939年底，任国民革命军陆军第31军参谋长，授少将军衔。1942年，任第31军131师师长，担任桂西南防务。1944年，日军为挽回败局，发动旨在打通大陆交通线的豫湘桂会战。9月，阚维雍率部赶赴桂林，与友军共同驻守桂林。从10月底开始，指挥所部与日军苦战，打退敌人多次进攻。11月8日，日军使用毒气弹攻打七星岩，致所部守军391团800余名官兵全部牺牲，392团、393团也伤亡惨重。次日晚，阚维雍深恨未能完成坚守桂林任务，在师指挥所自杀身亡，后被追晋陆军中将。

才山（1911—1945）八路军冀热辽军区副参谋长

原名治安，又名维诚。男，1911年出生，辽宁黑山人，1937年加入中国共产党。1932年参加了辽西东北人民抗日义勇军。抗日战争全面爆发后，和白乙化等一起参加垦区暴动，并组建了中华民族抗日先锋总队，先后任中队长、大队长。1939年底，中华民族抗日先锋总队与冀东大暴动后撤到平西的冀东抗联队伍，合并为华北抗联第3大队，才山任大队长。1940年春，任八路军晋察冀军区步兵第10团团参谋长。1943年夏，率部护送百余名干部去冀东敌后根据地。途中3次与日军遭遇，与敌斗智斗勇，多次激战，最终冲出重围，胜利完成任务。1943年冬，才山由平北调冀东工作，任晋察冀军区第13军分区副参谋长。1944年，第13军分区成立了军工处，才山兼管军工处工作，后任冀热辽军区副参谋长。1945年7月3日，才山和尖兵剧社、长城剧社的60多名文艺战士在遵化县杨家峪被日、伪军1700多人包围。才山和黄天等十几人与敌人展开激战，为掩护战友突围，因寡不敌众，不甘被俘，才山自戕牺牲。

马立训（1920—1945）排长

男，1920年出生，山东淄川人。八路军著名爆破英雄。1940年4月参加八路军。1944年5月加入中国共产党。历任战士、班长、排长。先后参加40余次战斗，完成爆破任务20余次。他苦练杀敌本领，采用飞爆、空爆、连环爆等爆破方式，炸死日伪军500余人，被誉为“爆破大王”。1941年春，他协助战友炸毁莱芜吴家洼据点，炸死汉奸30余人。1942年8月，在山东泗水县孙徐战斗中，连续炸毁日、伪军4座碉堡，炸死日、伪军60余人。1943年11月，在攻打鲁南柱子村战斗中，执行偷袭爆破任务中，炸塌守军圩墙和炮楼，为部队开辟了进攻道路。1944年5月，在攻打山东平邑县庞庄日军据点战斗中，他连续炸开日军第一道障碍及据点门楼，部队得以迅速通过突破口向纵深发展。当年7月，他出席山东军区英模大会，被评为八路军山东军区“特等战斗英雄”。1945年8月3日，在山东滕县阎村战斗中，他带领突击班执行爆破任务时牺牲。9月，八路军鲁南军区命名他所在排为“马立训排”，滕县阎村为“立训村”，并在部队开展了“马立训式的爆破运动”。

马应元（1921—1945）八路军太行军区第3军分区民兵指导员兼飞行射击爆炸组组长

男，1921年出生，山西武乡人，1942年加入中国共产党。1940年参加抗日游击小组和民兵，配合八路军打游击。他枪法娴熟，是全县闻名的民兵射击手。1942年任马家庄民兵指导员。在反击日、伪军“清剿”和“蚕食”的斗争中，带领马家庄民兵队搞侦察、除汉奸、捉“舌头”、埋地雷、打伏击。1943年任蟠武飞行射击爆炸组组长。在漳河两岸，运用“麻雀”战术歼灭小股敌人，配合八路军夜袭段村敌据点，又用“地雷加冷枪”等游击战术，打了许多胜仗。5月反“扫荡”中，一次布雷13处，炸死炸伤日军90余人，缴获步枪11支，子弹500多发。1944年11月出席了晋冀鲁豫边区群英大会，被授予“日夜出击蟠武线，飞行爆炸显神威”锦旗和“民兵杀敌英雄”称号。1945年1月，在马家庄突围战斗时被俘，敌人抓来其母亲和妻子劝其投降，均被他严厉拒绝，后被日、伪军杀害。1946年12月，太行区第二届群英大会追认马应元为“特等杀敌英雄”。

王先臣（1914—1945）八路军冀中军区第6军分区司令员

原名顺成。男，1914年11月15日出生，江西吉安人，1932年加入中国共产党。1931年参加中国工农红军，历任团政治部主任、政治委员、民抗第1纵队司令及警备旅1团政治委员。抗日战争全面爆发后，任八路军第120师359旅717团3营政治教导员，奔赴山西抗日前线。1939年，任八路军第120师特务团政治委员，率部在武强县小范镇西南歼灭日、伪军200多人。1940年任八路军冀中军区第6军分区兼警备旅第1团政治委员。百团大战中，率部参加破袭石（家庄）德（州）铁路的战斗。破坏敌人铁路40余公里。1942年9月任八路军冀中军区第6军分区司令员。1945年7月1日，在河北省赵县大吕村与日、伪军战斗中，中弹牺牲。

张洪仪（1912—1945）中共鲁南铁路工委书记兼铁道大队政治委员

又名鸿仪。男，回族，1912年出生，山东郯城人。1931年考入枣庄中兴公司职业中学学习。后在“一二·九”学生运动影响下，积极参加抗日宣传工作。1936年8月加入中国共产党。抗日战争全面爆发后，与同学创办《抗敌报》。1938年，在鲁南参加人民抗日义勇队第1总队，任中队指导员。1939年5月，组织1000余名进步学生加入1总队。同年9月，该部整编为八路军山东纵队苏鲁支队后，任营政治教导员。1942年任鲁南军区第1军分区政治部主任。1943年底任鲁南独立支队（铁道游击队）政治委员。领导铁道游击队破坏敌军交通线，夺取敌军用物资，除奸反特。1944年，独立支队撤销，张洪仪改任鲁南铁路工委书记兼铁道大队政治委员。1945年夏，所部与抗日区政府在滕县被日军包围，张洪仪组织部队掩护区政府人员转移，率部冲出敌包围后。因担心尚有人员未撤出，张洪仪又返回侦察，被敌人击中负伤，在往医院后牺牲。

沈国栋（1912—1945）新四军第5师江南指挥部指挥长

又名志俊。男，1912年出生，湖北石首人，1932年5月加入中国共产党。1931年参加红军。参加了长征。抗日战争全面爆发后，在八路军第120师工作，为保卫陕甘宁边区和创建敌后根据地做出了贡献。1944年11月，奉调到八路军南下支队干部大队随军南下，于1945年1月27日，抵湖北大悟山与新四军第5师会师。4月，为创建以洞庭湖为中心的湘北、鄂西抗日根据地，中共鄂豫边区党委和新四军第5师决定成立中共江南中心县委和第5师江南指挥部，他任县委常委和指挥长。4至8月，率江南挺进支队，先后在岳阳县、华县、石首等地，多次主动袭击日、伪军，使根据地迅速扩大。1945年8月14日，他带领3名侦察员到石首县侦察敌情，遭遇日军特警班“扫荡”，即率侦察员到刘堰桥旁堤坡下伏击敌人。战斗中，中弹牺牲。

周礼平（1915—1945）广东人民抗日游击队韩江纵队第1支队政治委员

男，1915年7月9日出生，广东澄海人，1937年加入中国共产党。抗日战争全面爆发后，发起组建汕头青年救亡同志会，动员群众参加抗日斗争。曾任中共汕头市工委委员、组织部长，澄海市樟东区委书记，潮汕中心县委职工委员会委员，潮澄饶县委书记等职。1945年2月，参与组建潮汕抗日游击队。5月，率队袭击潮安县彩塘伪乡公所和东风伪警察所，获得胜利。6月21日，又袭击潮安县东风伪警察所和税务所。两战皆捷，声威大震。同月，广东人民抗日游击队韩江纵队成立，周礼平任第1支队政委。8月13日，在潮阳、揭阳地区与日、伪军作战时牺牲。

郁达夫（1896—1945）新加坡文化界抗日联合会主席

原名郁文，化名赵廉，字达夫。男，1896年12月7日出生，浙江富阳人。1913年东渡日本留学。1921年10月，和郭沫若等成立新文学团体——创造社。从这时开始，郁达夫开始了文学创作生涯，出版现代最早的白话短篇小说集《沉沦》。1922年毕业于日本东京帝国大学。7月回国，积极投身于新文学运动，先后在北京大学、武昌师范大学、广东大学等校任职。1930年2月，与鲁迅在上海发起了中国自由运动大同盟。1932年，与鲁迅等作家联名发表《上海文化界人士告世界书》，强烈谴责日军侵略中国。1933年，参加中国民权保障同盟，任上海分会执行委员，写了《迟桂花》等中短篇小说13篇。1936年，任福建省府参议兼公报室主任。1938年3月，赴武汉参加军委会政治部第三厅的抗日宣传工作，发表《政治与军事》等时评，宣传抗战必胜的信念，并加入中华全国文艺界抗敌协会。12月18日，应邀到新加坡《星洲日报》工作，写了《欧战扩大与中国》、《抗战阶段的诸问题》等时评政论，号召海外侨胞积极支持国内的全面抗战。1941年12月下旬，任星华文化界战时工作团主席兼文化界战时干部训练班主任。1942年1月，任新加坡华侨抗敌动员总会委员会执行委员、文艺组主任兼新加坡文化界抗日联合会主席。1942年1月底，新加坡沦陷后流亡至苏门答腊，化名赵廉，因精通日语被迫做过日军翻译，其间利用职务之便救助大量文化界流亡难友、爱国侨领和当地居民。1944年，因汉奸告密，郁达夫的真实身份被日军发现，知道他是新加坡来的重要的抗日分子，此后他的言行一直受到日军的暗中监视。1945年8月29日，日本宪兵秘密逮捕了郁达夫并制造了失踪的假象。9月17日，被日本宪兵枪杀于丹戎革岱的荒野山坡下。

宫川英男（1918—1945）日本人民解放同盟冀鲁豫边区协议会副委员长兼冀鲁豫边区参议员

男，1918年出生，日本人，1941年加入中国共产党。1939年，被日军强征入伍，成为一名侵华日军。1941年7月29日，被八路军俘虏，经过教育后，自愿参加八路军，并加入了中国共产党。1943年，被延安“反战同盟会”派遣到山东长清做对日军宣传和瓦解工作，并任日本人民解放同盟冀鲁豫边区协议会副委员长、冀鲁豫边区参议员。他废寝忘食地编写宣传材料，持续对日军开展宣传攻势。1944年下半年，在冀鲁豫军区第1军分区敌工科的领导下，组建了日军工作队。宫川英男参加了该工作队，他以一个曾经是日本侵略军的身份告诫日军，这是一场非正义的战争，放下手中的武器，回到自己亲人身边。他的反战宣传，引起了日军的极大恐慌，成为日军高价悬赏捉拿的对象。1945年6月9日，工作队在济南万德官庄执行任务时，被日军重兵包围，他沉着地埋好文件投入战斗，因敌众我寡，无法突出重围。为了不当俘虏，向日军连发数枪后，举枪自戕。

桂干生（1911—1945）八路军冀南军区第1军分区司令员

原名本宏。男，1911年出生，河南罗山人，1929年9月加入中国共产党。17岁参加农民运动，任赤卫队中队长。后参加了中国工农红军，为保卫鄂豫皖根据地进行了顽强的斗争。先后任红军73师217团2营政委、红军92师274团政委、红军91师政治委员。1937年2月，进入抗日军政大学学习。抗日战争全面爆发后，红军主力改编为八路军。1937年9月，桂干生以八路军第129师高级参谋的身份，跟随刘伯承师长挺进太行山区，投身于创建抗日根据地的艰苦斗争。12月，他带领第129师教导团30名干部，奔赴太行山东麓的冀西地区，组建抗日武装。在短短几个月的时间内，建立起一支800多人的抗日武装——八路军第129师游击支队，桂干生任支队长。1938年5月，桂干生任晋冀鲁豫军区第2军分区司令员。1940年5月，桂干生调离太行山区，任新9旅旅长兼冀南军区4分区司令员。7月22日至28日，他率新9旅主力对敌发起连续的破袭战，先后作战21次，毙伤敌伪军数百人，破坏敌铁路50里，公路180余里。7月25日，他率领新9旅25团、26团、27团和第5军分区地方武装，在武邑、衡水之间设伏，歼灭衡水出犯之敌40余人，缴获野炮1门，创造了在平原地区以伏击战歼敌的范例。这年秋天，他率部参加百团大战，在东西高村的战斗中，勇猛冲杀到敌人背后，一举歼灭日伪军一个中队。1940年底桂干生从冀南4分区调到1分区任司令员。在长期的征战中，桂干生先后8次负伤，身体极度虚弱，恶劣的战斗环境，又使他患了严重的胃病和关节炎。1944年春夏之交，到延安休养。1945年4月下旬，桂干生以候补代表资格列席中国共产党第七次全国代表大会。6月13日，被任命为新四军五师干部队副队长的桂干生，同队长程世才一道带领干部从延安出发，踏上了前往大别山抗日前线的征途。7月8日，当他们行至山西祁县与平遥之间，准备跨越同蒲铁路之际，数千名日、伪军在炮火掩护下向他们进攻。桂干生奋不顾身，掩护同志们转移。战斗中桂干生不幸中弹，倒在血泊中。经抢救无效，于次日凌晨壮烈牺牲。噩耗传来，晋冀鲁豫军区刘伯承司令员、邓小平政委痛惜不已，称桂干生是“战功卓著的一员骁将”。

曹世范（1924—1945）八路军鲁中军区第1团1营3连副排长

男，1924年5月出生，山东寿光人。1943年6月加入中国共产党。1940年参加八路军，曾在鲁中军区第1团青年队、1营2连和3连，先后任侦察员、副班长、副排长等职。1940年在大柏山战斗中，他反复冲锋，击毙3名日军，缴获3支步枪。在攻打北阴村的战斗中，他连续不断向敌人占据的围子墙扔出手榴弹，掩护部队冲锋，战斗中左手掌被子弹打中，负伤致残。1944年夏，带一名战士到昌乐县南部侦察敌情，被170多名伪军包围。经顽强激战，毙伤伪军20余人，安全脱险。为此，山东军区政治部主任萧华称赞他是“单手战斗英雄”。同年8月，山东军区授予他“一等战斗英雄”称号。1945年3月，山东军区部署攻打蒙阴城。曹世范奉命与曹凤洲伪装成敌兵，潜入城内，抓“舌头”详细了解敌情，按预定时间炸毁敌人一个炮楼和西城门，为部队攻占蒙阴城创造了有利条件。此次战斗，全歼日、伪军1700余名，顺利解放蒙阴城。战斗后，“二曹大闹蒙阴城”的事迹在当地广为传颂。1945年6月，曹世范带领全排参加攻打驻守在昌乐县杏山的伪军张天佐部的战斗，他带领一个班担任突击任务，曹世范只身冲入敌军阵地，夺得迫击炮1门。战斗中身负重伤，于6月23日牺牲。7月3日，鲁中军区司令部、政治部高度评价曹世范的英雄业绩，并将昌乐县的杏山改称“世范山”以示纪念。

谢晋元等八百壮士（1937）国民革命军陆军第9集团军88师524团

1937年8月13日，日军进攻上海。中日双方在上海及其周围进行了长达3个多月的大会战。10月26日，日军攻陷大场、江湾、闸北、庙行地区。中国守军腹背受敌，战局危急。为避免中国军队全军覆没，谢晋元率国民革命军陆军第88师524团“八百壮士”，奉命死守苏州河北岸的四行仓库，牵制日军，掩护部队撤退。面对日军的猛烈进攻，“八百壮士”抱定必死决心，孤军奋战4昼夜，击退日军数十次进攻，毙敌200余名，胜利完成掩护任务。30日，孤军撤退到英租界。1941年4月24日，谢晋元被汪精卫政府收买的叛徒杀害。谢晋元遇害的消息传出后，举国震惊，后被通令嘉奖，并被追晋为陆军少将。上海10万民众前往瞻仰遗容。毛泽东赞誉“八百壮士”为民族典型。

冷云等八名女战士（1938）东北抗日联军第2路军第5军妇女团

1938年夏，日本关东军纠集伪蒙、伪满军在松花江下游进行“三江大讨伐”。

东北抗日联军第4、5军为摆脱困境向西转移，遭到日军多次围追堵截。10月上旬的1天傍晚，妇女团随东北抗日联军第5军第1师的百余人来到乌斯浑河边，露宿在柞木岗山下，拟于第二天拂晓渡河，绕道去克上克密营寻找第5军军部。因天寒地冻，部队不得不燃起十来堆篝火取暖。明亮的篝火暴露了目标，引来千余日、伪军偷袭。大队指挥员在及时组织火力反击的同时，指挥部队朝柞木岗山方向奋力突围，遭敌密集火力封锁，面临全军覆没的危险。在此危急关头，指导员冷云将妇女团7名战士分成3组同时向敌人开火，吸引敌军大部分火力。大部队趁机发起冲锋，突破了敌人的包围圈。而妇女团的八名女战士陷入重重包围。面对日、伪军逼降，指导员冷云、班长胡秀芝、杨贵珍，战士郭桂琴、黄桂清、王惠民、李凤善和被服厂厂长安顺福等8名女战士，宁死不屈，她们毁掉枪支，挽臂涉入乌斯浑河，投江牺牲。2009年，冷云等8名女战士被评为“100位为新中国成立作出突出贡献的英雄模范人物”。

狼牙山五壮士（1941）八路军晋察冀军区第1军分区1团7连6班

1941年9月25日，日军纠集近4000人的兵力，进犯晋察冀根据地的狼牙山地区，2000多名游击队员和老百姓遭日军包围，形势十分严峻。为解救被困的游击队员和老百姓，八路军晋察冀军区第1军分区1团7连，在狼牙山地区与日、伪军展开激战。激战中，7连战士大部分牺牲，连长刘福山身负重伤。为了让大部队和7连受伤战士安全转移，6班奉命留下坚守，拖住并吸引日、伪军。班长马宝玉，副班长葛振林，战士胡德林、胡福才、宋学义等5人，边打边撤，把敌人引上狼牙山棋盘坨的悬崖绝壁。当退到峰顶时，子弹已经全部打光，5位壮士宁死不屈，纵身跳下悬崖。马宝玉、胡福才和胡德林壮烈牺牲，葛振林、宋学义被山崖上的树枝挂住，幸免于难。1942年5月，晋察冀军区授予马宝玉等3名烈士“模范荣誉战士”称号，授予葛振林、宋学义“勇敢顽强”奖章。2009年，狼牙山五壮士被评为“100位为新中国成立作出突出贡献的英雄模范人物”。

马石山十勇士（1942）八路军胶东军区第5旅13团7连6班

1942年，敌后抗战处在最艰苦的困难时期，日军对山东抗日根据地频繁进行“扫荡”。这一年内，日军千人以上的大“扫荡”就达40多次。其中，尤以1942年冬对胶东的大“扫荡”最为残酷。日军为歼灭以山东纵队第5旅及第5支队为基干的胶东军区部队，恢复山东半岛的所谓“治安”，尤其是确保青岛、烟台间的交通安全。11月8日，日军华北方面军司令官冈村宁次亲抵烟台召开作战会议，决定发动“第3次鲁东作战”。11月23日，日军两万余人对胶东抗日根据地“血洗扫荡”，数千名群众被围困在山上。八路军胶东军区第5旅13团7连6班的10名战士，在执行完任务后途经乳山县西北部的马石山时，得知百姓陷入日军大规模劫杀的危境。他们主动留下，同地方干部、民兵一起带领群众连夜突围。冒着敌人的弹雨，往返3次，掩护近千名群众安全转移。当他们第4次冲进包围圈准备带领群众突围时，天已大亮，日军倾巢出动，展开合围。为了吸引敌人，掩护群众安全转移，他们且战且退，退到马石山主峰南侧一道石墙和几处天然岩石处顽强坚守，打退日军多次进攻，7名战士牺牲。班长和其他两名战士拥抱在一起，拉响最后一颗手榴弹，同时牺牲。

刘老庄连八十二烈士（1943）新四军第3师7旅19团2营4连

1943年3月，日军对江苏北部淮海抗日根据地进行大规模“扫荡”。3月17日，日、伪军1000余人合围驻六塘河北岸的淮海区党政领导机关。新四军第3师7旅19团2营4连奉命阻击敌人，掩护淮海区党政机关安全转移。当天，日、伪军进行第二次合围，该连与日、伪军在淮阴以北老张集、朱杜庄一带遭遇。激战半日，黄昏后再次突围，转移老张集西北的刘老庄地区。18日晨，日、伪军进行第三次合围，全连82人陷入日、伪军重围，浴血奋战。从拂晓到黄昏，连长白思才和指导员李云鹏带领全连官兵，连续打退日、伪军5次进攻，毙伤日、伪军300余人。因寡不敌众，全连弹尽粮绝，全部壮烈牺牲。2009年,刘老庄连八十二烈士被评为“100位为新中国成立作出突出贡献的英雄模范人物”。

第二批

著名抗日英烈和英雄群体

马兴周（1884—1932）东北民众抗日义勇军第16路军参谋长

原名启钧。男，1884年出生，辽宁辽阳人。1932年1月，张学良部下黄显声派杜界雨和郑径十动员马兴周参加抗日，彼此一见投机，共商抗日救国之道。他舍弃家业，卖掉土地，又借钱购买了枪支弹药。马兴周在城西时曾结识一个日本管事木村，是日本在乡军人，有几年的交情，他当上了辽宁警察署的大头目，请马兴周去当伪官，被马拒绝。为组建武装他四处奔走，首先联合旱饭屯、峨眉庄、石厂峪等三村保甲组成大练，又联络郑家昌、刘质彬及岳士忱等部，与大练合编为第1团，共700余人。为了进一步扩大队伍，动员冯家帮参加抗日队伍，队伍发展到400余人编为第2团。7月，在辽阳一带组建了一支千余人的讨日光复军，任参谋长。组织健全以后。率部夺取了四区伪政府所在地大安平。同月，将讨日光复军改编为东北民众抗日义勇军第16路军，任参谋长。1932年9月21日，在袭击驻杨家花园的伪军时，被前来增援的日本守备队围困，马兴周等18名同志不敌日军强攻，中弹牺牲。

成庆龙（1898—1932）中国国民救国军第12路别动队总指挥

曾用名元佐、长奎。1898年出生，山东黄县（今龙口）人。1915年到关东谋生，经人介绍到哈尔滨永远石印局当画图技工，后任东北军驻绥芬河稽查处稽查员。“九一八”事变后，他把自己的画卖掉，用画款作经费，组织抗日救国军联络的活动。从1931年冬至1932年春，在辽北逐步组织起抗日义勇军队伍。1932年3月至4月间，成庆龙带少数随员到北平向东北后援会汇报抗日武装情况。后任中国国民救国军第12路别动队总指挥，率部活动在辽西北地区的法库、彰武、黑山、新民、通辽、保康一带。1932年9月12日的《大公报》第三版以《救国军成庆龙等抗日经过——一月大小十五战》为题，给予了详细报道。1932年9月中旬，他带随员去吉林义勇军总部汇报战况，返回途经长春大荒地屯子时，因汉奸告密，被日军包围，中弹牺牲。

关耀洲（1891—1932）东北民众抗日救国会第5路军司令

原名明臣，别号明朗，字耀洲。男，满族，1891年出生，黑龙江双城人。“九一八”事变后，关耀洲把家里的土地全部变卖，招兵买马，组织人民自卫军，队伍发展到400余人，编有3个旅。1932年初，人民自卫军被东北民众抗日救国会收编，关耀洲任第5路军司令，在哈南和双城一带进行抗日活动。1932年1月30日，率部与东北军第22旅配合，将伪军刘宝霖旅一举击溃，俘敌700余人，缴获步枪500余支。事后率队向双城西北挺进，到地主徐长喜家征集粮草和枪支，不料被徐告密，受到伪军截击，负伤被俘。同年2月5日，关耀洲被押送到刑场，因其与日军多次对抗，在双城堡十字街斩首示众，壮烈牺牲。

李玉（1896—1932）东北民众抗日义勇军第17路军副司令

字昆山。男，1896年出生，辽宁喀左人。1924年，到热河汤玉麟部从军，不久任骑兵49团2营营长。1931年12月底，东北民众抗日救国会金德宣同李芳廷劝其组织抗日队伍，委任他为抗日义勇军第17路军副司令。受到委任后，带领妻弟联络朋友，筹建抗日武装。他得到建昌县公安局局长郭九朋的支持，又招募各股绿林武装。经过一个多月的奔波，许多乡亲被他的民族情感和爱国赤诚所感动，纷纷投奔他的队伍。1932年2月末，组建了一支1500余人的抗日队伍。3月1日，率队在绥中北部奇袭日、伪骑兵20余人，这次战斗击毙敌人2名，俘获6名。1932年3月20日，与13路军、33路军共5000余人攻打绥中县城，日军依托工事负隅顽抗。次日，日军出动飞机、坦克增援，义勇军伤亡较大，随即撤离。李玉在撤退时中弹牺牲。

张竞渡（1904—1932）黑龙江步兵暂编第2旅旅长

字仲楫。男，1904年12月出生，辽宁开原人。1925年毕业于奉天讲武堂步兵科第5期。1931年3月，任东北边防军驻嫩江副司令官公署卫队团第3营营长。同年11月，江桥抗战打响，张竞渡率部在嫩江北岸迎击日军。部队因弹尽援绝，被迫撤出阵地。战后，晋升为上校团长。1932年9月，任黑龙江步兵暂编第2旅旅长。10月28日，率部攻打日军浦木师团小泉联队拉哈车站据点，经两昼夜的激战，缴获了大量枪支弹药，并俘虏一部分敌军。1932年冬，日军利用汉奸以研究抗日救国为名，将张竞渡诱捕。面对日军威逼利诱，张竞渡宁死不屈，被日军杀害于齐齐哈尔西门外。

黄毓全（1905—1932）空军中央航空第6队分队长

号莫峙。男，1905年出生，广东台山人。少年半工半读，中学毕业即考入美国铁士航空学校。1924年赴芝加哥入其兄黄毓沛创办的三民飞机联系所任机械教师。1926年，随兄黄毓沛回国。1927年受命赴苏联考察研究军事航空。1928年回国，历任广东航空学校检验股股长、广东航空第1中队分队长、中央航空第6队分队长等职。1932年“一·二八”淞沪抗战爆发后，奉命率9架飞机在上海真如上空与日机激战，击落敌机数架。2月6日，日机再度入侵，黄毓全率队升空迎敌，击退日机。黄毓全将转机返虹桥时，忽然发现另一机飞行员负伤，被日机缠住，为掩护战友，黄毓全奋起迎战，在激战中牺牲。

韩家麟（1898—1932）黑龙江抗日义勇军总参议

字述彭。男，1898年6月出生，吉林梨树人。1914年冬到马占山部队，随马占山转战各地。1923年升为少校副官，1927年升为中校副官长。1930年，在沈阳东北高等军事研究班深造。由于东北边防军黑龙江省副司令马占山组织江桥抗日军的实战，激发了东北军广大官兵纷纷起来组织义勇军，形成声势浩大的抗日力量。1931年11月，任黑龙江抗日义勇军少将总参议兼黑龙江省政府机要秘书。1932年4月7日，马占山通电全国举兵反正。韩家麟负责参与制定抗日作战计划和机要工作。1932年7月，率部在庆城县（今庆安县）东山里张河白砬子山口遭日军包围，突围时牺牲。

王兆兰（1910—1933）中国工农红军第32军南满游击队总队长

又名学文。男，1910年出生，吉林磐石人，1932年8月加入中国共产党。1930年入磐石县立中学读书，与孟杰民、初向辰等人是志同道合的同学，共同阅读革命进步书刊，学习革命理论，探讨救国济民的出路。1931年10月，在共产党员孟杰民的带领下，初向辰、王兆兰、刘克文、江柏生、侯维春等六名同学，投笔从戎，踏上了武装抗日救国的道路。1932年6月4日参加磐石工农反日义勇军。8月下旬磐石工农反日义勇军与山林队“常占”合并，任第2大队队长，参与指挥攻打磐石县城、伊通县反动地主等战斗。同年10月，磐石义勇军脱离常占队。11月，将磐石工农义勇军改编为中国工农红军第32军南满游击队，任副总队长，总队长孟杰民牺牲后，王兆兰继任总队长。1933年1月11日，在吉林省磐石县官马大泉眼屯集结开会时，遭到伪军和反动地主武装袭击，中弹牺牲。

王润波（1905—1933）国民革命军陆军第17军25师149团团长

字启大。男，1905年出生，四川开县人。中学毕业后，经刘伯承推荐考入黄埔军校第3期步兵队。军校毕业后，参加北伐战争，英勇善战，以战功逐步擢升为排长、连长、区队长、团副等职。1932年升任第17军25师75旅149团团长。1933年初长城抗战爆发，第25师奉命参战。3月9日，王润波率团开赴古北口至南天门一线接防，占据潮河北岸与日军对峙。11日晨，日军对我古北口一带阵地展开总攻。王润波正率部准备强占潮河支流北岸高地，行至山腰与敌遭遇，短兵相接，激烈搏斗。王润波身先士卒，奋勇杀敌，将敌击退，占领高地。旋即日军大批增援，双方以手榴弹和刺刀格斗厮杀，混战一团，王润波在激战中牺牲。后被追赠为陆军少将。

田霖（1900—1933）吉林人民抗日自卫军司令

男，1900年出生，吉林省人。早年投军，后到吉林陆军军官教练处受训，毕业后任连长、营长等职。“九一八”事变后，先佯装降日，后率部奋起抗日。1932年3月，任吉林人民抗日自卫军司令。当地收编红枪会、薛部与土匪于百川部。8月，率部在吉（林）敦（化）铁路沿线袭击日军兵车，不到半小时击毙60余名日军，缴获大批军用物资。不久，率队于夜间袭击白石山车站的伪警察队。10月1日，蛟河日、伪军攻击田霖司令部，部队被迫退至康平山。1933年初率部赴热河投靠唐聚五部，7月，在辽宁清原县被日、伪军包围，战斗中牺牲。

白子峰（1877—1933）辽宁抗日救国军第5路军副司令

又名万财，字子峰。男，1877年6月出生，辽宁开原人。1932年夏，为了掌握武器装备，受汉奸程子元邀请，担任反抗日武装自卫团的副团长。不久，东北讲武堂栾法章组建抗日救国军第5军，白子峰率30余人参加第5路军，任辽宁抗日救国军第5路军副司令。10月初，率部攻打新开原，5路军千余人的队伍，只有100余支枪械，其余战士均持大刀、长矛。首先，歼灭了哨卡的全部伪军，当队伍进攻到一座红楼时，遭到日军拼死抵抗，用木炮轰炸红楼，日、伪军仓皇而逃。1933年8月31日，率队到日军守备队驻地王家店，击毙日军哨兵，取得全部枪支。而后点着房子，日军有的在睡梦中被击毙，有的被烧死。此战共歼灭日军20余人。1933年9月21日，因汉奸告密，不幸被捕。日军妄想从白子峰这里打开缺口，彻底扑灭辽北的抗日烈火，对他动用了10余种酷刑，面对日军威逼利诱，白子峰宁死不屈。9月27日，被日军活埋牺牲。

初向辰（1910—1933）中国工农红军第32军南满游击队总队政治委员

原名向臣，别名楚清华、楚相臣。男，1910年出生，吉林磐石人，1931年加入中国共产党。“九一八”事变后，同孟杰民等人组织同学上街，张贴标语，散发传单，宣传抗日。日本侵略者为了挑拨汉、朝两个民族的团结，成立了磐石县“朝鲜保民会”。他参与领导磐东“二九”反日斗争。1932年2月9日，“朝鲜保民会”副会长带领50余名伪保卫团团员逮捕23名反日群众。初向辰带领700余名汉族、朝鲜族反日群众举行示威，将伪保卫团围困三天两夜，营救出被捕人员。1932年6月4日，任磐石工农反日义勇军分队长。8月，队伍改编为3个大队，任第1大队大队长。9月10日，率队攻打磐石县城，缴获大量马匹，将率领的大队装备成骑兵队。同年11月，部队改编为中国工农红军第32军南满游击队总队，任政委。率部在桦甸、磐石一带打击敌人，建立玻璃河套抗日根据地。1933年1月11日在磐石县官马大泉眼集结时遭到反动地主武装的袭击，突围时中弹牺牲。

孙铭宸（1894—1933）东北民众抗日义勇军第3军团总参议兼第4梯队司令

又名耀祖，字光烈，号觐庭。男，1894年出生，辽宁清原人。1928年，任清原县教育局学务委员。1930年任清原县县志调查员。“九一八”事变后，积极参加抗日救亡斗争，帮助同胞兄弟孙铭武秘密创建血盟抗日救国军。孙铭武牺牲后，带领余部加入辽宁民众自卫军第6路军。1932年5月，任辽宁民众自卫军第6旅旅长。1932年9月，自卫军被日军击散，遭通缉，家产没收。在一次敌人调集重兵围剿中，率部与敌人激战三昼夜，终因寡不敌众被打散。去北平向东北抗日救国会报告后，拨给他大批枪械弹药，命他组建东北义勇军第3军团。1933年1月，任东北民众抗日义勇军第3军团总指挥部总参议兼第4梯队司令。同年2月，在大连港附近海面被日本水上警察逮捕，拒降不屈被日军杀害。

李春润（1901—1933）东北民众抗日义勇军第3军团副总指挥

字滨浦。男，满族，1901年出生，辽宁凤城人。1917年，毕业于奉天省立第二师范学校，回乡任教。1922年，入奉军暂编第4混成旅步兵第1团任司书。1925年到1928年，先后入东北讲武堂和北平陆军大学深造。1929年任国民革命军东北边防军司令长官公署参谋。1930年任辽宁省边防军第1团1营营长。1931年12月，在辽宁省东边镇以训练民团之名，发展抗日队伍，破坏铁路，袭击日、伪军。1932年4月21日，任辽宁民众自卫军第6路军司令。成立辽宁民众自卫军和救国会后，被推举为第1方面军总指挥兼第6路军司令，驻新宾。1932年6月1日，第6路、7路军协同打败伪军于芷山、邵本良3个团，攻克新宾。9月至11月中旬，率部与日、伪军在本溪、新宾等地激战，收编了许多“山林队”、民团，策动了抚顺伪军李振山部起义，各路军最盛时达2万余人。12月，赴北平向张学良汇报辽东抗日情形，因功晋升为陆军中将和辽东抗日义勇军总指挥。1933年1月,被北平东北抗日救国会公推为东北民众抗日义勇军第3军团副总指挥，代行总指挥。6月率队与邓铁梅、刘景文等部协同作战，指挥了谢家岭、塔沟等战斗，后任国民义勇军辽东总指挥。7月下旬，东北民众抗日救国会为辽南各路义勇军筹办了十余吨军火，由李春润押至北井子登陆。8月，李春润率部护送武器弹药途经塔沟与日军遭遇，展开激战，被炸伤左腿。9月14日因负伤日久，医治无效牺牲。

武止戈（1902—1933）察哈尔民众抗日同盟军总指挥部参谋主任

原名熹祖，化名胡之康。男，1902年出生，陕西渭南人，1923年加入中国共产党。1920年，在北京大学读书期间，组织进步社团，创办《共进》杂志，传播马克思主义。1923年夏，任中国社会主义青年团北京地方执行委员会书记。1924年起，先后到莫斯科东方大学、中山大学和列宁格勒军事政治学院学习。1932年，回国后与冯玉祥一起组织抗日武装。1933年7月，任察哈尔民众抗日同盟军北路军前敌总指挥部参谋长，率部由张北出发，协助吉鸿昌部作战，连克康宝、宝昌等地，收复察北重地多伦。1933年8月，任同盟军骑兵第56师参谋长，率部挺进平北、冀东。不久，又回到吉鸿昌总指挥部任参谋主任。10月，率部攻占大小汤山。10月13日，日本飞机对抗日同盟军驻地河北省顺义县许南园村进行狂轰滥炸，武止戈被炸弹击中牺牲。

金伯阳（1907—1933）中共满洲省委常委

原名永绪。男，1907年出生，辽宁旅顺人，1929年加入中国共产党。1926年末，金伯阳被中共北满地委安排在哈尔滨铁路机务段，开展工人运动。1931年2

月，当选为中共满洲省委候补委员，从事工运工作。11月中共满洲省委遭到敌人破坏，新省委于12月组成，金伯阳任省委常委。满洲省委于1932年9月派杨靖宇、金伯阳等4人到南满磐石县，加强整顿磐石工农义勇军，团结一切抗日武装力量。当年12月，将游击队编为中国工农红军32军南满游击队。1933年秋，南满游击队被扩编为东北人民革命军第1军独立师，杨靖宇任师长兼政委。独立师成立后，金伯阳协助杨靖宇率领部队反击日、伪军的“讨伐”。11月15日，金伯阳率部参加独立师会议，途经南满金川界汉龙湾地区，遭伪军邵本良袭击，金伯阳为掩护部队撤退牺牲。

胡泽民（1902—1933）中国国民救国军副总参谋长

男，满族。1902年出生，辽宁人，1930年加入中国共产党。1932年2月，中共东满特委派遣胡泽民到救国军各部工作。他在王德林领导的抗日救国军准备起义的过程中，积极鼓动，参与起义。不久，被任命为中国国民救国军前方司令部参谋长。1932年7月，率部攻占安图县城和抚松、桦甸等地，开辟了辽（宁）吉（林）边区抗日根据地。1933年1月，王德林带一部退入苏联境内，吴义成代理总司令，周保中为总参谋长，胡泽民为副总参谋长，并对救国军余部进行整顿，在吉东地区继续抗击日军。1933年在东宁县牺牲。

徐达三（1896—1933）辽宁民众自卫军第8路军司令

原名厚智。男，1896年出生，吉林临江人。桓仁师范毕业，曾在临江、八道江等地当过教师和校长。1927年考入奉天警察训练所。1930年任临江县公安大队大队长。“九一八”事变爆发后，联络大刀会等组织，成立抗日武装，后又组成救国军。1931年冬编入唐聚五率领的辽宁民众自卫军，任第8路军司令。1932年6月4日，获悉日军要攻占临江，便率部火速赶往临江把守。7日凌晨，与日军一个中队的兵力展开激战，在日军猛烈炮火的轰击下，被迫率部退出临江县城，转移至花山驻扎。10日，率领两个旅反攻临江，击毙日军90多人。15日，再率一个营的兵力进攻临江城，毙敌50多人。后退至八道江。10月初，日军在飞机、大炮的配合下，向八道江发起猛攻，徐达三率部与日军奋战一昼夜，因日军攻势凶猛，退守七道江一带。11月，唐聚五所属各部相继撤入关内，徐达三继续率队在错草、黑瞎子沟、里外岔沟等地区抗击日军。1932年底遭日军包围，因弹尽粮绝被俘。1933年1月，在吉林通化被日军秘密杀害。

裴治云（1893—1933）中共汤原中心县委书记

男，朝鲜族，1893年出生，朝鲜庆尚北道义成郡人，1930年加入中国共产党。1920年流亡到中国东北。1927年在黑龙江萝北县定居。“九一八”事变后，裴治云和其他共产党员一起积极投入到反日斗争。1932年4月任中共汤原中心县委书记，10月创建汤原反日游击队，领导汤原地区的抗日武装斗争。1933年10月3日，裴治云与汤原县委组织部部长兼团县委书记崔圭复、鹤立岗区妇女协会主席金成刚（女）等人在秘密商讨游击队工作时，被日本宪兵和伪警察包围,敌人将裴治云、金成刚、崔圭复与地下党员丁重九（又名郑承九）、孙哲龙、金术龙、李振永、林国镇，共青团员石光信（女）、孙明玉（女）、金峰春，柳仁化（群众）12名抗日志士抓捕，关押期间，裴治云等12名抗日志士，宁死不屈，于10月15日在黑龙江汤原县鹤立镇被日军投井活埋，壮烈牺牲。

朱云光（1911—1934）东满抗日联合军指挥部副指挥

别名恩光。男，1911年出生，山东黄县（今龙口市）人，1930年加入中国共产党。1927年在广州从事学生运动。1929年初到东北汪清、和龙一带以卖货郎为掩护从事革命活动。1930年，被派到珲春大荒沟组织反日会。“九一八”事变后，任中共东满省委巡视员。1932年春加入救国军第5混成旅王玉振部，9月任该部队政治部主任、敢死队队长。10月率部攻打了三岔口和珲春县城。1933年夏任中共珲春县委书记。1934年3月，东满各县游击队合编组成东北人民革命军第2军独立师。同年夏，任中共东满特委秘书长。7月，与第2军独立师政委王德泰部联合其他抗日武装攻打安图大甸子镇，取得了胜利。1934年8月，组建抗日联合军总部，参加抗日联合军指挥部的有10余支抗日队伍，人数达千余人。王德泰任指挥，朱云光任副指挥，领导制定反“讨伐”计划。1934年秋在安图县与日、伪军作战中身负重伤被捕，在狱中宁死不屈，被日军杀害。

朱守一（1905—1934）密山游击队队长

原名周子岐。男，1905年出生，辽宁奉天（今沈阳）人。1926年，考入哈尔滨工业大学工程机械系。“九一八”事变后，在兵工厂任机械师为中共党组织获取情报，为了隐蔽身份，化名朱守一。1932年任绥宁中心县委书记，在宁安东京城一带建立新的抗日武装北满工农义勇军。1933年初，率领北满工农义勇军在宁安通往汪清嘎呀河的山路腰岭子阻击敌人。宁南县委决定北满工农义勇军与李延禄领导的抗日救国军补充团一起活动。5月，任中共宁安县委书记。在任期间，组织反日会，到1933年底发展党员13名，为创建宁安一带的抗日游击根据地作出贡献。1934年6月，任密山游击队队长。同年，为了加强密山游击队的力量，决定发动哈达河暴动。同月，在密山县哈达河追歼日军“讨伐队”时，中弹牺牲。

张文偕（1907—1934）饶河反日游击大队大队长

男，1907年出生，山东掖县人，中国共产党党员。青年时期,接受革命思想的熏陶，思想日趋成熟，党组织送他到苏联学习。1933年6月从苏联回国后，以东北抗日救国游击军政委的身份，转战在吉东地区。饶河反日游击大队在虎林战斗中遭到重大损失。为了加强游击队的领导，党组织派张文偕以救国游击军政委的身份到饶河反日游击大队帮助工作，后任饶河反日游击大队大队长，带领游击队抗击日军。1934年7月，收编了200余名救国军残余部队加入游击队，使饶河反日游击大队的武装力量得到很大发展。8月下旬，张文偕率游击队攻打虎林县(现饶河县）日军据点，在战斗中牺牲。

张锡武（1899—1934）黑龙江民众抗日救国军第1军司令

男，1899年出生，黑龙江望奎人。“九一八”事变后，组织抗日别动队任副队长，参加了江桥抗战。任黑龙江民众抗日救国军第1军司令，率部在农安、三肇、齐齐哈尔、兰西等地活动。1933年1月，率领千余人在肇州、安达进行抗日斗争。1934年10月被日军逮捕，关押在齐齐哈尔，严刑拷打后杀害。

景振卿（1880—1934）东北民众救国军副总司令兼前敌总指挥

男，1880年出生，吉林长春人。1931年秘密加入反帝大同盟，组织群众开展抗日斗争。1934年3月，领导依兰县土龙山区农民暴动，并率部在依兰县白家沟伏击前来镇压的日军，击毙日军第10师团63联队长饭冢朝吾和伪警察大队大队长，缴获机枪5挺，震惊中外。1934年4月，任东北民众救国军副总司令兼前敌总指挥，率部屡次给敌重创。1934年5月，在桦南县湖南营与日军作战中牺牲。他所组建的抗日民众武装后来改编为东北抗日联军第8军。

朴翰宗（1911—1935）东北人民革命军第1军参谋长

原名焕宗。男，朝鲜族，1911年出生，朝鲜庆尚道陕川郡人，1930年加入中国共产党。1927年随继父全家迁到中国吉林省磐石县玻璃河套落户。1930年，任中共磐东支部组织委员。1932年5月，受党组织派遣，打入伪军第5旅13团1营，策反伪营长宋国荣率部加入抗日队伍。1933年1月，任南满游击队第1大队队长，跟随杨靖宇转战磐石地区，抗击日军的进犯。在不到半年的时间里，连续粉碎敌人四次围剿，率部先后进行了攻击大兴川伪军兵营、攻击营城子守敌和攻打呼兰镇等重要战斗。1934年11月7日，任东北人民革命军第1军参谋长。25日，在通化三岔河将伪军邵本良部、伪公安队及三源浦日军警备队全部包围，毙敌数十人。1935年1月，在红土崖一带伏击伪军战斗中牺牲。

李光林（1910—1935）东北反日联合军第5军2师政治部主任

男，1910年出生，吉林延边人，1929年加入中国共产党。“九一八”事变后，任共青团宁安县委书记，在宁安县积极宣传抗日。1933年初，中共宁安县派李光林到城南部向李延禄、孟泾清传达关于游击队应联络各抗日部队，组成东北抗日救国游击军。年底，任中共满洲省委吉东局常委。1934年4月，任共青团吉东局委员会书记兼吉东局巡视员，在穆棱、勃利、密山一带组织开展抗日活动。1935年1月，党组织将分散在宁安、密山、东宁、穆棱、勃利和汪清等地的反日义勇军、抗日山林队和救国军各部队组织起来。李光林奉命前往汪清县一带协助柴世荣和傅显明等部进行改编工作。3月，在汪清组建东北反日联合军第5军2师，任2师政治部主任。12月24日，率队到宁安县江南山东屯征收给养，因汉奸告密，被伪军包围，弹尽被俘，宁死不屈，将其杀害。

李松波（1904—1935）东北人民革命军第1军2师参谋长

又名崔松波。男，朝鲜族，1904年出生，吉林磐石人，1930年春加入中国共产党。“九一八”事变后，任磐石游击队参谋长。10月，任磐石工农反日义勇军第4大队大队长。1933年1月下旬，杨靖宇对磐石工农反日义勇军进行整顿，李松波任代理参谋长。从2月到5月，率部进行大小战斗60余次。1933年7月，帮助组建抗日军联合参谋部，参与制定袭击呼兰镇的作战方案。8月13日，率部攻打重镇呼兰镇，围攻3天3夜，由于敌人顽固抵抗，未能拿下据点。1934年11月，升任东北人民革命军第1军2师参谋长。1935年2月，2师司令部为了与东满打通联络和开辟新的游击区，率部到桦甸和抚松活动，指挥部队多次与敌人激战。袭击了日本经营的夹皮沟金矿、老金厂金矿及抚松县的万良镇等地。1935年9月，率2师200余人，袭击驻桦甸县红石砬子日、伪军据点，在战斗中牺牲。

杨太和（1904—1935）东北抗日同盟军第4军1师师长

别名景荣。男，1904年8月出生，吉林人，1932年加入中国共产党。1932年，在密山县组建了一支400余人的抗日队伍。同年，率部参加抗日救国军，被编为李延禄领导下的补充2团3营营长，后又任该团副团长。1933年1月，任抗日救国游击军1团团长，返回密山县，创建密山反日游击区。1934年10月，部队改编为东北抗日同盟军，任第4军1师师长兼第1团团长，率部攻打密山县城，包围了伪警卫队营部、伪县公署的日本守备队，占领密山县城。1935年初，率部攻打勃利县青山沟的伪军，用缴获的马匹组建了骑兵部队。5月，率部袭击日军滴道河车站。9月，奉命率队到依兰县五道河子参加会议，在勃利县缸窑沟遇敌，在掩护部队突围时牺牲。

何忠国（1909—1935）东北抗日同盟军第4军政治部主任

男，1909年出生，湖北人，1927年加入中国共产党。后赴苏联学习军事和政治。1934年秋被派到东北抗日同盟军第4军担任军政治部主任兼第1师政治部主任。1935年初，率领部队转战在密山、勃利、穆凌、依兰等地，炸毁日军的军火仓库，破坏日军的交通要道，使抗日同盟军的名声大震。4月27日，率部经过依兰县重镇阁风楼，遭遇伪警备队的阻击，激战3小时，击毙伪军20余人，缴获物资，部分分给群众。6月17日，率第1师2、3团在勃利县刘家店伏击日军“讨伐”队的尖兵班，将尖兵班8人全部击毙。战斗结束后转移到马鞍山屯，遭大批日军围攻，中弹牺牲。

张玉珩（1901—1935）东北人民革命军第3军政治部主任

别名玉衡、振国、如恒，化名敬山，字德铨。男，1901年出生，河南信阳人，1925年6月加入中国共产党。1923年毕业于浙江大学。1928年受党组织派遣到东北工作。1930年10月，任吉林县委书记。1932年2月，任磐石中心县委组织部部长。6月成立磐石工农反日义勇军，任总队长。1933年初，任中共哈尔滨市道外区区委书记，以道外祥泰工厂管账先生的身份为掩护，改名张敬山，进行革命活动。不久，中共满洲省委要求张玉珩与群众见面在北市场举行飞行集会。7月30日，他不顾个人安危，在飞行集会上发表了激动人心的演讲。1935年5月，任东北人民革命军第3军政治部主任。1935年8月3日，在黑龙江省珠河县娄家窝棚被伪军包围，突围时牺牲。

苗可秀（1906—1935）中国少年铁血军总司令

原名克秀，又名景墨，号而农。男，1906年出生，辽宁本溪人。1926年，考入东北大学中文系。1932年5月，参加邓铁梅部义勇军，任东北民众自卫军总参议。7月，任东北民众自卫军军官学校教育长。学员400余人，参加了自卫军数次反围剿斗争。1933年底，由于自卫军战斗频繁损失惨重，把部队化整为零分散活动。1934年2月，创建中国少年铁血军，任总司令，率部参加沙里寨、大岔沟战斗。1935年6月，在辽宁省岫岩哨子河羊角沟同日军作战中，负伤被捕。敌人劝降不成，7月将其杀害于凤凰城南山脚。

苏剑飞（1907—1935）东北人民革命军第1军南满第1游击大队大队长

男，1907年出生，黑龙江双城人，1934年加入中国共产党。“九一八”事变后，加入田霖领导的吉林人民抗日自卫军，任营长。随田霖在吉林舒兰一带攻打日军据点。1933年7月，田霖部同日、伪军展开一次激战，中弹牺牲，苏剑飞挺身而出，指挥部队继续作战。田霖牺牲后，将部队改编为东北抗日义勇军游击大队简称苏营。苏剑飞与刘三春商定，将苏营与海龙游击队合并，参加杨靖宇领导的东北人民革命军第1军独立师。部队改编为东北人民革命军南满第1游击大队，苏剑飞任大队长。按党的指示，率领队伍开辟了那尔轰游击根据地。游击大队从1934年春至1935年春，在桦甸、蒙江、辉南、抚松一带抗击日军。1935年4月，苏剑飞率300余人攻打抚松县万良镇伪军，遭敌人增援部队偷袭，在突围中牺牲。

韩浩（1905—1935）东北人民革命军第1军1师师长

原名金翰浩。男，朝鲜族，1905年出生，朝鲜人，1930年加入中国共产党。幼年韩浩随家迁住吉林省桦甸县横道河子乡。1932年11月，任中国工农红军第32

军南满游击队第2大队大队长。1933年1月至5月，率领第2大队跟随杨靖宇联合各抗日队伍转战于哈达岭山区的吉海、海沈铁路沿线，连续粉碎敌人4次围剿，进行大小战斗60余次。1933年9月，南满游击队改编为东北人民革命军第1军独立师，任3团团长。率部夜袭通化县三源浦，活捉日本驻通化领事馆的稽查局长。1934年11月，任东北人民革命军第1军1师副师长，率部在桓仁县铧尖子同日军激战，刺死30多名敌人。1935年5月，任东北人民革命军第1军1师师长。8月，在通化县大泉源乡刘家街村召开群众大会时遭到日、伪军袭击，在与敌军战斗中牺牲。

王学尧（1910—1936）中共密山县委书记

学名道德，曾用名为公、道兹、铁夫。男，1910年2月出生，黑龙江阿城人，1932年5月加入中国共产党。1926年毕业于哈尔滨法政大学。1932年，在哈尔滨白宫饭店以翻译身份为掩护，秘密与江北抗日武装部队接头，运送传单、文件。1932年秋，他和金剑啸密切配合，在当时的《国际协报》、《大北新报》等报刊上发表文章，进行抗日宣传。1933年，负责中共哈尔滨市道里区委工作，在各大中学校发展党团组织。1935年4月，任中共密山县委书记。10月，密山县党组织遭到破坏，王学尧回到哈尔滨。由于叛徒告密，于1936年4月被日本宪兵队逮捕，敌人对其进行严刑拷打和威逼利诱，宁死不屈，10月被日军杀害。

史忠恒（1906—1936）东北抗日联军第1路军5师师长

男，1906年出生，吉林永吉人，1933年加入中国共产党。1929年，任东北军第13混成旅7团3营班长。1932年2月8日，营长王德林率部起义，成立吉林中国国民救国军。史忠恒任1团9连副连长。2月20日，救国军攻打敦化县城，敌人依据炮楼顽固抵抗，史忠恒先于战士爬上云梯越过城墙，为大部队杀出一条血路。28日，攻克重镇蛟河。史忠恒因战功升任连长。3月15日，在镜泊湖连环战役中，率部与兄弟部队重创日军田上支队，毙敌百余名。这次战役后，升任3营营长。1933年1月，部队改编为东北抗日救国游击军，任3团团长。1933年2月，日本治田大佐率300余名日军和1000余名伪军，围剿宁南县八道河子地区的抗日救国游击军。3月下旬，率部埋伏在托盘沟，阻击进犯吉东特委的3000余名日、伪军，将敌人击退，在战斗中负伤。伤愈后，被任命为抗日救国游击军14旅旅长。1936年3月，被编入东北抗日联军第2军2师，任师长。7月与抗联第1军合编为东北抗日联军第1路军，2师改为5师，任5师师长。10月，率队在吉林图佳县老松岭附近截击日军军用列车，在战斗中史忠恒双腿及腹部中弹，经抢救无效牺牲。

李秋岳（1901—1936）中共延（寿）方（正）特支书记

原名金锦珠，别名张一志。女，朝鲜族，1901年出生，朝鲜平安南道中乐郡人，1925年加入中国共产党。1927年8月，根据党组织安排去苏联学习。1930年回国后，先后在中共满洲省委、东满特委工作，在延吉、汪清、和龙等地建立秘密群众组织和革命武装。“九一八”事变后，进行抗日讲演，号召中朝人民联合起来，共同抗击日本侵略。1931年冬，调回满洲省妇委工作，发动妇女参加抗日救国活动。1932年，先后担任中共珠河中心县委委员、妇女部长、铁北区委书记等职。1935年，李秋岳率领铁北群众支援哈东支队，为部队提供物资，组织抢救伤员。同年秋任中共延方特支书记，开辟方正、延寿游击区，发展党员并建立反日会组织。1936年2月，被党组织派到通河，继续进行抗日斗争。8月，被敌人逮捕，面对敌人的严刑拷打和威逼利诱，李秋岳不为所动，痛斥日军的侵略罪行。9月3日，被日军杀害于通河县城西门外。

李敏焕（1913—1936）东北抗日联军第1军1师参谋长

又名韩敏焕、金敏焕。男，朝鲜族，1913年出生，朝鲜咸镜北道人，1930年加入中国共产党。幼年迁居吉林延吉。1930年任清原县委委员。“九一八”事变后，在柳河县三源浦一带从事抗日活动。1933年春，成立柳河青年义勇军任指导员。同年底，率队加入东北人民革命军任少年连指导员。1934年，率队途经海龙县黑石头镇，包围了当地的伪警察所，将10余名伪警察全部缴械。1935年初，任东北人民革命军第1军1师参谋长，率部转战于柳河、宽甸、凤城、本溪等地。1936年3月，率部在凤城县野猎沟消灭伪军一个连。后部队改编为东北抗日联军第1军1师，仍任参谋长。7月，率部取得摩天岭大捷，击毙日军48人，在转战中，被1000余名日伪援军包围，在激战中牺牲。

金剑啸（1910—1936）《大北新报画刊》主编

原名承栽，又名梦尘，笔名剑啸、健硕、剑、柳倩、巴来，号培之。男，满族，1910年12月15日出生，辽宁沈阳人，1931年加入中国共产党。1929年秋，金剑啸进入《哈尔滨晨光》报社，担任文学副刊《江边》编辑。1930年夏，考入上海新华艺术大学学习绘画。在学校里他一面学习美术专业，一面积极参加中国共产党领导的学生运动。1931年夏毕业后，被党组织派回哈尔滨从事革命文艺工作。1932年2月，任中共哈尔滨西区（道里）区委宣传委员，编印抗日《民众报》，积极进行抗日救国宣传活动。1934年1月，金剑啸在《国际协报》上创办《文艺》周刊，用曲折暗示的笔法号召人民起来斗争，反抗侵略者。1935年6月，金剑啸到齐齐哈尔市《黑龙江民报》社任副刊编辑，发表了许多暗含反满抗日思想的诗、文、照片和漫画等作品。为了躲避日伪特机关调查，1936年1月，金剑啸回到哈尔滨创办《大北新报画刊》。1936年6月13日，金剑啸在哈尔滨被捕，后押送到齐齐哈尔铁路局监狱，宪兵队对他进行极其残酷的刑讯，但他始终坚贞不屈。1936年8月15日，在齐齐哈尔北门外刑场，被日军枪杀英勇牺牲。

孟泾清（1905—1936）中共吉东特委组织部部长

男，1905年出生，山东人，中国共产党党员。“九一八”事变后，被党组织派到吉林中国国民救国军王德林部工作。1933年初与李延禄共同创建东北抗日救国游击军，任政委。1934年2月，绥宁反日同盟军组成后，开展积极的游击战，引起日、伪军的注意，集中兵力向同盟军进攻。为了避免损失，队伍进行远征，孟泾清任留守处主任，率领八道河子自卫队等部分队伍活动在宁安第2区、第3区，主持抗日斗争。1935年任中共吉东特委组织部部长。1936年2月被捕，在牡丹江监狱被敌人杀害。

曹国安（1900—1936）东北抗日联军第1路军2师师长兼政治委员

原名于德俊，曾用名于学韬，字哲名。男，1900年12月出生，吉林永吉人，1931年10月加入中国共产党。“九一八”事变后，参加北平学生请愿代表团赴南京请愿。1932年回家乡组织抗日武装斗争。1933年，打入伪铁道警备第5旅14团迫击炮连，秘密发展抗日武装。5月28日，曹国安率迫击炮连起义，改编为南满游击队迫击炮大队，任大队长。9月，南满游击队扩编为东北人民革命军第1军独立师，曹国安任3团政委。11月24日，率部攻占三源浦，捣毁了伪警察署和伪军兵营，缴获敌人大批武器和物资。随后，率3团联合其他抗日部队，攻占八道江。1934年11月7日，任东北人民革命军第1军2师师长兼政委。1936年7月初，抗联1、2军合编为东北抗日联军第1路军，任2师师长兼政委。同年冬，率部冒着零下40多摄氏度的严寒转战长白山地区。12月21日，在吉林临江县七道沟伏击日军战斗中牺牲。

梁锡福（1903—1936）辽宁民众自卫军第1方面军第11路军司令

又名锡夫。男，1903年出生，山东曹县人。1931年，协助王彤轩在新宾县建立农民自卫团。1932年4月，所率的农民自卫团被编为唐聚五部辽宁民众自卫军。5月，率部在新宾县东昌台击毙日军顾问大冢农昔等20余人。后任辽宁民众自卫军第1方面军第11路军司令，率部在抚顺南郊塔儿丈烧毁日本人经营的商店、俱乐部等设施，击毙杨柏堡采炭所所长渡边等10余名名日、伪军。驻千金寨日军对这次义勇军的进攻感到恐慌，为了防止义勇军活动范围扩大，决定以平顶山居民没有事先通知日方义勇军的破坏行动进行报复，竟用机枪扫射3000余名无辜群众。后辽宁民众自卫军失败，梁锡福潜居在新宾县夹河大青沟。1936年2月28日，在新宾县旺清门夹河北被日、伪军包围，突围时牺牲。

傅显明（1900—1936）东北抗日联军第5军2师师长

男，满族，1900年出生，黑龙江双城人，1935年加入中国共产党。1932年组织抗日武装队伍，后率队加入抗日救国军。1933年救国军被打散，傅显明仍率余部在宁安、东宁等地坚持抗日斗争。1933年冬，任救国军第14旅1团团长。1934年春，傅显明率部加入周保中组建的绥宁反日同盟军，参加了粉碎日、伪军秋冬两季大“讨伐”的战斗。1935年2月，绥宁反日同盟军改编为东北反日联合军，任第5军2师师长，在钱胖子沟、宁安、三道河子、东京城和汪清小城子等地，多次与日、伪军交战。1936年1月，第5军主力部队向中东铁路道北转移，2师担任先遣任务，赴穆棱、密山开辟新的游击区。2月10日，部队改编为东北抗日联军第5军仍任2师师长。17日，率部攻打密山县黄泥子煤矿时被日、伪军包围，突围中牺牲。

万全策（1902—1937）中央陆军军官学校教导总队第1旅参谋长

字春豪。男，1902年出生，广西苍梧人。广西省立第一师范学校毕业。1923年到广州，入西江陆海军讲武堂学习，后经邓演达介绍考入黄埔军校第1期第2队学习。在校期间，曾参加平定商团叛乱、两次东征及平定杨希闵、刘震寰叛乱等战役，作战勇敢，积累了实战经验。1926年参加北伐战争，1927年1月任北伐军总司令部中校参谋，8月任第1军副团长。1929年春，升任第1集团军少将旅长。在此之后，万全策曾两次离开军界，到地方任职。抗日战争全面爆发后，任中央军校教导总队第1旅少将参谋长，参加南京保卫战。负责守卫紫金山老虎洞、西山一线。1937年12月9日，日军兵分三路，扑向南京，与守卫紫金山的教导总队展开激战。10日拂晓，日军炮兵连续轰击中国军队主阵地及万全策指挥所，并出动空军轮番轰炸，守军利用有利地形，还击敌人。12月11日，战况仍旧胶着，万全策多次率官兵冲出掩体与日军搏杀，毙伤大量日军。11日晚，日军采用火攻，紫金山东段阵地被淹没在烈火浓烟之中，万全策和坚守阵地的百余名官兵全部阵亡。

马玉田（？—1937）察哈尔省保安第1旅旅长

男，山东曹州人。早年投身西北军宋哲元部。在国民革命军第29军143师供职，曾任该师3旅旅长。1933年3月，马玉田随第29军参加了长城抗战。战后，29军143师奉命驻守平绥线重镇、察哈尔省省会张家口。抗日战争全面爆发后，任察哈尔省保安第1旅旅长。日军夺取平津后，便沿平绥线西进，直逼张家口。马玉田奉命率部固守八角台一带阵地，迎击日军。1937年8月17日，马玉田在激战中牺牲。

王天祥（1906—1937）空军第3航空大队副大队长

男，1906年出生，浙江黄岩人。1925年“五卅”惨案发生时，曾积极参加爱国运动。中学毕业后，考入中央军校第6期，后选考中央航空学校第1期，毕业后历任空军2中队飞行员、中央航校教官、驱逐机组长、空军第7队队长、第8队队长、第3大队副大队长等职务。1937年“八一三”淞沪会战爆发，8月14日，王天祥奉命驾机率领18架驱逐机飞到南京为轰炸机队护航，予敌重创。8月24日，王天祥再次率领驱逐机掩护轰炸机队飞抵上海上空时，遭到日军潜伏机队的偷袭。日机集中火力攻击王天祥带队的长机。王天祥驾机奋勇作战，击落两架敌机。由于日机集中攻击，王天祥座机被击中牺牲。后被追赠为空军少校。

王凤阁（1895—1937）辽宁民众自卫军第19路军司令

男，1895年出生，吉林通化人。“九一八”事变后，在通化、临江等地宣传抗日救国主张。1932年，任辽宁民众自卫军第19路军司令，先后转战柳河、金川、辉南、海龙、蒙江、临江等地，与日、伪军作战。1932年秋，日军大举进攻东边道地区，许多义勇军将领被迫潜往关内。王凤阁提出“手不离枪，人不离乡，抗日到底”的口号，继续坚持抗日。1933年至1937年，王凤阁率部与敌伪作战数百次。1937年春，部队到达通化、临江、集安三县交界的老虎顶子要塞时，被日、伪军包围，激战三昼夜，因寡不敌众，王凤阁及妻儿被俘。1937年4月，日本宪兵把王凤阁及其妻子、幼子押到通化城郊玉皇山下柳条沟刑场杀害。

王以哲（1896—1937）国民革命军陆军第67军军长

男，1896年出生，黑龙江宾县人，中国共产党党员。1922年毕业于保定陆军军官学校，历任东北军营长、团长、旅长、师长等职。“九一八”事变后，他积极主张一致抗战。1933年承德失守后，日军侵犯长城各隘口，王以哲任67军中将军长，奉命防守古北口至滦东一线。他率67军官兵出古北口力阻日军，多次打败日军进攻，给日军予以重创，为中央军第25师开进古北口参加第二阶段的长城会战争取了宝贵时间。1935年秋王以哲奉命率部开赴陕北“剿共”，但他坚决拥护中国共产党“停止内战，一致抗日”的主张，与陕北红军建立联系，并订立停战协定。1936年4月9日，王以哲随同张学良参加了与周恩来在延安的会谈，此后积极协助张学良从事抗日准备工作。12月12日，王以哲协助张学良、杨虎城发动西安事变，迫使蒋介石结束十年内战，促成第二次国共合作，为建立抗日民族统一战线做出了重要贡献。1937年2月2日，王以哲被东北军少数“少壮派”杀害。王以哲牺牲后，毛泽东、朱德发唁电，称他为“国家民族之干诚、爱国人民之领袖”。

左子元（1906—1937）东北抗日联军第1军第11独立师师长

又名宝玺。男，满族，1906年11月出生，辽宁宽甸人。1928年入伍当兵。“九一八”事变后，所在的部队投降了日军，便脱离原部队与其兄组织了一支抗日队伍。1932年4月，率部加入了辽宁民众自卫军，任团长。自卫军在日军的重击下溃败，左子元率部继续斗争至1933年春。因被伪军缴械，潜回家乡务农。在乡时，无辜遭到日军严刑拷讯，获释后联合亲属10余人组建抗日队伍，用保存下来的十几枚手榴弹截获一辆日本军车，队伍逐渐扩大到100余人，报号东北抗日联合救国军，任司令。1935年11月，率部袭击驻扎在宽甸县步达远村钓鱼沟屯的伪警察队，打死日军指挥官以下10余人，俘获35人，缴获一批武器和军需物资。1935年11月28日，左部配合杨靖宇率领的抗联1军军部捣毁了宽甸县敌人的重要据点步达远，随后，左部被收编为抗联第1军125支队，左子元任司令。1936

年8月，左部升编为抗联第1军第11独立师，左子元任师长。不久，独立师再次与1军配合，化装奇袭了大荒沟敌人据点“宝兴厚”大院。1937年3月1日，率10余名战士在下露河密营时，被60余名日、伪军包围，伤亡惨重，左氏兄弟誓与家乡共存亡，宁死不降。一团长左宝玉腿部受伤，举枪自戕。左子元双手挥枪，边打边撤，最后被敌人逼上悬崖，他纵身跳下，在敌人的排枪射击中牺牲。

石焕然（1895—1937）国民革命军陆军第19军70师205旅410团团长

字成文。男，1895年出生，山西新绛人。早年毕业于山西省立第一中学。后考入北平边防军官教导团及太原军官学校。毕业后即投身军旅，历任排长、连长、营长、副团长等职。1934年升任国民革命军第19军70师205旅410团团长。抗日战争全面爆发后，日军侵入山西，石焕然率部与日军展开作战。1937年10月，日军入侵崞县，战况激烈。石焕然奉命率全团赶到崞县县城北东桥村设防。因县城位于低洼地带，10月2日，日军在城外高地，居高临下对我军阵地进行炮击。7日，日军在重炮轰击掩护下发动进攻，崞县城北城墙被轰塌十余丈，日军得以窜入城中。石焕然率部与日军展开激烈巷战。8日，石焕然在激战中牺牲。

卢仪欧（1903—1937）国民革命军陆军第19军70师215旅429团团长

字次韩。男，1903年出生，河南滑县人。先后毕业于黄埔军校第4期步兵科及中央陆军军官学校步兵学校军官班。1936年升任第19军70师215旅429团团长。抗日战争全面爆发后，日军侵入山西，卢仪欧率部参加防守崞县等地的战斗。1937年10月，奉命防守忻口，正面迎敌，指挥部队与日军反复冲杀数昼夜，给日军以沉重打击。因战况惨烈，卢仪欧有时喝不上水，吃不上饭，但仍为官兵鼓舞士气，率领官兵与日军作战。在全团官兵伤亡过半的情况下，仍领命前往夺取正面日军占领的1482高地。卢仪欧身先士卒，率突击队奋勇冲杀，在激战中牺牲。

丘之纪（1902—1937）税警总团第5团团长

别号帛臣。男，1902年出生，广东揭阳人。1925年1月考入黄埔军校第3期步兵科，参加过平定杨刘叛乱及第二次东征等战役。1926年1月毕业，到第1军教导师2团担任排长、连长等职。1926年10月任第1军新编2师营副，随部参加北伐战争。1932年后历任中央军校教导总队军士营第5连连长、营长，教导总队第1旅2团副团长，税警总团第5团团长等职，曾参加过“一·二八”淞沪抗战，率部在庙行痛击日军。1937年10月28日，税警总团奉命由青岛开赴上海参加淞沪会战。10月31日晨，日军炮兵及航空兵向苏州河南岸的丰田纱厂等中国军队阵地展开猛烈轰击。中午前后，日军开始强渡苏州河，随之与防守阵地的第88师、税警总团等部发生激战。双方围绕该地展开逐屋争夺，相互拉锯，进行肉搏战，中国军队多次打退日军进攻。税警5团伤亡惨重，丘之纪负伤而不下火线，仍旧指挥部队杀敌。11月2日，丘之纪在率部反击刘家宅日军的激战中牺牲。后被追赠为陆军少将。

司徒非（？—1937）国民革命军陆军第66军160师参谋长

字严克。男，广东开平人。1917年考入保定军校第6期步兵科，毕业后历任排长、连长、营长等职。1932年1月，任19路军独立团团长，参加淞沪抗战，后升任19路军补充师第2旅旅长。抗日战争全面爆发后，随160师参加淞沪会战时，协助指挥部队在上海刘行、广福等地与日军作战，屡立战功。1937年11月上海沦陷，随军退守南京，任第66军160师参谋长。12月6日至8日，率部在汤山一线阻击日军，血战数昼夜。10日，所部刚撤至大水关，又奉命入城参与巷战，战况异常激烈。12日，奉命由南京突围，司徒非身先士卒，率部反复冲杀，在与日军激战中牺牲。

朱诚（1907—1937）晋察冀抗日义勇军第5支队党代表

原名祥诚，又名老金。男，1907年出生，河北赵县人，1933年加入中国共产党。1934年任中共赵（县）藁（城）栾（城）中心县委书记。1937年“七七”事变后，在藁城县与马玉堂共同组建晋察冀抗日义勇军第5支队，马任司令员，朱诚任党代表。11月，率部攻克藁城县城，解除日、伪维持会武装，得枪50多支。12月初，又乘胜攻克无极县城，活捉了汉奸县长刘大喜、伪专员姚连帮。后分兵两路，一路由薛志山率领在滹沱河以北打游击，一路由朱、马亲自率领，在滹沱河以南打游击。在此期间，朱诚率领部队攻克了藁城县梅花镇和栾城县南高村等日、伪军据点，缴获了大批枪支弹药。这支队伍很快发展到1000多人。同年底，朱诚为了争取晋县保卫团抗日，亲赴晋县保卫团部找团长庞桂禄谈判。不料，在谈判中惨遭杀害。

朱芝荣（1897—1937）国民革命军陆军第67军107师319旅旅长

字少泉。男，1897年出生，河北东光人。保定陆军军官学校第8期步兵科毕业。历任东北军排长、连长、营长、团长等职。1937年抗日战争全面爆发，时任国民革命军陆军第67军107师319旅旅长。率部参加沧州附近阻击日军第10师团战斗，浴血奋战二月有余。10月下旬，奉命调至淞沪战场，为右翼军预备队驻上海青浦一带。11月5日，日军在杭州湾金山卫登陆，企图抄中国守军的后路，上海战局吃紧，朱芝荣部奉令驰援。第67军临危受命，第107师冒雨自苏州急行军与登陆之日军激战，朱芝荣率部在日军的猛烈炮火下抢占松江，死守3日。11月6日在松江南米市渡打退了日军。日军先头部队虽被击溃，但援军甚多，朱芝荣率部顽强抵抗，在作战中全身多处负伤但仍坚持指挥战斗。11月8日，被炮弹击中牺牲。

华品章（1902—1937）国民革命军陆军第72军88师补充旅1团团长

字荣衮，别号希平。男，彝族，1902年出生，四川西昌人。黄埔军校第5期炮科毕业。1926年7月在校即随军参加北伐战争，9月升5期炮科军官生，1927年6月在汉口毕业。历任国民革命军排长、连长、营长、团长。1936年秋，华品章奉调回南京，任第88师补充旅1团团长，驻守南京外围。1937年抗日战争全面爆发后，华品章随军参加淞沪会战。8月中旬曾率部攻进日军海军司令部。8月至11月在闸北、上海北部一带与日军交战，数次率部与日军展开近战肉搏。11月5日，日军登陆杭州湾金山卫，形成侧翼包围上海之态势。11月底，88师奉命撤回南京守卫中华门外雨花台阵地。12月9日，在日军飞机、大炮、坦克的猛烈进攻中，华品章率部坚守雨花台，反复奋勇冲杀，日军屡被击退。浴血奋战四日，伤亡惨重。12日，因弹尽援绝，日军冲入阵地，华品章在率部与日军肉搏战中牺牲。后被追赠为陆军少将。

全正喜（1911—1937）空军第2航空大队14中队中队长

男，1911年出生，贵州荔波人。14岁入县立小学。毕业后考入贵州省立都匀第五中学。1929年，考入贵州军官教导团。数月后即被选送到中央陆军军官学校武汉分校深造。1931年毕业后，再次因成绩优异而被选送到中央航校飞行科学习。学成后，留校任教。后升任中队长，率队驻扎杭州。1937年淞沪会战爆发，日机频繁对中国军队进行轰炸。时任空军第2大队14中队队长的全正喜，毅然请战，多次出击，击伤击毁敌机多架。上海沦陷后，日机逼近南京。全正喜主动请战，驾机与日军作战牺牲。

刘启文（1899—1937）国民革命军陆军第67军108师322旅旅长

字靖远。男，1899年出生，河南淅川人。1915年考入保定军官讲武堂。1921年，考入保定陆军大学第7期。1925年分配至东北军将领董英斌部下任连长，因其治军严明，勇猛顽强，于1936年晋升为东北军第115师少将师长。1937年东北军整编后，刘启文被任命为67军108师322旅少将旅长。1937年8月，日军进犯上海，刘启文所部调往河北沧县增援同日军作战的29军，阻击日军沿津浦路南侵。11月初，刘启文部又奉命率部驰援上海前线。8日，进驻上海松江阵地，阻击金山卫登陆的日军，他亲率部队扼守要冲，多次予敌重创。但因此时仅剩67军孤守松江，刘启文部腹背受敌，战斗十分惨烈。在所部伤亡惨重的情况下，刘启文率部转移，在松江城内十里长街与日军巷战。10日，日军冲破松江北关防线，刘启文所部被日军包围。部队在突围过程中遭到日军猛烈攻击，伤亡惨重。危急之中，刘启文亲自率部向日军冲击，中弹牺牲。

刘国用（1898—1937）国民革命军陆军第74军58师147旅副旅长

号剑豪。男，1898年出生，广东梅县人。出生于新加坡，后返回广州。黄埔军校第3期步兵科毕业。1925年任国民革命军第5军教导队教官和第15师2团排长、连长。参加过东征北伐。1930年起历任第16师1团少校营长、中央军校南昌分校中校教官，58师344团团副、上校团长。抗日战争全面爆发后，率部进入上海市区参加对日作战，升任58师147旅副旅长。1937年12月，参加南京保卫战，防守牛首山。9日，在与日军激战三日后，退守水西门以东地区，继续与敌军激战。12日，在日军飞机重炮协助下中华门至水西门城墙又被轰塌数段，刘国用和74军将士与日军展开了争夺战。13日战至弹尽，于水西门外牺牲。后被追赠为陆军少将。

刘眉生（1904—1937）国民革命军陆军第14军85师253旅510团团长

字天椵。男，1904年出生，贵州遵义人。黄埔军校第5期步兵科毕业，随即参加北伐。1929年回黔，先后任黔军犹国材、侯汉佑部副营长、营长兼贵州省立遵义三中军训教官。1934年赴南京步兵学校校官班深造，半年后分任江西九江光华中学军训教官。1935年9月，调任国民革命军85师505团营长。1936年85师扩编，升任510团副团长、代理团长。抗日战争全面爆发后，任第14集团军85师253旅510团团长，先随部在平汉路北段抗敌，而后入晋北参加忻口保卫战。1937年10月7日，刘眉生部到达忻口，奉命扼守忻口左翼兵团洪山阵地。13日，日军集中兵力，凭其精良装备，在飞机大炮的掩护下反复冲击，猛攻忻口，战斗异常激烈。刘眉生临危不惧，率部英勇抵抗，多次击退日军进攻。激战至28日，刘眉生因弹片击中头部牺牲。后被追赠为陆军少将。

刘家麒（1894—1937）国民革命军陆军第9军54师师长

亦名家骐，字铮磊，又字锡侯。男，1894年出生，湖北武昌人。1911年参加起义军。1914年入陆军第2预备学校。1916年转入保定陆军军官学校，为步科第6期学员。1919年毕业后，到东北边防第1军任见习军官。不久又到东北边防军教导团重炮科学习。毕业后，任东北边防军教导团炮兵排长，后历任连长、营长、团副。1926年任第30军炮兵司令兼第1团团长。1928年，任第54师少将参谋长，后调任该师第162旅旅长，入陆军大学深造。1937年抗日战争全面爆发后，刘家麒义愤填膺，多次向校方申请，要求率部抗日，后任第9军第54师师长。1937年10月，忻口战役打响，日军在飞机、大炮的火力支援下，向中国军队阵地发起了猛烈的进攻。师长刘家麒率领部队沉着应战，身先士卒，多次与日军展开白刃肉搏，战况惨烈。其部与日军展开拉锯战，阵地几经易手，最后因装备相差悬殊而失去阵地。10月16日凌晨，中国军队发起进攻，志在收回失地，师长刘家麒在进攻中身先士卒，距敌仅200余米，但遭到日军袭击中弹牺牲。后被追赠为陆军中将。

刘粹刚（1913—1937）国民革命军空军第5航空大队24中队中队长

男，1913年出生，辽宁昌图人。1931年考入中央陆军军官学校第9期，之后考入国民党中央航空学校第2期驱逐科学习。1934年2月以优异成绩毕业后，被分配到国民革命军空军服役。1936年升任国民革命军空军第5大队24中队中队长。他对自己和部下一视同仁，严格要求，得到24队全体飞行员的信赖和拥护，全队上下团结协作，亲如兄弟。抗日战争全面爆发后，他一直战斗在抗日最前线。1937年8月16日，刘粹刚奉命轰炸日军虹口兵营，作战中击落日军水上侦察机1架。此后转战各地，参加多次空战，创造了击落日机11架的战绩，成为中国抗战初期空军中著名的“四大金刚”之一。1937年12月，奉命率3架霍克飞机从江苏溧水飞往山西支援华北抗日军队，在执行任务时由于黑夜迫降失事，人机俱焚，刘粹刚牺牲。后被追赠为空军少校。

安顺花（1908—1937）东北抗日联军第2军缝纫队队长

女，朝鲜族，1908年出生，朝鲜咸镜南道人。1931年加入中国共产党。1930年，来到中国吉林珲春县。1932年6月，党组织任命她为珲春县妇委委员。1933年至1934年春，敌人对根据地连续“讨伐”数月。带领7名妇女为抗联游击队缝制军装。1934年3月，领导的妇女缝纫人员正式编入东北人民革命军第2军独立师4团，成立了缝纫队任队长，随部队转战。1935年，党组织调她到部队医院工作，担任护理伤员和炊事工作。1936年秋，调回缝纫队工作，为部队赶制军装。1937年3月下旬，缝纫队和伤员都驻在深山的密营里，日、伪军突袭部队驻地，她迅速组织人员隐藏好布匹、弹药和缝纫工具，为掩护战友撤退，主动吸引敌人的注意，被敌人逮捕。被捕后，敌人严刑逼供，揪下她的头发，砍掉她的手指、脚趾，刑讯无果，将木楔子钉进她的胸腹，直到气绝身亡，壮烈牺牲。

纪儒林（1910—1937）中共南满省委委员

化名王品三。男，1910年出生，吉林永吉人，1930年加入中国共产党。1929年加入中国共产主义青年团。1930年末，协助吉林县委书记张玉珩开展工作。“九一八”事变后，被派到吉林“讨伐”军166团做伪军的策反工作。1932年，任磐石中心县委委员协助杨靖宇对磐石工农义勇军进行整顿，把磐石工农义勇军改编为中国工农红军第32军南满游击队。1933年初，任游击队代理政委。多次到吉林、哈尔滨等地执行秘密任务。1934年11月5日，中共南满临时特委成立，被选为特委委员、组织部长。1936年7月，中共南满省委成立，任省委委员，负责兵运工作。1937年7月下旬，抗联1军军部急需与张佐汉领导的抚顺县委联络，派纪儒林前往抚顺。8月1日，与张佐汉会面并传达了省委指示。10月2日，与张佐汉在奉大办生堂约房被特务逮捕，送进日本宪兵队监狱。同年12月3日，被日、伪军杀害于奉天小河沿刑场。

李天柱（1898—1937）东北抗日联军第4军2师师长

男，1898年出生，山东人。1927年，参加东北军，历任士兵、排长、连长、营长。1932年1月末是吉林省自卫军的一名下级军官。1933年，脱离原部队，组织反日山林队，报号“自来好”。1935年6月，率队编入东北抗日同盟军第4军，任5团团长。1936年，抗日同盟军改编为东北抗日联军，任4军2师师长。3月，率部攻打石虎山矿伪自卫团，缴获步枪31支。在此后频繁的游击战中，在开辟发展新的抗日游击区的斗争中，屡立战功。1937年9月18日，在黑龙江省富锦县国强街袭击日军，缴获一批粮食、弹药，战斗结束后被敌人的暗枪击中后牺牲。

李友梅（1907—1937）国民革命军陆军第1军1师2旅4团团长

号竹三。男，1907年出生，广东五华人。小学毕业后，曾到广州军队李龙章部当兵，1926年考入黄埔军校第4期步兵科学习。毕业后参加北伐战争，历任第14军排长、连长、营长、副团长等职。1937年淞沪会战爆发后，在湖北荆州整训的第14军41师奉命抽调补充团增援上海。9月初，该团抵沪，补充为第1军1师2旅4团，李友梅任团长。当时日军疯狂进攻上海，罗店为整个战局之关键。为收复罗店，中国军队曾派出两个团前往，仍未克复。李友梅领命前往攻克罗店。抵近阵地后，李友梅指挥所部强攻日军，付出巨大牺牲，终将罗店收复。罗店阵地后由其他部队接防。李友梅带领接防部队团长去观察阵地时，被日军发现，日军以机枪扫射，李友梅中弹牺牲。后被追赠为陆军少将。

李东光（1904—1937）中共南满省委组织部部长

原名相俊，化名孙世贤，曾用名东日、东一。男，朝鲜族，1904年3月出生，朝鲜咸镜北道人，1929年加入中国共产党。1918年迁居吉林珲春县。1930年8月，任中共磐石县磐东区委书记。“九一八”事变后，李东光在磐东区发动群众进行抗日斗争。1933年5月，当选为磐石中心县委书记。同年10月，日军组织“讨伐”，李东光率领抗日武装在桦甸、永吉、伊通、辉南、海龙等地区进行游击战，1年内共进行大小战斗33次。1934年8月20日，成立南满反日总会任会长。11月，任中共南满临时特委书记兼宣传部长。1936年7月，任中共南满省委组织部部长。1937年6月，参加东北抗日联军第1军党委扩大会议，7月随东北抗联第1路军第1军直属部队奔袭沈海铁路，准备袭击日本军用列车。途经新宾县永陵时，在黄土岗与日本守备队激战中牺牲。

李绍嘉（1896—1937）国民革命军陆军第83军156师468旅副旅长

男，1896年出生，广西贵县（今贵港市）人。早年加入粤军，随国民革命军第4军参加过北伐。1933年任第3军9师25团团长。1937年10月，抗日战争全面爆发后，国民政府将第8路军的第154师、第156师合编为第83军，李绍嘉任第156师468旅少将副旅长。该军组成后，李绍嘉随部队由广东开赴上海，参加了淞沪会战。此次作战后，李绍嘉随部队退至南京郊区组织防御，并参加了保卫南京的作战，奉令于南京城阻敌。1937年12月12日南京城陷。13日，在与日军激战的过程中，李绍嘉中弹牺牲。

李海青（1895—1937）察哈尔民众抗日同盟军第16军军长

原名青山，字丹忱，又名忠义。男，1895年出生，山东武城人。1931年，马占山委任李海青为抗日别动队总队长，率部参加江桥抗战。1932年3月成立东北民众自卫军，任总司令，率军攻占肇东，兵进兰西，被马占山委任为黑龙江抗日救国军第3军军长。1932年末，率部进入热河，部队编为冯玉祥的察哈尔民众抗日同盟军第16军，任军长。后被任命为宋哲元部骑兵24旅旅长，因不接受改编被关押。1934年释放后寓居北平。抗战全面爆发后，在平西组织抗日武装。1937年秋被叛徒杀害。

李维藩（？—1937）国民革命军陆军第18军67师402团团长

别号北屏。男，山东莱阳人。1924年冬南下广州，考入黄埔军校第2期入伍生总队，1925年3月升黄埔军校第3期步科军官生。参加第一次东征与平定刘、杨叛乱，1926年1月毕业，分配至国民革命军第11师，历任排长、连长、少校团副、中校副团长，曾参加北伐战争。1937年春，第18军担任粤汉路护路任务，李维藩时任第18军67师402团上校团长。同年8月9日，第18军奉命增援华北，车行将至保定，日军大举进犯上海，第18军奉命东进。8月18日，李维藩率部参加淞沪抗战，坚守罗店阵地，与日军激战数昼夜，予敌以重创。8月25日凌晨3时，李维藩率全团参加新镇之役，在向尤家楼日军发起攻击时，遭遇日军11师团抵抗和日舰炮火猛烈轰击。激战至拂晓，日军飞机又狂轰滥炸，全团伤亡惨重，李维藩胸部中弹，裹伤继续指挥战斗，与两倍于己的日军展开血战，后因伤口恶化牺牲，其所部全部阵亡。

李福林（1907—1937）中共北满临时省委常委、组织部部长

原名公道轸，又名崔东范。男，朝鲜族，1907年5月出生，朝鲜咸境北道人，1930年加入中国共产党。11岁时随全家迁移至吉林。1929年，在宁安县东京城开展农民运动。1932年春，任中共满洲省委巡视员、珠河中心县委组织部部长。同年秋，同金策在珠河县蚂蜒河东组织了一次1000余农民反日游行示威。1933年初，参与组建珠河地区抗日武装。1934年6月，任东北反日游击队哈东支队党委书记。1935年1月，任东北人民革命军第3军执法处处长。9月，第3军扩编为6个团，任1团政治部主任。1936年8月，东北人民革命军第3军改编为东北抗日联军第3军，任1师政治部主任兼哈东游击队司令。率部活动在延寿、方正、依兰、林口、通河等地，多次粉碎敌人"讨伐"。9月，任中共北满临时省委委员、组织部长。11月，任东北抗日联军依东办事处主任。1937年1月，率部转战哈东一带，多次袭击敌人据点。袭击林口县城时，打死日军、伪警察数十人，缴获大批枪支。4月，李福林率少年连和警卫连170多人去省委开会，因汉奸告密，途经通河县二道河子被600余名日、伪军包围，在战斗中牺牲。

杨杰（1895—1937）国民革命军陆军第1军1师1旅副旅长

原名济恸，字子英。男，1895年出生，河北容城人。黄埔军校第4期政治科毕业。毕业后参加北伐，历任国民革命军连长、营长、团长等职。1937年7月，抗日战争全面爆发后，杨杰时任国民革命军陆军第1军1师1旅少将副旅长。8月，日军入侵上海，淞沪会战爆发，杨杰奉命开赴淞沪战场，向宝山、北泗塘一带增援。10月初，率部调至蕴藻浜附近的西塘桥防守。10月6日，日军第3、第9两个师团从蕴藻浜北岸发起进攻，杨杰率部拼死抗击。10日，日军集中优势兵力，在密集炮火和飞机的支援下冲击杨杰部驻守阵地，双方展开激烈战斗，阵地成为一片焦土，但广大官兵在杨杰的指挥下，依然奋勇杀敌，坚守阵地。11日晚，在猛烈炮火的攻击下，日军一度冲入阵地，杨杰指挥官兵反击，激战中身中数弹牺牲。

沈崇诲（1911—1937）空军第2航空大队9中队分队长

男，1911年出生，江苏江宁人。毕业于清华大学，1933年考入中央航空学校

第3期学习，毕业后留校任飞行教官。后又调任中国空军第2航空大队9中队分队长。1937年8月13日，日军大举进攻上海，在吴淞口外的日军第3舰队对中国守军造成重大威胁。14日，沈崇诲奉令随第2航空大队冒雨起飞，去轰炸日军第3舰队及日军在杨树浦码头堆集的军火。到达目标区后，日军正在登陆，沈崇诲等驾机冲入敌阵，作低空扫射，并迅速投下炸弹击中目标，胜利完成任务。19日，沈崇诲所在的第2航空大队9中队奉命前往佘山及白龙港轰炸日军舰船。正当临近日军舰队时，沈崇诲所驾驶的飞机发生故障，沈崇诲乃决定奋力一搏，与同机的陈锡纯驾机撞向日军船舰，壮烈牺牲。后被追赠为空军上尉。

张本禹（1899—1937）国民革命军陆军第13军4师12旅副旅长

字文衷。男，1899年出生，安徽巢县人。少年时随长兄张治中参加孙中山护国军。1925年考入黄埔军校第3期步科，毕业后，参加北伐战争，任北伐军总司令部副官处副官。后历任教导2师警卫营少校营长、中央军校第8期学兵总队中队长、独立第4旅上校团长等职。1935年，张本禹担任国民革命军陆军第13军4师12旅少将副旅长。次年8月，随军参加绥远抗战，在外围阻击增援日军，有力地支援了傅作义部取得百灵庙大捷。“七七”事变后，奉命率军增援华北，参加南口会战。激战中，曾亲率一个排的兵力与日军肉搏夺回阵地。后因前线弹药紧缺，张本禹前往太原催运弹药，押回南口。1937年8月，弹药在车站卸车时，遇日机轰炸。张本禹一面指挥紧急卸车，一面指挥车头诱开敌机。因车厢弹药中弹爆炸牺牲。

张树桢（？—1937）国民革命军陆军第19军72师416团团长

别号树一，别字峙轩。男，河北河间人。保定陆军军官学校第9期步兵科毕业。1923年毕业后，分发到山西陆军服务。历任晋绥军军官教导团教官、太原警备旅步兵团连长、学兵大队副大队长等职。1933年任国民革命军陆军第19军72师417团1营营长。1937年，任第19军72师416团团长。抗日战争全面爆发后，奉命从晋北一线推进至怀来县，以屏蔽南口侧翼，阻击日军沿平绥路西进。8月7日，日军猛攻南口，逐步突破中国守军侧翼防线，骡子圈等战略要地受到威胁，形势危急。8月22日，张树桢率部赶赴骡子圈一带增援，阻击日军。一到达阵地即与日军短兵相接，日军依仗火力和兵力上的优势，猛烈强攻。张树桢为挽回危局，亲率一营，力图堵住敌人的突破口。双方白刃格斗，张树桢腿部受伤，仍坚持指挥，激战至夜晚。日军又集中大批兵力，发动疯狂进攻，张树桢及参与阻击的全营官兵全部阵亡。后被追赠为陆军少将。

张倬甫（1898—1937）北宁铁路局总工程师

原名润田。男，1898年出生，河北丰润县人。1919年考入北洋工学院。1921年赴美国康奈尔大学土木工程系留学，先后获康乃尔大学土木工程师证书、渊思理尔理工大学研究院工学博士学位。为实现科学救国理想，张倬甫留学7年后回国，他先后在东北、山东、天津、北京等地任教。1934年，张倬甫任北宁铁路局总工程师、代局长。当时日军侵略华北主要经北宁铁路运送人员、军火、装备，他秘密策划组织破坏铁路，多次借人为铁路技术故障推迟和阻止日军装备物资运输。1937年，他秘密潜入山海关、军粮城等地组织毁坏铁轨活动，多次制造日军火车脱轨翻车事故，造成日军伤亡。日军通过调查审讯，察觉张倬甫是事故的策划和组织者。1937年阴历八月十五，日军便衣以共度佳节为名，邀请张倬甫到天津日租界神户馆参加宴会，期间将其逮捕，押入海光寺宪兵队。在狱中，张倬甫遭受日军宪兵队严刑拷打，撞墙自戕。

陈宜胜（1914—1937）中共盂（县）平（定）阳（曲）寿（阳）中心县委书记

男，1914年出生，湖南茶陵人，中国共产党党员。1931年，在湘赣苏区参加红8军，历任政治部秘书、保卫处干事、科长等职。1934年参加长征，在红6军团政治部保卫科工作。1937年“七七”事变后，陈宜胜随八路军120师挺进山西，后率八路军359旅战地工作团到盂县，同年11月任中共盂（县）平（定）阳（曲）寿（阳）中心县委书记。在盂县和寿阳一带，多次给敌人以沉重打击，为开创敌后抗日根据地作出重要贡献。1937年12月下旬，陈宜胜奉命带领游击队战士20余人，从盂县赴寿阳检查工作，途中与敌人遭遇，因敌众我寡在激战中牺牲。

陈锡纯（1916—1937）空军第2航空大队9中队飞行员

男，1916年出生，湖南长沙人。小学毕业后，入长沙广益中学。初中毕业后，毅然投笔从戎。先后入南京中央宪兵学校和中央陆军军官学校第10期步兵科。后被选送杭州笕桥空军学校第5期甲班轰炸科。毕业后分配到南昌空军第2航空大队任少尉飞行员。抗日战争全面爆发后，他所在空军大队移驻安徽广德机场，待命出击。1937年8月19日，陈锡纯所在的第2航空大队9中队奉命前往佘山及白龙港轰炸日本船舰。正当临近日军舰队时，陈锡纯所在的飞机发生故障，锡纯与分队长沈崇诲决定奋力一搏，驾机英勇撞击日军船舰，壮烈牺牲。

周建华（1913—1937）东北抗日联军第1路军3师政治委员

原名邓晓村，别名邓荣贵，笔名碧天氏。男，1913年2月出生，吉林双阳人，1932年加入中国共产党。1932年春，加入中国共产主义青年团。1933年春，负责组建党的地下联络站，保存、传递党的机密文件。1934年9月，任东北人民革命军南满第1游击大队政治部主任。在杨靖宇的领导下，参加了三源浦、凉水河子、八道江、五道沟、横虎头、哈泥河等战斗。1935年4月，任东北人民革命军第1军教导团政委。1936年7月，东北人民革命军改编为东北抗日联军第1军，任3师政委。同月，东北抗日联军第1军和第2军合编为东北抗日联军第1路军，任3师政委。11月下旬，第1路军司令部为了打通同关内抗日根据地的联系，派王仁斋、周建华率骑兵队由兴京县出发，开始西征。直抵辽河岸边后，河未封冻又无船只，部队化整为零。1937年年初，带领70余人在清原县境内截击日军一辆，击毙日军20余名。1937年冬季，日军纠集1000余名日、伪军对抗联第1路军3师进行“围剿”，部队在开原县摩离红山遭到日、伪军袭击，周建华在战斗中牺牲。

周树东（1918—1937）东北抗日联军第1路军 4 师师长兼政治委员

男，1918年出生，山东平度人，1932年加入中国共产党。“九一八”事变后，在珲春县参加了救国军，后奔赴烟筒子根据地参加抗日游击队。1935年4月，任东北人民革命军第2军1团政委。5月2日，联合其他抗日组织伏击从朝鲜会宁开往新京的国际列车，车厢大部脱轨，俘日、伪军政人员13人，缴伪币10余万。1936年3月，东北人民革命军第2军改编为东北抗日联军第2军，任1师政委。7月与抗联第1军合编为东北抗日联军第1路军，第2军1师改为4师，仍任政委。9月，任4师师长兼政委，率领部队在临江、抚松、安图、长白等地与日、伪军作战。1937年4月24日，率部回吉林安图县，路经大沙河老金厂时遭到李道光“讨伐队”伏击。周树东指挥部队对伪军形成反包围，全歼李道光部，生擒李道光。周树东在战斗中牺牲。

庞泰峰（1905—1937）国民革命军陆军第53军91师272旅副旅长

字岳东。男，1905年出生。曾任63军参谋处少将处长，西安事变后原西北军第63军缩编成91师，后被拨归第53军，庞泰峰任第53军91师副官长兼272旅少将副旅长。太原会战中奉命率部在河北宁晋阻敌，1937年10月12日与日军肉搏时负伤，后自戕牺牲。

郝贵林（1900—1937）东北抗日联军第 3 军 4 师师长

男，1900年出生，热河人，1934年加入中国共产党。1934年春，参加赵尚志领导的珠河反日游击队。1934年秋，任哈东支队政治保安队队长。参与开辟宾县、方正、珠河、延寿、五常、双城抗日游击区。1935年1月，哈东支队改编为东北人民革命军第3军1师，任司令部保安连连长。在宾县境内缴了三道岗、包家岗、四道河子据点的枪支。1935年夏，珠河县委决定3军扩建3个团，任4团团长。在赵尚志的率领下，从珠河越过方正大小罗勒密，东进到依兰、勃利、桦川一带，参加攻打刁翎、大小稗子沟战斗，粉碎日、伪军对珠河游击区的“讨伐”。1936年，3军1师4团改编为东北抗日联军第 3 军 4 师任师长。同年9月当选为中共北满临时省委委员。1937年初兼任北满抗联下江（松花江下游）办事处主任。1937年7月，率10余名名战士在勃利县青龙山小五站遭到勃利县200余名日、伪军的突击，在激烈战斗中牺牲。

秦庆武（1903—1937）国民革命军陆军第70军19师113团团长

别名炬冬。男，1903年出生，湖南浏阳人。1919年参加湘军。1926年夏，随湘军编入第35军2师，参加北伐，历任班长、排长、连长等职。后入黄埔军校第4期学习。毕业后升任营长，后任第70军19师113团团长。1937年9月23日，秦庆武奉命率部参加淞沪会战。10月3日，日军陆空配合，企图抢夺葛家牌楼前沿的狮子桥。他率部与敌进行白刃战，日军伤亡惨重，仓皇败退。日军以飞机、大炮、坦克以及数倍于113团的兵力继续向狮子桥扑来。他带领将士坚守阵地，激战七昼夜，日军三易其指挥官，狮子桥阵地岿然不动。10月14日日军倾巢出动，激战至17日，113团1400余名官兵仅存50余人，狮子桥阵地三失三得，敌人伤亡达3000余人。至9时许，秦庆武被流弹击中，右手和腿部数处负伤，稍作包扎后，继续指挥战斗。激战至17时，阵地上仅剩秦庆武和11名官兵待援，因日军飞机始终盘旋不去，不断袭击，故援军不能立即开到。秦庆武目睹情况紧急，手持马刀冲向敌群，同日军肉搏，一连砍死数名日兵，后被日兵从背后猛刺一枪牺牲，其余11名官兵亦全部阵亡。后被追赠为陆军少将。

高鹏振（1897—1937）东北国民救国军司令

又名青山，字云翔。男，1897年出生，辽宁黑山人。1917年新民县文会中学毕业后，进沈阳文登书院学习。后投身绿林，报号“老梯子”。“九一八”事变后，以旧部为基础组建了一支200余人的抗日队伍。1931年10月，组织成立东北国民救国军，任司令。带领救国军转战辽西大地，曾攻入新民县城。1932年8月，率部向北镇县闾山转移，与义勇军第12路军张海涛部联合作战，将北镇县伪警队一举歼灭。后由于日伪、军集中大量兵力进攻，将部队化整为零，部分进入热河，高鹏振率部继续留在辽西同日军作战。1935年7月，率部在北镇县与日伪“讨伐队”展开激战，损失惨重。1937年5月，率部转战于彰武、阜新，在阜新境内被日伪“讨伐队”包围，突围时受伤，6月下旬在养伤时被叛徒杀害。

唐惠洽（1908—1937）上海保安总团参谋主任

字熙如。男，1908年4月出生，广东琼州人。1923年考入广东省立第一中学，1927年进入广州国立中山大学学习。1929年大学毕业后，考入日本陆军士官学校研读军事理论。1931年春，唐惠洽归国后，进入中央陆军军官学校第1分校（南宁分校）任教。1932年冬，考入南京陆军大学深造。1935年被国民政府军事委员会录用为中校参谋。1936年夏，赴沪升任上海保安总团上校参谋主任，兼任上海市国民军事训练处的副总队长。淞沪会战展开后，唐惠洽率部驻守吴淞至虹桥区一带。1937年11月11日，唐惠洽抵虹桥巡查指挥，遭日军飞机轰炸牺牲。后被追赠为陆军少将。

涅日丹诺夫•尼古拉•尼基福罗维奇(1913—1937)苏联空军志愿队队员

男，苏联人。涅日丹诺夫•尼古拉•尼基福罗维奇中尉，1913年生于苏联乌拉尔州伊尔比特市。1937年11月22日，南京沦陷前夕，作为苏联空军志愿队的一名飞行员，为帮助中国抗击日本侵略者升空作战，成为首位在华牺牲的苏联航空烈士。

黄纪福（1902—1937）国民革命军陆军第66军159师477旅副旅长

男，1902年出生，广东梅县人。1926年，加入国民革命军陆军，后入第11教导队学习。毕业后历任排长、连长、营长等职，曾参加北伐战争。1936年任国民革命军陆军第66军159师457旅949团团长。1937年抗战全面爆发后，率部参加淞沪会战。以战功升任国民革命军陆军第477旅副旅长。12月，率部参加南京保卫战，在汤山拒敌。汤山失守后经麒麟门退大水关集结待命。10日随159师调驻明故宫，策应增援光华门的156师。12月12日，南京失守，随第66军经太平门突围，沿途战斗中牺牲。后被追赠为陆军少将。

曹炳（1900—1937）国民革命军陆军第19军72师433团团长

字虎符。男，1900年出生，山西襄汾人。考入太原山西学兵团，后被分配到晋军72师432团，历任排长、连长、营长等职。1937年1月，任第19军72师433团团长。8月，曹炳率部增援南口战役，继而配合八路军115师，参加平型关战役。10月，参加忻口战役，堵截日军南下。在滹沱河南岸构筑工事与日军隔河激战，数日激战之后，全团仅剩200余人。曹炳身先士卒，打退敌人多次进攻，始终坚守阵地。10月15日，日军攻入南怀化，给守军造成严重威胁，曹炳决定组织部队反攻。10月17日，曹炳亲自率队冲锋，在指挥反攻中遭敌军重机枪扫射，胸部连中7弹，经抢救无效牺牲。后被追赠为陆军少将。

尉迟凤岗（1903—1937）国民革命军陆军第3军7师21旅副旅长

字毓鸣。男,1903年出生，山西朔县人。青年时代考入步兵专科学校学习。步兵专门学校毕业后，到部队担任排长，以战功逐步擢升为连长、营长、副团长等职。1937年，尉迟凤岗时任国民革命军陆军第7师21旅少将副旅长兼第41团团长。“七七”事变后，奉命开赴河北前线。9月下旬，尉迟凤岗奉命率部到河北满城布防。尉迟凤岗率部行经保定董村时，与大批日军突然遭遇，尉迟凤岗指挥部队占据有利地形，击退了日军发起的进攻。9月22日，尉迟凤岗临危受命，率部占据漕河南岸，扼守黄村一带交通要道。日军抵达漕河北岸后，以机关重炮向南岸阵地狂射滥轰。24日拂晓前，日军以一个大队的兵力，乘坐橡皮艇偷渡漕河，向黄村中国军队的指挥阵地突袭。守军将士拼死厮杀，将登岸之敌80多人全部歼灭，击毁敌艇20余只。尉迟凤岗登上一个高地观察敌情，被一颗流弹击中左胸，他裹好伤口，仍坚持指挥战斗。副团长赶到，命令士兵将尉迟凤岗送下阵地。因伤口流血不止，尉迟凤岗交代了战斗部署后，迫不得已离开火线。终因伤势过重牺牲。

韩宪元（1906—1937）国民革命军陆军第72军88师524团团长

字则垂，号如潮。男，1906年出生，广东文昌（今属海南）人。1924年12月考入黄埔军校第3期，编入入伍生总队。1925年升步科军官生，随国民革命军参加第二次东征。1926年毕业，初当见习官，后历任排长、连长、营长、参谋处长等职务。1934年，任第88师524团营长，入中央陆军军官学校高等教育班学习，1935年任该团团副，代团长，后升任团长，驻防无锡。抗日战争全面爆发后，韩宪元率部参加抗战。1937年8月12日，奉命率部驻守上海闸北地区，参加淞沪会战。上海失守后，韩宪元奉命率部撤离上海，保卫南京。12月初，日军大举疯狂进犯南京，雨花台首当其冲，韩宪元随72军88师参加南京保卫战，率部驻防雨花台。韩宪元率部与敌人苦战，于12月12日在激战中牺牲。后被追赠为陆军少将。

谢振平（1892—1937）北平市卫生局局长

字存岗。男，1892年12月5日出生，河北束鹿县人。1918年考入陆军军医学校医科，1922年14期毕业。毕业后直接入西北军从事军医工作。历任陆军第7混成旅步兵2团军医长、军医官，西北督办公署军医处军医，第2集团军第4路总指挥部军医处处长等职。1931年任陆军29军军医处处长兼察哈尔平民医院院长。1932年兼任长城战役兵站医院院长。1936年任北平特别市卫生局局长。“七七”事变后，谢振平负责救治战斗中受伤的官兵。第29军撤守时，谢振平受张自忠之托暂留北平，安置东四六卫戍医院内受伤官兵800余人。1937年8月15日在召集第29军留平高级干部策划反抗日军对北平占领的秘密会议时，遭日军宪兵侦悉，被抓捕到日军宪兵队惨遭酷刑，英勇不屈，两个月后被秘密杀害。

蓝运东（1899—1937）国民革命军陆军预备第10师参谋长

字阜伯。男，1899年出生，湖南醴陵人。早年毕业于醴陵第二中学、县立初级师范学校。1923年冬到广州大本营军政部陆军讲武学校学习。1924年秋，该校并入黄埔军校第1期，蓝运东编入第6队。毕业后参加东征和北伐，历任国民革命军第1军3师6团排长、连长，第20师60团营长、中校副团长，1928年任补充第4团中校团长，后任军事委员会军务局少将专员。抗日战争全面爆发后，蓝运东主动申请上前线到部队服务。1937年10月，预备第10师在杭州筹建，蓝运东在他黄埔1期同学预备第10师师长宣铁吾的援引下，准备到该师任少将参谋长。同年12月8日，在南京保卫战中牺牲。

雷震（1902—1937）中央陆军军官学校教导总队第3旅副旅长

原名汝勤。男，1902年出生，四川蒲江人。1924年入黄埔军校第2期炮兵科学习，改名雷震。1925年毕业，留校任军械处党代表。1926年参加北伐战争，在蔡廷锴部历任连长、营长。1937年抗日战争全面爆发后，任教导总队上校团长，随张治中参加淞沪会战，在江湾地区张华浜抗击日军，浴血奋战3月多。11月12日上海失守后，转战苏南各地。11月下旬到达南京，升任教导总队第3旅副旅长。12月，参加南京保卫战，负责紫金山老虎洞到岔路口一线守备任务。12日下午，雷震率部坚守阵地，与日军激战。13日，南京失守，雷震奉命到下关火车站掩护军民乘火车撤退，与连长雷天乙等在最后一节车厢殿后。不料，日机空袭将列车炸断，雷震遂下车指挥官兵抗击日军，战斗中牺牲。后被追赠为陆军少将。

路景荣（1902—1937）国民革命军陆军第54军98师583团团长

原名精荣。男，1902年出生，江苏常州人。随父母到长沙读中学，因父亲病故，未能毕业。1925年，受革命思潮影响，只身到广州，考入黄埔军校第4期，毕业后留校工作。后参加北伐战争，历任国民革命军排长、连长、营长、副团长、处长等职。抗日战争全面爆发后，任第54军98师583团团长。1937年8月4日，路景荣所部接到紧急命令，要求立即率部乘轮船直驶上海。路景荣未及与家人道别，家书寄妻，道："紧急命令，无法回家告别，这次对日作战不可避免，非同寻常，军人守土有责，打不退日军进攻，绝不苟全生命，只要你带好孩子，我虽死也安心。"9月3日，路景荣所部奉命在宝山、月浦一带阻击日军登陆援军。9月7日，日军在30多辆坦克和江边数百门舰炮的支援下攻下宝山县城，守城第583团3营的姚子青全营600多官兵全部壮烈牺牲。9月10日，路景荣调任少将参谋长，未赴任，仍在前线督战。宝山陷落后，由第583团两个连防守的狮子林也陷于敌手。日军集中海空炮力，轮番轰炸月浦，583团官兵伤亡惨重。继续在前线督战的路景荣中弹牺牲。

解固基（1897—1937）国民革命军陆军第43军26师152团团长

号体泉。男，1897年出生，四川崇宁（今郫县）人。早年毕业于成都弁目学堂，后任原崇宁县西2区民团大队长。1927年春加入中国共产党。1928年冬参加川军第20军（后改为第43军）郭松云部任营长。1933年6月，解固基入中央陆军军官学校高教班受训一年，回部队后任代理团长。“七七”事变后，第43军由黔边驻地调赴抗日前线，解固基任第43军26师152团团长。1937年10月初率部到达淞沪前线，16日开赴大场，奉命防守大场一线阵地。10月19日，日军在飞机、大炮、坦克协助下向大场猛烈进攻，解固基率部浴血奋战6昼夜，多次身先士卒与敌展开肉搏，毙伤日军多人。10月24日激战中，解固基左臂被敌弹打断半截，仍忍痛坚持率部往前冲，因流血过多牺牲。

雍济时（1901—1937）国民革命军陆军第26军33师195团团长

字熙如。男，1901年出生，陕西华县人。1925年考入黄埔军校第4期步兵科。参加北伐战争，曾任国民革命军排长、连长、营长、团长等职。抗日战争全面爆发后，时任陆军第26军33师195团团长，参加淞沪会战，在上海大场一带对日军展开激战，多次击退日军进攻。1937年10月25日，日军集中100多架飞机和地面炮火对33师阵地实施轮番轰炸和炮击，33师阵地工事被摧毁殆尽。炮火中，雍济时颈部受伤，此时33师师长受伤，旅长失踪，官兵仅剩十分之一，雍济时不顾流血不止的伤口仍坚持指挥战斗。10月26日，33师在奉命向安亭撤退途中，雍济时因失血过多牺牲。后被追赠为陆军少将。

蔡如柏（1899—1937）国民革命军陆军第66军160师956团团长

男，1899年出生，广西邕宁人。广西陆军干部养成所毕业，历任排长、营长等职。1936年国民革命军陆军第1集团军扩编时，蔡如柏升任第11师参谋长。后第11师改编，调任第66军160师参谋处长。1937年8月，蔡如柏奉命率部由广州北上参加淞沪会战，当时160师师长、副师长、参谋长均调至第66军军部工作，160师作战补给等工作均由蔡如柏一人负责。上海失守后，调任第66军160师956团团长。12月，蔡如柏率部参加南京保卫战，在汤山阻敌。8日，汤山失守，随第66军奉命退大水关休整。12日，蔡如柏随部突围至汤山时，遭遇日军第16师团主力的攻击，在战斗中牺牲。后被追赠为陆军少将。

于文彬（1916—1938）中共冀鲁边工委书记

又名士珍，化名余振芳、于启明。男，1916年出生，河南息县人。1936年5月转为中国共产党党员。1932年考入焦作私立中学高中部，被选为学生自治会主席。1934年秋，加入中国共产主义青年团，同年10月，焦作中共组织遭到破坏，11月他离开焦作到北平。1935年参加了“一二·九”运动。1936年4月与关山复等组成新一届共青团北平市委，于文彬任书记。5月，又任中共北平市委组织部干事、市委大学部书记。1937年被捕。在狱中坚持斗争。同年7月27日，由于他的耐心教育，一个看守将他扮成狱卒越狱。8月底到达济南，在平津同学会国际部工作。10月，被中共山东省委派往冀鲁边区开辟抗日工作，他与河北省津南工委负责津浦路东工作的马振华取得联系，建立了冀鲁边工委，他任书记。参加领导组建华北民众抗日救国军，针对救国军人员复杂、党的力量薄弱的情况，重点进行了党的组织建设，在各个连队建立党支部，积极发展党员，保证了党对救国军（后改称为31支队）的领导。于文彬任华北民众抗日救国军政治部副主任。1938年2月9日，在盐山县城保卫战中负伤，3月医治无效逝世。

马德山（1911—1938）东北抗日联军第6军1师师长

原名金乘浩。男，朝鲜族，1911年12月出生，朝鲜平安北道人，1931年加入中国共产党。“九一八”事变后，任中共汤原县交通员，负责鹤立、通河之间情报传送工作。1933年初，任汤原游击队司务长。1935年，先后参加了解除太平川警察署和亮子河金矿伪军关旅3营1连的武装战斗。1936年6月，到东北抗日联军军政干校学习，毕业后任东北抗日联军第6军4团政治部主任。11月，任东北抗日联军第6军1师师长。1937年2月，率队到富锦、同江、宝清等地建立抗日根据地。途中在桦川县火龙沟与600余名日、伪军遭遇，指挥所部200余人与敌激战，打退敌人多次冲锋，突出重围，安全抵达富锦。同年9月，与徐光海在依兰县位的配合下，争取了伪军38团某营长及下属两个连伪军哗变抗日。1938年3月29日，率部在绥滨县三间房伏击伪警察队，战斗中牺牲。

马骥德（？—1938）国民革命军陆军第32军139师2旅副旅长

字守初。男，陕西耀县人。1914年春，加入同盟会。1918年8月，由同学介绍到靖国军第4路第2支队董振五部当兵，经过短期士兵训练，历任排长、连长。1924年任国民2军1师1混成旅1团团长。抗日战争全面爆发后，随部投身抗日前线，参加河北元氏、河南彰德、鲁南等诸多对日战役，因战功升任第32军139师第2旅上校副旅长。1938年5月参加徐州会战，奉命在安徽萧县阻击日军，18日晨，日军第9师团及井关机械化部队3000余人在飞机、大炮的掩护下向城北猛烈进攻，马骥德亲临第一线督战，指挥守军拼死抵抗，双方伤亡惨重。战斗中马骥德腹部中弹，在日军攻进城内巷战时，拉响手榴弹与敌人同归于尽。

王麟（？—1938）国民革命军陆军第41军124师740团团长

字志仁。男，四川荣昌（今属重庆）人。1918年考入国民革命军川军军官学校学习。1919年毕业后，历任川军排长、连长、营长、团长等职务。1931年任四川省北川县长。1937年抗日战争全面爆发后，任第41军124师370旅740团团长。1937年底，在配合阎锡山部抗击日军的战斗中，时值他身患重病，不能行动。但他不顾上级命他回川养病的指示，让士兵用一只竹筐抬着他亲临一线，部署阵地，完成了战斗任务。此后740团又奉命从山西转战河南驻守郑州至徐州防线。1938年1月转战至山东临城，参加徐州会战。3月10日，第122、124师奉命守备山东滕县。3月14日，王麟率部协同友军与日军激战，奋力抵抗，使日军无法越过滕县外围阵地。16日，日军向滕县猛扑，国军放弃外围阵地，退守滕县县城。17日，日军在飞机、坦克、大炮的掩护下，向县城东门猛冲。王麟率部顽强抵抗，与其展开肉搏，死伤惨重。下午，东门阵地被日军攻破，王麟被日军炮弹弹片击中头部牺牲。后被追赠为陆军少将。

王崇实（1915—1938）冀东抗日联军第5总队政治主任

男，1915年出生，河北蓟县（今属天津）人。1933年加入中国共产党。父亲王秀冬在村里义务教书，倡导五四运动新文化思想。他自幼受到熏陶。1931年“九一八”事变发生时，他正在北师大附中读书，愤然参加了中国共产党领导的“反帝大同盟”。由于发动同学进行抗日活动，被校方开除。后到唐山赵各庄煤矿中学学习，继续从事革命活动。因带领进步师生参加革命斗争，又遭校方开除。党组织派他到唐山的林西、古冶一带从事工人运动。组织工人举行反抗日本侵略者、反对资本家迫害工人的罢工斗争。1936年党组织派他回蓟县，在中共蓟县县委的领导下，在蓟县东部建立党的基层组织。1938年4月任中共蓟县县委书记。在同年7月中共发动的冀东抗日武装暴动中，他和卜荣久、王少奇等人组建了冀东抗日联军第5总队，任政治主任。队伍很快发展到1800余人。7月底配合八路军第4纵队和其他抗联队伍攻克蓟县县城。8月16日率领暴动队伍配合冀东抗联洪麟阁部攻克玉田县城。后在别山镇与侵华日军石川部队遭遇，战斗持续到17日。抗联一部被石川部队包围，深夜他率领其余部队支援该部突围，为抢夺制高点，他身先士卒，勇猛冲杀，使被围部队全部突围。而他却在激战中牺牲。

王毓峰（1897—1938）东北抗日联军第 4 军 2 师师长

原名忠庆。男，1897年出生，黑龙江宁安人，1935年加入中国共产党。1916年参加东北军任排长、副连长等职。1932年加入王德林的救国军。救国军失败后，王德林等退到苏联。1933年1月，王毓峰率余部加入李延禄领导的抗日救国游击军，任2团团长，在宁安县进行抗日斗争。1934年，率团加入绥宁反日同盟军。1935年1月，日、伪军对同盟军进行围攻，王毓峰率部在南湖头与敌周旋。2月，同盟军改编为东北反日联合军第5军，任1师2团团长。5军成立之后，率团在宁安县收缴了东京城伪军武装、袭击了六道河子车站，在开辟西北山游击区的斗争过程中，重创了日本侵略者。1937年，王毓峰随周保中调往4军工作。冬任东北抗日联军第4军2师师长。1938年2月25日，在富锦县密营养病时被叛徒杀害。

王德林（1875—1938）中国国民救国军总指挥

原名王林，字惠民。男，1875年出生，山东沂南人。1895年闯关东到黑龙江密山县。1900年参加抗俄斗争。1903年4月开始绿林生涯。1917年编为吉林军第1旅第3营当营长。1932年2月，成立中国国民救国军任总指挥，在镜泊湖连环战役中重创日军。4月3日，率救国军攻占了宁安县和东京城，队伍由3000人增至1.2万人。扩编为6个旅、2个独立团、2个补充团、1个卫队团。5月初，在宁安县召开成立联合军司令部会议，公推李杜为总司令，冯占海为副总司令，丁超为护路军总司令，王德林为救国军总司令。10月初，率救国军转战牡丹江一带，两个月时间相继收复延吉、珲春10余座城镇。12月初，日军在击溃马占山、苏炳文、唐聚五部后，集中火力围剿救国军、自卫军。1933年1月，王德林率部退入苏联。同年5月回国，奔走于上海、天津、郑州等地，继续从事抗日救亡活动，将在关内募得的8000块银元转交东北抗日救国军。“七七”事变后，他不顾年迈体弱，奔走呼号于豫鲁等地，筹组抗日武装，因战伤复发，1938年12月病逝。1939年2月，延安《解放》周刊发表专文纪念民族老英雄王德林为国奋斗的精神。

毛岱钧（1902—1938）国民革命军陆军预备第9师35团团长

号重威。男，1902年10月出生，湖南湘潭人。1920年加入湘军第4师，由兵目升任排长。1927年进入黄埔军校长沙分校学习。1930年任第11师66团2营上尉副官。1933年升任第59师351团1营营长。后被送入中央陆军军官学校高教班第5期深造。毕业后任预备第9师33团中校团副。抗日战争全面爆发后，毛岱钧主动请缨，奔赴江西前线御敌。1938年升任预备第9师35团团长。1938年6月，随部参加武汉会战赣北战役。1938年9月，毛岱钧率部坚守江西庐山朱家山、孔家祠、门家桥一线阵地，与日军作战数日。最后关头，率10余名兵士，杀死日军一濑联队仓田队步兵少尉井上广喜以下30余人。激战中，毛岱钧身中数弹，因伤势过重牺牲。后被追赠为陆军少将。

田耘（1907—1938）国民革命军陆军第75军13师37旅73团团长

原名景星，字耕之。男，土家族，1907年出生，湖南乾城（今吉首）人。考入黄埔军校第6期步科学习。1926年秋，随革命军北伐。毕业后，历任国民革命军排长、连长、营长。抗日战争全面爆发后，田耘随部参加淞沪抗战，因功升任第75军13师37旅73团团长。1938年4月至6月参加徐州会战，由鲁南突围至信阳以北整训补充。6月下旬，田耘率部参加武汉会战。7月中旬在汉口张家机至黄陂间构筑工事。21日，田耘随13师进至宣化店，向日军矶谷兵团发起进攻，攻克柳林。11月，田耘奉命在湖北赵李桥阻击日军，掩护部队撤退。指挥所部在日军飞机大炮的轰炸中坚守阵地，击退日军多次进攻。激战中，田耘中弹牺牲。

吕汝爽（？—1938）国民革命军陆军第32军139师1旅副旅长

男，山东临清人。山西北方军官学校毕业。历任晋军排长、连长、营长等职。后任国民革命军陆军第32军139师1旅上校副旅长。抗日战争全面爆发后，投身抗日战场。1938年5月，139师奉命固守萧县，阻击北犯徐州之敌。5月16日，吕汝爽率1旅抵达县城，立即投入战斗。从16至18日，率全旅官兵与日军第9师团艰苦奋战两昼夜，打退日军多次进攻。18日拂晓，日军重新集结兵力3000余人，在数十辆坦克和10余架飞机的掩护下再次猛攻县城。吕汝爽奋不顾身，亲自登城沉着指挥。激战至中午，守军大半阵亡，弹尽援绝，北城失守，日军蜂拥而入。吕汝爽以必死之心，集合余部，与敌人展开巷战，战斗中身中数弹牺牲。

吕晓韬（1893—1938）国民革命军陆军第17军84师501团团长

男，1893年出生，河北河间人。庐山军官训练团第3期毕业。历任排长、连长、营长、团副等职。抗日战争全面爆发后，任国民革命军第17军84师501团团长。1937年率部参加平型关战斗。1938年3月下旬，随部驻防山西沁源县。1938年4月8日，日军由山西安泽县进犯沁源县，吕晓韬奉命率步兵两个营截击敌人。当行至安泽县上、下宝盆村时，与敌人陆空军联合增援部队两千余人遭遇。吕晓韬率部随即与敌人展开激战，以寡敌众，伤亡惨重。在英勇奋战两昼夜后，突然遭日机数架狂轰滥炸，吕晓韬被日机炸伤，因伤势过重于4月11日牺牲。后被追赠为陆军少将。

吕基淳（1914—1938）空军第4航空大队23中队中队长

男，1914年出生，河北景县人。毕业于北京志成中学，后考入杭州笕桥航空学校第3期，毕业后历任空军第4大队分队长、23中队中队长。淞沪会战时，率队与日军木根津航空队多次交锋。1937年9月中旬，日军两架轰炸机乘夜偷袭南京，吕基淳立即驾歼击机迎击。敌机一架尚未飞抵南京上空，即被他击落焚毁；另一架敌机见势不妙，向东逃窜，他紧追不舍，将其击落。一夜之间连歼敌机两架，以此空军均以“夜猫”称之。1938年2月18日，日军出动54架混合机群到武汉，妄图一举击破中国空军主力。中国空军立即迎敌，冲散敌机群，给敌机以重创。李桂丹大队长在击落敌机1架后，被3架日机包围，不幸中弹牺牲。吕基淳接替大队长职务，继续指挥作战，率僚机直击敌机群，中弹牺牲。

朱仰兴（1915—1938）八路军晋察冀军区第11大队大队长

号世灼。男，1915年出生。安徽六安人。1932年加入中国共产党。1928年参加当地秘密革命组织，担任交通工作。1929年冬参加六霍起义，后参加红军游击队，任宣传员。1932年编入红25军75师，历任营文书、团参谋。同年冬，红4方面军实行战略转移后，他随25军留在鄂豫皖革命根据地，坚持游击斗争，曾任团侦察科科长、参谋主任。1934年随军北上至陕北抗日根据地，被编入红15军团。1937年抗日战争全面爆发后，入延安抗日军政大学第1期学习。毕业后，任八路军115师344旅副参谋长。1938年1月，调晋察冀军区任第11大队大队长。同年8月12日，他率领第11大队在曲阳县高门进行反“扫荡”战斗，击毙日军80余人，缴获大炮2门、枪100多支。战斗中他负重伤，经抢救无效牺牲。军区聂荣臻司令员主持追悼会，军区《抗敌报》发表专文悼念，遗体安葬于河北省石家庄烈士陵园。

刘北海（1897—1938）国民革命军陆军第58军新编10师2旅4团团长

又名文超。男，1897年出生，云南西畴人。毕业于云南陆军讲武学堂第17期步科，先后在昆明、成都、武汉、开封、上海等军校或部队任教官、参谋等职。1932年，刘北海出任抗日学生军大队长，参加保卫上海的战斗。后因孤立无援撤退，辗转到四川成都刘文辉部任职。红军长征入四川，川军奉命堵截，刘北海眼看国难当头，不愿与红军作战，回乡躲避。抗日战争全面爆发后，刘北海于1938年初赶到昆明报到，被任命为国民革命军陆军第58军新编10师2旅4团团长。同年8月，刘北海奉命率部前往湖北对日作战。武汉失守后，日军第11师团笠原信雄部沿粤汉线继续南犯。11月1日，58军开往通城东北的崇阳阻击敌人，刘北海奉命率部扼守桂口市黄土岭一线。日军出动飞机、坦克，配合大炮猛攻刘北海所部阵地，刘北海率部与日军血战数日。8日，刘北海站在阵地最前沿指挥部队与日军作战时，被子弹击中头部牺牲。

刘礼年（1909—1938）八路军第120师359旅717团政治委员

男，1909年出生，江西莲花人，中国共产党党员。1928年参加中国工农红军。1929年任连政治指导员。1930年入红军学校学习。后曾任红6军团16师47团政治委员、16师政治部主任等职。1934年，随红6军团参加了长征。1937年1月，红6军团缩编，任53团政治委员。抗日战争全面爆发后，任八路军第120师359旅717团政治委员。1938年3月，在山西省宁武县石湖河与日、伪军作战时牺牲。

刘阳生（？—1938）国民革命军陆军第70军19师57旅114团团长

字茂林。男，湖南衡阳人。1927年入国民革命军第4路军教导总队军官队学习。毕业后，到第19师57旅任职，历任排长、连长、营长、团副等职。1937年，在浙江宁波海防一带驻防。9月底，该师奉命驰援上海，担任蕴藻浜沿线守备任务，因坚守蕴藻浜郭家牌楼阵地有功受到嘉奖。1938年7月，升任第70军19师57旅114团团长。7月26日，在马祖山一线阻击日军，坚持了四个昼夜，掩护友军在南浔铁路沿线布防，然后开赴庐山，防守牯岭。8月3日凌晨，日军集中飞机、大炮猛烈轰击第19师阵地，工事多被摧毁，刘阳生奉命率部死守。8月5日，日军增援部队猛扑19师金官桥阵地，并施放毒气作战。19师守军猝不及防，当即有百余人中毒倒在阵地上，前沿阵地一时混乱。撤下休整的114团奉命反击前沿阵地。当坚守到8日拂晓时，他又与乘浓雾进攻的日军展开肉搏战，全团只剩下70余名官兵，阵地失守。上级命令其夺回阵地，刘阳生遂带领剩余官兵组成敢死队，向前方阵地的山头冲去，在激战中牺牲，敢死队亦全部阵亡。后被追赠为陆军少将。

刘湛恩（1895—1938）上海沪江大学校长

男，1895年出生，湖北阳新人。1918年赴美留学，先后入芝加哥大学、哥伦比亚大学，获哲学博士学位。1922年学成回国，在南京东南大学执教。1928年初，受聘出任上海沪江大学首任华人校长。1931年，“九一八”事变后，刘湛恩当选为上海各界抗日救国会委员，主持抗日救国会国际宣传委员会工作。1932年，到上海市民地方维治会工作，支援19路军抗战。1937年8月，出任上海各界抗敌后援会监察委员、后援会战时设计委员、上海教育界救亡协会理事、上海国际救济会常务理事等职。他曾以中华全国基督教协进会副会长、太平洋国际学会和国际俱乐部创建人的名义，积极开展国民外交，向国际友人宣传中国抗战情况，揭露日本帝国主义侵华真相和在华暴行，呼吁国际社会主持正义，支援中国反侵略战争，被人们誉为“民间外交家”。1937年11月，上海陷落，他依然留在上海宣传抗日、救济难民、续办沪江大学。1938年2月，在沪江大学商学院开办社会科学讲习所，训练抗日救亡工作干部。日伪军多次对其威胁恐吓，甚至派遣流氓特务向其寓所投掷手榴弹，但刘湛恩毫不退缩，始终坚持抗日救国、反对伪政权立场。刘湛恩置一己安危于度外，日夜为抗日工作而奔忙。1938年南京伪维新政府成立，刘湛恩拒绝出任教育部部长，同年4月7日在上海遭日伪特务枪杀。

关化新（1906—1938）东北抗日联军第3军2师师长

男，1906年出生，河北山海关人，中国共产党党员。1934年10月任东北反日游击队哈东支队司令部副官处处长。1935年冬，任东北人民革命军第3军2团团长。1936年夏，关化新率部在宾县虎头山附近与日军交战，毙伤50余名敌军，取得了战斗胜利。后第2团扩编为第2师，关化新任政治部主任。1936年8月，东北人民革命军改编为东北抗日联军，任第3军2师师长，率部队在延寿、宾县一带活动。1936年秋，日军制订以宾县等5个县为中心的“讨伐”计划。为了突破敌人的封锁，2师渡过松花江，继续进行异常艰苦的斗争。1938年5月，率部在通河一带活动，被日、伪军包围，作战中牺牲。

江惟仁（1885—1938）江苏省绥靖公署参议

字泽庵，号宅安。男，1885年出生，安徽庐江人。17岁从军，历任国民革命军哨长、营副、营长、团长、副师长、师长等职。1933年12月，任第53军116师副师长时，率官兵扼守山海关、界巅口、拉马洞等关隘，部署兵力坚守阵地，击退日军数次进攻，身负重伤后仍指挥作战，组织敢死队反击。1937年6月，由第9军108师师长调任江苏省绥靖公署少将参议时，以休假的名义返回家乡。抗日战争全面爆发后，江惟仁欲赴前线参战。当接第51军电催归队后，感慨万千：“此正是吾报国之时也。”遂于1938年4月，率四名卫士赴苏鲁皖边区参加抗日，13日抵蒙城吕望集姜子牙庙，夜宿庙中，深夜被闻讯赶来的日军骑兵包围，双方展开激战，江惟仁击毙日特务机关长中田二郎和5名日军士兵。江惟仁和卫士弹尽后，与敌人用刺刀拼杀，敌人不敢靠近，以机枪猛射，江惟仁身中数弹牺牲。

阮务德（1914—1938）冀东抗日联军第23总队政治主任

男，1914年出生，河北秦皇岛人，1935年加入中国共产党。1933年考入天津法商学院,在杨秀峰等进步教授的影响下,投入抗日救亡运动。“一二·九”学生运动爆发后，参与组织天津学生大游行,是天津市学联主要领导人之一。因积极进行抗日救亡活动，1936年被捕，押送至北平监狱。全国抗战爆发后，经组织营救出狱，参加了平西抗日游击队,在一次伏击日军的战斗中负伤。1938年7月冀东举行抗日武装大暴动，在冀东抗日联军第5总队政治部工作。他利用战斗间隙，给抗联战士上政治课，教唱抗日歌曲，使部队的士气始终高涨。8月初，调任抗联第23总队政治主任。10月底，部队奉命西进整训，到达密云县潮白河时，突遭日、伪军截击。为了保存有生力量，上级命令部队连夜返回滦县北部山区坚持游击战争。11月初，当部队进驻滦县东安河村时，由于汉奸告密，部队驻地突遭日、伪军包围。在突围战斗中牺牲。

纪鸿儒（？—1938）国民革命军陆军第74军51师302团团长

男，安徽太和人。历任排长、连长、营长等职。1937年8月，因淞沪会战中表现出色，升任第51师301团副团长。12月在南京保卫战中又建战功，突围时右腿受伤，未及痊愈，即归队升任荣誉团长。1938年4月，纪鸿儒任第74军51师302团团长。台儿庄战役后，日军由安徽涡阳、山东曹县南北两路进犯，企图会师商丘。51师奉命驰援，在砀山、回龙集与日军展开战斗，乘夜击毁敌装甲车7辆。后日军土肥原部窜至兰封（现河南兰考县）、内黄间，纪鸿儒率所部与135旅一起在大小毛姑砦与日军展开激战，给日军以沉重打击。为消灭躲在三义砦的日军，纪鸿儒身先士卒，率部向日军阵地节节逼近，在战斗中身负重伤牺牲。后被追赠为陆军少将。

远静沧（1901—1938）山东西区人民抗敌自卫团政治部主任

原名绍华，字哲生。男，1901年出生，河北任丘人，1929年加入中国共产党。1924年考入北京大学。毕业后，就职于北京师范大学附属中学。入党后，以教书作掩护，积极开展革命工作。1933年根据党的安排，到青州山东省第四师范学校，以语文教员身份为掩护，从事党的地下工作。1934年被捕入狱。敌人用尽酷刑威逼审讯，他始终严守党的秘密。最后，被判处5年有期徒刑，关押于济南第一监狱。在狱中，他同在押党员一起建立狱中党小组，组织难友们与敌人斗争。1937年“七七”事变后，经党组织营救出狱。受中共山东省委派遣，赴泰西发动群众，发展党组织，组织抗日武装。1938年1月1日，与张北华等在泰安夏张镇举行抗日武装起义，11日成立山东西区人民抗敌自卫团，任政治部主任。1月24日，率部一举攻克肥城。他还争取了泰安县原10区的民众武装，接受改编，投身抗日，使西区人民抗敌自卫团很快发展到17个大队，3000多人。1938年3月，为配合台儿庄会战，自卫团第1大队炸断长清万德铁路桥，切断日军津浦路供应线。4月6日，泰安城数百名日军直扑肥城，远静沧与指战员阻击日军时，头部中弹牺牲。

严家训（1898—1938）国民革命军陆军第60军183师541旅1082团团长

字海诚。男，1898年8月出生，云南富民人。15岁参军，入伍后被选为云南军政要员唐继尧的侍卫军。1923年升任排长，随后历任连长、营长、团长等职。

抗日战争全面爆发后，严家训请求出征，被任命为第60军183师541旅1082团团长。1938年4月，第60军所辖3个师12个团到达台儿庄，受命布防二线。严家训率领的1082团奉命据守在凤凰桥和瓦窑路，4月22日，日军大举进攻，1082团在前进途中与日军遭遇，小庄失守。严家训带领部下冲进东庄与日军浴血奋战，打退了敌人的多次进攻。4月28日，严家训在战壕巡视时，被日军炮弹击中牺牲。

李必蕃(1892—1938)国民革命军陆军第20集团军23师师长

字子琪。男，1892年出生，湖南嘉禾人。保定陆军军官学校第一期工兵科毕业。1936年1月任国民革命军陆军第27军23师师长。抗日战争全面爆发后，任第20集团军23师师长，率部在德州守备。后又转战津浦、平汉、陇海各线。1938年5月，徐州会战期间，奉命在鲁西郓城布防。5月9日，济宁方面日军千余人进攻郓城，李必蕃率部奋勇抵抗。由于日军发挥了机械化部队的优势，于11日攻陷郓城。李必蕃率余部被迫退至菏泽。14日，在日军的炮击下，整排整排的士兵死于炮火中。在这危机时刻，69旅旅长吓得率部后退，菏泽防线崩溃。日军在飞机的掩护下，突入菏泽城。23师伤亡惨重，李必蕃所在的作战司令部遭日军包围。李必蕃临危不惧，率部奋勇冲杀，身负重伤。在随从副官的搀扶下，当天傍晚到达菏泽以南10里远的曲只集。目睹国仇未报，而自己用人不当，致使郓城、菏泽不保，李必藩悔恨交加，决心以一死激励前方将士继续抗日，遂取出地图，在空白处写下了“误国之罪，一死犹轻，愿我同胞，努力杀敌。”的遗言。然后躺平在一块门板上，举枪自戕。后被追赠为陆军中将。

李桂丹（1914—1938）空军第4航空大队大队长

男，1914年出生，辽宁新民人。1930年12月考入中央陆军军官学校第9期。1932年1月考入中央航校第2期，毕业后任中央航校教官和驱逐机组组长。后任中国空军第4航空大队第21队队员。抗日战争全面爆发后，李桂丹参加杭州地区空战，中国空军创下了6:0的辉煌战绩，因战绩突出升任第4大队大队长。1938年2月，李桂丹奉命率部负责武汉空防。2月18日，日军轰炸机12架，驱逐机26架，从南京、芜湖等地飞抵鄂、皖、赣三省上空集结，空袭武汉。李桂丹率部第21、第22、第23中队，在苏联空军志愿队的配合下，迎击日军空袭。李桂丹击落日机3架。激战中，中弹牺牲。

李润民（1910—1938）冀东抗日联军第3梯队梯队长

男，河南人，1910年出生，中国共产党党员。1930年参加红军，曾任红四方面军某团政治委员、冀东抗日联军第3梯队梯队长。参加了长征。1937年“七七”事变后，被派往冀东前线，参加冀东人民抗日武装起义（亦称冀东暴动）。1938年7月6日，与冀东抗日联军参谋长刘连科一起，连夜秘密召集300多名暴动骨干，在滦县港北村举事，大力宣传抗日，攻打警察局，摧毁敌伪政权，收缴武器，扩充抗日队伍，并首战攻取滦县县城。1938年12月，李润民在北平被日军逮捕，诱降不从，坚贞不屈，被日军杀害。

杨二（1889—1938）冀东民众抗日救国军司令

又名杨森、占山、振荣。男，满族，1889年出生，河北遵化人。1924年因杀死人被官府通缉，只身逃至关外，投奔兴隆匪首姚永兰。以后，在兴隆牛筋（金）洞另立门户，树起绣有“杀富济贫、替天行道”的三角旗，贫苦民众投奔他的甚多。1927年秋，杨二在黄花山上扩编队伍，建团设营，将三角旗改绣为“天下第一团，富人都献钱”十个大字。不久，率队夜攻遵化纪各庄武装豪绅卞方舟，开仓济民。同年中秋节，又设计除掉了恶贯满盈的匪首孙保贵。随后，又打败了前来黄花山围剿的奉军独立第7团一部。因此杨二声威大震，很快发展到千余人。但奉军于1928年巧设陷阱，将杨二部瓦解。杨二只身逃往唐山，奔波于滦县、玉田、遵化、兴隆等地。1936年春，他又拉起一支队伍，并在兴隆洋房子和大木厂等地袭击日军获胜。1938年7月，杨二毅然率部参加了冀东抗日大暴动，改“天下第一团”为“民众抗日救国军”，杨二任司令。他率部首战汤泉日伪军据点，随后转移到玉田县南天门一带，队伍迅速扩充到2000多人。9月，杨二率部攻打驻平安城之伪蒙军，歼其200多人。随后，伏击护送伪县长路过石门口的日伪军，大胜。日、伪军多次受挫后，决心消灭杨二部。9月24日凌晨，马兰峪等地日、伪军约2000人，突然包围了杨二部驻地遵化大安口，并发动全面进攻。杨二突围至东山。翌日晨，杨二率残部北出长城，在郭家庄南沟暂作休整。10月13日清晨，又遭600名日军围堵。下午3时，在双官铺的老君台再遭包围。杨二率23名战士与敌激战后，饮弹殉国。其部下受伤后被俘，全部死于日军屠刀下。

杨怀（1897—1938）国民革命军陆军第18军60师180旅359团团长

字绍卿。男，1897年出生，四川綦江人。1922年，杨怀在家乡拉起由数百名穷苦饥民组成的队伍，在川黔交界劫富济贫。1925年接受川军收编，历任大队长、团长等职。抗日战争全面爆发后，随川军出川抗战，杨怀任国民革命军陆军第18军60师180旅359团上校团长。1938年参加徐州会战。同年4月，60师奉命转移到苏北溧阳县戴埠镇休整待命。日军发起对戴埠地区的攻击，杨怀率部在苏北溧阳县戴埠地区与日军激战八昼夜，打退日军多次进攻。在争夺金鸡岭大红山制高点的战斗中，亲率侦察排及部分官兵，夜捣敌营，连续突破敌人三道火力封锁线，亲手夺日军军旗一面。在继续对日军的进攻中，身中数弹牺牲。后被追赠为陆军少将。

杨俊恒（1910—1938）东北抗日联军第 1 路军 3 师参谋长

又名俊衡。男，1910年出生，吉林集安人，1933年加入中国共产党。曾在东北军任排长。1932年，与营长苏剑飞率领部分士兵参加哈尔滨保卫战。哈尔滨失守后，随部转战于珠河、方正、五常等地。1933年9月，任南满第1游击大队1中队中队长。1935年4月，接替苏剑飞任大队长。5月，任东北人民革命军第1军教导团团长。随后，率部南下新宾、清原开辟游击区。1936年5月，任东北抗日联军第1军3师参谋长，7月与抗联第2军合编为东北抗日联军第1路军，仍任3师参谋长。同年11月率部西征。1937年秋，被调往第1军军部，协助杨靖宇司令处理军机事务。1938年8月2日，协助杨靖宇指挥部队在集安县长岗公路两侧伏击敌军，歼灭日、伪军300多人。战斗中，杨俊恒在与敌军抢占制高点时牺牲。

杨炼煊（1898—1938）国民革命军陆军第22军50师148旅副旅长

男，1898年出生，湖南常德人。中央陆军军官学校高等教育班毕业，抗战爆发后，任国民革命军陆军第22军50师148旅副旅长兼295团团长，参加鲁南会战。1938年5月19日徐州会战失利后，率所部2000余人突围。5月22日，在尹集与日军机械化部队激战，受敌人三面包围。所部伤亡惨重，激战中身负重伤，仍指挥战斗，最终与全团官兵全部阵亡。

杨镇华（？—1938）国民革命军陆军第12军22师132团团长

男，河南封丘人。毕业于庐山军训团第1期。1938年6月，任国民革命军陆军第12军22师132团团长。1938年6月，随师参加武汉会战，驻守马当、湖口一线。7月阵地失守，退至庐山，率部在鄱阳湖、庐山一带与日军展开激战。8月23日，在争夺牯岭战斗中，身先士卒，奋勇拼杀，在战斗中牺牲。后被追赠为陆军少将。

吴玉光（1909—1938）东北抗日联军第6军4师政治部主任

男，1909年出生，朝鲜庆尚北道义城郡人，中国共产党党员。1917年全家迁居到吉林省桦甸县。1927年搬到哈尔滨、阿城等地读书，毕业后在珠河县三屯当小学教员，并参加反日活动。1933年末，参加汤原反日游击队当班长。1936年初，成立东北人民革命军第6军任4团政治部主任。1937年2月，任东北抗日联军任第6军4师政治部主任。北满抗联各军主力部队西征之后，率部在下江一带坚持游击斗争。1938年冬，率30余名战士在富锦、宝清、双鸭山之间同日、伪军作战。不久，在富锦县的一次战斗中牺牲。

吴汝鎏（1908—1938）空军第3航空大队大队长

男，1908年出生，广东新会人。1927年中学毕业后，考入广东航空学校第3期甲班航空科，1929年被编入广东空军服役。1932年驾机参加淞沪抗战。1936年吴汝鎏被任命为中国空军第3航空大队大队长。1938年吴汝鎏所部两次奉命支援第5战区（山东南部及江苏北部）会战，亲率第3大队第7、8中队参加台儿庄战役，与日军多次空战，击落日机两架，为台儿庄大捷立下功劳。1938年3月，吴汝鎏率领14架机队支援徐州前线回航时，与日机遭遇，经过激烈空战，双方均有伤亡，吴汝鎏身负重伤。1938年8月31日，伤愈后的吴汝鎏率领32中队布防于广东省的南雄机场，因汉奸告密，日军11架战机直飞南雄上空，企图一举歼灭在南雄的中国战机。接到警报后，吴汝鎏立即组织战机起飞迎敌，与日机展开空战，击落日机3架，击伤2架。但日机倚仗数量优势，集中围攻吴汝鎏驾驶的战机，终因寡不敌众，所驾驶的战机被击中油箱坠毁爆炸，吴汝鎏牺牲。

吴景才（？—1938）东北抗日联军第3军新编2师政治部主任

男，山东人，1934年加入中国共产党。1934年7月，中共珠河县委在三股流一带建立珠河反日农民委员会总会，任总会会长。1935年春，伪警察署署长组织伪军260余人袭入铁南游击区抢粮，吴景才率队在土门岭伏击满载而归的敌军，这一仗不仅夺回了全部粮食，还缴获了大批武器弹药。1935年5月，任珠河县人民政府主席。1936年9月，任东北抗日联军第3军3师政治部主任。不久，率部西征，改编了天帮、五龙等匪队，率队与友邻部队200余人在铁力县境内孙灵阁山与日、伪军500余人激战一天半，击毙日、伪军80余人，完成西征任务。1938年6月，任东北抗日联军第3军新编2师政治部主任。10月，在方正县老道庙一带筹备给养时，被日、伪军包围，在战斗中牺牲。

何畏（1922—1938）东北抗日联军第4军警卫员

原名永祥。男，1922年出生，黑龙江宾县人。8岁时随父母逃荒到方正县大罗勒密。1935年，东北抗日同盟军第4军来到大罗勒密一带，在抗日同盟军的帮助下组建了儿童团，他被选举为儿童团团长，带领儿童团员开展抗日活动。1936年3月，任东北抗日联军第4军军长李延平的警卫员，随抗联4军转战在勃利、宝清、密山一带。1937年8月，李延平在宝清凉水泉子养伤。何畏在执行警戒任务时，发现10余名伪军偷袭，立刻开枪阻击，与后来赶到的战友一起打退敌人。1938年春，所在部队从宝清一带向五常方向西征。到达五常县境内，被敌军包围，何畏受伤被俘。在狱中，他坚贞不屈，被敌人杀害。

何信（1913—1938）空军第3航空大队第8中队副队长

号德璋。男，1913年出生，广西桂林人。“九一八”事变后，何信愤于国耻，毅然投笔从戎，考入柳州军校无线电专科学习。1932年，何信考入柳州广西航空学校第1期。1934年，广西当局挑选四名全优学生资送日本留学，何信位列其中，成为广西首批留日飞行员。进入日本明野航空学校学习。归国后，任教于广西航空学校。1937年11月，何信抵兰州接受新式飞机训练。1938年1月，何信提前完成训练任务，任空军第3航空大队8中队副队长。2月，第8中队移驻信阳机场，担任京汉铁路南段空防任务。1938年3月25日，何信驾机在山东临城枣庄上空与日机空战，连续击落敌机6架。在获胜归航飞抵马牧集上空时，遭遇埋伏的24架敌机攻击。当时何信及所部升空既久，油弹俱穷，情况十分不利。但何信临危不惧，率众冲入敌机群。血战多时，敌方发现何信之机为主机后，乃向其围攻。何信胸部连中3弹，拼死向敌主机全速撞击。敌人大惊，慌忙拉杆上翻逃命，何信抓住此良机，射出最后一排子弹，将敌首机击落。在人伤、机损、弹绝的情况下，何信驾机全速向另一敌机扑去，被撞敌机机毁人亡，何信牺牲。

邹绍孟（1895—1938）国民革命军陆军第41军124师参谋长

字慕陶。男，1895年出生，四川荣县人。1916年，投军熊克武麾下，在四川陆军第1师俞华伟部任司书。1919年2月，考入四川陆军讲武堂步兵科。毕业后，先后担任少尉见习官、中尉排长、上尉分队长、中校营长、上校参谋主任等职。抗日战争全面爆发后，升任国民革命军陆军第41军124师上校参谋长。1937年9月，邹绍孟率部出川奔赴抗日前线。1938年3月15日，奉命驻守山东省滕县。所部与敌激战两昼夜，双方各有伤亡。17日，日军集中火炮炸毁滕县城垣多处，日军突入城内。守城官兵在邹绍孟的指挥下，奋勇抗击，与敌人展开巷战，战斗中邹绍孟中弹牺牲。

汪成钧（1900—1938）国民革命军陆军第75军13师37旅副旅长

男，1900年出生，湖北黄冈人。上校副旅长。早年毕业于保定陆军军官学校步科及国民党中央陆军军官学校高教班。曾任排长、连长、营长、团长等职。抗日战争全面爆发后，汪成钧任国民革命军陆军第75军13师37旅上校副旅长，率部参加抗战，转战南北，屡建战功。1938年参加武汉会战，在鄂南蒲圻一带防守，担负掩护友军撤退的任务。10月30日，参加湖北咸宁赵李桥战役，日军以飞机轰炸和猛烈炮火向37旅阵地攻击，汪成钧奋不顾身，指挥所部奋勇抵抗，给予敌军极大杀伤，使友军得以安全撤退。在与敌人的激战中，汪成钧中弹牺牲。

张传福（1902—1938）东北抗日联军第 6 军 2 师师长

男，1902年4月出生，吉林公主岭人，1935年加入中国共产党。“九一八”事变后，组建保卫团，任团长。1933年，保卫团改成自卫团仍任团长。1934年10月，率团加入汤原游击队，被编为第3中队，任中队长。1936年1月，汤原游击队改编为东北人民革命军第6军，任4团团长。6月，率队到依兰县东部地区开辟抗日游击区，途中遭遇日本军车，张传福身先士卒击毁敌车，歼敌22人，战斗中身负重伤，被送到后方医院治疗。1937年2月，任东北抗日联军第6军2师师长。1938年7月，奉命率2师首批西征，向汤原方向进发。8月23日，率部行至黑金河时，遭到日军突袭，战斗中身负重伤牺牲。

张廷玉（1905—1938）国民革命军陆军第3军7师政训处处长

原名声桥，字器成。男，1905年出生，江西兴国人。1924年底南下广州，投考黄埔军校，入第3期步科学习。在校期间，参加平定杨希闵、刘振寰军阀叛乱和第二次东征等战斗。1926年年初毕业。后到国民革命军第3军朱培德部任职，历任连长、营长、团长、旅长等职。1937年张廷玉任国民革命军陆军第3军2师政训处上校处长。不久，抗日战争全面爆发后，他随部北上奔赴华北抗日战场。曾参加过忻口战役，又随军转战河北、山西等地战场。后奉命南撤到临汾以南整补。1938年，时任第3军7师政训处处长的张廷玉在第7师师部所在地沁源遭到日机轰炸，中弹牺牲。后被追赠为陆军少将。

张连科（？—1938）东北抗日联军第3军3师师长

男，中国共产党党员。1933年任珠河反日游击队3中队中队长。1934年秋，任哈东支队第3大队大队长。1935年1月，任东北人民革命军第3军独立师3团团长。1935年冬，与许亨植等人收编“山林队”，3团改编成3师，任3师师长。1936年8月，东北人民革命军改编为东北抗日联军，仍任第3军3师师长。1937年，任第3军稽查处长。1938年，率队在铁力县活动。1938年4月6日，为了解决部队粮食和换季服装问题，带领战士到依兰县马鞍山筹备军需物资，遭遇伪山林警察围攻，中弹牺牲。

张宗兰(1918—1938)中共佳木斯市委妇女部部长

女，1918年出生，黑龙江双城人，1935年加入中国共产党。1934年春，到佳木斯桦川中学读书。1936年冬，当选为中共佳木斯市委妇女部部长。同年底，到伪桦川县公署当文书，借此职务为党组织搜取敌伪重要情报。1937年夏，她得知日军要逮捕佳木斯大来岗中学地下工作者，立即向组织报告，同志们得以安全转移。同年，她得到日、伪军要到鹤立、兴山一带“讨伐”的消息，及时通知组织采取措施，粉碎了日、伪军的“讨伐”计划。1938年3月，在“三一五”大搜捕事件中，她前往哈尔滨避难，不料暴露行踪。20日晚，在哈尔滨客栈被特务逮捕时，她吞服鸦片，自杀身亡。

张郁光（1905—1938）鲁西北政治干部学校副校长

原名舒义。男，1905年出生，山东济南人，1938年加入中国共产党。先后就读于山东省立第一中学和北京师范大学。1927年参加北伐军，后回山东任省教育厅督学、山东省立第三中学校长、曲阜省立第二师范学校校长。1932年，因支持学生爱国运动遭当局通缉，逃往日本，入东京帝国大学学习。1936年回国后到北平师范大学执教。1937年抗日战争全面爆发后，回山东，到国民革命军第3集团军政训处任职。同年底，到聊城，被范筑先委任为少将参议。1938年5月，他任山东省鲁西北政治干部学校副校长，为鲁西北培养了许多党政军干部。同年9月，他随范筑先赴河北南宫出席冀鲁两省军政联席会议，帮助范筑先正确认识抗日时局，与八路军签订了联防协定。回到聊城后，协助范筑先拟定了《鲁西北抗战行动纲领》、《战时经济政策》、《整军方案》等重要文件。同年11月中旬，日军进犯聊城。15日，在保卫聊城的战斗中牺牲。原聊城状元街被县政府命名为郁光街。

张相武（1914—1938）东北抗日联军第4军1师师长

男，1914年出生，吉林人，1935年加入中国共产党。原在东北军任职。“九一八”事变后，所在部队被收编为伪军。1935年1月，在密山县伪军中任排长的张相武率部起义，加入抗日同盟军第4军2团。1936年任指导员。1937年9月，任东北抗日联军第4军2团团长，12月，任东北抗日联军第4军1师师长，率部攻打伪军教导队，缴获一个连的武器。1938年5月，率部参加西征，行至富锦县时遭伪军袭击，在战斗中牺牲。

张耕野(1901—1938)中共佳木斯市委组织部部长

原名宗儒。男，1901年出生，黑龙江双城人，1932年加入中国共产党。1930年，到佳木斯桦川中学任教。1933年，任桦川中学地下党组织负责人。他以教学为掩护，在学生中秘密开展抗日活动。1936年12月，任中共佳木斯市委组织部部长。1937年夏，领导梧桐河金矿矿警的武装起义，经常活动在鹤岗、萝北、汤原一带坚持抗日斗争，积极领导佳木斯地下市委为抗联3军、6军筹集大批军需物资和大量的军用器材，并设法送往抗日前线。1938年10月，在依兰县黑背子附近筹集给养时，突遭敌人袭击牺牲。

张镜远（1907—1938）国民革命军陆军第36军新编23师2旅旅长

男，安徽含山人。早年在芜湖萃文中学学习，后考入冯玉祥在张家口创办的陆军干部学校。1924年被选送日本士官学校学习，曾任排长、连长、营长、团长等职。1938年，任国民革命军陆军第36军新编23师2旅旅长，率部出川到湖南岳阳北城陵矶一带抗击日军。1938年10月，日军在飞机、炮艇和登陆艇的火力掩护下，以两个大队（营）的兵力进犯城陵矶沿岸。张镜远率部拼死抵抗，敌军死伤众多。日军见久攻不下，调动飞机，对张镜远部阵地进行猛烈轰炸，致使张镜远部官兵伤亡惨重，渐渐失去战斗力，城陵矶落入敌手，张镜远在湖南岳阳荣家湾举枪自戕。后被追赠为陆军中将。

陈怀民（1916—1938）空军第4航空大队飞行员

又名天民。男，1916年出生，江苏镇江人。早年先后就读于扬州中学、无锡成美高中、常州工艺专门学校及商船学校。1932年“一·二八”淞沪抗战后，投笔从戎，参加了第19路军编组的学生义勇军。后考入国民党中央航空学校第5期驱逐科。1936年毕业于笕桥航校，任国民革命军空军第4大队少尉飞行员。抗日战争全面爆发后，随第4大队转战东线上空，屡建奇功。陈怀民先后于南京、台儿庄空战中击落敌机3架，两度负重伤。1938年参加武汉保卫战，4月29日，日军数十架飞机突袭武汉，陈怀民随部驾机迎敌，击落1架敌机后，被5架敌机包围，中弹重伤，毅然驾机向日机撞去，与敌机相撞爆炸，陈怀民牺牲。后追赠中尉军衔。

陈纯一（1903—1938）国民革命军陆军第13军4师23团团长

字静宇，号庆榕。男，1903年出生，湖南新宁人。1925年，陈纯一考入黄埔军校第3期骑科学习。在校期间，随部参加第一、二次东征和北伐战争，历任排长、连长、营长等职。1932年随部参加淞沪抗战，支援19路军。陈纯一率部同日军血战两昼夜，致日军伤亡惨重，国民政府南京统帅部致电嘉奖，升任团长。后入南京中央军校任教官。抗日战争全面爆发后，任第13军4师23团团长。1938年

3月，在鲁南台儿庄会战中，陈纯一率领骑兵团首战临沂，在友军部队配合下，从侧面猛击日军，使板垣征四郎率残部溃逃。同月，陈纯一奉令率部快速增援山东峄县。战斗中，陈纯一多处负伤，耳朵被弹片削去，腹部被弹片击穿，肠子流出。他咬牙将肠子盘回肚子里，用绑腿带捆住腹部，继续指挥战斗，终因伤势过重牺牲。后被追赠为陆军少将。

陈蕴瑜（1900—1938）国民革命军陆军第8军102师304团团长

又名怀珍。男，1900年出生，贵州平坝人。世代为农，家境贫寒。贵州陆军讲武堂第2期毕业，历任排长、连长、营长、团长等职。抗日战争全面爆发后，任国民革命军陆军第8军102师607团上校团长，参加南京保卫战。南京保卫战结束后，调任第304团团长，开赴河南光山、高城驻防。1938年4月，日军陆、海、空三军分兵多路进攻徐州，102师奉命由河南开赴徐州作战。陈蕴瑜率部在韩道口摧毁日军坦克5辆，击退了日军的进攻，并收复了苇楼。1938年5月，日军集中重兵将苇楼包围，发动猛烈进攻。陈蕴瑜率全团官兵奋勇杀敌，打退日军的多次进攻。因弹尽援绝，与敌人肉搏突围时牺牲。后被追赠为陆军少将。

武伦佩（1900—1938）八路军第129师先遣纵队独立大队大队长

男，1900年出生，河北武安人。早年就读于北平成达中学，1925年考入东北奉军在北京创办的讲武堂。1929年毕业后，任奉军骑兵副连长、营长等职。1931年“九一八”事变后，东北军未作抵抗便撤到关内保定驻防。武伦佩不愿与退兵为伍，愤然辞职返乡。1932年，他决心走实业救国道路，到北京创办手工织袜厂。至1934年实业救国也无望，乃停业返乡。1936年不顾家人阻挠，变卖部分家产，招募乡民，购买枪支弹药，组织地方武装，以图捍卫乡里。1937年抗日战争全面爆发后，武伦佩联合周围20余村成立抗日自卫大队。1938年5月，率部投奔八路军，先后任八路军冀豫边游击大队大队长、八路军第129师先遣纵队独立大队大队长。5月下旬，率部配合129师386旅772团，一举捣毁武安伪县长李聘三的巢穴。随后，又配合771团攻打庄晏伪军据点获胜。接着，还参加了保卫第386旅驻地彭城镇的战斗。同年9月，武伦佩闻悉日军开出武安县城，仅留伪军一部驻守，亲率一连突袭县城。因情报有误，遭敌伏击，遂向南撤退。为掩护部队撤退，他持机枪断后，中弹牺牲。

范廷兰（？—1938）国民革命军陆军第1战区游击第4总队总队长

字雅轩。男，河南温县人。20岁时入镇嵩军当兵。曾任温县第2区区团长。抗日战争全面爆发后，范廷兰应温县爱国志士的要求，组织义勇队，依仗地形熟悉，采取游击战术，袭扰日军。后被第1战区长官司令部收编为豫北抗日游击队第8别动队，范廷兰任队长。1938年7月，第8别动队改编为第1战区游击第4总队，范廷兰任总队长。1938年春，日军先后打通平汉线，控制道清铁路，企图进入太行，袭击留守的抗日军队。3月初，范廷兰奉命率部在在河南省修武县五里源阻击日军。3月28日晨，日军集修武、薄壁等处兵力千余人，包围了里窑、外窑。范廷兰见双方实力相差悬殊，不能坐以待毙，率领部下奋力杀出重围。不料又遇日军增援部队，再次陷入被围境地。双方激战至下午4时，范廷兰所部官兵终于突破了日军最后一道防线，范廷兰部亦伤亡惨重。但他发现驻守修武西洞的第97军姚团长尚在包围圈中没有脱身，便执意反身解救。部下劝其先走，范廷兰不应，又一次带兵冲入重围。此时日军火力猛增，并以大炮轰击。范廷兰冒着炮火弹雨挺身射击，不肯伏身掩蔽，中弹牺牲。后被追赠为陆军少将。

范树民（1920—1938）聊城青年抗日挺进大队大队长

男，1920年出生，河北馆陶人。“七七”事变后，跟随其父山东省第6区专员范筑先将军投身抗日。年底，第6区游击司令部为培养抗日干部，成立聊城青年抗日挺进大队，范树民任大队长。挺进大队接受中共鲁西北特委的建议，加强部队政治工作，却遭到司令部参谋长、反共分子王金祥和副大队长高庆云的反对。范树民坚持与共产党合作抗日，加强部队政治工作，在挺进大队中撤换和清洗国民党顽固派分子，任命共产党派来的政治干部李仲伶为副大队长，从此使挺进大队成为共产党领导的抗日武装力量。1938年8月，鲁西北抗日武装为配合保卫武汉，范筑先组织东进纵队准备发起收复济南的战役,亲率前方司令部驻齐河县潘店，各支队则在齐河县季寨、焦庙一带村庄驻扎。范树民奉命率领挺进大队开往济南前线，进至齐河县城西十余里的坡赵庄后，遭日、伪军袭击。范率队奋勇还击，终因寡不敌众，在作战中牺牲。

郁仁治（1905—1938）山东省第1区行政督察专员

男，1905年出生，江苏海门人。1924年，郁仁治在海门中学毕业后，自费赴日本陆军士官学校工兵科第21期学习。1929年夏学成回国后，任国民革命军教导第1师上尉教官。1930年，郁仁治调往南京工兵学校筹备处工作。该校正式成立后，任该校中校及上校教官。1932年参加“一·二八”淞沪抗战，在19路军翁照垣旅长指挥部担任参谋工作，负责设计构筑上海市防御工程，并亲去前线参战。战事结束，郁仁治仍回工兵学校任职。1937年，郁仁治奉调去青岛担任国防工程处处长兼军警督察处长。之后，郁仁治调至国民党军事委员会参谋本部任高级参谋。1938年1月，郁仁治赴山东任山东省第1区行政督察专员兼军事特派员，在肥城、长清、东阿等县组织抗日武装。11月27日，郁仁治率部驻山东肥城县西南演马庄。拂晓时分，遭到日军步兵、骑兵、炮兵和空军共计1000余人的袭击，激战数小时后，郁仁治部陷入重围。突围时，郁仁治身中数弹负伤，29日在东阿县医院抢救无效牺牲。后被追赠为陆军少将。

拉赫曼诺夫（？—1938）苏联空军志愿队战斗机大队大队长

男，苏联人。抗日战争爆发后，拉赫曼诺夫随苏联空军志愿队来华支援抗战。在保卫武汉中多次驾机与日军交战。1938年在武汉空战中牺牲。

易式谷（1891—1938）国民革命军陆军第22军司令部副官处处长

字宝钧。男，1891年出生，湖南湘乡人。早年家境贫寒，18岁时因生计被迫入伍当兵。后被保送到保定陆军军官学校和庐山军官训练团受训，历任排长、连长、营长等职。1926年，随部参加北伐。1938年1月，任国民革命军陆军第22军司令部少将副官处处长。1938年4月中旬，第22军奉命参加徐州会战。易式谷随军长谭道源率部到达鲁南前线，奉令编入孙连仲鲁南兵团序列，加入以大运河为依托的邳县至禹王山防线。5月上旬，日本大本营增加5个师团参加徐州会战。第22军奉命转至宿州附近至贡山一线阻击日军。18日宿州失守，第22军转至宿州以东的灵璧一带。19日，徐州失陷。22日，第22军在灵璧遭到日军合围。易式谷突围时被俘，后被日军杀害。

罗芳珪（1907—1938）国民革命军陆军第13军89师529团团长

号建唐。男，1907年出生，湖南衡东人。1925年罗芳珪考入黄埔军校步科第4期，分配在步科1团7连学习。1926年毕业后参加北伐战争，历任排长、连长、营长等职。1934年任国民革命军陆军第13军89师529团团长。抗日战争全面爆发后，率部北上参加对日作战。1937年8月初，在南口一带阻击日军，与数倍日军血战8日，给日军重创。南口战役后，罗芳珪随军转战晋、冀、豫三省，先后征战山西太原、河北磁县，重创日军。1938年，参加台儿庄会战。4月4日，台儿庄日军被击败，会战获得胜利。4月6日，敌军不甘心其失败，疯狂反扑。罗芳珪率部迎敌。当天黄昏时分，罗芳珪率团副李友于在前沿阵地观察敌情，准备夜袭敌人，被炮弹击中。他的头部和胸部负重伤，部属见状，急忙抢救。罗芳珪恐减少战斗力量，坚决拒绝，终因伤势过重牺牲。后被追赠为陆军少将。

金正国（1912—1938）东北抗日联军第11军政治部主任

原名相周，别名相奎、振国。男，朝鲜族，1912年3月出生，朝鲜庆尚北道人，1930年加入中国共产党。1932年，任中共黑龙江汤原县委秘书。1934年冬，任汤原反日游击总队指导员。1935年，党派金正国等3名同志收编祁致中的“山林队”，经过1年多的工作，这支山林队成为我党领导下的抗日队伍。1936年夏，明山队改编为东北抗日联军独立师，任第1旅政治部主任。1937年秋，参加孟家岗伏击战，袭击从驼腰子金矿往佳木斯押送黄金的伪军，击毙数十名伪军，缴获黄金数百两。同年11月，独立师改编为东北抗日联军第11军，任政治部主任。1938年5月上旬，在富锦县李家粉房进行抗日活动时，被叛徒杀害。

金连城（？—1938）国民革命军陆军第8军3师9旅副旅长

男，河北枣强人。早年参军，在国民革命军第21师服役。1936年12月，任第21师61旅121团团长，驻防江西省铅山县紫溪乡。抗日战争全面爆发后，金连城率部随军转战南北，先后参加忻口战役、太原保卫战及徐州会战等战役。后升任第8军3师9旅副旅长。1938年7月，奉命率部固守九江瑞昌天子山阵地，遭到日军猛烈攻击，激战中，该旅官兵大部阵亡。旅长负伤，副旅长金连城在战斗中牺牲。后被追赠为陆军少将。

金道松（1911—1938）八路军留守兵团保安司令部关中军分区副司令员

男，1911年出生，湖北阳新人。1928年参加赤卫队。1930年9月，参加中国工农红军，历任连政治指导员、营政治教导员、团长等职。参加了长征。红军到达陕北后，参与陕甘宁边区的建设。1937年8月，陕甘宁边区政府与八路军留守兵团成立保安司令部，统一指挥陕甘宁地方部队和自卫军，任关中军分区副司令员。1938年11月20日，日军轰炸延安时，为掩护机关防空而牺牲。

周平（1916—1938）山西战地总动员委员会游击第1支队副支队长

原名关卿。男，1916年出生，江西永新人，中国共产党党员。1931年参加中国工农红军第1方面军。随后加入中国共产党。历任司号员、侦察员、班长、排长、连长，长征途中任营长。到陕北后，任红军大学教员、大队长。1937年“七七”事变后，随程子华到山西前线，任山西战地总动员委员会游击队训练队队长及军事教官。后调任山西战地总动员委员会游击第1支队副支队长。这支部队从1937年底到1938年秋，对日作战50余次，歼敌2000余人。1938年9月，支队决定以实际行动纪念“九一八”事变7周年，周平亲率3营10连，到太谷县北洸村附近伏击日军铁路查路队，30多敌人大部被歼。在激战中，周平左臂负伤，由于子弹打断动脉血管流血过多牺牲。

赵庆吉（1901—1938）中国少年铁血军第2路军总指挥

男，满族，1901年出生，辽宁凤城人。1932年8月，赵庆吉率队加入东北民众自卫军第28路军任团长。率团在凤城、岫岩、安东交界的三角地带对日、伪军作战。10月，赵庆吉参加围攻大孤山伪军李寿山部，毙伤日、伪军60余名。之后，赶往岫岩，袭击哨子河日本守备队，又夜袭红花岭打死日本守备队长提岛及2名日本兵，缴获机关枪等武器。1933年夏季，转移到凤城县鸡冠山西部山区，袭击日、伪军驻地，缴获长枪27支。1935年12月，任中国少年铁血军第2路军总指挥。1936年8月，率部与第1路军、第3路军联合攻打安东县龙王庙。1936年12月26日，日、伪军抓捕赵庆吉的岳父及其他亲属多人，先后枪杀。1937年10月，铁血军第2路军在岫岩境内四方砬子一带被日、伪军包围，赵庆吉的妻子关世英（第2路军参谋长）在掩护部队突围时牺牲。同年冬，日伪抓走他长子赵德孚作人质，派说客去劝降，他杀了说客，敌人也活埋了德孚。1938年1月15日，负伤后隐藏在后窑，被敌人侦知逮捕，牺牲于凤城西沟。

赵振威（1911—1938）冀东抗日联军第1总队总队长

原名翰章、炳章，又名铁夫。男，河北丰润人。小学毕业后到辽宁铁岭书店当学徒。后参加杨虎城部卫队营。1931年“九一八”事变后，入国民党洛阳军官分校学习，毕业后留校任教官。1936年西安事变后离职回乡。1937年在《唐山日报》社任职。1938年在冀东抗日大暴动中，任冀东抗日联军第1总队总队长。1938年9月，攻打遵化县孤山据点，部队行至龙山遭日、伪军伏击牺牲。

胡凤林（1899—1938）华北游击纵队第13支队12梯队司令员

男，1899年出生，山东桓台人。早年在甘肃省警盐学校毕业后，曾任鲁南道守备营长、盐山县警备队长、桓台县警备大队副大队长等职。1937年抗日战争全面爆发后，组建起一支抗日武装，编为一个大队，任大队长。1938年3月，接受了“国民政府军委会别动总队华北游击纵队第13支队12梯队”的番号，胡凤林任司令员，共有1000余人。他积极训练部队，筹建兵工厂，并与八路军山东人民抗日游击第4支队取得联系。学习八路军的游击战术，在3个月内进行了30多次突袭战斗，取得很大胜利。12梯队的军事行动，惊动了日军。9月24日，日军调集一个联队（团），兵分四路向第12梯队展开大合围。胡凤林在激战中负重伤牺牲。

胡文臣（？—1938）国民革命军陆军第8军游击3团团长

字相卿。男，天津静海人。中学毕业后入伍，历任两淮盐警大队排长、连长、大队长等职。1937年抗日战争全面爆发后，胡文臣所在的两淮盐警大队扩编成第8军游击队，胡文臣任第3总队长。后该部改编为第8军游击第3团，任团长。1938年春，日军由连云港登陆，胡文臣率部坚守灌云县云台山的左翼，顽强阻击敌人，在日军优势兵力进攻下，该部伤亡很大，阵地因守军伤亡殆尽，落入敌手。他亲率突击队夜袭大龙头阵地，重创敌军，收复了阵地，胡文臣因战功被授予陆军少将军衔。不久，所部第3团改隶国民革命军陆军第33师，奉命开赴宿迁防守。1938年冬，胡文臣奉令率部驻扎江苏宿迁，日军以优势兵力来犯，胡文臣率两个营的将士坚守孤城，与敌人反复冲杀，展开白刃肉搏，打退了日军的多次冲锋。不久，日军又调重兵增援，将县城四面包围，再次以大炮、飞机进行猛烈轰炸，冲入城内。将士们誓死不退，双方展开巷战。胡文臣在第一线与敌人战斗，白刃肉搏，在激战中牺牲。后被追赠为陆军少将。

钟芳峻（1898—1938）国民革命军陆军第63军153师459旅旅长

又名秀峰。男，1898年出生，广东河源人。早年投身军旅，后在粤军服役，屡立战功，历任连长、营长、团长等职。1938年任国民革命军陆军第63军153师459旅少将旅长，奉命率部参加惠广战役对日作战。同年10月中旬，日军为了封锁中国的海上交通线，配合武汉会战，发动了广增之战。当日，日军先遣部队千余人，在空军的掩护下，沿博罗至增城公路搜索前进。当时，钟芳峻旅配合炮兵工兵战车等特种兵部队占领增城至石滩沿增江右岸预设阵地。18日，日军在飞机、大炮、坦克的掩护下，向钟芳峻部阵地发动猛烈进攻，钟芳峻率部浴血奋战，伤亡惨重。在弹尽援绝的情况下，钟芳峻毅然选择与阵地共存亡，举枪自戕。

姜克智（1910—1938）东北抗日联军第7军1师副师长

男，1910年出生，山东牟平人，1936年4月加入中国共产党。1934年参加饶河反日游击队。1936年任东北人民革命军第4军4师保安连连长。同年11月，第4军2师改编成抗联第7军。1937年初，任7军军部警卫连连长。3月9日，率队在饶河县西林子一带袭击日、伪军，击毙日本参事官大穗雄一。因战功升任第7军1师1团团长。1938年7月，任东北抗日联军第7军1师副师长。9月，在饶河一带伏击日军，击毙日本军官日野武雄等30余人。1938年秋，在同江、富锦交界的卧虎里山驻扎时，遭日军围攻，中弹牺牲。

洪涛（1912—1938）山东人民抗日联军独立第 1 师师长

原名裕良。男，1912年出生。江西横峰人，1930年加入中国共产党。1928年1月参加弋横起义。1929年参加中国工农红军。曾任红10军营长、副团长，红7军第19师56团团长，红9军团第7团团长等职。参加了长征。曾多次负伤。1935年8月任红4方面军32军7团团长。1936年10月，入中国人民抗日军政大学学习。1937年10月，与8位红军团级干部一起，从延安派往山东。先被山东省委派往聊城，在范筑先将军的保安司令部政训处工作。11月与堂邑县党组织建立起一支抗日武装，范筑先命名为山东省第6区抗日游击第1支队，洪涛任支队长。1938年1月1日，参加领导山东省委发动的徂徕山抗日武装起义，任八路军山东人民抗日游击第4支队司令员。4月，所部发展到4000余人，改称山东人民抗日联军独立第1师，洪涛任师长。5月25日，因肺部战伤复发，医治无效牺牲。

宣侠父（1899—1938）八路军总司令部高级参议

原名尧火，号剑魂，化名杨永清。男，1899年出生，浙江诸暨人，1923年加入中国共产党。小学毕业后考入浙江省立甲种水产学校，因成绩名列第一，得到公费去日本留学的机会。回国后到杭州投身革命活动。1922年加入中国社会主义青年团。1923年任团杭州地委秘书。1924年去黄埔军校第1期学习，后因反对蒋介石而离校。1925年被李大钊派到冯玉祥的西北军工作。1926年任国民联军3路军总部宣传处处长。他以国民党左派的身份整顿了国民党甘肃省党部；同时帮助建立中共兰州地下组织。1927年5月，冯玉祥将国民联军改为国民革命军第2集团军，宣侠父任前敌总指挥部政治部中将主任。1927年“四一二”反革命政变后，宣侠父与刘志丹等一批共产党员离开西北军。他回到故乡从事农运，筹建中共诸暨县委，任县委委员，负责军事工作。后因敌人搜捕离开家乡。1930年打入梁冠英的25路军，任总参议。此时，他与上海左翼作家联盟党团书记阳翰笙联系，派了一批共产党员到梁部工作，筹集几万元支持左联活动，出版了《北斗》、《文学导报》等进步刊物。1929年至1932年，他以今秋和石雁的笔名写了《西北远征记》、《入伍前后》两本小说。他是左联的秘密盟员。1933年，他又到平、津，与许权中、阎红彦等一起促成冯玉祥、方振武、吉鸿昌等联合，成立了察哈尔民众抗日同盟军，任同盟军中的中共前线委员会委员兼2路军政治部主任和第5师师长。同年底，同盟军失败后，他与吉鸿昌到天津同南汉宸组织了“中国人民反法西斯大同盟”，继续开展抗日运动，秘密筹备重建抗日武装。1934年3月，他介绍吉鸿昌加入中国共产党。不久，奉调到上海“特科”工作，化名杨永清，以《申报》记者身份，与胡愈之、邹韬奋、章乃器等人联络，开展抗日救亡运动，并为党搜集了重要情报。1935年调到香港进行上层统战工作，推动李济深、蔡廷锴等国民党上层人士走联共反蒋抗日道路，参加李济深等人发起成立的“中华民族解放大同盟”。1936年支持李宗仁、白崇禧发动的“两广”事变，主张反蒋抗日，并担任重建的19路军政治部主任兼61师参谋长。事变失败后，他离开61师到梧州任中华民族革命同盟梧州市委主任，组织民众抗日救亡运动。1937年被调到西安。“七七”事变后，任八路军总司令部高级参议，成为周恩来、叶剑英、林伯渠的助手，到西安、徐州等地，对国民党高级将领进行统战工作。蒋介石对于宣侠父的革命活动恨之入骨，亲自手谕“秘密判裁”。1938年7月1日，宣侠父回西安八路军办事处途中，被特务绑架，当晚遭暗杀。

姚第鸿（1911—1938）山东省第6区抗日游击司令部政治部副主任

男，1911年出生，山西河津人，1930年转为中国共产党党员。1927年考入河南省立开封高中，在校结识中共地下党员杨献珍，受其影响，1929年加入中国共产主义青年团。1930年转入济南山东省立高中学习。1931年3月任中共济南特别支部成员兼共青团济南特别支部书记。中共济南特支改为济南市委后，任济南市委委员、共青团济南市委书记。同年6月，到青岛参加新建的中共山东省委会议，任山东省委委员。党组织派他入齐鲁大学读书，从事党的工作。“九一八”事变后，组织领导山东2500余名学生赴南京请愿。1932年1月，任共青团山东省特委书记。利用其父姚以价国民党中将军事参议的身份作掩护，积极进行党的秘密工作。同年春，遭国民党当局逮捕，其父强迫他去日本留学，与中共组织失掉联系，但在日本仍继续从事革命活动。抗日战争全面爆发前夕回国。“七七”事变后，在韩复榘的第3集团军，参加共产党员和进步人士创办的政治干部训练班工作。后率一批训练班学员，到聊城山东省第6区专员兼保安司令范筑先处工作，他任范筑先的秘书。为争取团结范筑先与中共合作抗日做了大量工作。在此期间，中共鲁西北特委为其恢复了党的组织关系。1938年5月，任山东省第6区抗日游击司令部政治部副主任。同年11月中旬，日军进犯聊城。15日，与范筑先一起，在保卫聊城的战斗中壮烈牺牲。

夏次叔（1904—1938）国民革命军陆军第5战区民众总动员委员会组织部部长

字振铨，笔名次之。男，1904年出生，湖南龙山人。1926年，他考取北京大学政治系预科。1928年，他先后当选为北京大学政治学会主席和北京大学自治会主席。1931年12月他被中共沙滩支部秘密吸收为中国共产党党员。1932年春，赴法国巴黎大学留学。1935年，学成回国后任广西省政府秘书兼李宗仁私人秘书。抗日战争全面爆发后，夏次叔随李宗仁到达徐州，负责协助李宗仁处理第5战区军政事务。1937年12月，第5战区成立民众总动员委员会，李宗仁任主任委员，夏次叔任组织部部长。1938年4月，日军在台儿庄战役中惨遭失败后，调集两个师团的兵力再次进攻徐州。李宗仁部奉命于5月18日午夜放弃徐州，夏次叔随军于19日上午抵安徽宿县北，不久退至安徽涡河北岸，渡河的桥梁、渡船已被日军炸毁，部队于是分兵三路进行强渡。夏次叔在指挥中路官兵抢渡时，被赶上来的日本骑兵包围，中弹牺牲。

徐光海（1907—1938）东北抗日联军第6军1师政治部主任

原名炳仁。男，朝鲜族，1907年出生，朝鲜庆尚南道人，1930年加入中国共产党。1934年10月，任汤原游击队副官。1936年，入东北抗日政治军事学校学习。1937年2月，任东北抗日联军第6军1师政治部主任兼中共下江特委常委。1938年春，北满临时省委决定北满抗日联军主力向黑嫩平原远征，指定高禹民、徐光海领导下江留守部队。1938年6月，率部夜袭富锦县国强街基伪警察署，俘虏两名日本指挥官和20余名伪警察。7月，率部在双山伏击敌军，毙敌80余人。1938年11月，兼任中共富锦县委书记。1938年11月23日，组织伤病员转移，途经富锦县张忠堡时遭伪军袭击牺牲。

徐荣奎（1900—1938）国民革命军陆军第53军130师775团团长

别号聚五，男，1900年出生，黑龙江瑷珲人。东北陆军讲武堂第5期毕业。历任东北军排长、连长、营长，副团长。曾入中央陆军军官军校高等教育研究班学习。1937年抗日战争全面爆发后，任国民革命军陆军第53军130师775团团长。1938年在山西晋城与日军作战中牺牲。

徐积璋（1906—1938）国民革命军陆军第19军70师205旅旅长

字耀堂。男，1906年出生，山西襄陵人。西北军官学校及南京陆军大学毕业，历任排长、连长、营长、团长等职。抗日战争全面爆发后，曾任山西青年决死队第1总队1大队大队长，后升任国民革命军陆军第19军70师205旅少将旅长兼西南18县保安司令，奉命率部参加了太原会战。徐积璋面对日本的拉拢诱降不为所动，率部进入闻喜县地区，不断袭击日军，牵制日军兵力。1937年，205旅旅部及直属部队驻防闻喜县稷王山，下属团长分兼驻地的县长，各团各有防区。1938年2月，日军抽调三倍兵力在飞机大炮的掩护下进犯稷王山阵地。徐积璋亲临前线指挥作战，战至次日午后，因兵力分散，不能及时应援，阵地相继被日军突破。徐积璋探身用望远镜侦察敌阵时，被日军发觉，并以炮火猛击指挥所，徐积璋中弹牺牲。

黄莺（1912—1938）空军第3航空大队8中队飞行员

原名黄廊，字允拓。男，壮族，1912年出生，广西宜山人。在广西省立第11中学毕业后考入柳州航空学校第2期学习飞行。1936年结业后，被分配到广西柳州航空学校做准尉飞行助教。抗日战争全面爆发后，任空军第3大队8中队少尉飞行员。1938年2月28日，9架日机侵犯湖北襄樊，黄莺奉命驾机升空截击，击伤敌机1架；3月18日，在山东临城、滕县上空与队友共同击落日机2架；3月25日，驾机轰炸入侵台儿庄的日军，返航途中与日机遭遇，击落日机2架；4月10日，黄莺奉命出击枣庄之敌，返航途中与25架日军“九六”式飞机遭遇，击落日机1架；几乎每战均击落敌机，为同期空军击落敌机的冠军。1938年7月18日，日军空袭南昌，黄莺在与日机作战中牺牲。

梅一平（？—1938）海军守备队司令

男。海军守备队少将司令。1937年抗日战争全面爆发，年底南京失陷，国民政府调集大批部队，利用有利地形，组织防御，保卫武汉。其中，田家镇要塞被视为长江的屏障，武汉的重要门户，要塞的核心阵地即由梅一平率领的海军守备队负责，守备官兵约两千人。1938年8月初，日军第6师团攻占黄梅，9月17日，广济失陷，日军围攻田家镇要塞。中国军队的第2军与第87军一部固守阵地，其他3支友军在外围策应作战，攻击日军侧背，血战十余日。28日，日军在飞机、火炮与海军陆战队的支援下，从东南和东北两个方向对田家镇进行猛攻，双方展开激战。各处阵地上的中国军队在连续作战、得不到有效补给和支援的种种困难下，拼死抗击。下午，田家镇陷入敌人三面炮火之中，要塞周围的要点相继失去，日海军舰炮和轰炸机炸毁了要塞岸炮，日军还占领了要塞的最高峰玉屏山。梅一平在指挥守备官兵与日军激战中，被炮弹击中牺牲。

常有钧（1911—1938）东北抗日联军第3军新编3师政治部主任

又名有君。男，1911年出生，辽宁岫岩人，1934年加入中国共产党。早年随家人到黑龙江珠河县（今尚志市）谋生。1934年6月，加入东北反日游击队哈东支队。1935年1月，哈东支队改编为东北人民革命军第 3 军。9月，任东北人民革命军第 3 军 6 团政治部主任，后任团长。1936年8月，东北人民革命军第 3 军改为东北抗日联军第 3 军，10月任第3军 1 师师长。并奉命带领1师返回方正县大罗勒密，一边解决给养，一边做自卫团的反正工作。1937年夏，抗联3军为加强军队中的政治工作，调常有钧任1师政治部主任和政保师师长。1938年夏，与9军政治部主任魏长魁率3军政保师和9军2师从依东出发，向黑嫩平原进军。部队行至苇子沟与敌遭遇，魏长魁中弹牺牲。常有钧带领部队穿过原始森林到达海伦，与许亨植部会师。不久，组成抗联3军新编3师，任师政治部主任。9月，带领部队经过通北县柳毛河东岸时，被叛徒杀害。

鹿省三（1905—1938）八路军鲁东游击第7支队政治委员

原名效曾，化名季方华。男，1905年出生，山东莱芜人，1930年加入中国共产党。1929年夏考入济南正谊中学。1930年从事学生运动。1931年“九一八”事变后，带领爱国学生到南京向国民政府请愿。返回济南后继续进行抗日爱国活动，被校方开除，并遭通缉。1933年任中共山东省委巡视员，在博兴、淄川、博山、寿光、益都、昌潍一带，进行恢复和发展党组织的工作。1935年在山东党组织遭到严重破坏，同上级失去联系的情况下，与赵健民等在莱芜组建中共山东工委，鹿省三任宣传部长。1936年中共中央北方局派黎玉到山东恢复重建山东省委。鹿省三受命到寿光、昌邑、潍县、益都一带恢复和建立党组织，组建中共鲁东特委，并任书记。1937年“七七”事变后，根据山东省委的统一部署，鹿省三任鲁东工委书记，在鲁东地区发动抗日武装起义。1937年12月，寿光县委在牛头镇举行抗日武装起义，成立了八路军鲁东游击队第8支队。1938年1月，鹿省三在潍县北部的蔡家栏子村，直接领导了潍北抗日武装起义，成立了八路军鲁东游击队第7支队，任政治委员。2月，到8支队的驻地三合庄，召开工委会决定8支队与7支队合编。7支队闻讯后，混进队伍的破坏分子设法暗算他。鹿省三在瓦城主持会议部署后方工作时，被叛徒杀害。

商香阁（1908—1938）冀东抗日联军蓟县第5总队总队长

原名其会。男，1908年出生，河北蓟县（今属天津）人。1930年流落到东北千舍案煤矿做工。1931年“九一八”事变后，组织煤矿工人罢工，形成了500余人参加的武装暴动，组成东北抗日义勇军，不久被敌人打散，返回家乡。1937年抗日战争全面爆发后，中共蓟县县委负责人找到他，晓以民族大义，共商抗日大计。他欣然接受共产党的指派，以地主武装民团人员身份作掩护，到蓟县城内进行抗日宣传活动，被捕后经党组织营救出狱。1938年4月，任蓟县抗日救国会武装部委员。1938年7月，参加了中共领导的冀东抗日武装起义，任冀东抗日联军蓟县第5总队总队长。10月，冀东抗日联军西撤时，他没有接到通知，率部队几次寻找主力和中共蓟县县委都没有成功。10月16日，被蓟县、三河、宝坻的日、伪军1500余人包围，在突围时中弹牺牲。

梁雷（1911—1938）偏关县抗日民主政府县长

原名德谦，字雨田。男，1911年1月31日出生，河南邓县人，1929年转为中国共产党党员。1928年入开封师范学校读书，在校积极参加反帝反封建学生运动，并加入中国共产主义青年团。1931年“九一八”事变后，先后到河南泌阳、杞县、民权、邓县等地教书，曾任杞县大同中学教务主任，与赵伊坪、王衡儒等共产党员以教师身份作掩护，在校内组织“读书会”等抗日团体，办校刊宣传抗日救亡，为党培养了大批革命青年。1937年抗日战争全面爆发后,大同中学有大批学生参加了彭雪枫领导的抗日部队。梁雷受中共河南临时工委派遣,去山西牺牲救国同盟会（简称牺盟会）工作，被任命为“牺盟会”雁北战时工作委员会主任兼雁北十三县游击司令。同年9月，梁雷率领部队先入平鲁，再进偏关。10月，梁雷兼任偏关县抗日民主政府县长，在雁北地区广泛组织人民武装,开展抗日斗争，一时声威大振。1938年2月，日、伪军集结兵力“扫荡”偏关县等晋西北抗日根据地。梁雷率政府机关转移至柏家嘴村。3月18日，被伪军数百人包围。梁雷在战斗中负伤倒地，被日军刺死。日军将其头颅割下，挂在偏关县南关城门示众。

梁佐勋（1901—1938）国民革命军陆军第66军160师958团团长

字剑虹。男，1901年出生，广东新兴人。第4军军官教导队肄业。早年投身军旅，后加入北伐军，在汀泗桥、蛇山诸战役中屡建战功。历任第19路军78师补充团营长、团副，曾参加1932年“一·二八”淞沪抗战。1933年任福建人民革命军第1军第1师第3团团长，福建事变失败后入中央训练团受训。1937年任国民革命军陆军第66军160师958团中校营长，率部转战上海、南京等地，因战功获二等甲级宝鼎勋章，升任团长。1938年武汉会战时，奉命参加浙江南浔战役，率部从万凤出发，从侧翼攻击，激战中身负重伤，仍骑战马指挥战斗，激励部属冲杀，直至牺牲。后被追赠为陆军少将。

扈先梅（1895—1938）国民革命军陆军第51军114师340旅旅长

字仲卿。男，1895年出生，河南安阳人。早年毕业于东北陆军讲武堂第6期步兵科。毕业后历任排长、连长、营长、团长等职。抗日战争全面爆发后，他请缨效命，后奉命转战苏、皖等地，屡立战功。后任第51军114师340旅旅长。1938年4月，扈先梅率部参加徐州会战，日军在台儿庄战役中遭到沉重打击后，不甘心失败，继续调兵遣将，再犯台儿庄。扈先梅旅长奉令率部担任守卫台儿庄外围阵地的任务，他率领官兵日夜赶修阵地工事，做好了迎击敌人的准备。进攻的敌人是精锐的板垣师团和矶谷师团，他们在优势炮火和大量飞机的掩护下发起疯狂进攻，密集的炮火把阵地炸成一片废墟，扈先梅率部顽强抵抗，打退了敌人多次进攻。28日，扈先梅亲自来到第一线指挥部署，在炮火纷飞的阵地上，他手持望远镜观察日军动向，被炮弹击伤，因伤势过重牺牲。

彭璋（1891—1938）国民革命军陆军第22军50师副师长

又名皖舟。男，1891年出生，湖南湘乡人。广西讲武堂毕业，历任排长、连长、营长等职。1925年，任第2军5师团长，参加过北伐战争。1935年4月18日，被授予少将军衔。抗日战争全面爆发后，任国民革命军陆军第22军50师副师长，奉命率部北上对日作战。1938年5月，参加徐州会战。5月16日，奉命在安徽宿县贡山集一带阻击日军，掩护大部队转移。宿县失守后，该师改道灵璧突围。1938年5月22日，在灵璧尹集镇被日军包围，面对敌人优势兵力，彭璋沉着指挥，督率所部顽强抗击，终因众寡悬殊，官兵伤亡几尽。激战中，彭璋身负重伤，仍拼尽最后力气，叫卫士把手枪递给他，定要与敌拼杀到底，因流血过多牺牲。

温健公（1908—1938）河北民军总指挥部秘书长兼政治部主任

原名文淦。男，1908年出生，广东梅县人。1922年入广州南武中学，后入中山大学读书。1928年夏，在上海加入中国共产主义青年团，后转为中国共产党党员。1930年初赴日本留学。1931年“九一八”事变发生后，逃离日本回国，在上海成立留日学生救亡会。同年11月被捕。1933年出狱。后到北平从事革命文化运动，翻译了日文版的《资本论》和《马克思主义经济学教程》。1934年在山西讲学时，被阎锡山聘为顾问。1935年到天津法商学院任政治经济学教授。同时从事革命宣传运动，是天津“一二·九”和“一二・一六”运动的领导人之一。1937

年抗日战争全面爆发后，温健公受中国共产党派遣，到河北做统战工作，参与组织河北抗日民军，任河北民军总指挥部秘书长兼政治部主任，为我党的抗日民族统一战线做了大量工作。1938年赴山西抗日前线，12月26日，在山西吉县被日机炸弹击中牺牲。后被追赠为陆军少将。

雷忠（1901—1938）国民政府军事委员会皖北军事联络委员兼游击副总指挥

又名中心，字霆均。男，1901年出生，湖南嘉禾人。曾考入黄埔军校第6期步科学习。1929年毕业后，被分配到陆军第16师，历任排长、连长、营长、团长等职。他带兵有方，对部队训练做出很大贡献，屡立战功。抗日战争全面爆发后，参加淞沪会战，雷忠任军事委员会游击第1支队司令官，率军在上海浦东一带进行游击活动，以策应友军对日作战。不久，战局恶化，雷忠率领的游击队也因粮弹奇缺，伤亡过大，只能转移到皖北一带活动。1938年4月，雷忠调任皖北军事联络委员兼游击副总指挥，率部继续在皖北一带与日军作战，多次重创敌军。10月，日军集中了优势兵力，进犯安徽霍邱一线。雷忠率部顽强抵抗，为了激励官兵士气，雷忠亲临前线指挥部队作战，中弹牺牲。

魏长魁（1906—1938）东北抗日联军第9军政治部主任

别名昌奎、连三、王文石。男，1906年出生，山东德平人，1926年加入中国共产党。1933年赴哈尔滨开展抗日救亡活动。1937年6月，任北满临时省委常委兼组织部部长。1938年5月，任东北抗日联军第9军政治部主任。按照北满临时省委的决定，率部联合常有钧部西征。6月，部队穿过呼兰河，沿庆城、铁力前进，在通河县苇子沟遭到日、伪军突然袭击，身负重伤牺牲。

魏震亚（？—1938）八路军晋察冀边区抗日游击第1独立大队副司令员

男，山东单县人。抗日战争爆发前，在阎锡山新编2师任排长。太原沦陷后，出于民族大义，串联新2师下级军官和士兵400余人，由五台县转移大同一带，建立了抗日义勇军独立总队。稍后，新2师副团长关中孚也率部前来会合，联合抗敌。1938年，八路军第359旅开进雁北，他多次派人联系，要求收编。同年7月，在阳高县杨塔村正式编入八路军序列，命名为晋察冀边区抗日游击第1独立大队，任副司令员。之后，率部与359旅协同配合，攻打聚乐堡、罗文皂火车站，让日军龟缩在据点内不敢出动。日军视该部为“眼中钉”，于同年秋，出动500多兵力，配合飞机大炮，妄图一举歼灭，但被独立大队打得惨败。不久，日军又调集3000多兵力，合围独立大队驻地大王庄。他率部突围时，腹背受敌，虽身中数弹，仍坚持指挥部队撤退，直至牺牲。

于祯（1886—1939）东北抗日联军第9军副官长

绰号“于四炮”。男，满族，1886年出生。1929年任汤原县山林自卫团团长。1933年冬，于祯接受中国共产党的抗日主张，与夏云杰领导的汤原游击队建立秘密合作关系。1935年10月，任汤原县山林警察大队大队长，利用自己在汤原县内的关系网，为抗日部队提供了大量的药品和给养。1936年4月被改编为抗联第3军独立旅，任旅长。率部驻守岔巴气一带，担负南线（至南岔）与北线（至老钱柜）两个区间的巡查和收集情报任务。1937年1月，任东北抗日联军第9军副官长。1939年1月初，于桢在大罗勒密战斗后，带领少数战士向南转移，在刁翎附近筹集给养时被日军俘虏，扔进火堆牺牲。

马庆华（1914—1939）新四军睢杞太独立大队政治委员

男，回族，1914年出生，河北邯郸人。1937年10月加入中国共产党。抗日战争全面爆发后，1938年2月，任中共杞县县委委员，以私立大同中学“校工”的身份，从事开辟睢（县）杞（县）太（康）抗日根据地的工作。1938年6月，任豫东抗日游击第3支队政治部干事。7月，任东进工作组组长，到民权县、兰封县交界的陇海铁路沿线开辟睢杞太新区，组建抗日游击队，任游击大队政委，指挥游击大队多次粉碎日、伪军进攻。1939年4月，任中共睢杞太特委书记兼新四军睢杞太独立大队政治委员。1939年8月5日，在杞县南宋庄伏击日军第14师团一部的战斗中，率部击毙日军20多人，击伤70多人，缴获步枪10余支，子弹1万余发。撤退时，为营救战士，中弹牺牲。

马秉忠（1910—1939）国民革命军陆军暂编骑兵第1师2旅旅长

男，回族，1910年出生，青海大通人。早年在青海海南警备旅服役。曾任排长、连长、营长、团长等职。抗日战争全面爆发后，所部改编为国民革命军陆军暂编骑兵第1师，开赴河南、山西与日军作战。1939年春，马秉忠由国民党陆军暂编骑兵第1师3旅旅长调任2旅旅长，授予陆军少将军衔。驻防河南淮阳城西关一带。骑1师为牵制敌人，派各旅轮流渡过黄河，以轻骑游击的形式不断袭扰淮阳一带日军，侦察敌人的行动。同年9月8日，日军从开封调来100辆卡车的援兵，与驻扎在淮阳的日军步、炮、坦克各兵种相互配合，大举进犯马秉忠驻防阵地。双方展开冲锋，形成白刃战。日军武器装备先进，但2旅将士个个奋勇迎敌，马秉忠更是身先士卒，冲锋在战斗第一线，战斗中，被子弹击中左胸牺牲。

马霄鹏（1903—1939）中共苏鲁豫区党委宣传部部长

男，1903年出生，山东鱼台人，1927年加入中国共产党。16岁考取山东济宁甲种工业学校，1923年考入东南大学。1927年积极参加反对蒋介石发动“四一二”反革命政变的斗争，并毅然加入中国共产党。同年底，被党组织派往上海，以书店为掩护，从事组织工人罢工和学生罢课等党的秘密工作。1931年春回到山东，在济南省立第一师范任教。后转到平原省立第五乡村师范任教。与在该校任教的共产党员李一凡，组织读书会，宣传马克思主义，秘密发展党员，建立党组织，开展抗日救亡活动。1937年暑期前，被调到惠民乡师，任该校中共地下支部书记，又在该校发展了一批新党员和民先队员。抗日战争全面爆发后，他们教育培养的数十名抗日青年和共产党员，分赴抗日前线，多数成为党的高级干部，还有王克寇等著名抗日英烈。1937年12月，马霄鹏到鲁西南工委工作，不久任金乡县工委书记，组织了抗日武装第5战区第2游击纵队，任政治部主任。这支部队以后编为共产党直接领导的人民抗日义勇队第2总队13大队。1938年5月起任鲁西南特委宣传部部长。7月，与郭耕夫建立了中共鱼台县委和鱼台县抗日自卫总团。苏鲁豫边区特委（又称湖西特委）成立后，先后任民运部部长、宣传部部长。1939年5月任中共苏鲁豫区党委宣传部部长。先后在苏北丰县欢口镇、吴庄、沙庄等地开办各种抗战训练班，并在丰县举办三期党校，培养了大批抗日干部和积极分子。1939年9月19日，在湖西“肃托”事件中被错杀。1941年2月，中共中央作出平反决定，马霄鹏被追认为烈士。

王赤（1913—1939）新四军江南抗日义勇军第3路政治部副主任

男，1913年出生，江西人，1930年加入中国共产党。同年参加红军，历任连、营党代表，团政治处主任，团政治委员。红军主力长征后，留赣南坚持艰苦卓绝的南方三年游击战争，先后任中共湘粤赣边特委委员、东边山区委书记。1937年，任湘粤赣边人民抗日义勇军第2支队政治委员。抗日战争全面爆发后，他率部到达皖南后，在新四军军部工作，所部编为新四军第1支队2团。1938年7月，奉调苏南整顿地方抗日武装。同年11月，调任新四军江南抗日义勇军第3路政治部副主任。在战斗频繁、环境艰险的情况下，利用战斗间隙对部队进行政治理论和群众纪律教育，提高指战员政治思想觉悟，振奋士气，鼓舞斗志。1939年3月，在江苏武进县坂上镇西王村，率部追击溃逃日军时中弹牺牲。

王文彬（1912—1939）中共苏鲁豫区党委统战部部长

男，1912年出生，江苏丰县人，1936年加入中国共产党。1929年考入江苏省立徐州中学，在校结识共产党员，受到革命思想影响。1931年“九一八”事变后，积极参加抗日救亡活动，曾作为学生代表赴南京请愿。1935年8月考入北京师范大学，任北平学联常委兼宣传部部长。1936年12月被捕，后经组织营救出狱，继续领导北平学生运动。1937年“七七”事变后，被党组织派往南方，发动群众抗日。与蒋南翔等在南京组建平津流亡同学会，任学生会党团主要负责人，积极领导南京学生开展抗日救亡活动，再次被捕。在狱中组织大家进行斗争。在中共中央代表团的直接交涉下，王文彬等获释后，立即参加领导青年战地服务训练班，训练班培训了2000多名抗日骨干。1937年12月，王文彬被党组织派回苏北，任中共徐州特委秘书，积极发动群众，并争取国民党上层人士参加抗日。经他做工作，国民党丰县县党部执行委员、丰县中学校长李贞乾，毅然参加共产党领导的抗日斗争。1938年4月王文彬任中共徐西北区委书记。在肖县、丰县、砀山、铜山等县发动抗日武装起义，任苏鲁人民抗日义勇队第2总队政治委员，李贞乾任总队长。很快发展到二十几个大队，5000余人。经过无数次战斗，消灭了大量日、伪军，扩大了湖西抗日根据地。1938年7月，王文彬任苏鲁豫特委书记。1939年5月，苏鲁豫特委升格为苏鲁豫区党委（亦称山东分局第五区党委），王文彬任区党委统战部部长。在他组织领导下，在单县成立了国共合作的抗日动员委员会，丰县、沛县、单县有的区长也参加了共产党，湖西出现了新的抗战局面。同年9月，在湖西“肃托”事件中被错杀。1941年2月，中共中央作出平反决定，王文彬被追认为烈士。

王自衡（1896—1939）山东省保安第24旅旅长

男，1896年出生，山东桓台人。1937年，日本发动全面侵华战争后，王自衡与当地进步青年拉起抗日队伍，积极进行抗日活动，后于1938年春被正式收编为国民政府军事委员会别动总队华北游击纵队第13支队12梯队，王自衡任副司令。1939年1月，王自衡任12梯队司令，后被改编为山东省保安第24旅，王自衡任少将旅长兼国民党桓台县党部书记。1939年3月18日，驻山东雅河庄的山东省保安第24旅旅部被日军包围，王自衡率部奋勇突围，与日军激战，在突围到华沟村南大联沟时，中弹牺牲。

王作栋（1911—1939）八路军第129师平汉抗日游击纵队政治部主任

男，1911年出生，河北正定人。1925年考入区立吴兴高小，参加和领导过学生运动。1925年加入中国共产党。1926年任正定县北部工委团委书记，1927年后半年，党组织派他潜入奉军搞兵运工作，1928年考入南京无线电学校，在校期间由于经常为党工作，被国民党的密探抓捕入狱，后被营救出来。抗日战争开始后，被派往冀察游击军第2师范子侠部队做兵运工作。1939年11月范子侠接受八路军领导，该部改编为八路军第129师平汉抗日游击纵队，王作栋任政治部主任。同月，在石门（今石家庄市）做伪军反正工作时被捕。他在狱中大义凛然，英勇不屈，被敌人杀害。

王克仁（1914—1939）东北抗日联军第 5 军代理政治部主任

原名世友。男，1914年出生，黑龙江穆棱人，1933年加入中国共产党。1934年初，领导宁安县青少年抗日救国会，秘密开展抗日活动。1935年3月，任共青团吉东特委委员。后调至东北抗日联军第5军2师5团任政委。1937年夏，任抗联第9军2师政治部主任。同年冬，任抗联第9军政治部主任。1939年3月，在中共吉东省委扩大会议上，任命为东北抗日联军第5军代理政治部主任。同年5月上旬，率部到达刁翎，准备与西征部队会合；5月中旬，部队在继续行进时在刁翎遭遇日、伪军发生激战，王克仁率部冲锋时，中弹牺牲。

田珍（1905—1939）八路军第129师供给部兵工厂政治委员

男，1905年出生，河北良乡（今属北京）人，1935年加入中国共产党。早年当过煤矿学徒、铁路工人，1923年参加了平汉铁路工人“二七”大罢工。曾任中共石家庄市委委员、正太铁路机器厂党支部书记。1937年抗日战争全面爆发后，在山西平定创立正太铁路游击队，后调第129师政治部负责工运工作。同年11月，组织磁县煤矿工人抗日救国暴动，携带大批机器设备，建立太行抗日根据地第一座修械厂。1938年，率领工作团随第129师第386旅转战华北各地，继续开展工运工作。曾动员各地近2000工人参加抗日，创建了太行抗日根据地第二座兵工厂，即后来的黄岩洞兵工厂。1938年冬随386旅进军河北省磁县彭城一带，在一次同日军作战中中敌毒气。1939年初，田珍带病调任129师供给部兵工厂政治委员。由于在前线所中敌人毒气发作和积劳成疾，医治无效，1939年5月2日在辽县129师野战医院病逝。

白君实（1908—1939）中国少年铁血军总司令兼第3路军指挥

字承润，号乏谋，又名白穑。男，满族，1908年出生，辽宁岫岩人。1932年春，参与创立抗日团体“学生团”和“抗日救国会”，随后加入东北民众自卫军。1933年1月，参与组建抗日武装别动队，任副大队长，在岫岩、凤城山区一带活动，抗击日军。1934年，任中国少年铁血军第2大队大队长，率部在凤城县西岔子路口击毙日、伪军30多人。1935年11月，任中国少年铁血军第3路军指挥。1936年4月，任中国少年铁血军总司令兼第3路军指挥，指挥铁血军多次重创日军。1938年冬，因叛徒出卖被捕。在狱中，敌人软硬兼施，欲使他投降，他宁死不屈，痛斥敌人暴行。1939年3月，敌人将他从凤城监狱押至二龙山下，先割去他的舌头，然后凌迟处死。

朱毅先（1898—1939）国民革命军陆军第1战区第7游击纵队副司令

男，1898年出生，河南襄城人。1932年考入中央陆军军官学校高等教育班第2期，后又考入中央陆军步兵学校校官研究班深造。研究班毕业后历任国民革命军陆军排长、连长、营长，暂编第4旅中校团副、团长等职。1939年初，朱毅先担任国民革命军陆军第1战区第7游击纵队少将副司令。奉令于河南新乡阻敌人。1939年3月21日，两千多日军自河南新乡突袭荆隆宫阵地，朱毅先率队迎敌，在大堤与敌血战4小时，毙敌百余人。在与日军激战之时，中弹负伤，仍坚持指挥，后又中一弹牺牲。

乔桂净（1900—1939）国民革命军陆军第8战区绥远抗日自卫军副指挥

男，1900年出生，绥远（今内蒙古自治区）清水河人。早年投身军旅，历任国民革命军排长、连长、营长等。1937年抗日战争全面爆发后，任第8战区绥远抗日自卫军副指挥，率部转战绥蒙一带，屡次参战，功绩卓著。1939年6月14日，率队与日军在绥远清水河姑姑山庵村作战，歼灭日军500余。后日军大举增援，并以装甲车掩护助战，他指挥所部，奋勇冲杀，浴血奋战，两腿均负伤，被日军俘虏。后因伤势过重，在日军营地牺牲。后被追赠为陆军少将。

刘廷仲（1904—1939）东北抗日联军第 7 军 3 师政治部主任

男，1904年出生，山东黄县人，中国共产党党员。“九一八”事变后，加入东北人民革命军第4军4团，历任连指导员、团政委。1938年1月，任东北抗日联军第7军3师政治部主任、中共下江特委委员，率部与抗联5军3师联合在宝清、双鸭山等地开展抗日斗争。根据吉东省委和抗联第2路军总指挥部指示，在哈麻道河、大王砬子等地建立密营，贮备粮食。1939年1月23日，在宝清县臭松顶子时与日、伪军遭遇，刘廷仲中弹牺牲。

刘震英（1910—1939）新四军江南指挥部新编第6团政治处主任

男，壮族，1910年出生，广西田东人，1931年加入中国共产党。1930年参加红军。坚持三年游击战争。1938年2月，赣粤边红军游击队编入新四军第1支队2团，任团政治处宣教股股长。6月，刘震英随新四军1、2支队进军苏南，参与创建茅山抗日根据地。1939年7月任新四军新编第6团政治处主任。到职后，积极协助团长整顿部队的纪律作风建设、广泛开展针对性的思想政治工作，使全团政治素质和战斗力明显提高。11月，第1、2支队合并成立江南指挥部，任新四军江南指挥部新编第6团政治处主任。12月27日，新6团在江苏丹阳九里镇附近与“扫荡”延陵地区的日、伪军遭遇。率部与日、伪军夜战，中弹牺牲。新四军《抗敌报》以“十年革命精忠为党，噩耗传来全军哀悼”为题，报道了他的英雄事迹。

齐殿选（1899—1939）广灵县抗日民主政府县长

字圣夫。男，1899年出生，山西定襄人。1919年在省立太原第一师范上学时，积极参加五四反帝爱国运动。毕业后，先后任小学教员、县教育科长及区长等职。抗日战争全面爆发后，参加牺盟会，任村动委会主任、山西定襄县抗日民主政府民政科科长。1938年调任晋察冀边区政府社会教育科科长。后任广灵县抗日民主政府县长。他深入乡村，发动群众，组织乡村抗日民主政权，亲自组建了广灵民兵队伍。1939年春，率领广灵民兵配合八路军第120师359旅718团及其他地方武装，进行了邵家庄伏击战，击毁日军汽车4辆，歼灭日军百余人。1939年5月，驻广灵日、伪军150多人突然包围了广灵县政府驻地。在紧急情况下，齐殿选掩护机关人员转移，然后带领一名助理和一名队员突围。在村口激战中两人牺牲，他受重伤被俘，在张家口狱中绝食身亡。

许佩坚（1908—1939）八路军晋察冀军区独立第4团团长

男，1908年出生，河北饶阳人，1931年加入中国共产党。1928年到北平求学。“九一八”事变后，按照党的指示，回到家乡饶阳，发展党的组织，开展抗日救亡运动。1932年冬，被党组织派到国民革命军第38军做兵运工作。1937年5月回家乡组织成立了饶阳人民抗日自卫军，许佩坚任军长。抗日战争全面爆发后，这支部队编为河北抗日游击军第1路军，许佩坚任总指挥。1938年夏，又编为八路军晋察冀军区独立第4团，许佩坚任团长。他率领部队转战南北，在群众中享有“铁军独4团”的美名。1938年1月，许佩坚指挥河间战斗，缴获敌1座弹药库和两门火炮。11月，在曲阳县冬季反“扫荡”作战中，指挥部队进行了30余次战斗，胜利完成任务。1939年1月，在曲阳县灵山为掩护机关突围，许佩坚率部和日军进行拼杀，他全身十几处中弹，被刺九刀，壮烈牺牲。

李文彬（1902—1939）东北抗日联军第5军3师师长

男，1902年出生，黑龙江双城人，1937年加入中国共产党。1920年，任东北军第18旅1连连长。“九一八”事变后，李文彬与18旅战友一起参加吉林自卫军进行抗日斗争。1933年春，吉林自卫军被日军打散，转任依兰县森林警察大队副大队长。1935年秋，调任宁安县森林警察大队大队长。1937年7月，李文彬带领100余名警察投奔东北抗日联军第5军，被编为5军警卫旅，任旅长。11月初，警卫旅改编为第5军3师，李文彬任师长。1939年，为冲破敌人的经济封锁，率战士开荒种地，在虎林黑嘴子营救工人500余名补充了抗联队伍。1939年9月12日，李文彬率部在宝清县进行抗日活动，遭伪军包围，在指挥部队突围中牺牲。

李苍江（1899—1939）中共鄂豫边区党委机关报《七七报》主编

又名旸谷。男，1899年出生，江苏宜兴人，1926年加入中国共产党。抗日战争全面爆发后，到武汉在长江局办事处机关报《新华日报》社工作。武汉沦陷后，随新四军第5师挺进鄂豫山区。1939年7月，任中共鄂豫边区党委机关报《七七报》主编。当时部队处在敌人包围中，每逢战斗打响，他们便带领报社人员上前线采访，利用战斗间隙编印稿件。1939年12月26日，日、伪军1000多人对鄂豫边区领导机关所在地京山马家冲进行围攻。当时保卫机关的只有一个警卫连和一个教导队，共200余人，报社同志随司令部突围，在通过敌人封锁线时，遭到敌伏击，李苍江等同志未能突围，在与敌人拼杀中，被刺伤多处牺牲。

李剑卜（1914—1939）八路军第3纵队兼冀中军区独立第2支队参谋长

男，1914年出生，福建上杭人，1929年参加闽西工农赤卫队。1930年编入红4军第4纵队。历任排长、连指导员、团部文书、师部参谋等职。参加了中央苏区反“围剿”和长征。1937年抗日战争全面爆发后，红军主力改编为八路军。李剑卜在第115师教导团任参谋。第115师分兵时，他留在晋察冀军区工作，担负对河北游击军柴恩波部的改编工作。1938年4月，冀中的各路武装统一整编为八路军第3纵队兼冀中军区时，柴恩波部被扩编为该部独立第2支队，柴任司令员，红军干部张毅忱任政治委员，李剑卜任参谋长。1938年11月，独立第2支队根据李剑卜的建议，采取定点伏击、分散游击与重点打击相结合等战法，粉碎了日、伪军6000余人对大清河北平津保三角地区的“合围扫荡”，毙伤日军200余人，自己伤亡近百人。柴恩波曾在北洋军阀吴佩孚部当过连长，接受八路军改编后，经不起国民党“磨擦”专家张荫梧的煽动和利诱，1939年2月宣布脱离共产党领导，公开投靠了张荫梧。李剑卜等7人被汉奸王化南扣押交给日军，作为见面礼。在日军大牢里，李剑卜等人受尽各种威逼利诱，都没有屈服，最后在酷刑下惨遭杀害。

李曦晨（1912—1939）八路军山东纵队第3支队独立团政治委员

原名世光，字梅秋。男，1912年出生，山东临淄人，1931年5月加入中国共产党。1930年考入山东省立第4师范。在校参加了社会科学研究会和左翼作家联盟等进步团体，并很快成为核心骨干。1931年任中共益都县委青年部部长、4师党支部书记。1932年8月，益都县委被破坏，他被任命为益都县党团联合委员会（即临时县委）书记。1933年3月，因叛徒出卖被捕。在4年多的铁窗生活中，与敌人进行了不屈不挠的斗争。1937年“七七”事变后获释出狱，与李人凤、陈梅川、崔栋生等进步志士联合，创建临淄青年学生抗日志愿军训团。1938年2月，任临淄3大队政治处副主任。6月，3大队改编为八路军山东人民抗日游击第3支队第10团，任团政治处主任。1939年9月八路军山东纵队第3支队成立独立团，任团政治委员。12月10日，3支队司令部和独立团挺进莱芜县茶叶口以北地区，与日军遭遇，在率独立团抢占西周峪的西山阻击敌人时，中弹牺牲。

杨铁成（1914—1939）八路军冀中军区回民支队政治部主任

字近仁。男，1914年出生，河北深县人，1931年加入中国共产党。1930年9月，师范毕业后进入国民党陆军第3军9师25团任副官。1931年夏，奉上级指示回乡组建中共基层组织，创办夜校，宣传革命。1936年创建中共深县唐奉区委，任书记。1937年任中共深县县委书记。抗日战争全面爆发后，协助共产党员吕正操的人民自卫军，收编地方游杂武装，创建冀中抗日根据地。任安平军政干部学校政治部主任。为冀中部队培养了大批干部。后任自卫军特别第二总支书记。1938年4月，调任回民干部教导队政治部主任。根据中共冀中省委决定，率领回民干部教导队，在人民自卫军支援下，全歼了投靠日军当了汉奸的徐长山土匪武装。6月，冀中军区决定将原人民自卫军和河北游击军的两个回民教导队合并，马本斋任总队长，马仲三为副总队长。杨铁成作为主要领导参与了整编工作。1939年冀中军区派红军干部郭陆顺任回民支队政治委员，杨铁成任回民支队政治部主任。回民支队经过军事、政治培训，战斗力大大加强，部队很快发展到2000多人，成为冀中平原上威名远震的一支能征善战的劲旅。10月，在河北霸县与日军的一次遭遇战中，杨铁成中弹牺牲。

邱铁生（1897—1939）国民革命军陆军第96军独立47旅副旅长

字丙寅，又名射斗。男，1897年出生，陕西耀县人。1918年考入省立第一师范。毕业后，在富平县高小任教。1926年，邱铁生投笔从戎，参加杨虎城的部队，从事译电工作。1935年，奉命赴中央陆军军官学校高教班受训。毕业后回陕，升任第17师参谋。1936年参与西安事变。抗日战争全面爆发后，升任第96军独立47旅副旅长，东渡黄河开赴中条山抗日前线。邱铁生率部在中条山与日军相持一年有余，不断侧击伏击日军，打退日军进攻。1939年1月23日，日军牛岛师团纠集兵力向中条山守军进犯，遭到守军顽强抵抗。1月27日，日军集中数倍的兵力向独立第47旅所在地玉泉寺猛攻。阵地守军浴血奋战，战斗异常激烈，邱铁生亲临前线指挥作战，在战斗中牺牲。

邵一之（1904—1939）国民革命军陆军第5军200师600团团长

字镇堃。男，1904年出生，湖南湘阴人。黄埔军校第6期步科毕业。历任国民革命军陆军排长、连长、副营长等职。1936年入南京交辎学校炮兵教队深造。1937年5月调任陆军装甲兵团战车防御炮营中校营长。1937年8月参加淞沪会战。随后，邵一之被任命为该师战车防御团上校团长。后调任第5军200师600团团长。1939年11月，日军在广西钦州登陆进犯南宁。邵一之部奉命阻敌北犯，保卫南宁。11月25日，日军步兵2000余人，坦克10辆，在飞机掩护下进抵宾阳和南宁北郊，双方发生激战。邵一之临危不惧，沉着指挥，顽强抵抗，血战终日，击退敌军多次进攻。次日，日军向邵部阵地迂回。邵一之亲率一连兵力向迂回部队反击，指挥部队与敌人展开肉搏，战斗中中弹牺牲。后被追赠为陆军少将。

陈一华（1911—1939）八路军第120师雁北第6支队参谋长

原名陈凯。男，1911年出生，四川宣汉人，1933年加入中国共产党。1932年12月参加中国工农红军。曾任连、营党代表。参加了鄂豫皖和川陕革命根据地反“围剿”和红四方面军长征。1936年10月到达陕北。1937年“七七”事变后，随120师挺进晋西北，任师军法处副处长。1938年5月，任中共平鲁县委书记。1939年，任八路军120师雁北第6支队参谋长兼左（云）右（玉）凉（城）县委书记，对外称6支队政治处左右凉工作团团长。此时改名为陈一华。1939年2月，他在凉城二峦子沟召开县委扩大会议，通过了扩大地方武装的决定。为了解决地方武装的枪支问题，他一是收集国民党军队溃退时丢下的零星武器；二是动员乡绅、富户中的爱国人士捐款购置武器；三是说服凉城县马沟崖天主堂神父，为抗日游击队提供了八支步枪，数千发子弹。经过三个多月的努力，全县两个区建立了三个游击小队，一个县大队。这支地方武装多次深入到左右凉丰镇等敌人据点打击敌人。1939年6月，左右凉县委在西双树村开会时，右玉城据点日、伪军百余人远程奔袭，包围了西双树村。他立即组织游击队分两路掩护干部、群众突围，在战斗中牺牲。

陈龙飞（1912—1939）八路军山东纵队第5支队64团团长

男，1912年出生，山东昌邑人。幼年家贫，11岁当童工，23岁到县城当了国民党军队的训练员。1938年2月，日军侵占昌邑城，国民党军队弃城逃跑。他带领18名训练员，携枪参加了八路军鲁东游击第7支队，任第3大队大队长。12月任胶东西方战区指挥部副指挥。1939年2月23日，指挥部队与进攻胶北特委的日、伪军作战，毙敌30余人。战后，调任八路军山东纵队第5支队64团团长。1939年6月3日，在招远玲珑金矿战斗中，率部在矿南连续击退敌人7次进攻，获得战斗的最后胜利。战斗刚结束，战士们正在打扫战场，突然又来了敌人的一支援兵，他站到高处观察敌情，被敌人的冷枪击中胸膛牺牲。

陈伯衡（1905—1939）八路军山东纵队第6支队1团团长

原名宪璇。男，1905年出生，山东汶上人，1939年加入中国共产党。先后就读于济南第一师范和北京大学经济系。1931年“九一八”事变后，参加了北京大学生赴南京请愿活动。1935年于北大毕业后，到济南齐光中学任教务主任。1937年抗日战争全面爆发后，回到汶上，与中共鲁西南工委和东平县委取得联系，积极联络东平、汶上两县的进步知识分子和部分农民。1938年初，在汶上七区永安寺发动抗日武装起义，组成汶上县人民抗日自卫队，任队长。后编入八路军山东纵队第6支队，任第1团团长。1939年2月，率6支队1团攻下泰安薛家岭据点，俘获伪区长以下60余人，缴获长短枪数十支、轻机枪1挺。同年3月，在东平县城东龙岗村与日军作战中牺牲。

武汉卿（1890—1939）忠义救国军第10路司令

字中原。男，1890年出生，奉天新民（今辽宁新民）人。东北陆军讲武堂1期骑兵科毕业。长期在东北军任职，历任团长、旅长、师长、彰德及石家庄警备司令、东北军总部中将参议、军委会北平分会参议、北平绥靖公署中将参议。抗日战争全面爆发后，在河北组织抗日义勇军，任军事委员会调查统计局军事通讯员兼忠义军救国军第10路司令。积极抗日锄奸、杀敌救国。1939年8月，在河北安次均口村率部与日军作战牺牲。

范郁文（1909—1939）八路军察绥游击纵队政治部宣传科科长

原名范恺。男，1909年出生，山西阳高人，1938年加入中国共产党。因家庭贫困，1926年高小毕业后，就到内蒙兴和县当小店员。1927年夏，被录取为小学教师，在本县小学任教7年间，阅读了许多进步书籍，发表了一批研究农村经济，揭露地主阶级对农民残酷剥削压榨的文章。1934年初，他被推荐为县图书馆馆长，利用这块阵地，办讲演会，出墙报，组织街头演出，积极宣传抗日救亡思想，把图书馆变成全县政治、文化活动中心。1937年6月，加入山西牺牲救国同盟会，与任达之一起发起组织读书会、抗敌救援会，积极开展抗日救亡活动。1938年6月，察绥游击军挺进阳高北山活动，他率先入伍，先后任察绥游击军第5支队政治处组织科科长兼支部书记，察绥游击纵队政治部宣传科科长。1939年8月，因病在浑源南山三区熊沟村休养。11月11日，被伪保安司令白志沂部逮捕。面对敌人的威胁利诱和严刑拷打，他坚贞不屈。11月15日晚，敌人把他押到应县马牙寺残酷地用铡刀杀害。

林英灿（1898—1939）国民革命军陆军第62军152师副师长

字子文。男，1898年出生，湖北黄冈人。曾于保定陆军军官学校第6期步兵科学习，毕业后历任排长、连长、营长、团长等职务。1931年，任国民革命军陆军第152师少将参谋长。1936年，林英灿奉命率领部队驻防海南琼崖。抗日战争全面爆发后，升任国民革命军陆军第62军152师副师长。1938年，奉命率部渡过琼州海峡，在粤北地区投入抗日战争。1939年1月13日，日军集中优势兵力，向广东清远县、龙山市一线中国军队阵地发起猛攻。林英灿率部扼守阵地，亲临战场第一线指挥作战，与日军激战。日军以密集火力向守军阵地全线压来，双方进行激烈拼杀，林英灿率部给敌人以重创。日军地面战斗失利后，用飞机和火炮猛烈轰击林英灿所部阵地。林英灿指挥部队进入工事掩蔽时，被弹片击中牺牲。

周龙凤（1907—1939）新四军宿西抗日总队总队长

男，1907年出生，安徽濉溪人，1927年加入中国共产党。同年5月，任古饶区农民协会委员，组织开展抗租抗税斗争。抗日战争全面爆发后，古饶区成立抗日总队，任总队长兼第1大队大队长，率队先后在宿县西二铺等地伏击伪军。后曾任新四军宿西抗日总队总队长。因叛徒出卖，于1939年2月在古饶集被日军逮捕。

解押宿县期间，日军先以高官厚禄利诱，后施以酷刑，但他宁死不屈，遂遭日军军犬狂咬牺牲。

侯国忠（1904—1939）东北抗日联军第1路军第3方面军副指挥

又名庆山。男，1904年出生，吉林珲春人，1933年加入中国共产党。“九一八”事变后，组织反日“山林队”，在珲春县二道沟、三道沟、金场一带活动。1933年11月，率队加入珲春游击队。1934年春，游击队改编为东北人民革命军第2军独立师，任连长。随部队在珲春等地袭击日军和伪自卫团，多次粉碎日军“讨伐”。同年冬，他得知珲春县大荒沟一个连的伪军普遍厌战，便冒着生命危险去谈判，促使该连加入抗日队伍。1935年5月，任东北人民革命军第2军独立师4团团长。1936年5月，率部在镜泊湖南部与日军交战，击毙10余名日军，在宁安县四道河子俘虏60余名伪警察。后任东北抗日联军第1路军5师4团团长，后任5师副师长兼4团团长。抗战全面爆发后，率部在道南、绥宁地区开展游击战。1938年7月，与陈翰章率第5师西征。8月，在宁安县东京城粉碎600余名敌军的“围剿”。1939年7月，在安图县汉窑沟，第2军第4、第5师合编组成抗联第1路军第3方面军，侯国忠任第3方面军副指挥。同年8月，第3方面军与第2方面军第9团、第5军陶净非部联合攻打安图县大沙河。24日，侯国忠率部在与日军交战中牺牲。

姚新一（1907—1939）中共吉东省委秘书长

原名唐吉昆，曾用名唐九英，字瑶圃。男，1907年8月出生，吉林永吉人，1929年加入中国共产党。1930年秋，到佳木斯市桦川中学任教，从事党的地下工作，在学生中传播进步思想。“九一八”事变后，积极宣传抗日救国，号召群众武装起来，反抗日本侵略。1934年，任中共依兰县立中学党支部书记。1936年5月，任中共依兰县委书记，组织群众开展抗日斗争。1937年4月，调任中共吉东省委秘书处工作，任《救国时报》和《前哨》编委主任兼主笔，后任省委秘书长。1939年2月，率10余人赴方正县执行任务，冒着零下40多摄氏度的严寒，用3天3夜的时间，到达目的地完成任务。返回途中遭敌人包围，在战斗中牺牲。

赵伊坪（1910—1939）中共鲁西区党委秘书长兼统战部部长

原名廉越，号石庵。男，1910年出生，河南郾城人，1926年转为中国共产党党员。1924年到北京育德中学读书。1925年经彭雪枫介绍加入中国共产主义青年团。1926年底，回到鄄城从事农民运动。1928年秋，进入北京民国大学就读。1929年受党组织派遣到西北军冯玉祥部做兵运工作，曾任鲁南民团军中的中共支部书记。1933年，赵伊坪到杞县私立大同中学，以教书为掩护，同郭晓棠、姚雪垠等宣传党的主张，团结进步青年，培养了穆青等一批青年参加革命。1937年3月，赵伊坪到山东聊城第6专区专员范筑先部做统战工作。同年9月，到中共山东省委工作。11月，被派往韩复榘部第3集团军政训处济南政治工作人员训练班培训抗日骨干。后任中共鲁西北特委秘书长兼统战部长。1939年1月，任中共鲁西区党委秘书长兼统战部部长。同年3月5日，在与日军的遭遇战中，不幸重伤被俘。面对日军的残酷折磨，坚贞不屈。最后，日军将他全身浇上汽油，放火点燃，壮烈牺牲。

荆维德（1904—1939）八路军第129师先遣纵队2团团长

男，1904年出生，山东冠县人。生于贫苦农民家庭。曾在北洋军阀部队中当兵8年，后加入国民党冠县政府骑兵队。1935年回家。1937年抗日战争全面爆发后，他发动群众，收集枪支，组成一支四五百人的抗日队伍，后与石洪典拉起的队伍联合在一起，组成华北抗日自卫军，任副司令。1938年初，范筑先将军收编该军为抗日游击第5支队，仍任副司令。在共产党员的帮助下，坚定了抗日思想。1938年秋，配合台儿庄战役，率队在濮县周围打击日军。11月聊城失守后，率800余人，在冠县改编为八路军第129师先遣纵队2团，任团长。1939年3月6日，奉命开往泰西大峰山，开辟泰西根据地。黎明前，先遣纵队指挥机关刚刚到达琉璃寺，尚未宿营，即与高唐出动的日军发生战斗。驻王屯的2团，也被日军包围，他指挥2团指战员，打退日军7次进攻。后负伤牺牲。

钟蛟蟠（1899—1939）八路军晋察冀军区政治部宣传部副部长

原名绞盘，号子安。男，1899年出生，广东南雄人。1927年初加入中国共产党。同年，考入黄埔军校第6期，12月，参加广州起义。1928年参加领导广东南雄、任化暴动，创建了油山革命根据地。曾任南雄游击队参谋长、红13军政治部科长。1934年10月随中央红军长征。1937年“七七”事变后，所部编为八路军115师独立团，钟蛟蟠任八路军晋察冀军区政治部宣传部宣传科科长、宣传部副部长等职。1939年9月8日，奉命到延安报告工作，途中遭日军飞机轰炸牺牲。

高敬亭（1907—1939）新四军第4支队司令员

原名志原。男，1907年8月出生，河南光山（今为河南新县董店）人，1929年3月加入中国共产党。1928年参加革命，从事农民运动。历任乡、县、特区、鄂豫皖省苏维埃主席，中共光山县委书记，鄂豫皖中央分局委员，鄂豫皖省委常委兼组织部部长，豫东南道委书记，皖西北道委书记，中国工农红军第25军75师政治委员。在第二次中华苏维埃代表大会上当选为中华苏维埃共和国中央执行委员。1934年11月红军第25军长征后，留在鄂豫皖地区坚持斗争。1935年2月，他组织重建红军第28军，高敬亭任政治委员（无军长）。不久又兼任中共鄂豫皖省委书记，统一领导鄂豫皖边区党政军工作。在国民党重兵连续“清剿”、根据地丧失殆尽、与中共中央失掉联系的困难条件下，紧紧依靠群众，以红军第28军为骨干，组建大量便衣队开展斗争；注重发展地方武装，组建了四路游击师；领导红28军和苏区人民在鄂豫皖独立自主地坚持了极其艰苦的三年游击战争，为党保存了数千有生武装力量。抗日战争全面爆发后，遵照中共中央指示，高敬亭主动与国民党地方当局进行停战谈判，并签订了共同抗日的协议。1938年2月，红军第28军与鄂豫边红军游击队改编为新四军第4支队，下辖4个团，共3100多人，高敬亭任司令员。4月率部展开于皖中的舒城、桐城、庐江、无为地区，为新四军开辟华东抗日根据地打下基础。5月为配合徐州正面战场国民党军作战，一部挺进到淮南铁路合肥至裕溪口段出击敌人。5月12日在巢县（今合肥市巢湖区）蒋家河口伏击日军，取得新四军东进抗日的首战胜利。徐州失守后，为牵制日军西进，执行保卫武汉任务，高敬亭率部转至安（庆）合（肥）公路、六（安）合（肥）公路两侧抗击日军。至10月武汉失守时，以伏击、奇袭战术，在大关、小关、范家岗、棋盘岭、铁铺岭、三十里岗、运漕等地，对日军连续作战数十次，有效地支援了正面战场作战，初步打开了皖中敌后的抗战局面。1939年6月24日，在安徽肥东县青龙厂被错杀。1975年11月，毛泽东主席亲自批示：重审高案。1977年4月27日，解放军总政治部发出《关于给高敬亭同志平反的通知》。1978年10月26日，批准追认他为革命烈士。1980年4月19日在合肥举行了高敬亭同志骨灰安放仪式。

郭企之（1915—1939）曲周县抗日民主政府县长

原名福记。男，1915年出生，河北南宫人，1931年加入中国共产党。中学毕业后回乡务农，同时在冀南区党委书记李菁玉领导下，秘密从事革命活动。1937

年“七七”事变后，八路军进入冀南平原，开辟抗日根据地，遂离家参加抗日斗争。1938年秋，任南宫县战委会组织部部长，后任中共南宫县委宣传部部长。9月，受冀南行政公署主任杨秀峰的派遣，任巡视团团长，到曲周县巡视。1938年，冀南公署成立后，所属各县纷纷建立抗日政权。同年9月，任曲周县抗日民主政府县长，并任县基干大队大队长。他积极宣传党的抗日主张，坚持抗日民族统一战线，特别重视武装斗争。1939年2月9日，带领4名同志到南里岳村执行任务，被汉奸发现，遭日、伪军包围，突围中受伤被俘，身陷囹圄。3月29日被绑赴刑场，他泰然跳入敌人挖好的土坑。日本宪兵举起屠刀威逼他投降，他高声喊道：“宁做断头鬼，不做亡国奴！”敌人遂往坑内填土，他仍一遍遍高呼着“打倒日本帝国主义”、“中华民族解放万岁”、“中国共产党万岁”等口号，壮烈牺牲。冀南行政公署为纪念他，追认他为“模范县长”，将当时曲周的第四、第五区和成安县一个区划为一个县，命名为“企之县”。

萧国生（1916—1939）新四军第1支队2团政治处主任

又名沚江。男，1916年6月出生，湖南浏阳人，1933年加入中国共产党。1930年加入中国共产主义青年团，同年参加浏阳赤卫军第6师。1932年3月，入湘鄂赣军区红军学校学习。后任红军第16师政治部宣传科科长。参加了南方三年游击战争。抗日战争全面爆发后，1938年1月，湘鄂赣红军游击队编为新四军第1支队1团，任团政治处宣传教育股股长。6月，任新四军第1支队2团政治处主任。1939年3月7日，日军第51联队纠集日、伪军5000余人，袭击驻扎在镇江市上、下会地区的2团，激战一整天，打退日、伪军数次进攻。下午4时许，萧国生奉命率2营6连战士在下会担任掩护主力突围的阻击任务。在与敌人抢占制高点时，中弹牺牲。周恩来为其写下悼文，并赞誉他是“不畏强寇勇往直前的青年政工人员的模范”。

龚选登（1899—1939）国民革命军陆军第79军76师参谋长

字阳甫，别号泰春。男，1899年出生，海南琼海人。曾任小学教师、校长等职务，后考入黄埔军校第6期第1总队步科毕业，毕业后分配到总司令部任职。后被调往第76师，历任排长、连长、营长等职务。1937年，龚选登任第79军76师参谋长，奉命率部奉命增援淞沪战场，编为左翼作战部队，在陆桥至刘家行一线与日军作战，浴血抵抗近一月。11月8日奉命弃守上海，后在浙江昌化、于潜一带整训补充。1939年2月21日，龚选登所在的第76师参加南昌战役，奉命归建编入第79军，隶属第9战区第19集团军。3月20日，日军集中步、炮、空优势兵力，向南昌发动猛攻。至22日拂晓已占领滩头阵地。为稳定战局，龚选登参谋长受命率预备队增援一线，带领官兵浴血奋战，战斗极为惨烈。在战斗中，龚选登被子弹击中牺牲。后被追赠为陆军少将。

董少白（1896—1939）八路军山东纵队第2支队参谋长

男，1896年出生，山东临沂人，1936年加入中国共产党。1920年考入上海惠灵学院外文系。1922年考入复旦大学政治系。“五卅”惨案发生后，他积极参加反帝爱国运动，站在游行队伍前列，向公众揭露英、日帝国主义屠杀我国工人的暴行。1931年夏，到驻西安的东北军警卫2营工作。西安事变和平解决后，入延安抗日军政大学学习。抗日战争全面爆发后，1937年10月被派回家乡，在庄坞、涌泉一带建立中华民族解放先锋队，建立和发展党组织，组织民众抗日武装。1938年11月，八路军山东人民抗日游击第12支队建立。12月，12支队改编为八路军山东纵队第12支队，董少白任政治部主任。后任八路军山东纵队第2支队参谋长。为了开辟抱犊崮山区抗日根据地，他率“民运工作队”深入山区发动群众，对巩固路南抗日根据地作出了贡献。1939年6月，日军集中2万兵力，对鲁中、鲁南抗日根据地进行大规模“扫荡”。在费（县）滕（县）地区梁邱反“扫荡”战斗中，他身先士卒，率领部分战士顽强抵抗日军的进攻，掩护部队安全转移。激战中壮烈牺牲。

董秋农（1910—1939）八路军东进抗日挺进纵队政治部敌工部部长

原名万丰。男，1910年出生，辽宁金县（今属大连）人，1938年加入中国共产党。1928年在旅顺二中读书时，曾参与领导学生罢课。1933年考入日本神户商业大学经济系。其间，接触到马克思主义，对帝国主义的侵略本性有了理性认识。1937年1月毕业回乡，目睹日军的残酷统治，决心寻找救国救民的道路。1937年“七七”事变后，毅然奔赴抗日前线，在太原八路军办事处参军，被分配到八路军总部敌工部，从事搜集、翻译日文资料工作。他对工作认真负责，一丝不苟，夜以继日，将搜集和查阅的大量日文资料，及时准确地翻译出来，为指挥员分析敌情和作战部署起了重要作用。他还经常利用工作之余，编写对日军的宣传材料，并亲自刻写、印刷、散发、张贴。他专心致志的工作精神，受到朱德总司令的称赞。同年秋，组织选派他参加八路军总部巡视团，深入部队检查工作。被派到驻冀鲁边区的八路军东进抗日挺进纵队，任政治部敌工部部长。冀鲁边区环境险恶，他始终和战士同甘共苦，身先士卒。他建议部队官兵学习用日语对敌喊话。为此，他下连队亲自任教，亲自上战场作对敌喊话示范，政治攻势效果大大提高。1939年10月，董秋农随部队伏击途经山东陵县陶家一带的日军，在作战中牺牲。

雷炎（1911—1939）东北抗日联军第3路军西北临时指挥部第4支队支队长

原名李辉，又名李树。男，1911年出生，黑龙江海伦人，1933年加入中国共产党。1931年参加抗日民众自卫军，进行抗日武装斗争。1934年，在哈尔滨负责反日会工作。同年夏，调到珠河抗日游击区工作。1936年3月，任东北人民革命军第3军留守团政治部主任。同年秋，东北人民革命军第3军改编为东北抗日联军第3军，雷炎先后担任5师、9师参谋长和9师政治部主任等职。与9师王德富师长率领部队转战于东兴、庆城一带，打击日、伪军。1938年8月，率队参加西征。此后，北满临时省委决定对部队进行整编，临时编为4个支队、2个独立师，雷炎任东北抗日联军第3路军西北临时指挥部第4支队支队长。1939年2月17日，率领70余名骑兵，在绥化县四方台附近的李老卓屯宿营，被700余日、伪军包围，雷炎在指挥部队突围时牺牲。

于克恭（1907—1940）八路军东海指挥部指挥兼政治委员

曾用名王志恒、李保山。男，1907年出生，山东牟平人，1933年加入中国共产党。高小毕业后，回村利用教书的机会向学生和村民宣传进步思想，与土豪劣绅进行斗争。1934年1月任中共牟平县委书记，同年10月被捕。先后在国民党牟平县看守所、济南第一监狱、武汉反省院关押达3年之久。在狱中坚贞不屈，多次组织和领导难友同监狱当局进行斗争。抗日战争全面爆发后获释。1937年10月到八路军总部做民运工作。是年冬，受八路军总部派遣重返胶东。根据胶东特委指示，回乡同宋竹庭等人恢复牟海地区党的组织，组建了中共牟海临时工委，任组织委员。12月，参加了胶东特委领导的天福山起义，起义成功后随部队转至蓬、黄、掖一带。1938年春，调胶东特委工作，先后任特委委员、民运部部长，胶东民众总动员委员会主任兼胶东抗日自卫团总指挥等职。同年秋，奉命由掖县去文登开辟东海地区抗日根据地。1939年1月，任中共东海特委书记。1940年2月，日军“扫荡”东海地区，他抓住国民党顽固派军队弃枪逃窜的时机，发动群众，举行第二次抗日武装起义，很快组织起一支千余人、七八百支枪的抗日武装力量。3月15日，起义队伍与文登、荣成两县起义队伍会师，成立了八路军东海指挥部，于克恭兼任指挥和政治委员。4月14日，国民党顽固派郑维屏、王兴仁部进犯文登林村，杀害八路军干部多人。他率队讨伐郑维屏、王兴仁部，15日清晨，在母猪河西岸与该部激战中牺牲。

马玉仁（1875—1940）国民革命军陆军鲁苏战区第1路游击司令

原名日仁，字伯良。男，1875年出生，江苏盐城人。早年投身军旅，历任团长、旅长、师长、军长、参议等职。中原大战中负伤，脱离军界，还乡务农经商。抗日战争全面爆发后，在家乡组织抗日义军，后任鲁苏战区第1路游击司令，在盐城、埠宁一线与日军作战，每次战斗，必是身先士卒、勇猛冲杀。多次坚决拒敌诱降，并公开枪决掳掠民财的侄子马益华，以整饬军纪，巩固部队。日军诱降不成便对其部驻地进行疯狂扫荡，马玉仁率领孤军与日军作战十余次。1940年1月3日，日军百余人突袭所部驻地江苏盐城安乐港。他亲率所部在新吴乡合尖迎敌。他在地形条件不利的情况下，镇定指挥作战，身先士卒，激战中小腿受伤、腹部中弹，终因失血过多牺牲。后被追赠为陆军中将。

王丰庆（1907—1940）新四军江南指挥部独立1团团长

男，1907年出生，江西弋阳人，1928年加入中国共产党。同年参加红军游击队。曾任皖赣挺进师（后为独立师）政治委员、皖赣苏维埃政府主席、中共皖浙赣省委委员、皖赣特委书记、皖赣游击大队大队长兼政治委员等职。1936年，任中共皖浙赣省委委员兼皖赣特委书记。在南方坚持了3年游击战争。抗日战争全面爆发后，所部编入新四军第1支队2团，曾任新四军第1支队2团3营政治教导员、新四军政治部民运部副部长，第1支队政治部民运科科长等职。1938年5月，随粟裕率领的新四军1、2支队先遣队挺进江南敌后，协助粟裕进行战略侦察，并参加了江南对日首战——韦岗战斗。7月，镇江、句容、丹阳、金坛四县抗日自卫总会建立，任总会副主任。他兢兢业业，谦虚谨慎，踏实工作，深得总会主任、爱国人士樊玉琳的信赖。他积极配合战地服务团宣传党的抗日主张；充分发动群众组织农抗会、青抗会、妇抗会等抗日协会及各种地方武装；配合新四军整顿地方游杂部队；为新四军筹集粮款，为开辟以茅山为中心的抗日根据地做了大量工作。1938年9月，任中共苏南特委委员兼军事部部长。1939年5月，任新编第6团副团长兼政治处主任。后又继续从事民运工作，配合新四军江南指挥部，历尽艰辛将宋庆龄等各界人士募捐的贵重药品、医疗器械等运送至江北。1940年7月，任新四军江南指挥部（亦称新四军新2支队）独立1团团长。1940年12月10日，率部接应苏皖区委书记邓仲铭时，在江苏武进吊桥镇遭到日、伪军千余人包围、袭击。在指挥部队撤退时，中弹牺牲。

王友德（1906—1940）新四军豫鄂挺进纵队第3团队政治委员

男，1906年出生，湖北阳新人，1929年加入中国共产党。同年参加红军，曾任红军第4师卫生部部长、第5军卫生部附属医院院长、红军总卫生部附属医院院长等职。抗日战争全面爆发后，任八路军总部野战医院院长。1938年入延安中央党校学习。1939年9月，奉命到鄂豫皖敌后，先后任新四军豫鄂挺进纵队第3团队政治处主任、政治委员。他重视部队政治思想工作，培养基层政工干部，采取多种形式开展战时和行军中的政治鼓动和互助活动。1939年11月，参与指挥袭击杨柳河伪军战斗。1940年9月中旬，日军千余人，进犯湖北京山县坪坝。他亲率两个营赴坪坝参加保卫战，战斗中中弹牺牲。李先念称他是：“中国共产党的优秀党员”。

王伟民（1918—1940）八路军冀鲁豫军区第2军分区政治部主任

男，1918年出生，河南濮阳人，1935年加入中国共产党。1933年考入河北省立大名第七师范学校，在校期间积极参加抗日救亡活动，1937年“七七”事变后回到濮阳，在城南一带农村发动群众，开展抗日救国活动。1938年春调中共直南地委做民运工作。在七宝寨、大韩一带发动群众，建立了抗日救国同盟会和青年抗日热血救国团。1939年2月，在滑县组建起800余人的抗日独立大队（后称豫北独立大队），任政治部主任，率领独立大队与日军开展游击战。1940年独立大队改编为八路军第2纵队新3旅8团，任政治委员。1940年8月，任冀鲁豫军区第2军分区政治部主任。为发动群众，扩大地方武装，12月27日与濮阳县长王卓云率新3旅9团1连等部200余人，到濮阳城南开展抗日工作。28日，突被日军包围。为了掩护群众，率部顽强阻击敌人，身中数弹牺牲。

王汝起（1905—1940）东北抗日联军第2路军2支队支队长

又名王坚。男，1905年出生，山东黄县人，1935年加入中国共产党。1923年迁居黑龙江宁安县。1932年秋，在宁安县西北区组建了数十人的红枪会抗击日军，很快发展成为500余人的抗日队伍。1933年，他率领红枪会加入救国军第3旅，任8团团长。因日军重兵围剿，救国军失败。1934年2月，王汝起率余部加入绥宁反日同盟军。1935年2月，任东北反日联合军第5军1师3团团长。4月，率部在庙岭伏击日军，毙伤数十人。1936年5月，在宁安烟筒沟伏击伪森林警察队，6月在三道河子俘虏了伪军一个连。1937年4月，任东北抗日联军第5军2师副师长。1938年1月，任东北抗日联军第7军1师师长。1940年春，任东北抗日联军第2路军2支队支队长。1940年5月21日，率领40多名战士前往饶河县大带河袭击伪军伐木场的途中，与敌人遭遇，在战斗中牺牲。

王邦秀（1895—1940）八路军第120师政治部民运部副部长

男，1895年出生，江西吉安人。1929年参加革命。在乡、县苏维埃政府工作，曾任湘鄂川黔省革命委员会土地部部长。1934年随军长征。抗日战争全面爆发后，任八路军第120师政治部民运部副部长。在日、伪军严密封锁的困境下，克服困难，从敌占区抢运出2000多石粮食，赈济山西岚县的广大灾民，保证了晋西北粮食供应。1940年6月，日军“扫荡”晋西北八区。在紧急情况下，王邦秀不顾个人安危，只身返回村子，组织群众坚壁清野。在转移途中，不幸遭敌伏击牺牲。

韦灿（1898—1940）国民革命军陆军第31军131师392团团长

男，1898年出生，广西容县人。早年先后入广西陆军模范营、中央陆军军官学校南宁分校学习。毕业后任少校营长、中校营长、上校团长等职。中央陆军军官学校高教班深造毕业后出任131师781团团长。1937年抗日战争全面爆发，韦灿奉命率部北上抗日，曾参加徐州会战、太湖战役及广济战役、桂南会战龙州战役。后任国民革命军陆军第31军131师392团团长。1940年2月23日，韦灿奉命率部到广西上思阻击日军，掩护主力部队向四方岭南部转移。其部为掩护师部侧背安全，与敌人激战，韦灿战斗中牺牲。后被追赠为陆军少将。

尹国赤（1907—1940）八路军留守兵团警备第7团团长

男，1907年出生，江西永新人，1930年加入中国共产党。1930年2月参加中国工农红军。在红一方面军历任战士、班长、排长、连长、支部书记、营长、团长等职。参加了中央苏区历次反围剿和长征。1936年任陕甘宁红军独立师参谋长。1937年抗日战争全面爆发后，任八路军留守兵团警备第7团团长。1939年1月，中央军委为提高抗日前线部队的战斗力，决定成立华北抗日战地考察团，赴晋察冀等抗日根据地整训部队。尹国赤任考察团支部委员兼军事部部长，后任参谋长。带领考察团成员突破日军层层防线，先后到晋西北根据地、晋察冀军区、120师师部、晋中军区等地，对抗日部队进行军事训练、总结经验，使前线抗日部队战斗力显著提高。他还参加了旧城刘家庄伏击战、达子房村伏击战等战斗。尹国赤工作认真负责，在艰苦的环境下，身负战伤仍坚持繁重的工作。1940年5月26日夜，因战伤复发而逝世。八路军总部发出讣告，号召全军向尹国赤学习。《八路军军政杂志》第10期刊登了《悼尹国赤同志》一文。

孔昭同（1880—1940）八路军第115师曲泗邹滕费五县游击队司令

字从吾。男，1880年出生，山东滕县人。18岁考中秀才。20岁考入山东武备学堂。1908年入江北陆军学校学习。1913年到军阀孙传芳部任连长，后升至北洋军第13师师长。1927年脱离孙部，到济南赋闲6年。1933年回到滕县开药店，并出资兴办义学，吸收穷人子弟入学。1937年抗日战争全面爆发后，与曾任奉军旅长的中共地下党员董尧卿、曾任晋军军长的杨士元等，组建鲁南民众抗敌自卫军，孔昭同任副司令员。部队开进邹滕山区打游击，遭日军空袭受损，杨士元去徐州。自卫军解体后，孔昭同重建自卫军，继任司令。利用同石友三的旧关系，所部改编为第10集团军暂编第6师，任中将师长。同年12月，石友三离鲁去冀，他拒绝同往，率部转战于抱犊崮山区。1939年八路军第115师由鲁西到达抱犊崮山区后，他对八路军的到来十分欢迎，派代表携带物品慰劳八路军指战员，所属第2旅与八路军协同作战。1940年1月，2旅与115师686团合编为115师鲁南支队。4月，孔昭同率师直属队，被任命为八路军第115师曲泗邹滕费五县游击队司令。同年秋，因积劳成疾，病情日益加重，11月11日在115师卫生部医院病逝。第115师陈光代师长、罗荣桓政委、萧华主任分别送了挽联，给予了很高评价。

卢启明（1912—1940）丰（润）滦（县）迁（安）联合县抗日民主政府县长

又名夏火焰。男，山东胶东人，中国共产党党员。1937年10月从山东敌后到达陕北，入云阳县吴堡西北抗日青年训练班学习，1938年初转入抗大第4期学习。10月被选派到冀热察挺进军随营学校任教员，主讲民运工作。1939年夏，调任冀东丰（润）滦（县）迁（安）联合县抗日民主政府县长。在险恶的游击环境中，他紧密地依靠群众，正确执行党的政策，团结和动员各界人民共同抗战，打击日伪汉奸的嚣张气焰，鼓舞了抗日军民的士气。1940年2月15日，卢启明带队在迁西县二拨子村附近，配合冀东八路军第2支队袭击一支日、伪军运输队时，胸部中弹牺牲。

史钦琛（1912—1940）八路军第129师新编8旅22团政治委员

男，1912年出生，河北成安人，1935年加入中国共产党。早年考入北平辅仁大学读书。在“一二·九”运动中，曾因领导学生救亡活动被逮捕。1937年抗日战争全面爆发后，经天津、烟台、青岛到达济南，在第3集团军政工训练班学习。10月中旬由党组织派到聊城，先在山东省第6区抗日游击司令部政训处驻堂邑办事处做发动群众，组织抗日武装等工作，参与组建了鲁西北抗日游击第1大队。1938年，在此基础上成立了山东省第6区抗日游击司令部第10支队，任该支队2团政治部主任。1939年1月任鲁西区党委组织部组织科科长。5月调任八路军第129师筑先纵队政治部主任。1940年6月任八路军第129师新编8旅22团政治委员。同年6月26日，在冠县耿楼村与日军作战时牺牲。

冯治纲（1908—1940）东北抗日联军第3路军龙北指挥部指挥

男，1908年出生，吉林怀德人，1936年加入中国共产党。1909年全家迁居黑龙江汤原县。1932年，加入刘纪三组织的抗日武装护矿队。1934年4月，组织汤原抗日武装文武队，任队长。11月，率队配合汤原游击队抗击日、伪军。1934年5月、6月间，协助汤原游击队创建汤原太平川抗日根据地。1935年秋，率领文武队加入汤原游击队，任中队长。1936年1月，汤原游击队改编为东北人民革命军第6军，冯治纲任3团团长。3月率部袭击鹤岗煤矿警察队。6月任6军参谋长。7月率部队到松花江南岸开辟了依兰、桦川抗日根据地。1937年，率队攻打汤原县城，毙伤敌军100余人。1939年9月，率部攻打讷河县城，活捉伪团长。1939年12月，任东北抗日联军第3路军龙北指挥部指挥。1940年2月4日，率部在内蒙古阿荣旗三岔河与日、伪军作战中牺牲。

朱启杰（1912—1940）泗县妇救会主任

女，1912年出生，江苏涟水人，1939年6月加入中国共产党。曾就读于金陵女大附中高中班、省立树强中学。“七七”事变后弃学回乡参加涟水抗日同盟会，后又加入涟水民众抗日独立营、八路军陇海南进支队8团等抗日武装的文艺宣传队。她随文艺宣传队深入农村，宣传抗日，深受群众欢迎。她为支持抗日，不惜变卖田地、房屋等家产。敌人几次烧毁她家的房屋，也没能动摇其抗日决心。1939年10月，朱启杰被派往皖东北党校学习。结业后，被派到泗县妇救会担任主任。1940年5月，她率领政治工作队到泗县陈集乡袁圩建立基层政权，开展抗日救亡和减租减息运动。28日，因汉奸告密，日军突然包围袁圩。朱启杰指挥突围时被俘，遭敌人严刑拷打。敌人让朱启杰写自首书，朱启杰却挥笔写下“打倒日本帝国主义！打倒汉奸卖国贼！”敌人用刀剁掉她的手指，她仍痛斥敌人，后被杀害。

朱爱周（1901—1940）赣榆常备旅旅长

原名秉莲，字爱周。男，1901年出生，江苏赣榆人。早年考入北京高等警官学校。毕业后，历任灌云、盐城县公安局长、赣榆县常备大队大队长和萧县、铜山县府秘书。1936年，任江苏第3水警区区长，驻防南通。1938年，朱爱周受命出任赣榆县长，号召全县人民团结一致，并始终坚持国共合作，守土抗战，共同救国。1939年组织成立赣榆常备旅，任旅长。3月，赣榆失守，朱爱周率部转入山中开展游击战争，多次与日、伪军作战，给予敌人沉重打击。1940年3月21日夜，所部在江苏赣榆附近的驻地突遭日、伪军袭击，朱爱周率部奋力抵抗。激战中，朱爱周右膝部被炸成重伤，仍坚持指挥，最终被日军包围。为不被俘虏，举枪自戕。

刘洪雄（1907—1940）中共归绥工委组织部部长

男，1907年出生，内蒙古土默特旗人，1926年加入中国共产党。1924年考入山西太原国民师范，在这里结识了共产党员，阅读了《共产党宣言》等书刊。从

1927年始，在北京门头沟矿区、东北抗日义勇军及察哈尔民众抗日同盟军中从事地下工作。1937年抗日战争全面爆发后，与杨植霖等组建绥蒙民众抗日开路先锋队，活动于土默川一带。1938年8月，随大青山支队北上，开辟抗日游击根据地。后奉命打入归绥伪军和日本宪兵队，从事地下工作。1940年初任中共归绥工委组织部部长，他秘密组建的绥蒙各界抗日救国会发展到200多人。1940年8月，刘洪雄被捕后被日军毒打致死。

刘景胜（1915—1940）新四军津浦路东联防司令部独立2团政治委员

男，1915年出生，江西兴国人，1933年加入中国共产党。曾任兴国县儿童团书记。1931年参加红军。曾任红1军团2师6团连指导员、营教导员。参加了两万五千里长征。抗日战争全面爆发后，由延安到新四军工作，历任军部教导队政治指导员、特务营政治委员。1938年冬随张云逸同志到江北工作，任新四军第5支队第15团政委、津浦路东联防司令部独立2团政治委员。率部活跃在天长、仪征、扬州等地，开展抗日斗争。参加并指挥收复来安城战斗、六合盘山战斗等对日作战。1940年10月，因积劳成疾，患急性肺炎，仍不愿离开部队，在病重抬往医院途中病逝。

苏晓风（1915—1940）八路军山东纵队第5旅13团政治委员

原名张尔乙。男，1915年出生，山东蓬莱人，1938年加入中国共产党。先后在北平市河北中学和镜湖中学就读。1935年参加“一二·九”学生爱国运动。1936年参加中华民族解放先锋队。1937年“七七”事变后，回家乡的潮水小学教书。他联络几位进步教师办起了《潮水日报》，宣传抗日救亡。1938年2月，中共蓬莱县委组织发动抗日武装起义，他在潮水拉起一支队伍，参加起义部队，合编为山东抗日救国军第3军第3大队。之后3大队扩编为山东人民抗日救国军第3军第2路。他先后担任第1、第9大队政治委员。9月，他被派到八路军山东纵队第5支队收编的原属国民党的一支地方游击部队，任教导员。同年调任交通营营长。1940年3月，任八路军山东纵队第5支队（9月改为第5旅）13团政治委员。9月，采取围点打援战术，在半壁店全歼从招远城出动的两卡车日军，缴获重机枪一挺。10月率部参加平度良蒙山战斗，与3营7连一起战斗在阵地最前沿。1940年12月21日拂晓，在掖县上庄遭日军偷袭，他负重伤被俘后遭枪杀。

李复（1906—1940）新四军第2支队独立2团副团长

字复理。男，1906年出生，江苏宜兴人。1933年在苏州美术专科学校毕业并留校任教。1934年，创办常州女子美术学校并任校长。1937年7月7日，抗日战争全面爆发，毅然回到江苏宜兴臧林乡组建游击队，打土匪、除汉奸、抗日军。1938年秋，赴皖南参加新四军，先入新四军教导总队学习。1939年秋学习结束后，返乡为新四军募集寒衣。1940年3月，任中共太（湖）滆（湖）工委委员兼财经科科长。10月，任新四军第2支队独立2团副团长，率部进行了打击北新桥日军、殷墅桥伏击日军船只等战斗。1940年11月10日，率1个连接应中共苏皖区委书记邓仲铭来太滆地区检查工作，在武进吊桥镇遭日军千余人围袭。突围时身中3刀、数弹，壮烈牺牲。

李大光（1898—1940）八路军山东纵队第5支队15团政治委员

原名文芳，字墨园，又名李一。男，1898年出生，山东莱阳人。中国共产党党员。1919年夏，高小毕业后在本村创办学堂，自己教课。1920年投笔从戎，进入洛阳军校。得知该校是军阀吴佩孚创办，不合自己的救国理想，逃回家乡，仍从事教学。1925年冬结识中共党员宋海艇，在其帮助教育下加入了中国共产党。他组织群众抗粮抗税，遭到盘踞莱阳城军阀的通缉，被迫逃离家乡，到黑龙江虎林帮助其二叔开荒种地。1931年“九一八”事变后，参加东北抗日义勇军。1934年党组织派他去苏联海参崴国际师范大学学习。1936年毕业后，被党组织派回山东莱阳工作。1937年抗日战争全面爆发后，在家乡组织一支几十人的队伍，在招莱边区开展游击活动。1938年6月，参加了山东抗日救国军第3军第1路。年底到抗日军政学校学习。1939年春结业后，在胶东军区警卫营、教导营、特务团先后任连指导员、营长。后任八路军山东纵队第5支队15团政治委员。1940年3月16日，在蓬莱潮水镇与日、伪军战斗中牺牲。

李佐民（1912—1940）八路军山东纵队第5支队62团政治委员

原名天佑，又名拙民。男，1912年出生，山东莱西人，1934年加入中国共产党。1929年考入莱阳中学，1931年“九一八”事变后，参加反日爱国运动。1932年考入济南山东省立第一师范。1935年到青岛，任薛家岛小学校长，继续从事抗日救国活动。1937年“七七”事变后，响应党的号召，回家乡发动群众，组织莱西中华民族解放先锋队，任宣传部部长。并且组建起一支抗日武装。1938年6月，到掖县参加胶东抗日游击第3支队，任总务科科长。后任八路军山东人民抗日游击第5支队21旅政治部民运科科长。1939年1月起任八路军山东纵队第5支队政治部干部教导队政治委员、海防指挥部政治委员、62团政治委员、胶东抗日联军指挥部政治部副主任。指挥部解散后，任八路军山东纵队第5支队62团政治委员兼招远、莱阳、栖霞特派员。1940年3月在招远窑山反击日、伪军合围的战斗中，头部中弹牺牲。

李和辉（1915—1940）八路军晋察冀军区第2军分区19团团长

男，1915年出生，江西吉水人，1928年加入中国共产主义青年团，1930年加入中国共产党。1930年参加中国工农红军，在红3军团5军3师任班长、排长、连长。参加了中央苏区历次反“围剿”和长征。到达陕北后，入红军大学学习，后任中国工农红军总司令部通讯连连长。抗日战争全面爆发后，任八路军总司令部特务团第3营营长。参加平型关战斗后，被评为优秀共产党员、模范营长。10月，留在晋察冀边区，开辟敌后根据地，任晋察冀军区第2军分区兼第2支队4大队大队长。同年12月，率4大队一举歼灭大汉奸张家佛的卫队。接着袭击代县县城，活捉大汉奸王维一。1938年11月，配合358旅在高洪口全歼日军109师团135联队蚋野大队长以下500多人，缴大炮4门。1939年冬，任晋察冀军区第2军分区19团团长。率部捣毁伪军新2师师部，歼敌一个团，俘虏伪军副师长。1940年3月，在白兰镇与日军激战，腹部受伤仍坚持指挥战斗，歼敌500余名，所部受到特大嘉奖。他在医院听到百团大战的消息，伤口未愈便赴前线指挥作战。率部拿下战略要塞娘子关，占领摩河车站，因积劳过度，伤口复发，病情恶化，救治无效，于8月31日在抗战前线逝世。

李绍桥（1910—1940）八路军山东纵队第5旅13团团长

男，1910年出生，河南商城人，1930年加入中国共产党。1931年参加工农红军第4方面军。长征到达陕北后，于1936年调到红军大学3科，1937年春任红军教导师2团副团长。1939年春，调任抗大1分校3支队6营营长。1940年1月，随抗大1分校从晋东南迁到山东抗日根据地。3月，调胶东任八路军山东纵队第5支队13团团长。刚接到调令，即指挥到沂蒙山区执行护送任务的13团3营，阻击沂水、朱位等据点日、伪军对山东纵队机关的进攻。在九子峰一线，3营打垮敌人连续9次冲锋，并以1个连配合2支队杀入敌据点孙祖，毙伤日军100余名。此战，3营受到徐向前司令员的表彰。1940年9月，山东纵队第5支队整编为山东纵队第5旅，他仍任13团团长。为配合百团大战，开辟莱（阳）北根据地，13团采取围攻半壁店吸引道头、招远之敌的战法，击毙日军30多名，生俘日军4名，并缴获1挺九二式重机枪。12月下旬，13团在平度良蒙山、掖县郭家店等地执行反击日顽作战任务后，向上庄地区转移时遭到日军偷袭，他在组织部队抵抗时中弹牺牲。

邱积成（1910—1940）八路军第129师政治部锄奸部部长

男，1910年出生，江西瑞金人，1929年加入中国共产党。1929年参加中国工农红军。曾任红军连指导员、团特派员、师特派员，红三军团政治保卫局科长、部长等职。参加了长征。抗日战争爆发后，任八路军第129师政治部锄奸部部长。在太行山历次反“扫荡”战斗中，他总是身先士卒，率领工作人员冲破层层封锁线，有力地打击了日、伪军。当时，在晋东南敌特猖獗，日军训练的大批特务，混入抗日政府和救亡团体中，刺探八路军情报，破坏抗日。他为此日夜奔波，周密部署反奸措施，发动人民群众，加强部队教育，击败了敌特的一个又一个阴谋，保卫了根据地，保卫了八路军的安全。1939年11月，他带病参加八路军总部会议，为了及时传达会议精神，带病工作几昼夜整理文稿，在干部会议上作了整整两天的工作报告，有时讲话都很困难，于是就用石头把讲的话写到砖墙上。1940年4月22日，终因积劳成疾，医治无效病逝。

邹志辉（1912—1940）新四军豫鄂挺进纵队应城县抗日游击大队大队长

男，1912年出生，江西人，1936年加入中国共产党。1928年，在江西参加中国工农红军，历任排长、连长、营长、团参谋长等职。1934年，随红一方面军长征到达陕北。曾7次负伤。1938年入抗日军政大学学习。1939年，调湖北工作。曾任新四军豫鄂挺进纵队第5团队副大队长、应城县抗日游击大队大队长等职。对革命无限忠诚，对同志关怀备至，深受广大同志们的爱戴。为打开应城抗日工作局面，遵照中共应城县委指示，于1940年11月5日凌晨，率部攻打盘踞在应城黄家滩的汉奸区长吕华奎的日伪据点，因无攻坚武器，转而袭击敌人营房，击毙数名敌人，缴获步枪战马及一些军用物资。部队撤出战斗转移时，遭应城、长江埠数百增援日军的夹击。情况十分危急，他立即命令大部队向南转移，跳出日军夹击圈，率小部分战士掩护、阻击，被敌机枪击中牺牲。

宋子良（1914—1940）八路军山东纵队第5支队14团副团长

男，1914年出生，山东荣成人，1934年加入中国共产党。1937年12月参加天福山抗日武装起义。加入山东人民抗日救国军第3军，后为八路军山东人民抗日游击第5支队。1939年6月任八路军山东纵队第5支队61团1营营长。9月任第5支队13团1营营长。同年10月25日，1营奉命去迎接山东纵队政治委员黎玉到胶东视察工作。驻临朐的日军两个排和伪军700多人，正在偷袭驻在五井的八路军山东纵队第1支队。13团1营在宋子良和教导员孙翼率领下投入战斗，在第1支队统一指挥下，激战至黄昏，全歼日军。共毙伤俘日军连长以下40余人，毙伤伪军120余人。第1营顺利完成迎接黎玉到胶东的任务。1940年5月，宋子良升任山东纵队第5支队14团副团长、代团长。同年6月1日，日本侵略军少将指挥官秋山纠集日、伪军5000多人对胶东抗日根据地进行大“扫荡”，为掩护胶东党政军首脑机关和北海银行、抗大一分校胶东支校等重要单位转移,宋子良和政治委员张咨明率领14团在胶东灵山地区与日军进行浴血奋战，击退敌人一次次进攻。宋子良在激战中牺牲。

张炯（1916—1940）八路军鲁南军区第3军分区参谋长

男，1916年出生，贵州黄平人，1933年加入中国共产党。1931年参加中国工农红军。参加了长征。抗日战争全面爆发后，1938年12月，随黎玉、张经武从延安到达山东抗日根据地。1939年3月，任山东纵队陇海南进支队第3大队参谋长。6月，任八路军陇海南进支队参谋长。8月，任八路军山东第1军区第4军分区参谋长。1940年4月该部改属115师鲁南军区，任鲁南军区第4军分区参谋长、副司令员，鲁南军区第3军分区参谋长等职。1940年8月，在江苏邳县泇口镇作战中牺牲。

张敬（1908—1940）国民革命军陆军第33集团军总司令部高级参谋

字少聊。男，1908年出生，福建闽侯人。1928年任国民革命军陆军第11师教导团少校副团长。次年考入南京中央陆军炮兵科学习，毕业后被保送到日本陆军士官炮兵学校深造。1933年回国后，任第19路军78师直属炮兵营营长。1937年抗日战争全面爆发后，调第5战区青年军司令部、干训团等部门任职。1939年，张敬在张自忠的第33集团军总司令部任少将高级参谋。1940年，日军集中30余万优势兵力，在大批坦克飞机配合下，分三路围攻枣阳地区，兵逼武汉。而后，张敬随张自忠将军开赴前线，从5月7日至16日，其部连续作战，补给缺乏，战况险恶。激战至16日下午，面对蜂拥而至的日军，他带头冲向敌人，在接连击毙数名敌人后牺牲。

张乃东（1901—1940）涿（县）固（安）新（城）联合县抗日民主政府县长

原名廷瑞，又名达之，号云阶。男，1901年出生，河北涿州人，1922年加入中国共产党。1924年春任中共保定市委代理书记。后任保定铁路总工会秘书，领导铁路工人运动。1930年回家乡从事农运工作。“七七”事变后，根据中共保属特委指示，成功争取了房山、涿县地区一股300余人的地方武装参加抗日。担任了这支部队的政训处主任，并率领该部精悍武装，趁涿县北关庙会之机，潜入涿县城内，打死日军20多人，伤数十人。1939年春，奉命到大青河北岸争取地方武装。这一带驻军朱占魁部所属的第8团有200多人，30多挺机枪，战斗力较强。该团参谋长被日军收买，挟持团长将部队拉到天津郊区准备投敌。张乃东闻讯后立即奔赴天津，不畏艰险，四次进入8团驻地，帮助团长除掉了亲日分子，把队伍带回冀中，成为一支抗日的有生力量。1940年秋，张乃东任涿（县）固（安）新（城）联合县抗日民主政府县长。他曾化装潜入涿县城内。搜集了大量情报。率领武工队破坏敌人交通运输和通讯设备，袭击敌据点，开辟了新的抗日游击区。9月，和县委机关在涿县东代屯村被300多敌人包围。他指挥其他同志先行突围，自己因处理文件、掩护同志未能脱险而牺牲。

张兰生（1909—1940）东北抗日联军第3军政治部主任

原名鲍巨魁。男，满族，1909年出生，黑龙江呼兰人，1932年加入中国共产党。1933年参加了哈尔滨电车工人反日大罢工，之后被中共满洲省委派到珠河地区组织抗日武装斗争。1935年2月，担任中共珠河中心县委书记。1937年5月，被选为中共北满临时省委书记。1938年6月，领导抗联3军整编部队，并率部西征到达黑嫩平原一带。1939年4月，中共北满省委正式成立，张兰生被选为省委执行委员，任东北抗日联军第3军政治部主任。1940年6月，在抗联第3路军总指挥部主持开办省委军事干部训练班。7月19日，总指挥部在德都县朝阳山遭日、伪军突袭，张兰生等人为掩护指挥部与学员安全撤离，在与敌人拼死战斗中牺牲。

张咨明（1915—1940）八路军山东纵队第5支队14团政治委员

又名铭通。男，1915年出生，山东莱西（原属莱阳县）人，1937年加入中国共产党。在掖县第九中学读书时，阅读了大量进步书籍。“一二·九”运动后，考入北平弘达学院高中部。不久参加了中华民族解放先锋队，奔波于街头、乡村，进行抗日救亡宣传。1937年“七七”事变后，张咨明响应中共中央北方局“脱下长衫，到游击队去”的号召，回到家乡，在共产党员吴青光的领导下，组建了“莱阳民先”和民先武装宣传队。1938年3月，日军占领了平度县东部重镇古岘，向莱阳进犯，企图打通青（岛）烟（台）公路。张咨明奉命带领一个班，协同“民先”九区队共同阻击日军东犯，取得胜利。1939年调任八路军山东纵队第5支队14团政治委员。1940年6月1日，日本侵略军少将指挥官秋山纠集日、伪军5000多人对胶东抗日根据地进行大“扫荡”，为掩护胶东党政军首脑机关、抗大一分校胶东支校、北海银行等重要单位，张咨明和代团长宋子良率领14团在灵山地区与日军进行了浴血奋战，击退敌人一次次进攻。激战至6日，团长宋子良牺牲，阵地人员也牺牲大半，张咨明身负重伤滚下山岗昏了过去。醒来时已被日军包围，他毅然用皮带结束了自己年轻的生命。

张镇华（1909—1940）东北抗日联军第5军3师师长

原名德林，又名学忠、治中。男，满族，1909年4月出生，黑龙江宁安人，1932年加入中国共产党。“九一八”事变后，回到家乡参加抗日活动。1933年6月，任穆棱游击队小队长。1934年2月，任反日同盟军警卫连连长。1936年春，任东北抗日联军第5军教导队教官。1937年初，任东北抗日联军第5军1师参谋长。同年夏，被中共吉东省委派到三道河子森林警察大队作策反工作。11月，任东北抗日联军第5军2师副师长。1939年9月，任东北抗日联军第5军3师师长。1940年2月7日被俘，4月被杀害于佳木斯。

陈琴（1911—1940）琼崖人民抗日自卫团独立总队琼侨服务总团副团长

又名继猷。男，1911年出生，广东文昌（今属海南省）人，中国共产党党员。爱国华侨。抗日战争全面爆发后，在新加坡建立星洲洋务工人抗敌后援会等华侨抗日团体，筹款筹物，援助中国人民抗战。不久，又建立星洲琼侨回乡服务团，任团长。1939年8月，率团携药物和捐款赴海南岛，支援岛上的抗日将士，并直接参加海南岛琼崖抗日游击队独立总队的抗日斗争。不久，加入中国共产党，先后担任党支部书记、党总支书记等职。后又建立琼侨服务总团，隶属琼崖人民抗日自卫团独立总队，任副团长。1940年8月，乘船开赴新加坡，向琼侨救乡会、琼侨救济总会汇报情况，途中被日本军舰发现，遭敌杀害。

陈荻（1908—1940）八路军晋察冀军区冀东军分区政治部宣传科科长

原名世雄，字临武，化名陈白秋、陈荻。男，1908年出生，河北玉田人，1927年加入中国共产党。1930年任中共遵化县委书记，曾参与领导黄林暴动。失败后潜往哈尔滨，在哈尔滨邮政局工作。1931年“九一八”事变后，随东北三省邮政人员一起调入关内，被分配到安徽省芜湖市邮政局。不久与当地党组织接上关系，继续从事革命活动。1934年任中共宁河县委委员兼芦台党支部书记，并以行医为掩护，从事秘密交通工作。1938年7月，参加了冀东抗日大暴动，在冀东抗日联军第5总队负责政治工作。部队西撤回冀东后，先后任冀东抗日联军政治部代理主任、八路军晋察冀军区冀东军分区政治部宣传科科长。他转战南北，出生入死，为建立冀东抗日根据地做出贡献。1940年7月21日傍晚，部队转移到丰润县郭庄子村时，突然被日、伪军包围。他指挥部队且战且退。在退至村旁涉水渡泉水河时，为抢救落水战友牺牲。

陈文甫（1894—1940）新四军第6支队3总队8团副团长

男，1894年出生，安徽濉溪人，1925年加入中国共产党。抗日战争全面爆发后，他倡议救国自救，组织游击队开展抗日斗争，先后任游击队长和宿西独立游击大队副大队长。1939年，当地游击队合编为宿县独立团，任副团长兼第1营营长。1939年12月，所部改编为新四军第6支队3总队8团，任副团长。1940年3月17日，日军对萧（县）永（城）宿（县）地区进行“扫荡”。为掩护友邻国民党军南渡浍河，他率独立团1营在宿县王浅子与追击友军的日军展开顽强搏斗，激战一天。傍晚，由于日军火力猛烈，他被敌火力压制在许庄仅存的3间房屋内，后敌人放火烧屋，在烈火中牺牲。新四军第6支队《拂晓报》以《光荣伟大的模范》为题，报道陈文甫等壮烈牺牲的事迹。

周文富（1902—1940）国民革命军陆军第7军171师1021团团长

字绍尊。男，1902年出生，四川双流人。曾任双流县立第一小学校长。抗日战争全面爆发后，考入国民党中央军事政治学校第1分校，入第5期高级班学习军事，毕业后历任排长、连长、营长、团长等职。1940年4月，日本侵略军3000余人入侵湖北，由黄安（今红安）、河口、宋埠分路北犯，占领了七里坪。周文富任第7军171师1021团团长，奉命率部由檀树岗附近向两侧阻击日军，在龙王山南麓与日军展开血战，毙敌甚多。经过激烈战斗之后，日军增援部队到达，周文富原部署在敌军两翼的夹击部队，连续被敌人增援部队各个击破，情况十分危急。周文富当机立断，组织部队突围，经过数次猛烈冲击，终将包围之敌击破，打开缺口，突围成功。后转移至西张店附近，集结整理部队。面对部队的重大伤亡，周文富深感自咎，愤不欲生。12日凌晨3时，他嘱咐下属以国家民族的生死存亡为重，举枪自戕。后被追赠为陆军少将。

郝玉明（1910—1940）八路军晋察冀军区游击军政治部副主任

男，1910年出生，河北阜平人，1930年加入中国共产党。抗日战争全面爆发后，发动群众组织抗日武装，开展游击战争。1937年底任八路军晋察冀军区第3军分区兼第4支队11大队（团）政治处主任、政治委员。后任八路军晋察冀军区游击军政治部副主任。1940年百团大战后，日、伪军对晋察冀实行疯狂的大“扫荡”。11月16日，在曲阳县张家峪反“扫荡”战斗中牺牲。

柳万熙（1917—1940）东北抗日联军第1军3师政治部主任

原名永俊。男，朝鲜族，1917年出生，朝鲜庆尚北道人，1934年加入中国共产党。1925年，随家迁居吉林省磐石县。“九一八”事变后，积极参加抗日救亡活动。1933年，加入共青团，在当地进行抗日宣传，引起日伪当局的注意。同年秋，清原县日本守备队30多名日本兵到三间房搜捕柳万熙，未抓到遂将其母亲与弟弟活埋。柳万熙怀着抗日到底的决心到东北人民革命军第1军独立师5团当通讯员。1935年，任东北人民革命军第1军1师5团青年科科长，随部队攻打柳河五道沟和南山城伪军。1936年5月，任东北人民革命军第1军3师政治部主任，率部在柳河、金川一带抗日。11月，任东北抗日联军第1军3师政治部主任，参与第1军3师西征作战的组织指挥。1937年春，率东北抗日联军第1军3师一部返回清原，多次袭击阿尔当、高砬子、黑石头等地日、伪军。同年7月，指挥部队在开原县南道穴沟口伏击敌军汽车，击毙日军冈田中佐。同月，又在清原县七道河子伏击敌人，击毙日军20余人。1937年10月以后，第3师长王仁斋和政委周建华先后牺牲，他负起领导全师的责任。1938年夏，率部在西丰县伏击日军军车1辆，击毙1名日军军官。1940年3月，率队在临江黑瞎子沟宿营时，被叛徒杀害。

袁聘之（1903—1940）山东省保安第22旅旅长

字诏三。男，1903年出生，山东茌平人。1925年考入北京法政大学。后考入黄埔军校第5期。1927年参加北伐，历任排长、连长。1929年入北平大学法学院继续深造。1934年毕业后，先后任北平山东中学教员、山东省立惠民乡村师范及济南高级中学训育主任、江苏南通学院讲师等职。抗日战争全面爆发后，赴武汉国民党中央战时干部训练团受训。结业后任山东省军事整编处参谋长。1938年10月任山东省第1区行政督察特派员、临清区团主任等职。1938年12月袁聘之调任山东省第4区行政督察专员兼保安司令。在此期间，与中共及八路军在鲁西代表洽商统一战线问题。1939年1月兼任山东省保安第22旅少将旅长。1939年3月在临清吕堂战役中，击毙被日本天皇授“常胜将军”奖章的日军浅野少将司令，使日军的嚣张气焰大大受挫。1940年3月，袁聘之奉命率部南撤，在河南宁陵毛家楼陷入日军重围，在激战中袁聘之身负重伤牺牲。

徐世奎（1911—1940）新四军第4支队7团政治委员

男，1911年9月出生，湖北礼山（今大悟）人，1930年加入中国共产党。1929年4月参加红军。历任排长、连长、政治指导员、营长，红军第25军团长、师长。参加了长征。到达陕北后，入延安抗大学习。结业后调华中，在河南确山竹沟任新四军第4支队8团留守处政治部主任。1939年6月，调任新四军第4支队第7团政委。作战时英勇顽强、身先士卒。在盱眙、竹镇、砖井等战斗中，亲临最前线指挥作战。1940年9月初，日军纠集第15师团、第17师团各一部和伪军江浙皖绥靖军共1.7万人，在20架飞机的掩护下，分7路对淮南津浦路东根据地进行大规模“扫荡”，妄图摧毁新四军江北指挥部。新四军急调第7团、第8团从淮安宝应地区返回路东打击日军。1940年9月11日，他率第7团在安徽盱眙（今江苏）龙王山与日、伪军激战，歼敌200余人。战斗中中弹牺牲。

高禹民（1916—1940）东北抗日联军第3路军3支队政治委员

原名单忠义，又名高升山。男，1916年出生，山东高密人，1935年加入中国共产党。1934年入依兰县立中学读书，开始接触进步教师和革命青年。1935年，任中学党支部书记。1936年，任中共依兰县委书记。1938年6月，北满省委决定由高禹民负责领导下江地区的全部工作。1940年1月，任中共北满省委执行委员。2月，任东北抗日联军第3路军9支队政委。9月，率部配合第3支队攻占克山县城，占领伪军团部，解救了200多名被捕共产党员和抗日群众。后任东北抗日联军第3路军3支队政委。10月，率部攻克霍龙门车站，摧毁敌军用仓库。同月，高禹民和队长王明贵率领第3支队在阿尔山战斗中击毙大量日军，其中包括一名日军少将。这次战斗在中国的抗战史上有较大影响，被日本人称为阿尔山事件。11月9日，高禹民率尖兵班途经内蒙古阿荣旗鸡冠山时，突遭日军袭击，激战中牺牲。

凌则之（1911—1940）八路军第129师决死1纵队25团政治委员

原名家增，又名松如。男，1911年出生，四川屏山人，1935年加入中国共产党。1934年考入清华大学。1935年参加了“一二·九”学生运动和自行车南下宣传团。回校后加入中华民族解放先锋队，当选清华大队部领导成员。1936年冬，日军进攻绥远和察东，受中共北平市委指派，带领一批青年学生到山西，在“牺盟会”领导的青年抗敌救亡先锋队任宣传部部长，负责联系和发动太原各大、中学校青年学生参加抗日工作。1937年抗日战争全面爆发后，任山西青年抗敌决死第1总队（即山西新军）某部指导员，后任决死第3总队政治主任、八路军第129师决死1纵队25团政治委员。1940年8月，奉命率团参加百团大战，在八路军第386旅旅长陈赓的指挥下，进入正太铁路主战场作战。10月22日下午，日军分三路猛攻武乡县温庄第25团阵地，为掩护八路军总部安全转移，他在指挥战斗中牺牲。

黄天贵（1910—1940）国民革命军陆军预备第9师25团3营营长

男，字锡之，1910年出生，云南昆明人。云南讲武堂工科毕业。曾任排长、连长、区队长等职。曾参加九江、南浔路等多次对日作战，屡立战功。1938年9月，受国民革命军第3战区副司令长官兼19集团军总司令薛岳记大功一次；10月，荣获战区颁发的“精忠报国”金质奖章一枚。1939年2月，荣获国民政府颁发的乙种一等奖章一枚。时任国民革命军陆军预备第9师25团3营少校营长。在1940年

6月20日的会攻南昌战役中，奉命率部攻击日军尧岗傅阵地，奋勇当先，与日军激战，并与敌人在阵前展开残酷的肉搏战，毙敌50多名，攻克该阵地，继而又攻占敌人大村熊阵地，该营伤亡亦惨重。在此紧要关头，该营5连迅速驰援，士气大振。然而，日军数百援军亦赶到，立即组织十几门火炮以数千发炮弹向中国守军阵地疯狂轰炸，阵地上炮火连天，硝烟弥漫，血肉横飞，部队伤亡大半，渐渐不支。黄天贵营长左臂负伤，血流如注，但仍坚持指挥战斗，打退日军5次猛烈进攻，毙伤日军难以统计。傍晚，部队伤亡殆尽。黄天贵营长因流血过多，奄奄一息。为保存部队，遂命5连连长陈守一代行指挥，率部突围，并就地安排突围路线。待陈守一连长率余部突出重围，黄天贵营长遂拔枪自戕牺牲。

黄玉清（1899—1940）东北抗日联军第2路军总部政务处主任

原名亨镐。男，朝鲜族，1899年出生，朝鲜咸境北道人，1930年加入中国共产党。1905年，随父到黑龙江省穆棱县。1931年，任中共穆棱县委委员兼下城子区委书记。1932年秋，任中共密山县委委员兼西大林子、白泡子地区区委书记。1934年秋，调任东北抗日同盟军第4军1团2连指导员。1936年3月，部队改编为东北抗日联军第4军，仍任政治部主任兼1师政治部主任。5月29日，率部到密山哈达河接应该地伪26团部分士兵哗变，俘获伪团长，接应出40余名伪军，缴获100余枪支。1938年春，率4军主力西征，在五常境内的一次战斗中妻子牺牲。越过中东路后，随5军1师行动，于秋天返回吉东，黄玉清是4军西征干部中唯一的生还者。1939年12月，被选为中共吉东省委委员，任东北抗日联军第2路军总部政务处主任。1940年2月20日，黄玉清率部在宝清县太平沟与日、伪军“讨伐队”遭遇，与敌激战中牺牲。

阎锡九（1905—1940）八路军晋察冀军区冀东军分区供给部部长

原名广勋，化名王继先。男，1905年出生，河北丰润人。当过店员、账房先生和乡村教师。1931年“九一八”事变后，阎锡九目睹日军的残暴，立誓救国救民。1934年3月，任大岭沟村民团班长，与中共地下党员交往频繁，1936年加入中国共产党。经常以民团班长的合法身份，走村串户，联络和发动民团准备起义。1938年7月，联络民团300余官兵参加了冀东抗日武装暴动，任冀东抗日联军第4总队副总队长。不久，任第11总队总队长。1938年10月，率部与抗联主力一同西撤，途中抗联主力受挫，大部溃散，李运昌率余部返回冀东坚持抗日游击战争。阎锡九率部东返途中，在蓟县山地被日、伪军包围，突出重围后，于11月回到腰带山脚下活动。1939年任八路军晋察冀军区冀东军分区供给部部长。1940年8月16日，在丰润县郭庄子执行任务时被日、伪军包围，在突围时牺牲。

彭德大（1914—1940）八路军第120师大青山骑兵支队政治部主任

男，1914年出生，江西吉安人，1929年加入中国共产党。1928年参加水东游击队。1930年10月参加中国工农红军，先后在红12军、红9军团政治部任文书、秘书、干事等职。参加了长征。1937年秋，彭德大毕业于抗日军政大学，10月任八路军120师359旅715团1营教导员。不久，奉命到山西崞县、平原一带扩军，很快创建了714团，任团政治委员。1938年8月初，任八路军第120师大青山骑兵支队政治部主任。部队到达大青山后，他按照党的政策，建立广泛的抗日民族统一战线，使游击支队很快在大青山站稳了脚跟，打开了局面。1939年春，游击支队主力离开大青山，绥西只留下两个半连和一百余人的蒙汉游击队。他面对几十倍的敌人，率领部队多次粉碎日军的“扫荡”。1940年，国民党顽固派不断制造“摩擦”，为了粉碎顽固派降日反共阴谋，巩固大青山根据地，他组织领导了绥西地区的反顽斗争。3月12日，率四个连队向顽军总指挥部进攻时，被击中胸部牺牲。

舒汉璧（1907—1940）国民革命军陆军新编13师工兵营营长

字正均，男，1907年出生，四川泸县（今泸州）人。1927年考入重庆川军第21军军官学校，毕业后任川军第21军3师排长，随即又升任连长。1932年入南京陆军工兵专门学校学习。1934年毕业后，返回重庆任教育团队长兼四川善后督办公署教导总队军事教官。抗日战争全面爆发后，曾被委任为上校校长，舒汉璧积极要求上前线抗敌，被任命为总部工兵团2营中校营长。随军出川奔赴抗日前线，抗击日军，屡建战功。1940年12月30日夜，时任国民革命军陆军新编13师工兵营中校营长。舒汉璧奉命率全营官兵，与两个步兵营一同进入界首地域，对瑞阳公路实施破袭战，并对该区域日军守敌予以打击。当夜，破坏路基14处、木桥石桥12座、电线杆36根、电线2400米。日军组织重兵大举反击。工兵营在完成破袭任务后，立即投入战斗，与绕道袭击的敌人展开殊死的搏斗。舒汉璧多次率全营官兵冲入敌阵，与敌浴血奋战一昼夜，虽身负重伤，亦坚持战斗。在激烈的鏖战中被俘。日军许以高官厚禄诱降，遭严辞拒绝，继而对其施以酷刑，逼迫他招供。舒汉璧坚贞不屈，破口大骂。无计可施、丧心病狂的日军竟残忍地砍断他两个膝盖、砍掉他的下颚、拔去他的舌头，舒汉璧壮烈牺牲。

鲁贲（1912—1940）中共冀中区党委副书记兼民运部部长

原名学曾，字如愚。男，1912年出生，陕西横山人，1927年加入中国共产党。先后任共青团横山县委书记、中共府谷县委书记、陕西特委巡视员兼团特委书记、中共关中特委书记、绥远工委书记等职。抗日战争全面爆发后，任中共晋察冀临时省委宣传部副部长。1938年1月，任中共冀中省委书记。组织群众，发展抗日武装，积极开展对日斗争。1938年5月，任中共冀中区党委副书记兼民运部部长。1940年5月，赴延安参加第七次党代表大会途中，遭日军突然袭击牺牲。

熊德成（1904—1940）八路军晋察冀军区第2军分区副司令员兼参谋长

又名德臣、立臣。男，1904年出生，河南光山人，1926年加入中国共产党。1930年参加中国工农红军第4方面军。历任红30军连长、营长、团长，88师副师长兼参谋长等职。他骁勇善战，屡立战功。参加了鄂豫皖、川陕革命根据地反“围剿”、反围攻作战和红四方面军长征及西路军作战。1937年抗日战争全面爆发后，随八路军挺进敌后参加抗日游击战争，参与开辟晋察冀抗日根据地。曾任八路军晋察冀军区第3支队5大队大队长。后任晋察冀军区第2军分区副司令员兼参谋长，同时担任晋察冀军区第2支队司令员兼参谋长。1940年9月，在参加百团大战之破袭战中，率部破坏正太路的铁轨枕木，切断敌人运输线，有效迟滞日军的后勤补给。而后，在反击日、伪军“扫荡”的战斗中牺牲。

魏春波（1890—1940）丰（润）滦（县）迁（安）联合县抗日民主政府县长

原名长河。男，1890年出生，河北迁安人，1933年加入中国共产党。为了开展抗日救亡斗争，他在西庄村的家成为特委、县委的秘密联络点。通过亲连亲、友连友的方式，发展了数十名亲戚朋友入党，在滦河南地区建立了10多个党的分支部，并任中心支部书记。1937年秋，魏春波积极协助特委开办训练班，培养抗日骨干，筹款买枪，为抗日起义做准备。12月底，他协助特委在黑洼村创建了共产党领导的第1支冀热边抗日武装——华北人民抗日联军第3军区第1支队。1938年夏，中共冀热边特委发动抗日武装暴动，组建了冀东抗日联军，魏春波被任命为“抗联”第2路军司令部顾问。7月7日，魏春波直接参加领导了岩口暴动，成立了冀东“抗联”第4总队。随后，他和总队长孔庆同指挥部队攻克了遵化县的玉皇庙据点。又取兴城，进三屯，占领王官营，攻克杨店子，连战皆捷。部队迅速扩编为第10总队、第12总队、第13总队、第14总队，共五六千人。这些总队的主要干部不少是魏春波发展的党员或争取过来的伪“警团”头目。1938年秋后，日军回师冀东，冀东数万“抗联”人员西撤受挫，大部被打散。魏春波又投入收拢旧部、重整旗鼓，创建冀东抗日游击根据地的艰苦斗争。在不到一年半的腥风血雨中，日、伪军夺走了他4位亲人的生命。1940年2月，魏春波任丰（润）滦（县）迁（安）联合县抗日民主政府县长。同年6月8日晨，魏春波从丰润县小刘庄村向北山转移，突然与新庄子据点外出讨伐之日、伪军相遇，与敌人激战中牺牲。

马文良（1912—1941）中共西北工作委员会三边回民巡视团特支书记兼团长

原名尹九官，曾用名尹绂。男，回族，1912年出生，原籍辽宁海城，生于安东，1937年加入中国共产党。1930年考入东北大学预科班，1932年考入东北大学法学院边疆政治系俄语班。1935年“一二·九”运动后，参加了中华民族解放先锋队。1936年初，留学日本早稻田大学、拓植大学。在日本参加了中国共产党领导的革命群众组织“解放社”，被日本当局列入反日“特嫌分子”黑名单，受到日本当局的追捕。1937年夏，在中共地下党的帮助下逃出日本，回到东北。同年秋，到达延安。1938年入马列主义学院学习。1940年2月，被选为“延安回民救国会”理事。10月，被选为“中国回教救国协会陕甘宁边区分会”、“边区回民文化促进会”常务干事和理事会理事。同月，任中共西北工作委员会三边回民巡视团特支书记兼团长。1941年2月28日在盐池县第五乡回六庄开展工作时，被马鸿逵的骑兵便衣队包围逮捕。在狱中坚贞不屈，顽强斗争。坚持宣传我党领导的抗日民族统一战线政策和抗日必胜的政治主张。1941年4月17日，被日、伪军活埋于银川城隍庙。

王苏（1913—1941）新四军第5师鄂南独立5团团长

原名儒林，又名王襄、一鸣。男，1913年出生，湖北鄂城（今鄂州市）人，1930年加入中国共产党。同年8月，参加鄂城暴动，失败后转鄂城县委工作。在一次战斗中被俘，经家人出钱具保出狱，与党组织失去联系。抗日战争全面爆发后，于1938年11月，寻找到党组织，重新加入中国共产党。先后任梁湖抗日游击大队副大队长兼1中队队长，中共鄂南游击地委（后改为中共鄂南中心县委）委员、军事部部长，新四军豫鄂挺进纵队鄂南独立5团团长，新四军第5师鄂南独立5团团长。参与组建抗日武装、率部袭击日伪据点，很快打开了鄂南抗日斗争的局面。1941年7月6日，中共鄂南中心县委和独立第5团在鄂城夏家榜开会，部署迎接新四军第5师江北部队过江南下和扩大鄂南抗日游击根据地等事宜。由于叛徒告密，会场突遭日军围袭，全体与会干部和警卫连奋力突围，终因寡不敌众，他和政委黄全德等18名干部被俘。日军企图劝其投降，他宁死不屈，被杀害于鄂城江边。

王志（1909—1941）八路军冀中军区第6军分区2团政治委员

男，1909年出生，河北安新人，1936年加入中国共产党。曾任中共安新县委宣传部部长，保东特委宣传部部长、秘书长。1937年“七七”事变后，参与组建河北游击军，任司令部秘书。后任冀中军区26大队政治主任、冀中军区18团政治委员、冀中军区第6军分区2团政治委员。1941年，日军在冀中推行第四次“治安强化运动”，冀中抗日根据地环境更加恶化。他率2团在德石路两侧与敌周旋。5月，率领该团2营在衡水县南谢章村伏击滏阳河日军船队，毙伤日、伪军数十名，缴获一批武器。8月，率2团协同地方武装，共同组织了一次长达一个多月的破袭德石铁路的战役，严重摧毁了敌人的战略运输线。9月，率2团一部转战于德石路南晋县胡士庄时，被敌重兵包围。他冒着敌人猛烈炮火，指挥部队突围时牺牲。

王志成（1891—1941）湖西专署贸易局局长

男，1891年出生，山东微山人，1937年加入中国共产党。1934年参加革命，在中共沛县党组织的领导下，组织发动渔湖人民群众进行反封湖、反挖河等斗争。为进行抗日斗争，王志成把家中仅有的一只大粮划、一只小镏子全部卖掉，用卖船的500块银元，买了5支汉阳造长枪，一下子拉起一二百人的队伍，自任队长，还动员三弟王志美和他的3个儿子参加革命队伍。1940年7月，王志成任沛滕边县委军事部长。同年8月，任湖区5县对敌斗争指挥部领导成员。1940年底，丰（县）、沛（县）、鱼（台）3县大队成立，王志成任大队长，率领队伍英勇作战，为巩固扩大湖区抗日根据地作出贡献。1941年春，任湖西专署贸易局局长。同年5月，湖西地委派王志成带领张振乐、李健民等人去济宁，在运河西岸三官庙开设“复兴炭厂”，以此为掩护，联络爱国抗日人士，发展地下党员，动员爱国青年抗日，购买了大批敌人禁运的药品等运往湖西根据地。为打入敌人的心脏，掌握敌人动向，王志成亲自教育争取了伪水上自卫团团长顾维新，打通了物资转运渠道，打破了伪军的封锁。当年秋天，王志成等人的行动被敌人察觉，联络点遭破坏，王志成等被日军宪兵队逮捕，押至济南。在狱中，王志成宁死不屈，敌人恼羞成怒，将王志成杀害于白马山下。

王者兰（1913—1941）蠡县抗日民主政府县长

又名志远。男，1913年出生，河北任丘人，1928年初加入中国共产党。1927年考入保定同仁中学，后转入志存中学，并担任学生会干部。1931年“九一八”事变后，积极从事抗日宣传和救亡运动，遭反动校长和国民党特务搜捕。党组织安排他去北平广安中学读书。其间，参加了京津保地区的学生救亡运动。1932年底，回到王家坞村，以教员身份办农民夜校，秘密串联贫苦农民，先后发展20余名农民加入共产党。1934年，任中共任丘县委宣传委员。这年粮食歉收，百姓生活艰苦，他带领贫苦农民到自己家的庄稼地里抢收玉米。这一行动，大大提高了农民对共产党的认识。1935年调到保定特委，负责宣传工作。秋季，河北省委经费困难，派他到任丘进行筹款活动，他首先说服自己的亲属，卖掉田产、车马、陪嫁等，共筹集2000多块大洋上缴河北省委。1938年春，调任任丘县抗联主任。1940年任任丘县抗日民主政府县长。他大义灭亲，处决了无恶不作、死心塌地的汉奸姨夫董西军及叛徒王立田，清除了反动组织“新民会”，打击了敌人的气焰，鼓舞了人民抗战的士气。1941年5月，抗日战争进入最困难阶段，河北蠡县三任抗日民主政府县长相继罹难，王者兰主动要求去蠡县继任县长。10月17日，县党政机关在齐庄召开抗日联席会议，被日、伪军包围。王者兰临危不惧，在指挥大家分散突围时，身中数弹，仍强忍剧痛向敌人射击。终因伤势过重牺牲。

王贤光（1913—1941）八路军第120师大青山骑兵支队2团团长

男，1913年出生，湖北沔阳人，1934年加入中国共产党。1930年参加中国工农红军。参加了长征。1937年抗日战争全面爆发后，任八路军第120师715团2营副营长，参加了夺回晋西北7座县城的战役。1938年8月，被选派到大青山支队，开辟敌后游击根据地。率2营官兵先后参加攻打陶林县城和乌兰花日、伪据点等战斗。1939年初，调任第120师大青山骑兵支队第4支队副支队长。同年夏，日军调集5000余人向根据地进攻。王贤光带领4支队穿插于数路敌人之间，使敌人疲于奔命，处处扑空。1940年5月，调任骑兵支队2团团长，带领该团活动在陶林县、武川县一带，伺机打击日、伪军，掩护地方党政机关开展工作。1941年2月3日，日军百余人在小南沟附近遭到2团伏击。战斗中，王贤光亲临前沿机枪阵地指挥时，中弹牺牲。

王儒钦（1889—1941）国民革命军陆军第98军42师参谋长

别名肃斋。男，1889年出生，陕西蓝田人。先后毕业于陕西陆军小学堂、西安陆军第二中学，后考入保定陆军军官学校第1期。毕业后，曾任国民革命军援陕军第2路军第1旅旅长，率部参加国民军援陕战役。抗日战争全面爆发后,任第7军42师126旅参谋长，参加正太路沿线对日作战。1940年，升任第98军42师参谋长。与师长王克敬守备中条山地区董封至沁河一线阵地防务。1941年，中条山战役后，率部转进太岳山区与八路军配合开展游击战。9月，日军第36师团、第41师团两万余人向太岳山区进犯，19日，王儒钦在反“扫荡”作战中牺牲。后被追赠为陆军少将。

方强（1901—1941）盐东县抗日民主政府县长

原名袁文彬。男，1901年出生，江苏青浦（今属上海）人，1938年加入中国共产党。1925年考入黄埔军校学习。1937年8月，应郭沫若邀请，到国民政府军事委员会政治部第三厅工作，任第3战区战地服务团第1团团长。1938年冬到延安，在中共中央翻译局工作。1940年3月，调新四军政治部工作，后随陈毅从苏南到苏北。1941年，任盐东县抗日民主政府县长。10月，在盐东县斗龙区大佑公司开会，遭伪军袭击，突围时负伤被俘。后被叛徒指认，身份暴露。11月下旬，被伪军活埋于伍佑镇东北部。方强牺牲后，郭沫若、柳亚子等曾撰文、作诗纪念。为纪念方强烈士，当地政府将斗龙区命名为方强区（今大丰市方强乡）。

尹子魁（1909—1941）中共讷河县委书记

化名李俊丰。男，1909年出生，辽宁东沟（今东港）人，中国共产党党员。1935年2月，在黑龙江汤原县参加反日会活动，6月任会长。次年末，升任桦川县委执行委员，组织群众进行抗日救国活动。1937年，参加东北抗日联军第6

军，任司令部组织科长、1师3团政治部主任。1938年冬，随6军参谋长冯治纲西征，任第6军2师政治部主任。1939年6月，同6军12团团长耿殿君和连指导员王荣恩等人来黑龙江省讷河县五区领导地方党的工作，筹建中共讷河地下县委。11月任中共讷河县委书记，开展党的地下工作。1940年11月，县委机关遭破坏，尹子魁被捕入狱。1941年9月11日，在齐齐哈尔市被敌人杀害。

艾亚春（1899—1941）国民革命军陆军第17军84师野战补充团团长

又名丕华。男，1899年出生，陕西米脂人。1921年投军，曾任西北军杨虎城部排长、连长、营长等职。后入黄埔军校第4期深造。抗日战争全面爆发后，艾亚春任国民革命军陆军第17军84师野战补充团团长，随军东渡黄河进入山西抗日。坚持在太岳山区霍县、赵城、洪洞、沁源等地开展游击战一年多，后移防中条山地区。1941年5月，在中条山战役中，艾亚春率部深入敌后，在清廉村与日军遭遇，身负重伤，仍裹伤指挥作战，艰苦奋战一昼夜，毙敌众多。1941年5月7日，艾亚春率部转进垣曲县境内时，被日军包围，所部官兵英勇冲杀，伤亡惨重。次日，艾亚春率部突围时被敌人机枪击中牺牲。后被追赠为陆军少将。

左克（1919—1941）八路军晋察冀军区白求恩学校校部副指导员兼党支部书记

原名裘振先。女，1919年出生，浙江嵊县人，1938年加入中国共产党。出生于革命家庭，父母都是辛亥革命的参加者。父亲曾任护法军师长，母亲在光复上海、杭州战役中任女敢死队长，后任护法政府顾问。1919年、1920年父母相继辞世，她由姨母抚养长大，在南京读书。1937年7月，抗日战争全面爆发后，她去延安，进入陕北公学，改名左克。1938年春到抗日军政大学女生队学习，年底调到陕甘宁边区的中央军委卫生学校，任分队长。1939年秋，学校迁往晋察冀边区。后学校改名为八路军晋察冀军区白求恩学校，先后担任分队长、政治处技术书记、校部副指导员兼党支部书记等职。1941年，日军对晋察冀抗日根据地发动大规模“扫荡”，白求恩学校分散到各个战地，由政治委员喻忠良率领的部分学生，于9月下旬在河北易县狼牙山的道士观一带，遭敌人包围，情况十分危急，左克主动指挥警卫排，掩护军民安全转移。这时敌人从背面袭来，当时她身体十分虚弱，两次昏厥过去，醒来后敌人已逼近。她仍然镇定自若，痛斥敌人：“要杀就杀，既然革命，就不怕掉脑袋，看你们猖狂还有几时！”这位女战士牺牲在敌人的刺刀下。这是当时负伤躺在草丛中的一位炊事班长，在脱险归队后向组织上的汇报。

石作衡（1905—1941）国民革命军陆军第43军70师师长

字子玉。男，1905年出生，山西浑源人。16岁考入太原学兵团，后考入北方军官学校。毕业后历任晋绥军司务长、排长、连长等职。1933年，日军向华北进攻，石作衡奉命率部参加长城抗战，并晋升第27旅322团1营营长。抗日战争全面爆发后，曾参加南口、忻口战役。后因军功升任第209旅参谋长。1938年秋，又调任第8旅代理旅长。1939年初，升任旅长。1940年秋，升任国民革命军陆军第43军70师师长。1941年，在中条山战役中，石作衡率部在绛县的丁家洼阻击大举进攻的日军。9月6日，第70师陷入日军重围，石作衡在率部突围时，中弹牺牲。后被追赠为陆军中将。

冯丕让（1896—1941）东北抗日联军第5军副官长

男，1896年出生，辽宁宽甸人，1933年6月加入中国共产党。1907年读小学，后升入中学，1932年举家迁居黑龙江省穆棱县奎山区麻山村，1933年参加革命，历任奎山区抗日救国会会长，奎山区委书记，穆棱县抗日游击队长，东北抗日联军第5军副官长。1940年秋，冯丕让率队准备越境向苏联转移，到林口白石砬子为部队筹集冬衣，被特务跟踪。后在兴源镇大架子山被敌人包围，激战中腿部负重伤被捕，关押在穆棱县下城子日本守备队监狱，敌人用尽酷刑，冯丕让坚贞不屈。1941年，被敌人扔到狼狗圈咬死。

司壁瑾（1893—1941）晋北县抗日民主政府县长

又名保山。男，1893年出生，山西泽州人，1937年加入中国共产党。因家境贫寒，从小被卖给司姓人家为子，打过长工，下过煤窑。1937年抗日战争全面爆发后，参加“牺盟会”，任晋城县农会主席，组织发动农民参加抗日救亡运动。1939年12月事变后，同县委一起北撤平顺，分配到河南林县工作。1941年返乡，任晋北办事处主任、晋北县抗日民主政府县长，在极端困难的条件下发动群众，为抗日部队筹措粮秣、深入敌区购买物资、率领游击大队袭扰敌人，开展敌后游击战争。晋北抗日工作的开展，引起敌人注意。1941年，司壁瑾被柳树底伪警备队抓捕，面对敌人的酷刑，英勇不屈。敌人气急败坏，残忍地用石头将其脑袋砸碎，壮烈牺牲。

朱凡（1919—1941）中共辛莫区委书记

原名陆慧卿。女，1919年出生，浙江鄞县（今宁波市鄞州区）人，1941年加入中国共产党。初中时代，她投入了“一·二八”淞沪抗战时期的救亡运动。入高中后，“一二·九”学生爱国运动爆发，她在上海参加学生请愿活动。抗日战争全面爆发后，先后在清凉寺难民收容所和上海女青年会主办的难童教养所工作。1938年，参加了中共外围组织“雪影社”，义务担任夜校教员。1940年秋，参加了新四军江南抗日义勇军，到苏（州）常（熟）太（仓）抗日民主游击区工作。1941年，任中共横沥区委书记。5月，调任中共辛莫区委书记。同年7月，日、伪军出动重兵，对苏常太地区进行大规模“清乡”。为了保存有生力量，上级指示在苏常太地区的武装力量和外来民运工作干部，可以相继撤离，但朱凡要求留下继续战斗。7月下旬，朱凡在开会途中被日军抓捕。日军对其严刑毒打，妄图迫使她说出新四军活动和掩藏给养的地点，朱凡宁死不屈。被日军用麻绳绑在汽艇尾部，拖着她在芦苇荡中横冲直撞，壮烈牺牲。

朱长清（1908—1941）新四军第6师18旅54团团长

男，1908年出生，湖北浠水人，中国共产党党员。1938年3月任新四军第1支队2团3营营长。1938年8月，2团奉命伏击丹金漕河北犯的日军，朱长清率7连承担主攻任务，歼敌数十人。1939年11月8日，率部参加九里镇、贺甲村战斗。此次战斗，持续30个小时，击毙日军160多名，开创了苏南敌后战场歼敌的新纪录，受到了延安总部的通电表扬，朱长清在战斗中负伤。1940年11月，任江南抗日救国军东路指挥部第3纵队司令员。皖南事变后，任新四军第6师18旅54团团长。1941年4月，在江苏常熟反“扫荡”战斗中牺牲。

朱宝琛（1910—1941）八路军晋察冀军区雁北支队代理参谋长

原名昌裕、宝善。男，1910年出生，山西平遥人，1929年加入中国共产党。1932年在民国大学读书时，积极参加抗日救亡活动。1933年参加吉鸿昌等领导的察哈尔民众抗日同盟军，在军政治部工作。抗日战争全面爆发后，经中共山西省委介绍，到平遥县做统战工作。他利用有利时机，多方周旋，救出了关押在县监狱的“政治犯”。不久，又组织了县抗日游击队。日军占领平遥后，他随游击队撤到孝义县。当时，部队生活十分困难。他家是平遥县有名的富户，他从家中运出几百袋面粉，并把骡马、大车等物资捐献给部队。后来，他率领的游击队分别编入八路军总部随营学校和牺盟会游击队。1938年初任中共汾阳县委书记。他携带妻子、小儿、两个侄子一起加入革命队伍，并捐献家中所有贵重财物。1939年十二月事变时，他正在雁北支队工作，同阎锡山派驻雁北的顽固头子白志沂进行坚决的斗争。1940年初，终于把白部逐出雁北，取得了反顽斗争的胜利。后到晋察冀边区的抗大二分校学习。一年后学习结束，回八路军晋察冀军区雁北支队任代理参谋长。1941年，为粉碎日军对晋察冀边区的“铁壁合围”，率部在灵丘县一带与“扫荡”之敌作战。在一次战斗中，部队遭到敌人包围，他在指挥部队撤退时中弹牺牲。

朱廉贻（1904—1941）兴化县抗日民主政府县长

字伯轩。男，1904年出生，江苏丹阳人。曾在浙江省桐庐县政府任科长、代理县长，后弃官还乡任小学教员。抗日战争全面爆发后，组织群众开展保家自卫、抗日救国运动，被推举为观鹤自卫团团长。1938年2月，丹阳抗日自卫总团成立，任总团秘书长。8月，自卫总团改编为新四军挺进纵队，任纵队司令部秘书处秘书长兼第6支队支队长。1939年春，奉命挺进苏北，参加了攻打扬中、保卫郭村、黄桥决战等战斗。陈毅曾赞扬：“朱廉贻不但是拿枪的赵子龙，而且是拿笔的赵子龙。”1940年10月，任苏北临时行政委员会秘书长。1941年初，任兴化县抗日民主政府第一任县长。2月，兴化县政府驻地到日军“扫荡”。朱廉贻率机关人员从唐子镇转移至陈家舍，在掩护同志撤离到陈家舍附近的梓辛河时牺牲。

任迈（1913—1941）中共丹南中心县委副书记兼组织部部长

原名国藩，字介屏。男，1913年出生，江苏丹阳人，1938年加入中国共产党。抗日战争全面爆发后，在家乡组织丹阳青年抗日救亡服务团（简称青救团），在茅山地区发动群众开展抗日斗争。不久“青救团”辗转到达南昌。先后任江西青年服务团第3队中共党支部组织委员、中共九江临时工委组织委员等职。1939年1月，受中共中央东南分局派遣，返茅山抗日根据地工作。任中共苏南特委委员、民运部部长。同年4月，任中共丹南县委书记。1940年3月，任中共丹南中心县委副书记兼组织部部长。致力苏南抗日根据地和抗日民主政权的建设，在争取和瓦解伪军方面取得了显著成绩。1941年2月，中共丹南中心县委在句容县樊甲下村召开会议，由于叛徒告密，不幸被捕。押解途中，趁敌不备，跳入河中，将身上的机密文件和党员名单销毁。日军再度将其抓获，押至镇江宝堰。面对敌人威逼利诱、严刑拷打，坚贞不屈，遂遭日军杀害。

刘涛（1911—1941）八路军山东纵队蒙山支队政治委员

原名洪清，字景海。男，1911年出生，山东荣成人，1933年加入中国共产党。莱阳乡师毕业后在荣成县立第4小学任教。以此为掩护，进行党的地下工作。1935年参加中共胶东特委领导的“一一·四”暴动。之后，与荣成南北部两个党组织的负责人曹漫之、崔杰千保持联系，继续从事党的工作。1937年“七七”事变后，根据党的指示，带领一部分进步青年，参加了胶东天福山抗日武装起义，任山东人民抗日救国军3军第1大队第3中队政治指导员。后任八路军山东纵队第2旅3团政治委员、山东纵队特务第2团政治委员。1941年4月任八路军山东纵队蒙山支队政治委员。他是一个优秀的指挥员，又是一个出色的政治工作者。在战斗中多次荣立战功，深受部队指战员爱戴。1941年12月4日，在莒南的一次战斗中，他带领两个卫生员深入敌后侦察敌情，不幸被敌人包围。他命令卫生员突围，自己留下掩护。最后，枪里只剩下一颗子弹，饮弹自尽。

刘萍（1917—1941）徐水县抗日民主政府县长

男，1917年出生，河北安新人，1935年加入中国共产党。抗日战争全面爆发后，先在安新地下党组织的政治学会工作，后任安新县青救会、抗联会、战地动员会主任等职。1938年秋，奉命到徐水县发展党组织，开辟抗日工作，建立了抗日武装37大队。1939年春，徐水县成立抗日民主政府，被选为第一任县长。1940年8月，徐水路东、路西两县的抗日民主政府合并，刘萍仍任县长。从1941年8月开始，侵华日军对晋察冀抗日根据地实施了两个月的“扫荡”。刘萍和徐水县委书记刘化南等人率领徐水县的抗日武装，依托徐水西部山区的有利地形同日、伪军周旋，有力地配合了八路军正规部队的反“扫荡”斗争。1941年10月12日，徐水县党政机关和县大队130多人正在西峪一带进行整顿，突然遭到日、伪军5000多人包围。刘萍指挥大家突围时，多处受伤仍坚持战斗，直到子弹打光而被捕。敌人将他关进木笼游街示众。之后被关押在伪县署监狱。伪县长亲来劝降，遭到他严辞驳斥。他在狱中多次受到严刑逼供，坚贞不屈，拒医绝食，7天没吃敌人一口饭，于10月19日牺牲。

刘世焱（1899—1941）国民革命军陆军暂编第8师1团团长

字耿光。男，1899年出生，广东始兴人。出身农民家庭，在始兴中学毕业后，曾担任小学教师。1924年考入黄埔军校第2期辎重科。毕业后，参加北伐战争，历任排长、连长、营长、兵站站长、参谋主任、团长等职。1931年，担任第19路军131旅少校副营长，后改任中校参谋长。1932年，参加淞沪抗战。抗日战争全面爆发后，率部转战各地，屡建战功。1938年任广东省财政厅税警团上校团长。后改任暂编第8师1团团长。1941年参加第二次长沙会战，暂编第8师北上增援长沙保卫战。9月26日，日军逼近长沙。刘世焱所部在长沙双溪桥、龙头街与日军第3师团、第13师团遭遇。双方展开激战，刘世焱身先士卒，率部浴血冲杀，左臂受伤，仍坚持指挥，战至深夜，中弹牺牲。后被追赠为陆军少将。

刘幼林（1916—1941）濮（阳）长（垣）滑（县）东（明）浚（县）五县专员

又名繁森，字幼林。男，1916年出生，山东东阿人，1933年加入中国共产党。1920年随父迁居河南濮阳渠村集。1934年8月就读于燕京大学附属精业中学时，成为爱国学生运动的骨干。1937年抗日战争全面爆发后，回到濮阳从事抗日救亡工作。1938年5月任濮阳县抗日救国会副会长。1939年任中共濮阳县委宣传部长，后任中共东明县委书记。1940年9月，他亲自护送去延安的首长过路。后在东明马军营中共党员刘心田家的中药铺，以账房先生为掩护，作为掌握东明、濮阳一带敌情的情报站。他经常在这里召开会议，研究工作。后被选为濮（阳）长（垣）滑（县）东（明）浚（县）五县专员。1941年11月，刘幼林去地委汇报工作返回途中，被日伪军杨鸿玉部抓捕后秘密杀害。

刘仲羽（1914—1941）泰西地区总动委会副主任兼团结报总编辑

原名承翱。男，1914年出生，山东东平人，1937年加入中国共产党。1930年考入山东省立第一师范。1931年“九一八”事变后，他积极参加共产党领导的抗日活动。1931年12月被选为济南学生代表，参加赴南京请愿代表团。1938年12月任中共东平县委书记。1939年115师在泰西期间，他积极配合主力部队开展对敌斗争，使东平党的组织和地方政权都有很大发展。1940年4月，任泰西地区总动委会副主任兼团结报总编辑。9月18日，他到西豆山村参加东平县抗日民主政府召开的“九一八”纪念大会，动员群众抗战。次日凌晨在清水坦村被捕。在狱中，他始终坚贞不屈，并写下“铁锁难锁革命志，愿将热血献人民。皮鞭棍棒何所惧，誓把地狱翻转身”的豪迈诗句。1941年1月2日，被敌人杀害。

刘克信（1893—1941）河北民军总指挥部总参议兼参谋长

字彰民。男，1893年出生，河北石家庄人。1915年毕业于保定军校第6期步兵科，历任国民革命军排长、连长、参谋、上校参谋长、上校团长、旅长、师长、教育长、总队长等职。1930年，曾任济南警备司令。1937年抗日战争全面爆发后，刘克信任第2战区第7分监部分监长，奉命赴晋北抗战前线，担负向前方部队输送补给及转运伤病员等后勤任务。1938年10月，刘转任江北兵站统监部第一办事处上校参谋长，驻扎宝鸡，后改任中央军校第七分校高级教官。1940年奔赴抗日第一线，任河北民军总指挥部少将总参议兼参谋长，负责部队整训和制定作战计划。1941年5月，日军进犯中条山，河北民军奉命迎战。经过半个月血战，终因敌众我寡，不得不分兵突围。突围途中，刘克信率部在野猪岭与日军遭遇，战况激烈，部队伤亡极大，日军增援部队陆续赶到，情况紧急，刘克信亲临前线指挥，身先士卒，奋勇冲杀，腹部中弹牺牲。后被追赠为陆军中将。

刘保罗（1907—1941）鲁迅艺术学院华中分院戏剧系主任

原名脐生，又名奇声。男，1907年出生，湖南长沙人，1929年加入中国共产党。同年，参加中共上海地下党组织领导的艺术剧社。1930年4月，被捕入狱。1931年出狱后，任左翼戏剧家联盟第2党团书记。1932年，在浙江杭州组织五月花剧社，不久又被捕。出狱后到长沙进行抗日救亡宣传。抗日战争全面爆发后，又到杭州参加浙江抗敌后援流动剧团，任导演。活动于浙东、浙西北、安徽舒城、湖北英山等地进行抗日宣传。1939年，率部分队员到淮南津浦路东抗日根据地。1940年后，任新四军江北指挥部抗敌剧团戏剧教员、鲁迅艺术学院华中分院戏剧系主任。创作了《一个打十个》、《月上柳梢头》等大批抗战戏剧，极大鼓舞了抗日根据地军民的抗日决心。1941年3月16日，在盐城龙岗排练抗日剧目时，因道具枪走火牺牲。

刘锡彤（1896—1941）冀东抗日联军第2梯队梯队长

男，1896年出生，河北丰润人。1922年去海参崴谋生，了解到苏联十月革命的情况，为后来投身革命奠定了思想基础。1924年返乡。1937年“七七”事变后，为建立抗日武装筹措枪支，组织起1500人的抗日队伍。1938年7月，冀东抗日大暴动中任抗日联军（丰润）13总队长。8月，13总队改编为第2梯队（下辖两个总队），他任梯队长。暴动队伍西撤时，被敌人打散，潜回家中。秘密联络失散的暴动队员，活动在潘家峪一带地区坚持抗日。1941年1月，在丰润县上水路村被敌人包围，突围时中弹牺牲。

许晴（1911—1941）鲁迅艺术学院华中分院戏剧系主任

原名许多。男，1911年出生，江苏扬州人,中国共产党党员。1931年，考入北平联华影业公司演员养成所。1932年受党派遣在北平从事地下工作。1933年被捕入狱。1936年获释后，曾在北平、上海、安徽等地从事抗日救亡活动。1940年，进入苏皖抗日民主根据地，先后任津浦路东各界联防办事处教育科科长，盐城县抗日民主政府文教科科长，鲁迅艺术学院华中分院戏剧系教授、主任等职。积极从事抗战文艺的创作，开展抗日救亡宣传。编写的话剧《惊弓之鸟》、《王玉凤》、《重庆二十四小时》等上演后深受根据地军民的欢迎，引起极大轰动。1941年7月，日、伪军1.7万余人，对苏北抗日根据盐（城）阜（宁）地区进行大“扫荡”。鲁艺分院师生分两个大队奉命撤退，他与孟波、邱东平等率第2大队200多人向安全区域转移。7月24日凌晨4时，由陶家舍转移至北秦庄时，突遭日、伪军包围。他指挥随行的战斗班掩护全队突围，子弹打光后，被迫退入河边芦苇丛中，被围来的日军乱枪刺杀牺牲。

许维新（1902—1941）溧水县抗日民主政府县长

男，1902年出生，江苏句容人，1940年加入中国共产党。抗日战争全面爆发后，在家乡组织了100余人的抗日自卫武装。1938年春，曾率部攻打金坛县朱林、句容县蔡巷日军据点，给日军以有力杀伤。该部迅速发展到300余人。1938年6月新四军第1支队挺进苏南，陈毅司令员亲自做争取工作，和许维新建立了统一战线关系。8月，率抗日自卫武装改编为新四军第1支队独立营，任该营营长。多次率独立营到溧（阳）武（进）公路上破坏交通，伏击日军，炸毁日军军车。1939

年2月8日，配合新四军第1支队2团夜袭东湾据点，击毙日军79人。5月，独立营改编为新四军第1支队新编第6团2营，仍任该营营长。9月，入新四军教导总队学习。1940年初学习结业，被派回句容发展地方武装。6月，任句容县第4区区长。同年年底，任新四军第6师兵站站长。率部侦察敌情、保护军用物资、护送过往人员，特别是在接送皖南事变突围同志的事件中做了大量工作，还组织了一支60多人的抗日游击武装。1941年5月，溧水县抗日民主政府成立，任该县第一任县长兼县警卫营营长。8月7日，在句容开展统一战线工作时，被内奸杀害。

杜伯华（1904—1941）八路军晋察冀军区卫生部副部长

原名维汉，字华昌。男，1904年出生，吉林榆树人，中国共产党党员。1932年在县城经营华昌药房。他既懂中医，又会西医，在县城颇有名气。共产党员李向之等人来榆树开展抗日活动，就住在杜伯华家。李向之与杜伯华是姑表兄弟，在李向之影响和教育下，杜伯华思想觉悟有很大提高。他主动介绍情况，转送情报，提供场所，掩护活动。一年后，杜伯华的华昌药房成为党的地下交通站，杜伯华为负责人。联络站建成后，抗日干部战士均得到联络站的接待和掩护。杜伯华还把药房日收入300多元伪币的大部分支援抗日队伍。他以药房购药为名，将药品转送到活动在五常山区的抗联第10军，并为抗联买粮食、鞋帽、纸张等物品，还用自己的积蓄为抗联干部买了3支手枪。他利用行医之便，宣传党的抗日主张。1935年，杜伯华的抗日活动被日伪特务机关侦悉。由于事前得到通知，他安全转移到五常县山区。后辗转到北平，与地下党组织取得联系，继续从事抗日救亡工作。后曾任晋察冀军区第五支队2营教导员。1938年4月，任房（山）良（乡）联合县县长。1939年3月，任平西专员公署第一任专员。1940年任晋察冀军区卫生部副部长。他和军区制药厂工人，克服种种困难，土法生产解热镇痛、防腐、镇咳化痰、消炎、止疟等药品供应晋察冀边区部队和其他抗日根据地。1941年6月30日，他在参加试验新药品时中毒，经抢救无效，以身殉职。

李培根（1910—1941）镇江县抗日民主政府代理县长

原名荣明。男，1910年4月出生，江苏扬中人，1938年加入中国共产党。曾任民校教员、校长。抗日战争全面爆发后，1938年组建扬中县苏南抗日同盟会。6月韦岗战斗后，新四军威名大震。即携带枪支弹药，潜回扬中，参加新四军挺进纵队。曾任新四军挺进纵队1支队民运股股长和战地服务团团长等职。积极开展发动群众、镇压汉奸、筹集粮款等工作。1940年4月，任扬中县抗日民主政府县长。扬中沦陷后，领导全县人民开展敌后抗日武装斗争，曾率部配合主力部队伏击日军运粮队，毙敌多人。日军曾悬赏10万元捉拿他。1940年底，调任镇江县抗日民主政府秘书长，并代理县长。1941年1月24日，李培根到镇江县伏元乡富贵墩子工作时被伪军包围，在突围中牺牲。

李联奎（1922—1941）中共五台县委宣传部干事

原名大喜。男，1922年出生，山西定襄人。后到五台县南茹村定居。1935年中共党员赖若愚到南茹村，以教员身份做掩护，进行地下党活动，宣传抗日救国，李联奎深受教育和启发。“七七”事变后不久，朱德总司令和八路军总部来到五台县城，驻在李联奎所在的第一高小。周恩来、彭德怀、左权等领导人在高小院内的讲话，对广大热血青年影响很大，李联奎成为学校中最活跃的抗日积极分子。这年10月，李联奎担任了2区自卫队队长。1939年任区武装委员会主任。1940年春，日军发动春季大“扫荡”，侵占2区高洪口一线，党的地下组织、抗日政权遭到破坏，李联奎主动要求到高洪口日军炮台下的南、北高洪口村开展工作。他带领两名同志，冒着生命危险在这里秘密发展党员，改组村抗日政权，组织民兵对日军开展游击战，使高洪口很快成为2区乃至全县的抗日模范村。1941年春，李联奎调到县委宣传部工作。他经常在五台县2区、8区一带，发动群众，锄奸反特，带领民兵开展游击战，日军整日不得安宁，遂悬赏捉拿李联奎。农历10月25日，李联奎带领四位同志准备到耿镇香炉石村开展工作，因汉奸告密，被敌人逮捕。在狱中李联奎历经残酷的刑讯逼供，始终坚贞不屈。11月初，李联奎被敌人押赴刑场杀害，年仅19岁。

李翰卿（1895—1941）国民革命军陆军第74军57师步兵指挥官

字墨林。男，1895年出生，山东濮县人。在天津马厂参军，不久进入福建随营学校学习。毕业后入闽军，历任营长、团长、旅长。后加入国民革命军，任57师营长，后升任该师342团团长。1937年全面抗战打响后，李翰卿随部开赴上海前线，参加淞沪会战，在天通庵车站与日军激战。1938年武汉会战爆发，李翰卿率部驻扎田家镇要塞，扼守长江水道进入武汉之咽喉，与日军第6师团展开激战，多次打退日军进攻，李翰卿亦负重伤。后又随军参加第一次长沙会战，屡有战功，于1940年秋升任第74军第57师少将步兵指挥官。1941年9月，第二次长沙会战爆发，李翰卿率部随74军从江西驰援长沙。9月26日，在长沙以北捞刀河与日军遭遇。27日，日军迂回两翼袭击包围74军。李翰卿奉命率预备队袭击敌军侧背。后日军增援部队陆续赶到，集中兵力攻击李翰卿部，李翰卿率部下奋勇战斗，战斗中身负重伤牺牲。后被追赠为陆军中将。

杨威（1921—1941）中共京安中心县委委员兼妇女部部长

原名欧阳英，又名欧阳克敌。女，1921年10月出生，湖北襄阳人，1939年加入中国共产党。早年考入湖北省立襄阳第五中学。在校期间，积极参加抗日救亡运动。抗日战争全面爆发后，毅然从军，投身抗日前线。后到豫南确山县竹沟镇学习。1939年，从党训班学习结业后随军南下鄂中，在安（陆）随（县）工作委员会工作，参与创建建立抗日根据地，动员群众参加抗日，发展党员30多名，建立5个党支部，同时组建150余人枪的抗日武装。1940年1月，豫鄂边区党委决定，安随工委和京（山）安（陆）应（城）县委合并，分别成立京（山）安（陆）县委和应城县委，任京安县安南区区委书记。1941年4月，京安县委召开县党代表大会，当选为中共京安中心县委委员兼妇女部部长。积极动员群众特别是妇女界人士支援抗战。10月7日，在京安县桑树区委驻地小丁家湾开展工作时，遭伪军偷袭被捕。8日，在京安县罗家店刑场，被伪军连捅3刀，割断咽喉牺牲。

杨生（1906—1941）湘赣鄂边区游击挺进军总指挥部南浔挺进纵队少将参谋长兼游击第2支队司令

别号性瑶。男，1906年出生，江西南昌人。青年时代毕业于南昌高级中学。1925年，考中央军事政治学校第5期步兵科，编入第一学生队。毕业后到国民革命军第18师见习。历任连长、营长、团政治部主任、浔饶师管区司令等职。1941年受国民政府军事委员会委派，任湘赣鄂边区游击挺进军总指挥部南浔挺进纵队少将参谋长兼游击第2支队司令。3月，参加上高会战，率部在抚河一带进行游击，袭扰敌人。7月，日军企图进犯赣东浙北，奉命抗击南昌外围罗家岗之日军，迟滞日军之行动。7月13日凌晨，在渡过抚河之际，遭日军炮火封锁，舟筏中弹沉没牺牲。

杨常安（1911—1941）新四军豫鄂挺进纵队信应独立团团长

原名庆典，又名楚光、杨威。男，1911年出生，湖北应山（今广水市）人，1929年加入中国共产党。1930年参加红军。1932年10月，红四方面军撤离鄂豫皖苏区，开始西征。因负伤留家乡修养。抗日战争全面爆发后，1937年11月，武汉八路军办事处经多方找寻后恢复其组织关系，任命他为中共应山工作委员会委员。他遵照党的指示在家乡以兴隆店联保主任的名义，掌握60多人的武装。1938年10月，由几支武装合编的200多人的应山游击大队成立，任大队长。为解决部队给养，经党组织同意，应山游击大队编入国民党应山抗敌自卫团，任第2支队1大队大队长。1939年1月中共应山县委成立，任军事部长。2月，应山抗敌自卫团被国民党189师收编，任补充团1营营长。1940年秋，率补充团2个中队脱离国民党军队，回到党的怀抱，与中共信应地委领导的游击总队的一个大队合编，组建了新四军鄂豫挺进纵队信应独立团，任团长。同年10月，率部在应北歼灭伪军一个中队。随后，率部频繁活动于应坪公路沿线，曾袭击日军骑龙岗据点。1941年2月27日，日、伪军对湖北省应山县兴隆店一带进行“扫荡”，杨常安率部反击，战斗中遭敌人冷枪击中头部牺牲。

吴匡五（1915—1941）陵县抗日民主政府县长

原名观志。男，1915年出生，山东阳信人，1938年加入中国共产党。小学毕业后考入惠民中学。1931年“九一八”事变后，积极参加抗日救亡活动，被学校开除，转入聊城师范就读。1936年毕业后当小学教员。1938年9月，萧华率八路军东进抗日挺进纵队到冀鲁边区，吴匡五在乐陵举办的军政干校学习，结业后在冀鲁边区《烽火报》社编辑部工作。同年冬，调至庆云县抗日民主政府任民训科长（即教育科长）。1939年春，任津南专署民训科长。同年7月，任陵县抗日民主政府第一任县长兼县大队长。在极其艰苦的环境下，组织起100多人的县大队，建立了3、4、5区抗日民主政权。1940年为配合百团大战，率县大队破坏了平原车站附近的铁路，使日军军用列车脱轨，并消灭日、伪军数十人。1941年9月7日，率领县大队在临邑县城北苏家庙子活动时，遭到驻临邑县境内数百名日、伪军的包围，指挥县大队突围时身负重伤，转移途中因伤势过重牺牲。为纪念他，1943年陵县曾改名为匡五县。

辛俊卿（1911—1941）八路军冀鲁豫军区第1军分区政治部主任

原名哲允。男，1911年出生，山东肥城人，1929年加入中国共产党。1929年考入济南省立第1中学。在校期间结交进步师生，逐步接受马克思主义。1931年“九一八”事变后，与进步师生游行示威，并且组成学生团赴南京请愿。1932年秋，考入北京大学。1933年加入反帝大同盟，在一次游行示威中，率领同志赤手空拳与军警搏斗，遭枪击负伤被捕。经党组织营救获释后返回家乡，以教书为名继续从事革命活动。1937年“七七”事变后，山东省第6区专员范筑先将军，与共产党合作坚持敌后抗战。聊城建立了以中共鲁西北特委为核心的政训处，辛俊卿担任联络员。1938年1月，泰西人民抗日武装“山东西区人民抗敌自卫团”成立。辛俊卿受党的委派返回肥城，以政训处的名义建立办事处，举办训练班，为泰西地区的抗日斗争培训骨干。同时，对肥城地方武装做了大量团结争取工作。1938年12月，山东西区人民抗敌自卫团整编为八路军山东纵队第6支队，辛俊卿任支队政治部锄奸科科长。1940年底调任115师教导第3旅兼鲁西军区第1（泰西）军分区政治部主任。1941年7月，日、伪军对泰西根据地进行大规模“清剿”，辛俊卿经常率部队深入敌后打击敌人。12月25日夜，辛俊卿带通讯员去齐河县仁里集执行任务，途中遭日、伪特务暗枪击中牺牲。

宋澄（1911—1941）八路军山东纵队司令部第5科科长

原名锡奎，又名文山。男，1911年出生，山东荣成人，1930年加入中国共产党。1931年夏，受中共组织派遣回到家乡，以国民党员的公开身份打入国民党文登县党部，任组训干事，从事共产党的地下工作。“九一八”事变后，他和文登中学进步教师组织起“三一读书会”，并组建了文登县第一个共产党小组，任组长。1932年春，他受组织派遣，到北平门头沟煤矿领导工人运动。1933年3月，任共青团山东省委书记。7月被捕，判刑7年。在狱中，他组织成立狱中党支部，鼓动难友坚持斗争。1937年抗日战争全面爆发后，获释出狱，随即回胶东。12月，参与发动组织天福山起义，创建山东人民抗日救国军第3军，任第1大队政治委员。1938年3月任胶东特委委员、第3军政治委员。同年9月第3军改编为八路军山东人民抗日游击第5支队，12月改称八路军山东纵队第5支队，均任支队政治委员。他和司令员率领这支胶东的主力部队，转战胶东大地，为创建和巩固胶东抗日根据地做出重要贡献。1940年8月当选山东省战时工作推行委员会委员（军事组成员），并任八路军山东纵队司令部第5科科长。1941年病逝于沂蒙山区孙祖。

张铎（1915—1941）八路军山东纵队第5旅政治部副主任

原名锡国。男，1915年出生，山东荣成人，1933年加入中国共产党。1935年参加了中共胶东特委发动的“一一•四”暴动。暴动失败后，回到荣成以教书为掩护，秘密进行党的工作。1937年4月，任中共威海特别支部书记。同年12月，他参加了中共胶东特委发动的天福山起义，任山东人民抗日救国军第3军连指导员。1938年9月，任八路军山东人民抗日游击第5支队（12月改称山东纵队第5支队）政治部组织科科长。1940年9月，任八路军山东纵队第5旅政治部副主任。1941年1月29日拂晓，5旅旅部和警卫营从平度县山西崖刘家村转移到马戈庄村时，遭到日、伪军的突然袭击。经过激烈战斗，5旅机关虽冲出了包围圈，但电台却没带出来。他当机立断，命一个排正面佯攻，他亲率两个排冲进敌人包围圈，终于把电台夺了回来。正当部队撤离时，他身负重伤牺牲。

张忠喜（？—1941）东北抗日联军第10军副军长兼参谋长

男，中国共产党党员。1937年任东北抗日联军第10军副军长兼参谋长，率队在黑龙江五常县摩天岭、九十五顶子和满天星等地活动。1941年1月初，率20余名战士在寒葱河东山宿营时，被叛徒向沙河子日军守备军守备队告密。正月初二傍晚，沙河子守备队及自卫团60余人来到寒葱河子屯。1月29日拂晓，敌人包围了10军的宿营地。张忠喜率部在突围中牺牲。

张裕生（1909—1941）新四军豫鄂挺进纵队信应总队总队长

原名德充。男，1909年出生，河南信阳人，1928年转为中国共产党党员。1926年加入中国共产主义青年团，在家乡参加了支援北伐的活动。1927年，加入国民革命军武汉警卫团。参加了南昌起义。后任中共谭家河支部副书记兼军事委员。1930年夏组织麦收暴动失败后，流亡到黑龙江。抗日战争全面爆发后，从东北返回家乡开展抗日救亡活动。1938年2月，任重新组建的中共谭家河支部书记。8月，组建了信南人民抗日自卫大队，任大队长，队伍发展到400多人。日军占领信阳后，率部4次抗击日军。1938年12月，任信南抗日挺进队第2大队大队长。1939年4月，任第1支队支队长。率部在南王家岗、阚家河、杨柳河、大王冲、李家店等地打击日军，坚持了以四望山为中心的信（阳）罗（山）应（山）地区敌后游击战争。1940年1月，任新四军豫鄂挺进纵队信应总队总队长兼中共信应地委军事部部长，参与领导了信应抗日根据地的创建，多次参加反“扫荡”作战。因积劳成疾，于1941年7月在河南信阳病逝。

张雅韵（1898—1941）国民革命军陆军第72军新编15师44团团长

原名为福。男，1898年出生，四川简阳人。1905年在家乡上私塾，后到县立中学读书。1918年投笔从戎，在四川工兵司令蓝田玉部当兵，因操练认真，且文化水平高被保送到军官学校学习战术。毕业后，到川军王陵基部任炮兵营长，深得王陵基器重。抗日战争全面爆发后，张雅韵出任国民革命军第72军新编15师44团上校团长，出川抗日。1941年3月，张雅韵率部参加江西上高会战。坚守水口圩，多次打退日军进攻。后日军出动大批飞机轮番轰炸中国军队前沿阵地，44团团部被炸毁，张雅韵被炸身亡。后被追赠为陆军少将。

陈群（1910—1941）八路军晋察冀军区冀东军分区12团团长

原名德安。男，1910年出生，安徽六安人，1929年加入中国共产党。1930年参加中国工农红军。曾任红四方面军11师团长、副师长。参加了鄂豫皖、川陕根据地反“围剿”和长征。1937年9月，率部参加平型关战斗。后到平西开辟抗日根据地。历任八路军晋察冀军区第6支队7团副团长、冀热察挺进军第33团团长、八路军第4纵队31大队副大队长、第1游击支队支队长。在冀东坚持抗日游击战争，屡建战功。1939年春，在赵庄子战斗中，率部击溃数百名日军的进攻。8月，攻克滦县下五岭敌据点，俘敌70余人，缴获步枪70余支、机枪1挺。9月，1支队与节振国工人大队合编为晋察冀军区第12团，陈群任团长。1940年7月，率团攻克数个据点，毙伤及俘虏500多名日、伪军。后攻入赵各庄矿，毙、伤、俘伪矿警30多名，缴获步枪100余支、炸药200多箱。同年8月，为配合百团大战，他率部向北宁铁路沿线进击，先后攻克唐山市郊之曹家口、张官屯，玉田县的鸦鸿桥、窝洛沽等据点，一度袭入唐山市内，给敌人以很大威胁。9月，在丰润县黄家屯设伏，击毁敌汽车3辆，歼敌40余名，缴获机枪1挺、步枪40余支。1941年6月，日、伪军集中兵力对冀东抗日根据地进行大“扫荡”。陈群率12团在玉田县孟四庄被敌军包围。激战中被炮弹击中牺牲。

陈钦文（1909—1941）国民革命军陆军第13军110师330团团长

男，1909年出生，江西萍乡人。少年时代就读于县立高等小学，毕业后考入南昌工业专科学校。1926年考入黄埔军校第6期步科。毕业后参加北伐战争，历任排长、连长、营长、副团长等职。抗日战争全面爆发后，陈钦文任第13军110师330团上校团长，参加南口、信阳等战役，屡建战功。1941年1月，陈钦文率部集结于豫南舞阳，给予日军突然袭击，歼敌400余人。1941年1月底，豫南会战爆发。陈钦文率部随110师在尚店一带阻击日军。4月4日，陈钦文率部在赵河镇一带与日军激战中牺牲。后被追赠为陆军少将。

陈新一（1916—1941）新四军第6师江南东路保安司令部警卫1团参谋长

男，1916年出生，湖北人，1939年加入中国共产党。10多岁时流落上海当工人。抗日战争全面爆发后，1938年春，加入无锡梅村的群众自卫武装国民抗日自卫队。1939年5月，叶飞率新四军6团东进到达梅村，收编该部为江南抗日义勇军总指挥部独立第2支队。参加新四军后，历任连政治指导员、营长、团作战参谋、常熟县抗日民主政府军事科科长等职。皖南事变后，新四军第6师成立江南东路保安司令部，任警卫第1团1营营长，后任团参谋长。1941年7月，日军在苏南进行“清乡”，部队一度转移至苏中如西地区休整。9月，新四军第6师决定警卫1团重返沙洲，争取恢复澄锡虞地区。与团政治委员曹德辉率两个连及部分地方干部在江阴后塍附近活动。当时日伪封锁严密，“清剿”频繁，部队立足困难，遂决定暂时跳出沙洲，撤往澄西。9月26日夜，率一个连担任警戒，掩护地方干部和部队抢渡横套河时，被日军巡逻队发觉，立即以密集火力封锁渡口。团政治委员曹德辉等20余人在河中牺牲。他率余部乘夜突围至昆山以南的峭岐镇马家村休整。9月28日，日、伪军得到消息，立即调集300余人包围了马家村。陈新一在率部突围中牺牲。

陈震寰（1895—1941）新四军江南抗日义勇军第2路副司令员

原名景福，化名刘纲。男，1895年出生，江苏常熟人，中国共产党党员。1921年到1924年，先后在安徽省立第4师范、四川省立第2女子师范、重庆联合中学等学校任体育教员。曾与革命先驱恽代英、萧楚女共事。受其影响，积极参加革命活动。在四川期间，由萧楚女介绍加入中国共产党。1924年回乡，在镇江省立第6中学任教时，积极宣传革命思想、发展共青团员，建立了镇江历史上第一个共青团支部。1926年,入广州农民运动讲习所学习。年底，任北伐军第14军政治部组织科科长。大革命失败后，与党失去联系。抗日战争全面爆发后，1937年12月，日军入侵苏南，在家乡以“抗日保家”为口号，发展抗日武装达千人，后被国民党军收编为别动总队淞沪特遣支队第6梯团，任团长。1938年11月，该团遭日军袭击受重创，后经中共常熟县委派员协助重建。1939年5月，“江抗”到达常熟阳澄湖地区与该团会师。6月，该团改编为“江抗”独立第3支队。7月任“江抗”第2路副司令员。10月，“江抗”执行中共中央向苏北发展的战略任务，西撤至扬中整训，陈震寰留在家乡工作。1941年7月，日、伪军在苏常太地区进行“清乡”，被日军抓捕，惨遭杀害。

雨晴（1918—1941）八路军山东纵队第5旅15团政治委员

原名于立晓，化名于青、雨晴。男，1918年出生，山东牟平人，1937年加入中国共产党。1935年考入北平东北中学，积极参加抗日爱国运动。1936年春加入中华民族解放先锋队，后入东北军学兵队。1936年初冬被推选为学生代表，去西安向蒋介石请愿。西安事变后返回北平。“七七”事变后，经党组织同意，回乡筹集经费，进行抗日救亡工作。1938年8月，到蓬（莱）黄（县）掖（县）根据地参加了山东人民抗日救国军第3军，先后任连政治指导员、营教导员等职。1940年6月任八路军山东纵队第5支队14团政治委员。同年10月，14团奉命从平度到东海，和17团一起进行反投降斗争，毙俘顽军3000余人，缴获轻机枪30余挺，长短枪1500余支及大批弹药。这一胜利使文登、牟平两县根据地连成一片，发展了胶东抗日的大好形势。1941年8月，任八路军山东纵队第5旅15团政治委员。同年11月8日，在胶东招莱边区崂山与日、伪军战斗中牺牲。

郁永言（1907—1941）《大众日报》社通讯部部长

男，1907年出生，江苏南通人，中国共产党党员。1923年起先后就读于南通第一师范和省立南通中学。1928年考入南京中央大学经济学院，与共产党员李竹如同学。此后加入中国共产党。1931“九一八”事变后，担任中央大学中共地下党支部委员，与支部书记李竹如等领导学生开展抗日救亡运动，举行盛大的抗日游行示威。1933年在中央大学毕业后，回乡在南通女子师范任教，同时在白色恐怖下秘密进行革命活动。他把课堂当作抗日的阵地，通过讲帝国主义侵华历史，激励同学的抗日情绪。1935年“一二·九”学生爱国运动爆发后，南通市2000多名师生走上街头，声援北平学生的爱国行动。郁永言还组织学生去南京请愿，被军警镇压。1936年郁永言被学校解聘。1937年“七七”事变后，他辗转到了陕北，进入延安抗日军政大学。1939年被分配到晋东南抗日根据地，与李竹如相遇，同年5月随徐向前、朱瑞率领的八路军第1纵队到达山东抗日根据地。先在八路军山东纵队政治部编印供领导了解国内外形势的《参考资料》。9月调到《大众日报》社，先后任编辑、国际时事版主编、通讯室主任。1941年6月，任《大众日报》社通讯部（对外称“大众通讯社”）部长。6月28日，通讯社正式改称新华社山东分社。山东分局宣传部部长李竹如兼社长，郁永言任采编主任兼《大众日报》社通讯部部长，实际主持新华社山东分社的日常工作。山东分社向延安发去一系列关于山东抗日根据地的报道，被新华社总社和《解放日报》采用。同时为山东《大众日报》和《大众电讯》提供了大量国内外时事报道。1941年11月德国军队进攻莫斯科，敌伪电台宣传希特勒要到莫斯科过圣诞节。11月7日，山东分社电台收到延安新华社播发的斯大林在红场阅兵和讲话的报道，郁永言马上组织用红色油墨印出号外，给正在反“扫荡”的山东军民以极大鼓舞。这时日、伪军5万多人正在沂蒙山区进行“铁壁合围”式的大扫荡。郁永言率领28人的新闻小组，携带收发报机和油印设备，转战于沂蒙山区。11月30日拂晓，他们被敌人包围，在激烈的战斗中，郁永言等十几位同志牺牲。

金崇印（1890—1941）国民革命军陆军第17军参谋长

字醒吾。男，1890年出生，河北通县人（今北京市）。早年投身军旅。1926年参加北伐战争，后升任副团长、参谋处长等职。1937年抗日战争全面爆发后，金崇印出任国民革命军陆军第17军参谋长，协助军长高桂兹指挥作战。8月，日军入侵山西，17军奉命在平型关团城口一带阻击日军。策应八路军115师取得平型关大捷。后在与日军作战中屡立战功。1941年5月，日军集结重兵向中条山发动进攻。因17军处境不利，腹背受敌，金崇印奋不顾身，亲率部队与敌人肉搏苦斗，不幸于11日被俘。在关押期间，日、伪军对其百般威逼利诱，金崇印不为所动，7月16日晚被日军杀害。后被追赠为陆军中将。

周乐生（1914—1941）新四军第6师16旅47团政治处主任

原名宝弟，化名刘群。男，1914年出生，浙江龙泉人，1931年加入中国共产党。1934年1月，进红军第2步兵学校学习，毕业后任闽赣省军区直属队党总支书记。1934年10月，红军主力长征，任宁化、建宁两县地方武装合编而成的17团政治委员，在闽西坚持艰苦卓绝的三年游击战争。后因负重伤返家养伤。抗日战争全面爆发后，1938年初，得知新四军组建，立即奔赴南昌，随新四军军部到皖南，入教导队第一期学习。毕业后留教导队任政治教员。1940年11月26日，随曾山带领的北移先遣队经苏南北渡时，途经苏南被留下工作。皖南事变后，任新四军第6师16旅47团政治处主任。1941年7月，47团驻地武进鲤卧滩村突遭日、伪军包围。该村四周均为河、渠，仅有一桥通行。在掩护大部指战员过桥突围后，桥被日军封锁，只好率余部泅渡突围。他游到对岸后，发现警卫员在河心挣扎，立即返回抢救，警卫员脱险。他却中弹牺牲。

周叔屏（1901—1941）新四军第5师安随应游击支队支队长

又名天沛、均和。男，1901年出生，湖北安陆人，1939年9月加入中国共产党。抗日战争全面爆发后，1938年10月，在家乡组织百余人的联保武装。1939年1月，任安陆县国民兵团第3大队大队长。1939年7月24日，率部参加新四军，任豫鄂独立游击支队第1团队3大队大队长。当晚率部随团队出征，攻打湖北孝感白沙铺伪军据点，歼敌一个中队。9月，率部在白兆山歼灭匪顽一部，俘虏250多人。10月中旬，率部参加新街反“扫荡”战斗。1939年冬，任新四军安陆县青龙潭留守处主任。积极为主力部队筹措给养、输送兵员，掩护中共安（陆）随（县）工委开展工作。1941年5月，任新四军第5师安（陆）随（县）应（山）游击支队支队长。1941年7月28日，在湖北省安陆县烟墩店反“扫荡”战斗中，受伤被俘，坚贞不屈，被敌连刺数刀牺牲。

郑行郯（1912—1941）新四军津浦路东联防司令部六合独立团政治委员

男，1912年出生，湖北黄安（今红安）人，1932年加入中国共产党。1929年参加红军，历任战士、班长、排长、连长、营长等职。1941年初任新四军第2师4旅12团2营政治教导员时，作战负伤。伤愈后，任新四军津浦路东联防司令部六合独立团政治委员。1941年10月，驻六合县马鞍乡日、伪军外出抢掠烧杀，亲率一个连在盛家岗以北的龙王庙伏击敌人，战斗中中弹牺牲。

赵镈（1906—1941）中共鲁南区党委书记兼八路军鲁南军区政治委员

原名宋杰。男，1906年出生，陕西府谷人，1926年加入中国共产党。当年被党组织派往黄埔军校第6期学习。曾任连队中共秘密支部书记（陶铸为宣传委员、周仲英为组织委员）。1927年大革命失败后，在北平、天津一带从事地下工作，曾任津塘特委书记；不久被敌人逮捕，两年后获释。1931年6月再次被捕，被送入北平军人反省分院（草岚子监狱）关押。与狱中共产党员薄一波、安子文、刘澜涛等组成党支部，赵镈任生活委员，后任党支部书记。1937年10月被党中央营救出狱后，先后任津南特委书记，鲁西区党委组织部部长。1940年4月成立鲁南区党委，赵镈任书记兼鲁南军区政治委员。1941年9月，日军在沂蒙山区进行大“扫荡”，鲁南区党委机关转移到临（沂）郯（城）苍（山）边联县中部的银厂村。10月27日凌晨，国民党顽军突然来袭，赵镈突出敌人包围后，发现还有绝密文件没有带出，迅速返回将文件销毁后被捕。他在敌人的威逼利诱下坚贞不屈，11月19日被敌人活埋。

赵伯华（1902—1941）新四军第6师18旅51团参谋长

原名唐英，又名唐荫。男，1902年出生，湖南醴陵人，1927年加入中国共产党。1924年参加广州政治训练班。结业后在国民革命军唐生智部任政治指导员，参加了北伐战争。1927年，蒋介石发动“四•一二”政变后，毅然离职到武汉寻找到共产党，并加入中国共产党。后因联系人被捕，而返回家乡从事农民运动。1929年去广西寻找到党组织，受党派遣到桂军中做策反工作。后拉出1个连上山打游击，而后参加白色起义，战斗中负重伤，被安排在农民家中养伤。后转海陆丰地区，任中国工农红军团长。1932年，遵照中共中央安排，由海陆丰只身去东北抗联工作，途经上海到中共中央报道时，因中央机关撤往苏区，与党失去联系。度过三年艰难生活，多方寻找党组织。1935年春，终于找到党，参加情报工作。抗日战争全面爆发后，1938年秋，奉派任常熟人民抗日自卫团司令，广泛开展苏南东路地区抗日游击战争。1939年，率3个连改编为江南抗日义勇军第2路2支队，任支队长。1940年9月成立江南抗日救国军（新江抗）西路教导队，任队长。皖南事变后，1941年3月，“新江抗”改编为新四军第6师18旅，任51团参谋长。7月，日军在苏南苏常太地区实行“清乡”。51团奉命到澄（江阴）锡（无锡）公路袭击敌人。7月7日，第51团决定拔除江苏武进县北芙蓉圩北七房村的日伪据点，率队抢占大桥时中弹牺牲。

胡光（1917—1941）中共榆（次）太（谷）联合县委书记

原名殿基。男，1917年出生，山西太谷人，1937年加入中国共产党。1937年“七七”事变后，参加中华民族解放先锋队。9月奔赴延安，入陕北公学学习。1938年任八路军129师政治部秘书科科长。1939年调任榆次、太古联合办事处主任。1940年3月，任中共榆（次）太（谷）联合县委书记。他积极带领全县人民开展减租减息，建立县游击队，为八路军输送新兵200多名。在百团大战中，率领县游击队拆毁了同蒲路榆次段铁路，阻挠了日军的交通运输。1941年2月，率领县游击队护送十七八名八路军干部，经榆次县境渡过汾河，转入吕梁抗日根据地。5月23日晨，在榆次遭遇日、伪军，为了掩护县长和通信员，举枪射击引开敌人，但他未能摆脱敌人的追击。在逯庄东中弹负伤，当敌人逼近抓捕时，自戕牺牲。

段生（1899—1941）归凉县南4区游击队队长

又名段升、三友。男，1899年出生，内蒙古凉城人，1940年加入中国共产党。1939年八路军大青山支队在蛮汉山区建立抗日根据地后，段生参加了“青年抗日救国会”，积极为抗日队伍传送情报、搬运物资。1940年清明节，加入刚创建的归凉县第1区游击队。不久，由区委书记许振湖介绍加入中国共产党，并担任游击队指导员兼武工队长。1940年秋，他和7名同志路过田家镇伪军哨所时，伪军发生怀疑追赶上来，段生一枪把伪军的帽子打掉，伪军赶快趴在地上不敢再追。从此，段生被群众誉为神枪手。1940年冬，调任归凉县南4区游击队队长。1941年5月，他率南4区游击队，配合骑兵团，破坏敌人铁路，缴获大批军用物资。12月，带领游击队随同县委机关以及几个区的游击队在大枪盘山一带集中活动，在蛮汉山附近黄花兔与“扫荡”之敌遭遇。在敌众我寡，情况十分危急的情况下，为了掩护1区、5区、南4区游击队及区政府和县委机关突围，他带领一个班的战士，在黄花兔村东小山梁的一块巨石后面，组织火力网，沉着机智地打击敌人，弹无虚发，阵地前沿敌人尸体不断增多。在战斗中，他多处受伤，流血不止。坚持战斗达5小时，打退敌人3次围攻。子弹打光后，他上了刺刀与冲上来的敌人展开白刃战，直至牺牲。

姚振山（？—1941）抗日义勇军军长

男。“九一八”事变后，参加东北军王德林组织的中国国民救国军，任第4旅旅长。先后参加三打敦化城和安图、两江口等战斗。1932年6月7日，派陈德才团长同驻敦化伪军各连联络，约定里应外合，驱逐日军。不料，被伪营长探悉，于当日将谋反之连撤办、缴械。8日，姚旅长闻讯内应无望，召开军事会议，决定分四路进攻。9日，率5000余人攻打敦化城，由于日军防守力量加强，未能攻下。撤退后，仍在该县境内活动，占领许多城镇。12月初，日军在击溃马占山、苏炳文、唐聚五部后，集中火力围剿救国军、自卫军。1933年初，王德林部撤到苏联，姚振山随吴义成仍留在吉东一带继续抗日。1934年，救国军余部编为3个总队，任第1总队司令。1937年同东北抗日联军第2路军密切配合、协同作战。此后这支部队改称抗日义勇军，姚振山任军长。1941年春，在黑龙江省穆棱县九站作战牺牲。

夏瑞香（1901—1941）中共冈西县委书记

原名熙相，又名陈大行。男，1901年出生，湖北黄冈（今团风县）人，1925年加入中国共产党。1925年参加革命，曾任江岸工人纠察队政治指导员、湖北省农协特派员。抗日战争全面爆发后，在黄冈磙子河等地整顿和恢复党的组织，发展党员。1938年春，任黄冈县2区区委书记。同年6月，当选为中共黄冈中心县委委员。1939年1月，作为黄冈地方代表出席鄂豫边区党员代表会议。同年2月，带领2区党员、群众配合鄂东独立抗日游击第5大队6中队，拔除方高坪、宋墙两地的日军据点。9月1日“夏家山事件”发生，与县委机关和6中队突围到湖区王家坊，开辟敌后抗日根据地。同年10月，以中心县委委员身份兼任中共冈西县委书记，并兼管江南樊湖工委工作。1941年1月，与工委成员在鄂城华容刘家开会，被日军包围。他组织同志分头转移，自己乘小船突围，弹尽被捕。26日，被日军杀害于湖北鄂城刘家街沙咀，遗体被抛入江中。

钱远镜（1919—1941）中共鄂南地委统战部部长兼中共咸宁县委书记

男，1919年出生，湖北咸宁人，1937年加入中国共产党。1937年受父亲影响，赴延安抗日军政大学学习。1938年3月毕业后回到武汉。7月奉派回咸宁，参加中共鄂南特委的领导工作，开辟鄂南抗日根据地。8月，中共鄂南特委成立，任宣传部部长。同年9月，参与组建咸宁国民自卫队第2大队，任该大队2中队指导员。1939年，先后任汉川巡视员、汉口小夹街秘密联络站中共特支书记。1940年12月后，曾任中共鄂南地委（先期为鄂南游击地委）宣传部部长、军事部部长、组织部部长、统战部部长兼咸宁县委书记。组织抗日游击队，坚持抗日游击战争。1941年8月，在反击日军“扫荡”的战斗中不幸被捕。面对日军、汉奸的各种酷刑，坚贞不屈，大义凛然。丧心病狂的日军，放出军犬将他咬得遍体鳞伤。13日，在鄂城樊口被日军残酷杀害，遗体被抛入江中。

高凤英（1909—1941）蒙古抗日游击队队长

本名云吉祥，蒙名德勒登。男，蒙古族，1909年出生，内蒙古土默特旗人。农民家庭出身。童年时父母相继去世，姐弟三人相依为命，艰苦度日。17岁以后成为跑城、拉脚、粜粮、送货的赶车能手。曾受在莫斯科东方大学毕业、奉共产国际派遣回国从事地下工作的堂姐夫佛鼎的引导，走向革命道路，做党的交通员工作。不久，加入中国共产党。1930年春，入蒙古人民共和国党务学校学习。1935年春回国开展地下工作。与毕力格巴图尔在归绥城（现呼和浩特）北门外和合桥开杂货铺，在旧城南柴火市经营肉食店，以此为掩护，与吉雅泰配合，搜集日、伪军政情报。1937年全国抗日战争爆发，归绥沦陷后，他打入伪军内部策动伪军反正，终于以“大青山前线抗日总司令部”名义策动一排伪军反正，带到大青山哈拉沁沟魏家窑、冯家窑改编，后成为扩大抗日游击队的骨干力量。1938年夏，担任大青山抗日团情报和军需工作。1940年秋，被中共土默特工委派任蒙古抗日游击队队长。恢复原名云吉祥，人称云队长。从此不仅配合八路军主力作战，还进行了多次小规模独立作战，担负掩护、保卫中共绥察边区党委、绥察行政机关和中共绥西地委、专署的任务。1941年10月26日，参加中共绥察边区委员会书记白如冰主持召开的会议。当天夜晚，由于叛徒胡定良的告密，敌人出动12辆汽车满载士兵，突然包围他所住宿的万家沟小火烧村。他率队借小火烧山坡势陡，顽强激战两昼夜，终因敌我兵力悬殊，又弹尽援绝，于28日下午同12名战友全部壮烈牺牲。

郭铁坚（1911—1941）东北抗日联军第3路军9支队参谋长

原名成文。男，1911年出生，黑龙江林口人，1935年加入中国共产党。1930年考入依兰县师范中学。1935年初参加革命活动，5月任刁翎党支部书记。先后动员50余名青年参加抗日队伍。同年8月，任东北人民革命军第3军1团连长。在其影响下，他的大哥和两个弟弟也先后参加抗联队伍，小弟郭成章在战斗中牺牲，其女也被敌人杀害。1936年调任东北抗日联军第9军军部任科长。1937年夏，任东北抗日联军第9军1师政治部主任。1938年5月，任第9军2师师长。6月，率部从依东渡江远征，历经艰难万险、饥饿疾病，于11月到达海伦八道林子。1939年9月，任东北抗日联军第3路军龙南指挥部参谋长。1940年5月，任东北抗日联军第3路军9支队参谋长。1941年8月，率队行至黑龙江嫩江西岸与讷河交界的郭泥屯时，被敌人包围，在战斗中牺牲。

凌云（1914—1941）新四军江北游击纵队政治部秘书科科长兼总务科科长

男，1914年出生，江苏武进人，1937年加入中国共产党。1932年加入中国共产主义青年团。同年12月因叛徒出卖被捕，后被营救出狱。1935年到上海参加全国救国会，从事抗日救亡活动，1936年由救国会派遣到闽东红军游击队工作。由党组织安排到厦门郊区乐山，以小学教师身份为掩护，发动群众开展抗日救亡活动，并发展党组织。抗日战争全面爆发后，1939年冬到新四军工作，任江北游击纵队政治部秘书科科长兼总务科科长。1940年随部队转战于安徽含（山）和（县）巢（县）无（为）一带，参加了含和、古城集、界牌集等战斗。1941年1月13日在定远朱家湾反击日军偷袭战斗中牺牲。

黄红（1904—1941）国民革命军陆军第37军95师284团团长

别号心素。男，湖南邵阳人。黄埔军校第6期毕业，曾历任排长、连长、营长、副团长等职。抗日战争全面爆发后，随第95师参加徐州会战、武汉会战、第一次长沙会战，屡立战功。1941年，升任第37军95师284团上校团长。9月，黄红率部参加第二次长沙会战，侧击进犯日军，重创敌人，对战局起到了极大的作用。后黄红奉命率部扼守湖南岳阳新市，多次击败进犯的日军，坚守住阵地。在激战中，黄红中弹牺牲。后被追赠为陆军少将。

黄才胜（1917—1941）新四军第1师3旅7团团长

原名才生、又名仁清。男，1917年出生，福建长汀人，1934年加入中国共产党。1931年参加红军。1934年春从福建军区随营学校毕业后，历任团政治处干事、连政治指导员等职。红军主力长征后，坚持了艰苦卓绝的南方三年游击战争。1938年1月，所在游击队改编为新四军第2支队，任第3团1营2连指导员。1939年起，先后任第4团3营营长、团参谋长。5月，率1个排袭击句容下蜀火车站，炸毁火车头，使宁沪铁路交通中断两天。1940年，任新四军苏皖支队大队长，在扬州、仪征、六合、天长等地开展游击战争，给日军以沉重打击。1940年7月，任新四军苏北指挥部第3纵队3团团长。皖南事变后，任新四军第1师3旅7团团长。由于长期的艰苦环境和紧张战斗，积劳成疾。于1941年底，在江苏省海门县包场镇病逝。

黄全德（1912—1941）新四军第5师鄂南独立5团政治委员

化名黄溪。男，1912年出生，湖北通城人，1930年加入中国共产党党员。1929年参加中国工农红军。1931年至1934年，曾任通城县第1区苏维埃政府主席、中共湘鄂边中心县委委员书兼崇阳县委书记、中共通城县委书记。1937年7月抗日战争全面爆发后，任中共阳（新）通（山）中心县委组织部部长兼中共通山县委书记。1938年10月，任中共鄂南特委宣传部部长，后任组织部部长。参加领导了鄂南地区的抗日斗争。1940年1月，任中共湘鄂赣边区委员会书记。10月，兼任鄂南抗日挺进队党代表。同年冬，抗日挺进队扩编为新四军豫鄂挺进纵队鄂南独立第5团，任团政治委员。在鄂南，长期领导挺进队活动于山区，袭击日、伪军据点，惩办汉奸卖国贼，袭击日、伪税务所，搅得日、伪军不得安宁。1941年5月，任中共鄂南中心县委书记兼新四军第5师鄂南独立5团政治委员。同年7月6日，中共鄂南中心县委和独立第5团在鄂城夏家榜开会，部署迎接新四军第5师江北部队过江南下和扩大鄂南抗日游击根据地等事宜。由于叛徒告密，会场突遭日军围袭，全体与会干部和警卫连奋力突围，终因寡不敌众，与团长王苏等18名干部被俘。他被日军用铁丝穿着锁骨，押往汉口狱中。面对日军严刑逼供，始终坚贞不屈，大义凛然，还带领难友高唱《义勇军进行曲》、《国际歌》，高呼“打到日本帝国主义”、“中国共产党万岁”等口号。日、伪警宪恼羞成怒，将他扔进军犬房内，被军犬活活咬死。

黄志强（1917—1941）广东人民抗日游击队第3大队民运队长

原名观喜，1917年出生，广东惠阳人，1941年加入中国共产党。幼年随父到马来西亚谋生，当过煤矿、橡胶工人，1937年初参加组织和发动马来亚煤矿工人和橡胶工人进行罢工斗争。抗日战争全面爆发后，他组织了9人的抗日救国宣传队，后发展为马华蜜蜂歌剧团任团长，率团在马来亚和新加坡各地巡回演出宣传抗日救国，并筹款支援祖国抗战。1939年初带歌剧团参加东江华侨回乡服务团，被推选为队长，后带队参加广东人民抗日游击队。1941年春任第3大队民运队长，在东莞大岭山一带发动群众，组建自卫队。同年6月，带领自卫队参加百花洞战斗，配合部队围困来犯日军。此后在大岭山区开展扩军、征粮工作，支援部队建立和发展大岭山抗日根据地。1941年11月，黄志强在东莞樟木头公路与日、伪军作战中牺牲。

黄重厚（1909—1941）“联抗”独立支队支队长

又名舜遗。男，1909年出生，江苏泰县人。曾在上海大夏大学、暨南大学学习。1935年2月大学毕业后，回到苏北。抗日战争全面爆发后，1938年在家乡组织抗日自卫武装，后编入国民党江苏省保安第8旅，黄重厚担任营长。1941年皖南事变后，对国民党失去希望，毅然弃官返乡。这时新四军正协助“联抗”扩编部队，即主动投奔。3月，被任命为“联抗”独立支队支队长。他以极大的热情利用自身在家乡的关系和声望，招兵募款。短短几个月内扩充部队数百人。6月22日，姜堰日、伪军获悉黄重厚在张尤庄一带活动，立即出动袭击。黄重厚指挥部队在张尤庄北铁索沟进行伏击，击退来犯之敌。7月，“联抗”奉命北上整训。21日下午，在盐城西北宋家楼与日军遭遇，突围中牺牲。

曹克人（1912—1941）国民革命军陆军第99军99师295团1营营长

男，1912年出生，湖南桂阳人。毕业于黄埔军校第14期。曾任排长、连长、副营长等职。1941年，时任国民革命军陆军第99军99师295团1营营长。同年秋，第二次长沙会战时，奉命率全营500多名官兵驻防湘阴，阻击日军进犯。10月3日，日军步、骑兵500多人在飞机的掩护下，由马头山、箭毛咀等地登陆后，向驻守湘阴城的1营阵地发起疯狂进攻。该营官兵在营长曹克人的率领下，抱必死决心誓与湘阴共存亡。遂与来犯之敌展开激烈的战斗，打退了日军多次猖狂进攻。4日，日军由营田增兵800多人，向1营阵地发起联合进攻。随后，会攻长沙被中国军队击退的近万日军，在空降兵的支援下也加入到攻击湘阴的战斗。顿时，阵地上硝烟弥漫、弹片横飞，炮弹与炸弹共鸣、杀声与枪声齐吼，战况空前激烈。1营官兵在营长的指挥下，沉着应战，击退日军的多次进攻。此时，湘阴东门告急。

曹克人营长命一部在北门抵抗，立即率3连（仅40余人）火速赶往北门支援，途中遭遇入城百余名日军，即与入城之敌展开激烈的巷战，右腿负伤，仍坚持指挥。他手榴弹用光了，就用手枪。当子弹快打完时，即举枪自戕。1营官兵在他的感召下，拼死抗击，直至全部阵亡。

曹德辉（1913—1941）新四军第6师江南东路保安司令部警卫1团政治委员

男，1913年出生，江西人，1931年加入中国共产党。1930年参加红军，历任战士、排长、连长。红军主力长征后，在湘鄂赣边坚持艰苦卓绝的三年游击战争。抗日战争全面爆发后，所在部队改编为新四军第1支队1团，任1团3营政治教导员。1938年6月，率部挺进苏南敌后。9月，又奉调皖南。参加了苏南和皖南的数次对日作战。皖南事变突围后，到达苏南澄锡虞地区。1941年4月，任新组建的新四军第6师江南东路保安司令部警卫1团政治委员。7月，日军在苏南进行大规模“清乡”。警卫1团转移至苏中如（皋）西地区。9月，奉命率1团重返回沙洲，进行反“清乡”斗争。9月26日夜，在江阴县后塍与日军作战中牺牲。

崔健吾（1913—1941）八路军冀中军区卫生学校教员兼军医

原名秀梅。女，1913年出生，河北望都人，1938年加入了中国共产党。1933年考入天津女子师范学院文学系。“七七”事变后返回家乡。9月，动员弟弟一起参加了由共产党领导的满（城）望（都）特区抗日救国动员委员会，任妇救会主任，发动妇女上识字班，唱救亡歌曲，动员放足、剪发，募集军鞋，支援前线，并创办《民运》小报，鼓舞群众抗日，出席了冀中区妇代大会。7月，调往民抗军政治部《民抗报》社任编辑，亲自收录延安广播电台新闻，亲自刻写、印刷、发行。1939年3月，被派往延安学习，途经晋察冀军区，被留任阜平县妇救会副主任。10月，调白求恩卫生学校学习。1941年1月毕业回冀中军区，任卫生学校教员兼军医。同年秋反“扫荡”时，她掩护30余名伤病员，到易县西马五村隐蔽，9月12日晨，正带领伤病员转移时，敌人偷袭过来。她将重伤员隐蔽好，带轻伤员转移时被日军包围。为保护伤员，她只身吸引敌人，双腿中弹倒地。敌人追至面前，她撕毁文件，拼全力搬起石头与敌人搏斗中牺牲。反“扫荡”结束后，冀中军区后勤部党委命名她为模范共产党员。

梁希贤（1898—1941）国民革命军陆军第80军新编27师少将副师长

字哲生。男，1898年出生，陕西同官（今铜川）人。1926年南下广州，考入黄埔军校第5期。同年秋，未毕业即到北伐部队第22师见习，随军作战。历任排长、连长、营长、团长等职，屡立战功。抗日战争全面爆发后，梁希贤随部进入山西作战。后升任第80军新编27师少将副师长。1941年中条山会战前夕，梁希贤正患病，本应到后方养病，但得知日军即将进攻的消息，毅然决定留在部队，指挥作战。5月9日，在师长、参谋长均遭敌机轰炸牺牲后，梁希贤率部坚守台寨阵地，与日军多次短兵相接。但因孤立无援，陷入绝境，官兵伤亡殆尽。梁希贤伤痕累累，不愿被俘受辱，投黄河牺牲。

梁学岸（1909—1941）五寨县抗日民主政府县长兼游击大队大队长

男，1909年出生，山西平遥人，1936年加入中国共产党。中学毕业后，曾任乡村小学教师。1937年6月，受党组织委派到五寨县任“牺盟会”特派员。8月，当选县“动委会”主任。10月，中共五寨县临时委员会成立，任五人小组成员。1938年秋，调任“牺盟会”岢岚中心区宣传部长，并兼任《抗战生活》、《新西北》报总编辑。1940年初，调任第2专署视察员。同年6月，调任五寨县抗日民主政府县长。他在五寨县创办了第一所抗日完全小学，发动群众建立武装，积极开展对敌斗争。群众曾编了一首歌谣“梁县长，匣子枪，左一枪击毙宫田小队长，右一枪打死了特赖小伍长，日本日军害了怕，哭爹叫妈逃得慌……”来称赞他。1941年8月，得悉日、伪军出动三路人马袭击五寨县县政府驻地杨家坡，遂率机关人员转移到西山儿梁沟。不料行踪被敌特发现，遂被包围。率部突围时腿部中弹，仍坚持战斗。战至最后，自戕殉国。

蒋志英（1902—1941）浙东沿海台州守备指挥部指挥官

字伯清，号志槎。男，1902年出生，浙江诸暨人。1925年11月考入黄埔军校潮州分校第1期。毕业后，参加北伐战争，历任排长、连长、营长、浙江省保安第3团上校团长，浙江保安总队副指挥官，浙江省保安处副处长等职。抗日战争全面爆发后，蒋志英时任浙江省保安第2支队少将司令。次年改任浙江省保安第3纵队少将司令，先后率部在钱塘江南岸和浙西富阳、余杭等地对日作战。1940年，任浙东沿海台州守备指挥部指挥官，驻防海门。其所辖部队多为地方自卫团及水上警察，经过其大力整训，战斗力有所增强。1941年4月，日军向海门发动进攻，蒋志英率部奋起反抗，一面严密布防，一面急电第10集团军前来增援。4月19日，日军迂回逼近，蒋志英在得知援军受阻后，被迫转移，途中与日军遭遇，在敌众我寡的情况下，蒋志英仍率部与日军展开白刃格斗。激战中，蒋志英胸部被刺穿牺牲。后被追赠为陆军中将。

韩仁和（1913—1941）东北抗日联军第1路军总司令部参谋兼警卫旅政治委员

男，1913年出生，吉林永吉人，1933年加入中国共产党。高小毕业后，投奔东北军。“九一八”事变后，他所在部队投降日军，改编为吉林警备第5旅步兵14团迫击炮连。1933年，加入中共地下党员曹国安等人领导的起义队伍。起义队伍与南满游击队会合后，改编为南满游击队迫击炮大队，韩仁和任班长。9月，东北人民革命军第1军独立师成立，任师部秘书。1936年7月，任东北抗日联军第1军军部秘书处处长。1937年7月，随杨靖宇率领第1军直属部队袭击奉天—吉林的铁路线列车，在与日军交战中负伤致残。1938年，任东北抗日联军第1路军3师政治委员。同年，任东北抗日联军第1路军总司令部参谋兼警卫旅政治委员。1939年4月初，与杨靖宇率300余人包围桦甸县伪警察署和伪军驻地，此次战役歼灭日、伪军200余人，缴获大量军械物资。1940年1月6日，为使杨靖宇在蒙江县隐蔽，他率警卫旅60余人，佯作杨靖宇主力部队，冒死将敌人引开。2月，杨靖宇牺牲后，韩仁和率领警卫旅转战于五常、穆棱、宁安、汪清、东宁、安图、和龙、延吉等地。1941年3月13日，韩仁和率9名战士在吉林宁安县镜泊湖上湾沟与日军发生激战，终因寡不敌众，中弹牺牲。

韩朝新（1919—1941）冀中区妇救会主任

女，1919年出生，河北清苑人，1937年加入中国共产党。1937年9月在博野县参加县妇女抗日救国会。1938年春，被派往深县任县妇救会主任，1939年冬当选冀中区妇救会副主任（主任未到职）。1940年冬当选为冀中区妇救会主任，兼冀中区党委妇委副书记。担负了5个分区、30多个县数百万妇女群众的组织领导工作。1941年秋，因怀孕组织上照顾她到后勤部工作。9月，与后勤部的同志们被“扫荡”的敌人包围在完县贾西庄，面对东、北、西三面包围上来的敌人，她临危不惧，果断命令战友们：带好党的文件，向南面山头撤退。行动不便的她毅然担负起阻击敌人的任务，掩护大家安全突出重围。而她终因寡不敌众牺牲。

焦守健（1912—1941）中共献（县）青（县）沧（县）交（河）中心县委书记

又名玉清、建国。男，1912年出生，河北饶阳人，1929年转为中国共产党党员。1925年考入县高小。1926年底加入中国共产主义共青团，任团支部书记。1927年秋，考入北平燕京大学农学院。为支援二七大罢工，组织学生举行罢课和游行示威，被捕入狱。在狱中同敌人进行斗争，出狱后仍回饶阳从事地下工作。1937年“七七”事变后，任中共饶阳县委第一任书记。他先后建立了抗敌后援会、抗日救国会等群众团体。还通过办师资培训班、发行《民生报》、开书店、建剧团等方式，广泛宣传中国共产党的抗日主张。1937年冬，以他亲手组建的饶阳抗日自卫队为基础成立了人民抗日自卫军。1938年底，调任中共献（县）青（县）沧（县）交（河）中心县委书记。1939年在献青沧交地区成立抗日自卫军18大队，他兼任政治委员。带领军民拆铁路、截火车、炸碉堡，给日、伪军以沉重打击。1941年春，在沧县前军庄召开四县干部联席会议时，突遭日、伪军重兵包围，突围中牺牲。

熊桐柏（1915—1941）新四军第5师14旅42团团长

男，1915年出生，河南罗山人，1932年加入中国共产党。同年参加红军。红军主力长征后，留在鄂豫皖边区坚持三年游击战争，历任红28军排长、连长、营长等职，屡立战功。抗日战争全面爆发后，红28军改编为新四军第4支队，因多次负伤，留黄安县（今红安县）疗伤。1939年春，到黄冈参加共产党领导的独立第5游击大队，常率部于武汉至麻城公路袭击日、伪军。1940年3月，所在部队改编为新四军豫鄂挺进纵队鄂东独立团。6月，独立团第2大队和挺进纵队手枪团、黄冈地方武装合编组成新的鄂东独立团，任副团长。皖南事变后，独立团改编为新四军第5师14旅42团，任团长。1941年10月，率部进军黄梅县多云山，遭遇日军“扫荡”。熊桐柏带头冲锋，战斗中身负重伤，当晚转移至黄梅古角山，因条件艰苦，无法医治牺牲。

德勒格尔（1904—1941）第三国际驻北平总联络员

又名宁春发。男，蒙古族，1904年出生，赤峰市克什克腾旗原巴隆阿鲁努图克人，1929年6月加入中国共产党。1915年在经棚翠英小学读书，乐景涛（内人党党委）是他的启蒙老师，使他从小受到了民族民主革命思想的教育。1925年10月去苏联东方大学学习政治、军事。1932年他调任第三国际驻北平总联络员，从事北平、天津、张家口、绥远、包头、宁夏一带地下抗日活动。经常化装成喇嘛、学者、商人，深入到群众中去，组织民众抗日，为抗战的胜利作出了重要贡献。1938年冬去苏联第三国际汇报抗日情况，1939年回国途中被日军抓获，送到长春监狱所。在狱中为保守党的秘密和日军展开斗争，宁死不屈。1941年在狱中被杀害。

于一心（1910—1942）八路军胶东军区西海军分区参谋长

原名纪敏，字一心。男，1910年出生，山东牟平人，1938年加入中国共产党。1919年入本村小学读书，后随父在养马岛读私塾。1932年在威海师范毕业后，到威海太平庵小学任教。1938年3月，日军侵占威海。他即返回牟平，参加山东人民抗日救国军第3军。1939年，在胶东区党委军事部任军事科长。1940年4月，调任东海指挥部参谋长。年底，任山东纵队5支队2团参谋长。1942年秋，任北海军分区参谋长。不久，调任西海军分区参谋长。到任后，正逢侵华日军对胶东抗日根据地进行“拉网大扫荡”，12月22日拂晓，中共西海地委和军分区机关转移至夏甸柳连庄时，与大批敌人遭遇。地委和军分区机关立即向萌山撤退，又陷入敌人重围。与敌人展开殊死搏斗，打退敌人一次次进攻，终因敌众我寡，战至最后牺牲。

于慎德（1907—1942）中共庆云县委书记

字静庵。男，1907年出生，山东沾化人，1937年加入中国共产党。1927年考入无棣县立第一高小，受过共产党员教师李济仓宣传马克思主义的教诲。1935年在北平师范学校毕业后，先在家乡任教，后到无棣车镇高小任教导主任。1937年“七七”事变后，返回家乡投身抗日救亡运动。以教学为掩护，教育贫苦大众团结抗日，并介绍王振民等多人入党。1938年3月起任沾化县支部书记、沾化县2区区委书记。1939年7月调任无棣县府秘书。1941年起任中共庆云县委书记，在庆云、宁津、东光一带进行抗日斗争。1942年6月，侵华日军对冀鲁边区进行“扫荡”，6月19日，日军包围大单家一带，地委、专署100多名干部战士被敌人压缩到赵家柳林村附近的一片开阔地带。激战一天，战士大部阵亡，于慎德和专员石景芳率领战士退至墓林中，与数倍于己的敌人展开肉搏。石景芳战死，于慎德身负重伤被俘。后受尽酷刑，遭剖腹杀害。

马功臣（1907—1942）永（年）肥（乡）联合县抗日民主政府县长

原名世勋，字功臣。男，1907年出生，河南范县人，1932年加入中国共产党。1937年抗日战争全面爆发后，任中共鲁西特委组织部长兼濮县县委书记。1938年5月被调往河北邯郸，受命组建邯郸抗日民主政府，出任第1任县长。他深入发动群众，经过艰苦细致的工作，组建了县游击大队，并带领县大队主动出击敌人，在拔掉几个日、伪军据点后，县大队从100余人发展到2000多人。1940年冬天，根据冀南区党委指示，马功臣带领县大队千名队员，开赴日军运输频繁的平汉铁路，拆毁了1800多米路段。接着又除掉了投靠日、伪军的郭登车部。冀南行政公署曾授予他“模范县长”称号。1942年2月，被调往斗争环境异常艰难的永（年）肥（乡）联合县抗日民主政府县长。7个月后，永肥县游击大队从30多人发展到300多人，还恢复了3个区的游击小队，使14个敌占村变成了游击根据地。12月25日，永肥县抗日民主政府驻地被日、伪军包围，突围中，马功臣身负重伤，拒绝警卫员背他突围，他一人打掩护，命令大家冲出去，用最后一颗子弹自戕牺牲。

马玉堂（1909—1942）新四军第4师睢杞太独立团团长

男，1909年出生，河北藁城人，1926年加入中国共产党。1937年7月，被党组织派往吕正操647团做民运工作。1937年10月，他回乡建立300余人的游击队，任队长。11月任晋察冀抗日义勇军大队长。12月任抗日义勇军第2路第5支队支队长。1938年初，任晋察冀抗日义勇军第5路司令员。3月任冀南军区东进纵队独立支队司令员兼副政治委员。1939年底赴延安抗大学习。1940年任新四军第6支队睢杞独立团2营教导员，1941年1月任睢杞太独立营教导员，后曾任睢杞独立团团长、睢杞太独立团团长。1942年1月调冀鲁豫边区学习，途中与日、伪军遭遇战斗中牺牲。

王锐（1913—1942）八路军鲁中军区第2军分区1团政治委员

原名有才，字秀廷。男，1913年出生，山东博山人，1937年加入中国共产党。1928年考入山东省立青州第10中学。在此受到进步思想的影响。1936年参加中华民族解放先锋队。1938年2月，参加山东人民抗日救国军第5军，任中队长。1939年任八路军山东纵队第4支队1团1营教导员，后调任山东纵队第4旅11团政治处主任。1942年任鲁中军区第2军分区1团政治委员。同年10月，日军15000余人“扫荡”沂蒙山区抗日根据地。1团奉命掩护山东军区和山东省战时工作推行委员会领导机关转移。1942年11月2日，被敌人包围在沂水县对崮山上，日军大炮不断向山上轰击、飞机在空中扫射，日、伪军凶猛地向山上冲来。王锐与团长刘遇泉指挥1团指战员顽强坚守阵地，一次又一次地用手榴弹、石块打退敌人的进攻。下午，日军攻势更猛，以重炮、毒瓦斯，轮番向阵地轰击，王锐在战斗中牺牲。

王凤麟（1911—1942）八路军山东纵队第1旅1团副团长

原名李芳，号凌阁，化名傅合。男，1911年出生，黑龙江宁安人，1937年加入中国共产党。“九一八”事变后，参加中国共产党领导的抗日斗争，并加入中国共产主义青年团。1933年参加东北人民革命军第4军，任特务连连长。1935年底，赴莫斯科入东方劳动大学工兵班，学习爆破技术。抗日战争全面爆发后回国，转为中国共产党党员。1938年底，奉中共中央派遣，随张经武、黎玉等到山东抗日根据地。先在八路军山东纵队司令部工作。1939年5月，任山东纵队第4支队3营营长。曾率部袭击进犯日军，俘伪特务队正、副队长以下数十人。1940年4月，调任八路军山东纵队第1旅2团副团长。6月改任第1团副团长。在山东八路军中传授爆破技术。1942年3月，率1个连在博山伏击日、伪军，毙日军30人，并迫使大部伪军缴械投降。但因右腿负伤，做了截肢手术。10月5日，仅带少数警卫人员与伤病员到了沂蒙山区马鞍山。11月9日，日、伪军向马鞍山发起进攻。第二天，日军兵力增至2000人、伪军4000人，还有8架飞机向马鞍山发起猛烈攻击。王凤麟额角负伤后一枪击毙指挥扫荡的日军指挥官。在掩护山上群众转移时，胸部中弹，不甘被俘，举枪自戕。

王东明（1912—1942）八路军总部秘书处处长

原名苍鹤，乳名福寿。男，1912年出生，江苏青浦人，中国共产党党员。

早年进上海商务印书馆职工子弟小学读书。毕业后在印书馆做排字工。1932年“一·二八”淞沪抗战爆发，参加工人义勇军，与19路军协同作战。1932年秋，在七宝、小观音堂等小学执教。1935年9月，任中共七宝支部书记。1936年8月遭国民党县党部特务逮捕，受严刑审讯，没有屈服，经组织营救获释。1936年11月，组织决定让其去延安，在军委总政治部宣传部工作。1937年抗日战争全面爆发后，随军奔赴抗日前线。在第十八集团军（八路军）总部，任教育科科长，秘书处处长等职。曾被评为模范干部。1940年8月，参加百团大战，此时已身患严重肺结核，但仍在艰苦环境中终日操劳。1942年12月，病逝于山西省辽县（今左权县）隘峪口村白求恩医院。

王兴汉（1905—1942）八路军第129师司令部工兵主任

原名树秀。男，1905年出生，山东茌平人，1931年加入中国共产党。15岁参加冯玉祥部队。1931年“九一八”事变后，随军入关。1932年夏在东北辽西从事抗日救亡活动。后又调到北京创办刊物，批评国民党当局不抗战的行为。1933年打入国民党中央军校第10期学习。1936年毕业后分配到河北邢台西李演庄高振部实习。1937年寻找借口脱离该部，到八路军第129师司令部队列科任股长，后任该师司令部工兵主任。当时工兵人员奇缺，在极端困难的条件下，他编写工兵教材，举办工兵培训班，为第129师工兵建设打下良好的基础。1942年5月，在晋东南反“扫荡”作战中牺牲。

王卓云（1919—1942）濮阳县抗日民主政府县长

原名修汉，字卓云。男，1919年出生，河南濮阳人，1936年加入中国共产党。1931年入濮阳中学读书期间，受中国共产党党员、校长张会之抗日思想的影响较深。1936年任西掘地党支部书记。1937年“七七”事变后，在濮阳县委领导下，在西掘地、大井、五星、河沟一带村庄，成立了第2、第3边区抗日救国会和各种群众救亡组织。同时，积极参加“抗敌后方援助委员会”、“谍报队”、“交通站”等工作。从各方面支援八路军抗战。1940年3月20日，王卓云当选为濮阳县抗日民主政府第1任县长。在他的领导下，县政府收集散落在民间的枪支，大力发展武装，在青年大队的基础上成立了县独立团，王卓云兼任团长。同时，改造村政权，实行减租减息，领导群众进行锄奸反霸斗争。在几个月时间里，王卓云率领抗日武装，在全县10个区，与日、伪军进行了大小50多次战斗。1940年6月10

日，日军抽调各地驻军分3路向濮阳西部地区进行合击。王卓云率领县政府人员和县武装以庆祖、子岸、五星为中心与敌人周旋。在一次战斗中，敌人的一颗子弹从他的脖子穿过，险些丧命，被送到医院疗伤，但不等伤好，又返回濮阳投入战斗。1942年5月，在赴延安途经太行山区时，遇上日军在太行根据地进行大“扫荡”，王卓云在战斗中负伤被俘，被押解到东北后牺牲。

王炳三（1915—1942）八路军第115师教导6旅兼冀鲁边军区政治部副主任

男，1915年出生，江西兴国人，1933年加入中国共产党。1932年参加中国工农红军。参加了长征。抗日战争全面爆发后，随萧华率领的八路军东进抗日挺进纵队到达冀鲁边区，历任营教导员、泰山支队政治委员。1940年5月调任鲁南支队第7团政治处副主任。11月，任第115师教导2旅6团政治处主任。1941年9月返回冀鲁边区，任第115师教导6旅兼冀鲁边军区政治部副主任，在异常艰苦的环境下坚持斗争。1942年6月，在与日、伪军作战中牺牲。

王晋亭（1913—1942）中共泰西地委副书记兼组织部部长

原名连级，号晋三。男，1913年出生，山东堂邑人，1934年加入中国共产党。1930年秋，考入聊城山东省立第三师范初级部。在学校得到中国共产党地下组织教育，很快成为进步学生的骨干。1935年春任中共鲁西总支部委员会组织委员。在学校秘密发展党的组织，并与“复兴社”特务进行斗争，后被学校勒令退学。曾到冠县农村小学任教。1937年抗日战争全面爆发后，在当地发动群众，组建了一支农民抗日武装。同年11月，调任中共鲁西北特委巡视员，公开身份是范筑先将军政训处的上尉服务员。1938年4月，任中共鲁西北特委组织部部长，后又任中共鲁西特委组织部部长、宣传部部长，鲁西第一地委组织部部长。为鲁西地区党组织的发展和建设，做了大量工作。1939年春任中共鲁西区党委党校总支书记，从事培养干部的工作。1940年9月调任泰西地委副书记兼组织部部长。日军在泰西地区不断进行“扫荡”，环境很艰苦。1942年4月1日，泰西地委在大峰山岚峪村召开泰安、宁阳、肥城、峰山4个县的县委书记会议时，被日军包围。在战斗中，王晋亭头部中弹牺牲。

石光（1910—1942）中共丰（润）玉（田）宁（河）联合县委书记

原名皇甫文宗，字宪民，曾用名张振铎。男，1910年出生，河北丰润人，1933年加入中国共产党。早年毕业于省立第3师范学校，参加过学潮。曾以教师做掩护，宣传抗日救国思想。1938年6月，参加了冀东抗日暴动。暴动受挫后，潜入丰润县农村，发展和建立党组织，组建青年报国会，挖公路、割电线，抗拒敌人征粮征款；还到左家坞、杨官林、闫家铺、七树庄等据点向伪军喊话，瓦解伪军。1941年10月，石光被任命为中共丰（润）、玉（田）、宁（河）联合县委书记。他处处以身作则，一心扑在党的事业上，平时很少回家。1942年4月23日，石光在常魏庄子开会时被日、伪军包围，遂隐藏在水井的井避洞中。敌人发现后，将树枝、柴草点燃投向井内。石光用手枪自戕牺牲。

史子谦（1900—1942）中国人民抗日军政大学附属陆军中学副校长

原名克让，又名紫千。男，1900年出生，山西榆次人，1937年加入中国共产党。1917年考入山西省立第一师范学校，五四运动中积极组织师生在太原举行了声势浩大的游行示威。1925年冬加入国民党，1931年“九一八”事变后愤然退党。1932年秋，受聘任私立魏榆普通商业科初级职业学校教导主任，兼授语文、武术。其间经常阅读进步书刊。重视学生品德教育，处处为人师表，深受师生钦佩。1935年冬，带头反对师生参加“防共保卫团”，抵制印发诽谤共产党的传单。“一二·九”运动中利用墙报宣传抗日救国。1937年率师生参加“牺盟会”，10月组织师生军训，自任总教官。组织成立文艺宣传队，亲自参加慰军义演。不久，榆次遭日军轰炸。遂投笔从戎，随八路军129师赴抗日前线。1938年初，先在武乡开展游击战，后任129师政治部教育科副科长。百团大战后双脚冻残，改任八路军陆军中学副校长，为抗日培训军政人才。在1942年5月的反“扫荡”中，亲任战斗排指导员。在掩护战士突围时，因脚残被俘。在敌人的威逼利诱下坚贞不屈，7月初在太原被日军杀害。《新华日报》曾两次报道其英雄事迹。

冯旭臣（1888—1942）益都县参议长

曾用名保初，字旭臣。男，1888年出生，山东益都（今青州市）人。早年追求进步思想，致力探索救国救民道路，携子女举家参加革命。1939年11月当选为益都县参议长。同年，送长子冯登魁参加抗战工作，次子冯毅之任益都县县长。

益都县抗日民主政府就设在他家中。1939年末，其家被日军焚烧一空。1941年长子牺牲。1942年冯旭臣率次媳孙玉兰（中国共产党党员）、女儿冯文秀（中国共产党党员）及3个孙女转移到马鞍山工作。是年11月9日，日、伪军重兵包围马鞍山，山上28名八路军伤病员和抗属共40余人，在八路军副团长王凤麟指挥下，奋起抵抗，战斗坚持两天一夜，歼敌百余人。激战中冯旭臣率媳、女运石做弹，英勇杀敌。11月10日，弹尽援绝，阵地陷落，他大呼誓死不做俘虏，中弹牺牲。其女儿文秀跳崖捐躯，次媳孙玉兰与孙女拽绳下山，绳断身亡，一家6人壮烈殉国。为表彰他一家抗日爱国的壮举，鲁中行署授予“一门忠烈”光荣匾。

刘正（1914—1942）八路军第115师教导3旅7团团长

原名时溜。男，1914年出生，江西泰和人，1934年转为中国共产党党员。1930年参加革命，任少先队副队长。1931年加入中国共产主义青年团，带领18名青年参加红军游击队，后编入中国工农红军独立第5师第15团。历任班长、排长、连长、营长、团参谋长、纵队科长。参加了中央苏区反“围剿”和长征。1937年抗日战争全面爆发后，1938年随萧华率领的八路军115师东进抗日挺进纵队到冀鲁边区，任第5支队参谋长。1939年转赴鲁西，任115师运河支队第5团团长。1940年任八路军第115师教导第3旅兼鲁西军区第7团团长。亲自指挥了河南濮阳、商丘、山东郓城、范县、鄄城等多次战役、战斗，给日、伪军以沉重打击。1942年9月，在山东鄄城指挥作战时牺牲。

刘云彪（1914—1942）八路军晋察冀军区骑兵团团长

又名文标。男，1914年出生，福建长汀人，1931年加入中国共产党。1929年参加革命。1930年参加中国工农红军，历任通讯员、班长、排长。参加了中央苏区5次反“围剿”和长征。长征途中任红1军团1师侦察排长、连长，担任全军的侦察、开路任务。1936年任红军骑兵团团长。抗日战争全面爆发后，任八路军第115师骑兵营营长，率部开赴华北抗日前。9月，参加平型关战斗。战后率骑兵营随第115师副师长、政治委员聂荣臻，在五台山区建立敌后抗日根据地。随后率部在平汉铁路一带开展游击战争，配合晋察冀军民的反“扫荡”斗争。1940年初，骑兵营扩建为晋察冀军区骑兵团，任团长，并率部参加百团大战。1942年4月12日，因染上严重的肺结核，于河北新望县病逝。后晋察冀军区颁发通令，号召全区部队学习刘云彪的革命精神。

刘开绪（1905—1942）八路军晋察冀军区第11军分区9团团长

又名开锡。男，1905年出生，湖南桑植人，1931年加入中国共产党。1927年春，在家乡加入农民协会，积极参加打土豪斗争。1927年马日事变后到外地避难。1928年回到家乡，加入贺龙领导的工农革命军。第二年春，任湘鄂西红4军军部警卫员。同年夏，在红4军第1团2营3连任班长。后任湘鄂西红3军8师23团3连连长、独立团1营营长。1934年参加长征，先后任红2军团4师参谋长，第10团团长。抗日战争全面爆发后，先后任120师358旅715团2营营长、120师学兵团团长。1939年初，进入冀热察边区，先后任冀热察挺进军第33团副团长，挺进支队支队长、平北游击第1支队支队长，晋察冀军区第11军分区9团团长等职。率部参加了开辟平北、冀东、热南等抗日根据地的战斗。1942年在部队整训时，因公殉职。

刘齐滨（1908—1942）冀鲁豫边区第5专署专员

曾用名刘府海。男，1908年出生，山东曹县人，1938年加入中国共产党。早年就读于天津北洋大学工学院。1931年“九一八”事变后，参加大学生赴南京请愿团。在参加抗议示威活动时，被军警砸伤了左胸。1933年因肺病被迫辍学，返回家乡。1935年到曹县东南黄岗集小学任教。1937年抗日战争全面爆发后，在家乡创办农民夜校，自编教材，教农民读书识字，发动群众开展抗日救亡活动。1938年3月，被选举为曹县青年抗日救国会会长。同年秋，被推选为鲁西南抗日救国总会会长。日军侵占曹县城后，中共曹县县委转移到曹县西北活动。一批干部吃住在他家，粮食吃完，他卖掉家产、田地，供干部们生活。1939年7月，任中共鲁西南地委统战部部长。1940年8月，任曹县抗日民主政府县长。后肺病复发，在村外隐蔽治疗。1941年5月1日，任冀鲁豫边区第5专署专员。1942年春，肺病再次复发，他置自己身体于不顾，与人研究草拟了《关于发动群众开展抗旱救灾》、《关于精减专署机关》、《关于反扫荡斗争》等十多个文件。大家劝他休息，他总是说：“我的生命可能不会太长了，更需要抓紧时间为党工作。”1942年4月15日，病情急剧恶化，在张子高村病逝。中共鲁西南地委和专署曾决定，将曹县（西北部）改称齐滨县。

杨希盛（1905—1942）迁青平联合县抗日民主政府县长

原名锡胜，化名刘全民，字瑞林。男，1905年出生，河北遵化人。1936年参加革命，1938年7月，参加冀东抗日大暴动，先后任遵化县第8区区长、昌黎县抗日民主政府县长。1941年12月，任迁（安）青（龙）平（泉）联合县办事处主任。翌年1月，转任迁青平联合县抗日民主政府县长。他同县委书记一起领导全县人民积极开展抗日斗争，主动向北、向东出击，不断开辟新区，扩大抗日游击根据地，发展党的组织，建立区、村政权。到1942年秋，在汤道河、都山以东等地区相继建立了第8、第9两区，使迁青平联合县的抗日力量有了很大发展。1943年1月21日，在宽城县小前坡峪村黑小子沟被日、伪军包围。在突围战斗中牺牲。

刘治国（1915—1942）新四军第3师兼苏北军区7旅19团参谋长

男，1915年出生，湖北枣阳人，1934年加入中国共产党。1931年参加红军。1934年任红25军通信员、通信班长、排长。参加了举世闻名的二万五千里长征。到达陕北后，入红军大学学习。抗日战争全面爆发后，任八路军总部特务团副连长。参加过平型关战斗。后任八路军第115师343旅685团连长。在苏鲁豫边的华山战斗中，率全连抗击日、伪军700余人，两次负伤不下火线，掩护团主力安全转移。1939年后，部队先后改编为八路军苏鲁豫支队、八路军第115师教导第1旅、八路军第5纵队1支队、新四军第3师7旅，均任营长。在皖东北魏洼战斗中，营部遭日、伪包围，指挥全营奋勇抗击，歼敌100余人。1941年11月，任新四军第3师兼苏北军区7旅19团参谋长。1942年12月8日，在苏北涟水反“扫荡”战斗中牺牲。

刘诗松（1911—1942）八路军第129师新编7旅政治部主任

男，1911年出生，江西吉安人，1931年加入中国共产党。1930年参加中国工农红军。参加过长征。1937年抗日战争全面爆发后，随部奔赴华北抗日前线对日作战，历任八路军第129师东进纵队3团政治委员、冀鲁豫支队第3大队政治委员、第129新编7旅21团政治委员等职。1941年任新编7旅政治部主任。率部与日本侵略者进行顽强的斗争。1942年4月11日，在河北南宫县大商村附近与日、伪军作战中牺牲。

刘诚光（1915—1942）八路军晋察冀军区冀东军分区12团政治委员

原名德富。男，1915年出生，湖北黄安（今红安）人，1933年加入中国共产党。1931年参加中国工农红军。曾任红军某团宣传队员，师政治部青年科科长、民运科科长等职。参加过鄂豫皖、川陕苏区反“围剿”和长征。1936年到达陕北后，先后入抗日军政大学、延安马列学院学习。1938年随军开赴平西。1939年至1942年历任八路军冀热察挺进军政治部干部科科长、冀东军分区政治部主任兼第13支队政治部主任、冀东军分区第12团政治委员等职。他针对冀东抗日斗争遭受很大损失而陷入低潮的现状，积极加强部队思想政治工作，有针对性地进行形势教育，鼓舞斗志，坚定必胜信心。同时重视群众工作和瓦解敌军工作，取得了出色的成绩。1940年8月，冀东军民为配合百团大战，展开了大规模的破袭战。刘诚光参与指挥第12团袭击开滦煤矿之赵各庄矿、唐家庄矿及北宁线上的古冶车站的战斗。随后又率部在唐丰公路上伏击日、伪军，并乘胜连续攻克唐山市近郊的曹家口、张官屯等日、伪据点，曾一度袭入唐山市内，给日、伪军较大威胁。1942年4月，刘诚光在遵化县执行任务时，被日、伪军包围，突围时中弹牺牲。

刘德明（1910—1942）八路军晋西北军区第8军分区副司令员

男，1910年出生，陕西礼泉人，1933年加入中国共产党。早年，在国民革命军中当兵。1931年随国民革命军第26路军参加宁都起义，加入中国工农红军。曾任排长、连长、团参谋长等职。参加了长征。抗日战争全面爆发后，任八路军115师686团1营营长、343旅补充团参谋长、115师晋西独立支队参谋长等职。随部转战晋冀一带，作战英勇，屡建战功。1940年，任八路军晋西北新军决死队第2纵队副司令员兼120师暨晋西北军区第8军分区副司令员。1942年2月，于山西省交城县指挥所部反击日、伪军“扫荡”，在战斗中牺牲。

孙承光（1906—1942）中国人民抗日军政大学山东1分校2支校教育处处长

男，1906年出生，云南昭通人，1941年加入中国共产党。中学毕业后先后考入云南东陆大学、成都高等师范、南京中央大学。毕业后曾在中小学任教，在上海中华书局任过《中华教育界》主编。后到山东菏泽乡村建设师范学校任教多年。抗日战争全面爆发后，他安排妻儿回云南昭通老家，12月奔赴延安学习、考察。经过两个月学习，坚定了跟共产党抗日的决心，参加了八路军。1938年初，回到鲁西抗日根据地，被党组织派往驻郓城的国民党32师政治部工作。他向部队官兵积极宣传抗日，鼓舞士气。32师调走后，他留在当地，创办抗日刊物《鲁西吼声》宣传抗日。并应中共郓城中心县委之邀，主办了3期军政干部训练班，培训了一批抗日干部。1939年3月，八路军115师进入鲁西，孙承光加入115师独立旅，任政治部交际科科长。同年冬，调任泰西行政治委员员会教育处副处长，后任鲁西军政干校教育科科长、处长。1940年中国人民抗日军政大学第1分校迁到山东抗日根据地。在鲁西成立第2支校，孙承光任教育处处长。1942年9月27日，日、伪军对鲁西抗日根据地进行铁壁合围扫荡，孙承光所在单位与边区政府机关被敌人包围。孙承光亲率一支突击队，冲杀出一个缺口，使被困人员转移，自己在战斗中牺牲。

齐南峰（1915—1942）朝城县抗日民主政府县长

又名秀增。男，1915年出生，山东堂邑（今冠县）人，1938年加入中国共产党。1926年考入堂邑县立第一高小。1932年高小毕业后考入武训中学。“七七”事变后，放弃小学教员的职业参加抗日斗争。1938年夏，考入范筑先将军在聊城开办的政治干部学校。同年8月毕业后，被分配到范筑先的民军第1路，任指导员。1939年春，调到筑先纵队政治部任民运科长。9月任阳谷县县长。1940年冬，任朝城抗日民主政府县长。到朝城后，首先调整了抗日政府机构，加强县区抗日武装，使县武装很快发展到300多人。1942年春，日伪再次推行“治安强化”，对抗日根据地实行野蛮的“三光”政策和“囚笼”政策。朝城地区又发生了严重的旱灾，群众生活十分困难。同年6月，正是麦收的紧张时节，汉奸队伍到离沙窝村很近的安寨抢粮。他立即带领县大队和保卫队投入战斗。激战半小时，敌人狼狈逃走，保护了群众的粮食。1942年7月20日，率队到徒骇河以南的几个村庄执行任务时，突遭敌人合击。他不顾个人安危，站在沟沿上指挥大家撤退时中弹，因伤势过重牺牲。

许冠英（1913—1942）八路军第115师教导7旅政治部敌工科科长

字雒生。男，1913年出生，河南获嘉人，1932年加入中国共产党。1927年考入开封省立一中。1928年参加了中国共产党的外围组织“赤色互济会”，并主编革命文艺刊物《火花》。1930年考入北平市立一中，加入中国共产主义青年团。在同学中组织读书会，介绍会员阅读进步书刊，宣传马克思主义。1931年到新乡县大召营小学任教。1933年初，在学校成立“反帝大同盟”支部，任书记。1936年到新乡县东关小学任教，在学校和进步教师中发起组织“中华民族解放先锋队”，后成立“新乡教职员工抗日联合会”，开展抗日活动。1937年10月任中共新（乡）辉（县）获（嘉）中心县委委员。1938年初，在中共豫北特委领导下组建了“平汉游击支队”，任政治特派员。后任晋东南独立游击支队宣教科长，冀鲁豫军区新3旅9团3营教导员，八路军第二纵队兼冀鲁豫军区教7旅政治部敌工科科长等职。1942年3月2日，在山东巨（野）南反“扫荡”战斗中牺牲。

李力（1913—1942）中共冀南区党委委员兼武装部部长

原名双福，又名幼贤，后更名又贤。男，1913年出生，河北冀县人，1931年加入中国共产党。高小毕业后，去北京做学徒，因碰伤手还乡。1931年赴天津投亲，适逢“九一八”事变，目睹国难当头的现状，开始走追求真理的道路，参加了反帝大同盟。1932年初，受中共中央北方局委派，回冀县以小学教员为掩护，在城东一带村庄秘密发展党的组织。同年秋，在烟家雾村建立了党支部。1934年重建河北省立第6师范学校党组织，领导了著名的6师学生运动。1935年参加了直南暴动。1937年抗日战争全面爆发后，奉调到八路军第129师东进纵队举办的军政干校学习。1938年被派往中共冀南一分区（赵县、藁城、栾城、获鹿、宁晋）任地委书记，很快打开了抗日局面。1940年秋任冀南区党委委员、武装部部长。首创冀南区“模范班”，举办基干民兵武装比赛，受到上级表彰。1942年2月奉命到中共北方局党校学习。同年6月，在太行区反击日、伪军“扫荡”中牺牲。

李子英（1898—1942）八路军第115师鲁南支队7团团长

又名万杰、之英。男，1898年出生，河北盐山人，1938年加入中国共产党。1925年投奔冯玉祥部当兵，先后任班长、连文书。1930年讨伐蒋介石失败后，他随冯玉祥转至泰安，出任济宁湖田局副局长。1935年任天津市公安局督察。1937年抗日战争全面爆发后，他返回盐山县组织抗日武装。7月15日，出任华北民众抗日救国军第2大队大队长。他积极宣传发动群众，筹集枪支和资金，不断充实救国军队伍。第2大队改编为第2团后，任团长。12月，救国军接受了国民革命军别动总队第31游击支队的番号，部队整编为第1、第2、第3路和特务团，他任第2路指挥。1938年7月，31支队改编为八路军冀鲁边区游击支队（后改为平津支队），任第2营营长。9月27日，萧华率东进抗日挺进纵队抵达冀鲁边区乐陵城。10月，整编边区部队，李子英任第6支队第7团团长。这期间，他率部和其他部队并肩作战，取得了攻盐山、克无棣、袭乐陵、占庆云等对日作战的胜利，有力地打击了日、伪军的嚣张气焰。1939年春，奉八路军115师师部命令，率7团转移到鲁南抗日根据地，改编为115师鲁南支队7团。打退了3000多日、伪军的进攻，并收编了五个大队的红枪会，参与开辟了“抱犊崮”山区抗日根据地。1942年8月，在反击日、伪军“扫荡”的战斗中负重伤，医治无效牺牲。

李侍曾（1898—1942）八路军第129师新编4旅11团团长

字继孔。男，1898年出生，河北威县人，1940年加入中国共产党。1926年曾参加国民党军队。1937年抗日战争全面爆发后，在家乡以威县、邱县民团为基础组建“壮丁队”，自任司令。同年11月，威县沦陷，在豪绅包围和日军胁迫下，“壮丁队”被日军收编为清水部队警备1旅2团，任团长。他不甘当汉奸，决定走抗日救国道路，1938年2月接受共产党领导，部队改编为冀南抗日游击独立第2师，任副师长兼第2团团长。同年6月整编为八路军冀南抗日游击第1支队，任司令员。统辖4个大队，两个直属连，共3000余人。同年8月，所部改编为八路军第129师青年抗日纵队第3团，任团长。率部队转战于鲁西北、鲁西南、豫北、冀西和晋东南等地区，作战勇敢，指挥有方，屡立战功，曾被授予“模范干部”称号。后任第129师新编4旅11团团长。1942年参加了“四二九”反“铁壁大合围”战斗。因积劳成疾，同年5月29日病逝。

杨柳新（1911—1942）八路军第115师教导6旅兼冀鲁边军区18团团长

男，1911年出生，江西瑞金人，中国共产党党员。土地革命时期参加中国工农红军。参加了长征。1937年抗日战争全面爆发后，编入八路军第115师。1938年随萧华率领的东进抗日挺进纵队，到达冀鲁边区，任第6支队8团团长。1940年任115师教导6旅兼冀鲁边军区18团团长。1942年6月9日，日本侵略军集中优势兵力，对冀鲁边军区进行大“扫荡”。7月3日，杨柳新和政治委员杨爱华奉命带领18团进驻肖十拨村，在向东转移至大七拨村外东南角时，被日、伪军三面包围。为分散敌人兵力，杨柳新决定兵分两路，向两个不同方向突围。他带领7连和团部，向东北方向突围，不久发现前面敌人有设伏，遂改向北突围。他冲出包围圈后，发现大部分战士还没有突围出来，又返回营救，中弹牺牲。

杨静斋（1888—1942）鲁西行政公署委员

名修稳，字安亭。男，1888年出生，山东梁山人，1913年考入北平大学法律系。毕业后，历任山东农业专门学校教员，安丘、東鹿、阳谷县承审员。他秉公执法，忠于职守，深得民众信赖。1937年“七七”事变后，他积极参加抗日救亡活动。1938年夏，东平县城沦陷后，中共地下党员周持衡、邹鲁风分别出任东平县抗日政府县长和秘书。杨静斋不辞劳苦，四处奔波，发动东平湖西各区区长，在政治上财政上支持抗日政权的工作。10月，中共鲁西北特委领导的第10支队挺进队进驻戴庙一带，杨静斋动员东平县7、8、9区区队，参加10支队挺进队，使抗日队伍得以迅速发展。1939年3月，八路军115师师部到达鲁西郓城、梁山一带，他更加精神振奋，日夜奔波，积极动员青壮年参军参战，组成了八路军115师独立旅第5营。1940年4月，鲁西行政主任公署在戴庙成立，杨静斋被选为行署委员。1942年9月27日，日军对冀鲁豫边区进行大“扫荡”。杨静斋在濮阳县杏子铺被敌人包围，在战斗中牺牲。

肖伟成（1906—1942）八路军太岳纵队供给部副部长

男，1906年出生，河南商城人。土地革命战争时期参加中国工农红军。参加了长征。1937年“七七”事变爆发后，随八路军129师到太行山区。他带领一批干部在晋东南地区各县宣传抗日。在“八路军誓死不退过黄河，誓与华北人民共存亡”等口号下，开展了轰轰烈烈的捐献和参军热潮。后任八路军太岳纵队供给部副部长。他是一个老红军，在艰难困苦面前，勇于带头吃苦，关心爱护战士。1942年5月，日本侵略军对太行、太岳根据地进行大“扫荡”。在长子县谢村掩护群众转移时，中弹牺牲。

吴涛（1914—1942）八路军鲁西军区泰西军分区政治部主任

男，1914年出生，山东济宁人，1932年转为中国共产党党员。1929年考入济宁山东省立第七中学。1931年“九一八”事变后，积极参加抗日救亡学生运动。1932年2月加入中国共产主义青年团。在济宁城区白衣堂小学，以教书为掩护做党的地下工作。抗日战争全面爆发后，参与组织济宁县教育界抗敌后援会，开展抗日救亡活动，编印《抗战捷报》在城乡广泛散发。1938年1月，受党组织委派，带一批青年去延安，入“抗大”第4期6大队学习。同年12月，随黎玉、张经武从延安到达山东抗日根据地，任八路军山东纵队第6支队2团3营教导员、八路军山东纵队第6支队独立团政治处主任。1940年3月，任鲁西军区泰西军分区政治部主任。1941年1月在汶南战役中身负重伤，伤口未能愈合。1942年春，因伤不治牺牲。

吴浪渡（1914—1942）琼崖抗日游击队独立总队第2支队1大队政治委员

原名各章，字绍荣。男，1914年出生，广东儋县（今属海南省）人，1936年加入中国共产党。抗日战争全面爆发后，以小学校长的身份组织师生进行抗日宣传活动，后任中共儋县白马井区委（又称江南区委）书记。1938年春，任中共儋县县委委员、青年工作部部长。1939年6月，任儋县抗日民族统一战线组织——战时党政处负责人。1940年4月任儋县代理县委书记及琼崖抗日游击队独立总队第2支队1大队政治委员。1942年夏，参加中共琼崖特委组织的巡视团，在开展工作中被日军逮捕，同年夏被杀害。

吴紫阳（1898—1942）房(山)涞(水)涿(县)联合县抗日民主政府县长

字绍贤。男，1898年出生，河北滦南人，1938年加入中国共产党。“七七”事变后，吴紫阳利用司集镇小学校董的身份，积极联络学校教员和其他进步人士，宣传抗日，筹措枪支弹药，准备举行抗日武装起义。7月16日，率800余人举行起义，被编为冀东抗日联军第14总队，任总队长。9月，作为攻城总指挥，率12、13、14总队及其他武装攻打乐亭城，经过3昼夜苦战，占领乐亭城，受到军区嘉奖并被冀东行署任命为昌（黎）滦（县）乐（亭）联合县县长。他以县长名义在乐亭城释放“政治犯”，发布安民告示，整肃军纪，动员人民起来赶走日本侵略者。1938年10月，吴紫阳奉命率14总队转移到平西抗日根据地。所部改编为京西纵队，任秘书长（参谋长）兼房（山）涞（水）涿（县）联合县抗日民主政府县长。1942年10月，日军兵分四路围剿房山、涞水地区。吴紫阳接到上级转移的指示后，立即转移文件和军用物资，未及脱身，遭敌人包围。他只带少数人掩护大家突围，在激战中弹尽伤重被俘。敌人软硬兼施，威逼利诱，企图从他嘴里获取八路军和地方政权的情报，并声言让吴紫阳去当滦县县长。吴紫阳严词拒绝，遂被敌人活埋于房山县庄户台村。

余海清（1914—1942）新四军津浦路西联防司令部独立1团团长

男，1914年出生，湖北麻城人，中国共产党党员。1931年参加红军。主力红军长征后，转战在河南商城一带，坚持南方三年游击战争。抗日战争全面爆发后，1938年2月，鄂豫皖边红军游击队改编为新四军第4支队，余海清任支队手枪团班长。同年3月，随部挺进皖东开辟抗日根据地，任新四军第4支队司令部警卫连连长。1939年春，在定远县大桥集做民运工作，仅两三个月时间，就建立起一支近百人的抗日武装，改编为定远四区自卫军大队，任大队长。1940年9月，任定远县总队副总队长。1941年春，调任津浦路西联防司令部独立1团团长，率部转战定远地区和淮水之滨。设伏老人仓，击溃定远伪军蒋秉珪部。1942年1月31日，到十八里岗一带察看地形时，遭日军伏击牺牲。

邸玉栋（1911—1942）中共冀鲁边区第1地委组织部部长

男，1911年出生，河北盐山人，1931年加入中国共产党。1930年考入盐山中学。“九一八”事变后，参与组织爱国抗日宣讲团，开展抵制日货活动，并组织学生罢课，被学校当局开除。又到庆云中学学习，继续进行革命活动，又被学校勒令退学。但他并不灰心，不久与党组织取得联系，1933年10月任中共津南特委交通员，负责接送党的负责人，传递党的机密文件，足迹踏遍津南大地。1934年4月，他和刘格平等领导的马颊河罢工斗争失败。1935年8月，中共津南特委恢复，邸玉栋任组织委员，恢复津南各县遭破坏的党组织，发展党员，建立新的党支部。“七七”事变后，邸玉栋和马振华等积极组织和领导创建华北民众抗日救国会和华北民众抗日救国军。1938年9月后，邸玉栋调任中共沧县县委书记，后又任中共宁津县委书记。1939年7月，任中共津南地委（1940年9月改称冀鲁边区第1地委）组织部部长。他既能做群众工作，又会带兵打仗，深受边区干部群众的爱戴。1942年6月19日，地委和军分区机关在鬲津县大、小单家村（现属东光县）一带，被“扫荡”的日军包围。在突围中，他右臂被打断，用左手向敌人射击，后被炮弹击中牺牲。

汪乃荣（？—1942）八路军冀中军区骑兵第2团政治委员

男。安徽金寨人。1930年参加中国工农红军第4方面军，任政治部宣传队队员。参加了鄂豫皖和川陕革命根据地反“围剿”和长征。1936年在抗日军政大学任政治教员，后任八路军冀中军区骑兵2团政治委员。1942年5月，在反“扫荡”战斗中，于河北省深县马江村一带遭敌人合击。不幸负伤，因不愿做俘虏，自尽身亡。

沈爽（1896—1942）丰滦密联合县抗日民主政府县长

又名白涤非。男，满族，1896年出生，吉林双城人，1931年加入中国共产党。从吉林师范毕业后，回家乡教书。1931年“九一八”事变后，弃教从戎，在双城县东郊组织起2000余人的抗日自卫军，被推举为司令。与东北抗日义勇军互相支援，不断打击日、伪军。日军曾以伪县长职位诱降，其叔父也劝他降日，均遭拒绝。1932年春，他未在军中时，部队被打散，日军悬重赏通缉，他仍在双城、宾县、哈尔滨东部地区进行抗日活动。1933年党组织决定他转移关内。1937年抗日战争全面爆发后，参加了北平西北郊组建的国民抗日军。这支部队后改编为晋察冀军区第5大队。1940年夏，沈爽调到中共平北地委敌工部工作，成功策反了伪满军讨伐大队一部、密云县警备队一个中队投诚。1941年9月，日、伪军1万余人对丰（宁）滦（平）密（云）地区进行“扫荡”，他临危受命，出任丰（宁）滦（平）密（云）联合县抗日民主政府县长，领导全县军民进行反“扫荡”斗争。1942年4月8日，率县政府机关人员和伤病员，及八路军晋察冀军区步兵第10团一部，在密云县黄花山顶被日、伪军包围，激战中只剩一颗子弹时举枪自戕。

沈蔚（1916—1942）新华社冀中分社副社长

男，1916年出生，江苏吴县人，1938年加入中国共产党。早年在上海学徒时即参加了抗日救亡活动。“七七”事变爆发后，他离开上海，去山西参加了八路军。1939年夏，作为八路军总政治部前线记者团记者，来到晋察冀边区，担任《冀中导报》编委、冀中通讯社（后为新华社冀中分社）副社长。其间，除参与报社和分社领导外，还深入前线，采写了不少战地通讯和根据地建设经验的报道。他采写的八路军轻骑队奔袭平地泉南苏集车站日军的通讯《雪夜的袭击》、揭露日军残杀中国人的纪实报道《谁能忍受》，都产生了强烈反响。1942年夏初，日军调集5万兵力对冀中进行“五一大扫荡”，《冀中导报》社根据上级指示，紧急向外线疏散人员。沈蔚所在小组连夜横越沧石路插向深南地区时被敌人冲散，他只身转移到深北县的北小营村，和几位战友会合。7月，沈蔚和一些失散人员根据上级指示，准备随军过铁路去路西山地。在安国县城南西庄村宿营时，突被敌人包围。在突围战斗中牺牲。

宋培文（1911—1942）八路军晋察冀军区炮兵营政治委员

男，1911年出生，山西太原人，1935年加入中国共产党。1930年高中毕业后，考入阎锡山创办的学兵团学习炮兵。后因不满军阀腐败，离开炮兵团。1936年参加中国工农红军，1937年春入抗日军政大学学习。1937年抗日战争全面爆发后，被分配到八路军总部特务团山炮连任连长。后调炮兵团司令部担任参谋，分管训练工作。1939年7月，日军向晋冀豫抗日根据地进行大规模“扫荡”。宋培文奉命跟随炮兵团第4连，配属给第129师385旅到晋冀一带执行作战任务。11月1日，第4连配属第769团到昔阳县，拔除日军在东冶头镇外围的王家山据点。他协助连长指挥，发射炮弹3发，全部命中目标，为步兵夺取该据点扫清了道路。1940年春，宋培文奉调参加晋察冀军区炮兵营筹建工作。同年10月，炮兵营在河北曲阳成立，宋培文任营政治委员。1941年10月，宋培文率炮兵营第2连配合第4军分区第5团，拔除河北灵寿县南寨日军据点。仅用两发炮弹就摧毁了敌堡，保证步兵顺利地全歼了守敌。1942年11月20日，宋培文又率第2连配合第1军分区参加河北满城韩庄战斗。战斗中被敌弹片击伤左脑，救治无效牺牲。

迟健民（1908—1942）八路军胶东军区东海军校校长

原名受义，笔名天刑。男，1908年出生，山东蓬莱人，1938年加入中国共产党。1934年6月毕业于北平师范大学，留北师大附小任教，后受聘山东省益都师范任教。1936年加入中华民族解放先锋队和“左翼作家联盟”。1937年“七七”事变后，回家乡投身抗日救亡活动。1938年2月，参加蓬莱人民抗日武装起义，积极参与为起义部队筹集粮食和武器弹药的工作。历任中共北海地委《抗战日报》社社长、八路军山东纵队第5支队政治部文化俱乐部主任、胶东军政干校教师、胶东公学教导主任、东海军校校长等职。1942年12月，在日军“扫荡”荣城县神道村时，为保护群众挺身而出，惨遭杀害。

张浩（1897—1942）中共中央职工运动委员会副书记

原名林祚培，号育英，又名林仲丹。男，1897年出生，湖北黄冈人，1922年加入中国共产党。1924年赴苏联东方劳动大学学习。1925年回国后，曾任中共汉口市委书记、湖南省委常委、满洲省委常委、满洲省委代理书记及全国总工会驻满洲代表等职。中共六届三中全会上被选为中央候补委员。1933年以后，任全国总工会驻赤色职工国际代表、中共驻共产国际代表团成员。1935年11月从苏联回国，传达了共产国际七大精神和八一宣言内容，为中共中央确立抗日民族统一战线方针作出重要贡献。此间，曾任中共白区工作委员会书记。1936年曾到中共中央政治局工作。1937年抗日战争全面爆发后，任中共中央军委委员及八路军129师第一任政治委员，与师长刘伯承率部奔赴华北抗日前线，进行夜袭阳明堡机场和七亘村、黄崖底等战斗。1938年2月，因病调回延安。1939年任中共中央职工运动委员会副书记。1942年3月6日病逝于延安。

张庆澍（1895—1942）国民革命军陆军鲁苏战区司令部高级参谋

字雨村，别号雨亭。男，1895年出生，山东东阿人。先后就读于山东陆军小学堂、北京清河陆军第一预备学校。后考入保定军校第8期步兵科，1922年毕业，分到奉军服务，在于学忠部供职。历任副团长、副官处处长等职。1936年，张学良、杨虎城发动西安事变，逼迫蒋介石停止内战，一致抗日。张庆澍积极拥护张、杨所提主张。西安事变后，张庆澍所部被调往华东地区。抗日战争全面爆发后，任第5战区第5集团军总司令部高级参谋，曾参加徐州会战。后所部转战鲁南，任鲁苏战区司令部高级参谋。1942年8月12日，吴化文、张步云等伪军联合日军企图包围驻莒县东30里坪头的鲁苏战区司令部，此时敌军集结了15000余人的兵力，形势危急，张庆澍不避危险，率部冲杀，在战斗中牺牲。

张建亭（1913—1942）中共冀鲁豫第6地委组织部长

字楹轩，化名李建勋。男，1913年出生，河南滑县人，1932年加入中国共产党。抗日战争全面爆发后，任中共濮阳县委组织部部长。1938年2月，任中共滑县工委组织部部长，9月任中共濮阳县委书记。以濮阳、滑县、东明、长垣四县边抗日救国会名义，举办了多期抗日训练班，培训1000多人，对抗日救国运动起到很大推动作用。1939年9月，任中共豫北地委组织部部长。1940年起任中共冀鲁豫第2、第6地委组织部部长，1942年7月25日，张建亭在滑县第6区刘庄召开滑县县委工作会议，突遭300多日、伪军包围，不幸被捕。在日军据点内，敌人先以金钱、美女、高官厚禄收买，他不为所动。日军恼羞成怒，动用酷刑折磨，仍只字不说。7月28日上午，日军把他押往刑场，推入土坑中，被活埋牺牲。

张峻峰（1912—1942）八路军冀南军区第5军分区政治部副主任

男，1912年出生，河北景县人，1931年加入中国共产党。毕业后在景县龙华高小任教，以教师职业为掩护，从事党的秘密工作。1933年与中共地下党员刘建章一起创建了中共景县五谦寺高小支部。1937年抗日战争全面爆发后，投笔从戎，任八路军129师东进纵队第5支队政治部副主任。1939年2月，调任冀南军区第5军分区政治部主任。1940年6月，任八路军129师新编第9旅27团参谋长。率部转战于景县、武邑、阜城一带，发功群众，开展游击战争，协助地方党委建立根据地。1941年任第5军分区政治部副主任。1942年5月2日，张俊峰率部在武邑县任角村同日军相遇，在敌强我弱、腹背受敌的情况下，沉着应战。打退敌人10余次进攻，组织5次突围，最后与敌人展开白刃战，在战斗中牺牲。

张策平（1896—1942）鲁南第3行政公署主任

原名思荣。男，1896年出生，山东宁津人，1927年加入中国共产党。1918年保定讲武堂毕业。1925年投西北军岳维俊部，升至团参谋长。受该军内的共产党员教育和影响。1930年辞职回家乡宁津，从事党的地下工作。1933年夏任中共宁津县委军事委员，1934年组织200多名贫苦农民成立齐心会，与土豪劣绅进行斗争。1937年抗日战争全面爆发后，在宁津组建起一支抗日武装，编为冀鲁边区第31游击支队22路，任指挥。1938年10月，再次组建武装，后编为八路军东进抗日挺进纵队第5支队6团，任团长，率部转战于冀鲁边区。1939年秋，6团奉命调往鲁南抗日根据地，编为东汶宁支队，任副支队长。同年11月，任115师特务团副团长。1940年5月，任郯城县抗日民主政府县长。1940年8月，任鲁南第3行署主任。由于长期南北转战，积劳成疾，1942年病逝。

张寰旭（1911—1942）八路军胶东军区第16团政治委员

字寅东。男，1911年出生，山东莱阳人，1933年加入中国共产党。1932年初任莱阳灵湖高级小学教员。1937年调胶东特委学习。1938年春任胶东抗日游击第3支队第1大队政治教导员，后任八路军山东人民抗日游击第5支队62团1营政治教导员。同年秋任蓬（莱）黄（县）战区指挥部副指挥、指挥。1940年9月任八路军山东纵队第5支队1团政治委员。1942军7月任胶东军区第16团政治委员。他率部参加过多次战斗，屡立战功。1942年11月，在马石山反击日、伪军大“扫荡”，组织部队掩护群众突围时牺牲。

张衡宇（1907—1942）中共中央北方局政权工作部负责人

又名张泌。男，1907年出生，山西忻县人，1933年加入中国共产党。1928年由太原高中考入北平师范大学。1931年毕业后，先后到河北大名第7师范、西安和太原的中学任教。在学校经常向学生们传授马列主义和共产党的政治主张，自编许多宣传进步思想的教材，还担任了“读书会”、“太原教师联合会”等进步组织的领导工作。1933年12月在太原被捕入狱，在狱中坚持斗争。1937年抗日战争全面爆发后出狱，被组织安排到中共中央北方局军委工作。后任晋西南第6区行政督察专员公署秘书主任。1939年“十二月事变”后，到中共中央北方局党校任教。1941年负责北方局政权工作部工作，兼北方局调查研究室工作。1942年5月，随总部机关在辽县反击日、伪军大“扫荡”突围时，中弹牺牲。

陈元龙（1912—1942）八路军第129师新编4旅政治部副主任

原名钢成。男，1912年出生，河北深县人，1938年加入中国共产党。1927年春到哈尔滨商店做学徒。后考入中东铁路车务处工作。开始阅读马克思主义著作，并订阅俄文、日文进步刊物。不久考进哈尔滨法政大学夜班。1931年“九一八”事变后，积极从事抗日救亡活动，参加了中共哈尔滨市委领导的反日同盟。秘密搜集日军军运情报。1935年转往北平继续从事抗日活动，以职员代表身份参加“一二·九”运动。后回家乡组织教师读书会，利用课堂宣传抗日救国主张。1936年清明节，在深县大篙科庙会上宣传抗日，险遭逮捕。抗日战争全面爆发后，在河北武强县带领几十名青年参加段海洲组建的冀军青年抗日义勇军团，任秘书、政治部主任。这支队伍很快发展到万余人。1938年八路军到达冀南后，他代表段海洲与宋任穷、陈再道商谈改编事宜，将义勇军团改编为八路军青年抗日游击纵队，段任司令员，他任政治部主任。1940年春，所部编为八路军第129师新编第4旅，任旅政治部副主任。参加了著名的百团大战。1942年4月日军以强大兵力对冀南实行“铁壁合围”，在掩护机关人员突围中牺牲。

陈国权（1916—1942）新四军第1师3旅兼苏中军区第4军分区海启警卫团政治委员

原名冠球，化名陈明、莫明。男，1916年出生，江苏海门人，1936年加入中国共产党。1938年春，中共上海地下组织为开展抗日救亡运动，创办了上海社会科学讲习所，陈国权是讲习所负责人之一。1939年5月，受中共江苏省委委派，到崇明县开展建党活动和抗日武装斗争。10月，成立崇明抗日民众自卫总队、中共崇明临时工委，陈国权任临时工委书记兼自卫总队政治委员。1940年8月，率崇明抗日自卫总队转移至通海地区，以通崇启海人民抗日总队名义在海门县的桃园、三星镇一带开展抗日游击活动。11月，与新四军苏北指挥部第3纵队会师，成立中共崇启海委员会，陈国权任书记。12月，调任中共如皋县委书记，建立如皋县最早的乡政权——华丰乡民主政府。1941年9月，调任中共海启中心县委书记、新四军第1师3旅兼苏中军区第4军分区海启警卫团政治委员。1942年1月3日，新四军第1师第3旅攻克三阳、久隆镇据点。次日，陈国权去布置召开群众大会，遭伪军包围，突围中牺牲。

陈德仁（1914—1942）八路军冀中军区第6军分区兼警备1团政治委员

男，1914年出生，安徽六安人，1931年加入中国共产党。早年参加中国工农红军。参加过长征。1937年抗日战争全面爆发后，曾任八路军冀中军区第10军分区29团团长、第6军分区兼警备1团政治委员。1942年6月23日，在河北深县崔氏村，反击日、伪军“扫荡”的作战中牺牲。

邵瑞麟（1913—1942）空军第2航空大队11中队中队长

男，满族，1913年出生，辽宁新民人。1931年“九一八”事变后，为实现保家卫国之志，投笔从戎，报考中央陆军军官学校，入第8期骑重科学习。毕业后因成绩优异，被选送到杭州笕桥中央航校第3期学习，后留校任飞行教官。任教期间，曾随中国空军代表团赴苏联接收援华飞机，并受到斯大林接见。抗日战争全面爆发后，邵瑞麟多次请缨杀敌。1941年底被任命为国民革命军空军第2大队11中队少校中队长，驻成都太平寺机场。多次驾机作战，屡立战功。1942年1月22日，邵瑞麟率领57架战机，袭击日军在越南的河内机场，炸毁日军数十架飞机。空战中，邵瑞麟因指挥位置突出，往返多次投弹，被密集的日军高射炮火击中，邵瑞麟牺牲。后被追赠为空军中校。

林江（1918—1942）胶东青年抗日先锋队总队部教导主任

原名丛祺滋。男，1918年出生，山东文登人，1935年加入中国共产党。其父丛月章是中共地下党员。抗战时期曾任胶东东海区参议长。在父亲的影响下，林江自学生时代便走上革命道路。1935年“一一四”暴动失败后，在白色恐怖中，他冒着生命危险，同父亲一起四处奔走，出资捐物保释出中共地下党员李英岚、潘复生等出狱。1936年，积极领导学生运动，进行抗日救亡宣传。同年底受党组织委托，回家乡发展中华民族解放先锋队组织。在烟台西部中学联合成立了“民先”大队，任大队长。1937年“七七”事变后，在烟台倡导成立救亡歌咏队，任队长。其间，曾出席西北青年代表大会。后被分配在华北“民先”总队部工作。1939年，受党派遣从延安回胶东，任胶东区党委青委会书记、胶东青年救国会主任。1940年兼任中共招远县委书记。还被选为胶东临时参议会参议员。1942年春被选为山东省青救总会常委，并任胶东青年抗日先锋队总队部教导主任，胶东各救总会宣传部部长。1942年12月，被日、伪军合围于大泽山地区，抵抗到最后一刻，拔枪自戕。

罗伯特·桑德尔（？—1942）美国志愿援华航空队队员

男，美国人。1941年随美国志愿援华航空队参与对日作战。创下两天击落敌机5架纪录。1942年2月空战中牺牲。

岳一峰（1907—1942）晋冀豫边区第1专区专员

又名钟秀。男，1907年出生，河北定县人，1925年加入中国共产党。1929年毕业于北平师范大学。在校期间，积极参加反帝爱国学生运动。1930年起，先后在山西名贤中学、山东省第四中学、北平高级商业学校等处，以教员为掩护，从事党的地下工作。编写剧本，组织演出旨在宣传反剥削、反压迫、抗日救国的戏剧。1937年抗日战争全面爆发后，奔赴抗日前线，到冀西组织人民开展抗日活动，建立抗日根据地。历任县长、边区党校校长、冀西第1专区专员等职。1942年初，调中共中央北方局研究室工作。同年5月，在太行山反击日军“扫荡”的战斗中牺牲。

周启邦（1918—1942）新四军第4师宿东游击支队政治委员

男，1918年出生，江苏徐州人，1938年加入中国共产党。抗日战争全面爆发后，进入八路军驻晋办事处临汾学兵队学习。1938年春，随彭雪枫到新四军工作，曾先后任新四军竹沟留守处教导队政治教员、游击支队政治部组织科副科长、李子安大队政治委员等职。成功将竹沟和杞县两支土匪武装改造为抗日队伍。1939年12月，任新四军游击支队3总队8团政治委员。1940年9月，任八路军第4纵队5旅14团政治处主任。1940年10月，指挥部队袭击宿南卢沟集伪和平救国军第2支队，毙俘伪军180余人，缴获大批武器弹药。11月14日，徐州、蚌埠日军1000多人，伪军2000多人，配备汽车100多辆、坦克20多辆、在7架飞机的掩护下围攻我军驻地板桥。周启邦指挥部队，奋起反击，经过两天一夜的激战，日、伪军伤亡惨重，向蒙城、涡阳溃退。皖南事变后，任新四军第4师11旅32团政治委员、第4师宿东游击支队政治委员。参与指挥板桥集战斗、淮北反顽战斗。1942年4月23日，率部在安徽省灵璧县倪圩子开展工作，遭日军围攻，在掩护部队撤退时负伤牺牲。

赵观民（1915—1942）中共冀东地委西部分委书记兼蓟宝三联合县委书记

又名田野、张键翼。男，1915年出生，河北保定人，1935年加入中国共产党。1937年抗日战争全面爆发后，被任命为“天津工人救国会”和“天津各界救国会”主任兼党组书记。1940年秋，任中共冀东地委西部地区分委书记兼蓟宝三联合县委书记。带领干部和游击队，转移到热河兴隆山区，坚持对敌斗争，采取“敌人来多了围山转，敌人来少了跟他干”的战术，灵活机动地打击日、伪军，开辟了游击根据地。1942年9月19日，在兴隆县石门台村小沙峪沟治病养伤时，突遭300多日、伪“讨伐大队”包围袭击，在与敌人战斗中牺牲。

赵振亚（1912—1942）八路军第3纵队兼冀中军区第8军分区23团团长

又名振谦。男，1912年出生，河北无极人，1932年加入中国共产党。1931年入无极县乡村师范学习。1936年根据党的指示，考入南京陆军军官学校。1937年带几位同学回到冀中，同年10月任无极县抗日自卫队副营长，带部队处决了无极县汉奸县长。后来部队编入冀中抗日人民自卫军，任营长。1938年12月16日凌晨，赵振亚奉命带领全营到深、无之间的赵八庄设伏，抗击企图进犯深泽的日、伪军。在这场恶战中，赵振亚全身负伤19处，仍以顽强的毅力带领战士英勇杀敌，击毙日军100多人，缴获迫击炮4门，轻机枪6挺，步枪100多支，受到冀中军区通令嘉奖。赵振亚后任八路军第3纵队9支队25大队参谋长，冀中军区第8军分区23团副团长、团长。他率领全团驰骋在深县、武强、饶阳一带，不断灵活机动地打击敌人，被冀中人民称作“钢铁团”。1942年6月21日，赵振亚率部去津浦路东马圈子村执行任务，同大股日军遭遇，立即决定分兵突围。他拒绝大家让他先撤的提议，亲自指挥一个排，掩护部队撤入青纱帐，自己却腿负重伤倒在地上，饮弹自尽。

胡九春（1893—1942）新四军第6师苏南兵站站长

男，1893年出生，江西人，1928年加入中国共产党。1927年参加红军，历任红军第3军团第5师第10团排长、连长、营长、团长等职。曾荣获中华苏维埃中央政府授予的红星奖章。中央红军主力长征后，他因伤留在南方参加艰苦卓绝的三年游击战争。抗日战争全面爆发后，南方红军游击队改编为新四军，任第2支队第3团副官主任。1941年1月在皖南事变中突围后，任新四军第6师苏南兵站站长。在日、伪、顽重重封锁下，为了保障新四军的弹药和部队军用物资的供给，长期在外奔波，采购物资，作出了重要贡献。终因积劳成疾，于1942年7月在江苏江宁横山岗病逝。

胡义宾（1906—1942）国民革命军陆军第5军96师副师长

字履冰。男，1906年生，江西兴国人。1924年冬考入黄埔军校第3期步兵科。毕业后参加东征及北伐，历任排长、连长、营长、团长、旅长及第5师政治部主任等职。抗日战争全面爆发后，胡义宾率部转战鄂北、豫南，身先士卒，曾两度负伤。1940年春，升任第5军96师副师长。1942年3月，远征缅甸，抗击日本侵略军。初期作战，屡挫日军。4月28日，日军第56师团占领缅北腊戍，截断中国远征军退路，战局急转直下。5月18日，第5军与日军第56师团激战。为掩护全军主力安全转移，胡义宾率部在埋通顽强阻击日军，在战斗中牺牲。

柳树人（1905—1942）国民革命军陆军第5军200师599团团长

别号仲华。男，1905年出生，贵州安顺人。自幼深受其父教导，立志报国。贵州省立第二中学毕业后，投笔从戎。1926年考入黄埔军校第5期，毕业后分配到国民革命军第5军，参加北伐战争。历任排长、连长、营长等职。抗日战争全面爆发后，柳树人升任第5军200师599团上校团长。曾率部参加徐州会战及桂南会战，取得台儿庄大捷及昆仑关大捷。1942年初，随第5军远征缅甸，抗击日军。3月，在同古战役中与日军浴血奋战，掩护盟军撤退，救出英军哈罗德亚历山大将军。后来由于盟军整体战略陷入被动，第5军北撤回国。5月中旬，在回国途中，第200师遭遇敌军埋伏。师长戴安澜率部仓促应战，柳树人奉命率599团从右翼侧击敌人，掩护全师撤退。由于战斗发生在夜间，官兵伤病交加，给养极其缺乏，因而战斗力大大减弱。柳树人闻师长戴安澜身负重伤，遂带领数名卫士前往营救，在冲杀间中弹牺牲。后被追赠为陆军少将。

袁心纯（1913—1942）八路军冀中军区第9军分区政治部主任

男，1913年出生，山东荣成人，1933年加入中国共产党。参加了“一二·九”运动，组织“平津学生南下宣传团”，深入农村宣传抗日，1936年春被学校开除。1937年抗日战争全面爆发后，到晋察冀抗日根据地，曾任中共盂县县委书记，冀中军区第4军分区任政治部副主任、主任。1940年任八路军冀中军区第9军分区政治部主任。1942年五一大“扫荡”中，在定县马阜才村的战斗中负伤被俘，被日军押赴大五女镇据点后，大骂敌人五天五夜，绝食而死。日军遂将他砍头示众。

袁福崇（？—1942）国民革命军陆军第86军16师参谋主任

男，湖南宁乡人。历任第86军16师排长、连长、营长、参谋等职。曾参加淞沪会战，后任第86军16师参谋主任。1942年，日军为摧毁中国浙赣线上的空军基地，纠集5个师团、3个混成旅团，以及皇协军约15万兵力，发动浙赣战役。袁福崇率部赶赴浙赣前线，参与阻击日军。5月27日，日军第15师团一个联队向袁福崇所部阵地猛攻。29日阵地失守，袁福崇随部退至衢州，协同友军保卫衢州。6月1日至2日，日军对浙江衢州形成包围态势，并在飞机掩护下，向中国守军阵地发起攻击，遭到了中国军队的奋勇反击。6月3日，日军缩小包围圈，凭借空中优势对袁福崇所部阵地进行猛攻，袁福崇在南门阵地反击战中牺牲。后被追赠为陆军少将。

耿玉华（1911—1942）八路军晋察冀军区第13军分区11团政治委员

原名耿环，字玉华。男，1911年出生，河北遵化人，中国共产党党员。早年受长兄耿玉辉的影响，同情革命，反对封建压迫。1929年在县城东关简易师范就读时，带头掀起学潮。抗战前加入了中国共产党。1938年在冀东抗日武装大暴动中投笔从戎，任冀东抗日联军新5总队3大队政治部主任。后任挺进军司令部协理员、后勤部协理员。1942年2月任八路军晋察冀军区第13军分区11团政治委员。5月23日返回冀东时，行军至北平以北的赤城县沈家营，因河水暴涨受阻，被日军包围，饮弹自尽。

夏德元（1902—1942）蓟（县）遵（化）兴（隆）抗日联合县游击大队大队长

男，1902年出生，天津蓟县人，1939年加入中国共产党。出生于贫苦民家庭。1917年在东北奉军中当勤务兵。后又在冯玉祥部队任骑兵连长。他不满军阀混战、百姓流离失所的社会现状，1928年寻机逃回家乡。为糊口打过短工，后来被聘为蓟县二区第六甲民团团队长。在本村共产党员、小学教师徐志甫引导下，萌发抗日救国之心。1938年6月20日，和九甲民团团队长带领两甲民团，击毙汉奸、蓟县马伸桥镇公安分局局长王术森，宣布起义抗日。7月中旬，参加了中共领导的冀东抗日武装暴动，编入蓟县抗日联军第16总队，任副总队长。1939年10月，暴动受挫，随军撤至平（今北京）西，整训学习。同年9月，回冀东任蓟（县）遵（化）兴（隆）抗日联合县游击大队大队长，和政治委员王少奇一起开辟盘山抗日根据地。1941年奉命去晋察冀抗大2分校学习。1942年毕业后，随干部队返冀东时，行军至平北赤城长涯山一带，被日、伪军包围，突围战斗中牺牲。

晏盛明（1913—1942）新四军第3师兼苏北军区泗阳独立团团长

男，1913年出生，陕西岚皋人，1937年1月加入中国共产党。曾在西北军杨虎城部陕西警备第2旅4团，任班长。1935年12月，该团起义，建立陕南抗日游击队，任第4队队长，后改番号为安康保安大队。1936年8月，建立陕南抗日第1军，任第7支队支队长。西安事变后，该军编入红军第15军警卫团，任连长。1937年8月，任八路军第115师344旅687团特务营连长。参加过平型关战斗和阳明堡战斗。1938年，参加粉碎日军对华北的九路围攻后，入抗日军政大学学习。1940年

6月，任687团参谋长，随部增援华中。1941年初，任新四军第3师兼苏北军区泗阳独立团团长。同年10月，率部参加程道口战役，顺利完成北刘集打援任务。之后，率部防御沭阳、众兴方向的日、伪军，迫敌不敢轻易“扫荡”。为适应苏北水网地区战斗环境，部队要求指战员学习游泳。1942年夏，在江苏泗阳六塘河练习游泳时牺牲。

徐克强（1908—1942）新四军第1师1旅兼苏中军区第3军分区泰州独立团政治委员

原名世祥，学名学甲。男，1908年出生，江苏宝山人，1937年转为中国共产党党员。1927年加入中国共产主义青年团，曾任共青团吴淞区委委员。早年从事工人运动。曾两次被捕入狱。抗日战争全面爆发后获释。1937年9月，受党组织指派到难民所工作，曾任中共上海第1国际难民收容所党支部书记。1939年10月，奉命赴苏（州）常（熟）太（仓）地区工作。1941年，任中共苏州县委书记。年底，调到苏中，任中共泰县县委副书记兼组织部部长。1942年5月任中共泰县县委书记兼新四军第1师1旅兼苏中军区第3军分区泰州独立团政治委员。6月30日，为打开边区抗日游击活动的局面，县委、县政府和县独立团由泰县中心区向姜（堰）黄（桥）河西挺进，宿营泰兴顾高乡缪家野。7月2日凌晨被千余名日、伪军包围，在率部突围中牺牲。

徐靖远（1901—1942）抗日救国军纵队司令员

原名九范，又名国经、大同、经原。男，1901年出生，山东寿光人，1925年加入中国共产党。1925年夏，毕业于东北陆军讲武堂。1926年，任北伐军某师政治部主任。大革命失败后，离开北伐军返回沈阳在王以哲旅任职。“九一八”事变爆发后，驻守沈阳的王以哲旅奉命撤退。徐靖远抗命不撤，率领200余人在辽宁南部打击日军。因敌众我寡，抗日部队被打散。1932年春，在都山县乾沟成立民族抗日铁血同盟军，任副团长兼参谋长。1933年5月，率领铁血同盟军加入察哈尔抗日同盟军，任18师师长兼参谋长。6月到7月，同盟军连战皆捷，收复康保、宝昌、沽源、多伦等4座县城。9月底，因日军重兵围攻，抗日同盟军告败。“七七”事变后，同黄宇宙联络多方抗日武装，组成林（县）、修（武）、武（涉）、涉（县）、辉（县）五县民军联防队，徐靖远任联防司令。1938年3月1日，任太行抗敌联防委员会参谋长。同黄宇宙等在河南安阳县率部发动“八七”起义，击毙日军少将长川及皇协军第

1军军长李福和。后被八路军总部任命为抗日救国军纵队司令员。1942年8月6日晚，徐靖远从重庆返回豫北，当时黄河北岸已被日军占领，决定率部渡黄河，不料渡河途中牺牲。

郭寿征（1910—1942）八路军太岳军区决死队第1旅57团政治委员

又名鹤迎。男，1910年出生，山西汾西人，1937年加入中国共产党。1926年在汾西县立高中毕业。1929年赴太原入并州大学。1931年“九一八”事变后，积极从事抗日救亡活动。1937年“七七”事变后，参加青年抗敌决死队（隰县决死队）第2纵队。历任政治工作员、连指导员、团政治处干事、营政治教导员。1939年任保安5团政治处组织股股长、团政治处主任、团政治委员。1940年2月，八路军213旅转战太岳和保安5团合编为新57团，任政治处主任。同年8月，参加了百团大战。1941年任57团副政治委员、政治委员。同年夏，调中共中央北方局党校学习。1942年“五一大扫荡”战斗中被俘，遭日军杀害。

凌则民（1911—1942）国民革命军陆军第5军96师288团团长

字坚瑜。男，1911年出生，湖南平江人。早期先后就读于平江县启明女校附属小学、天岳书院明伦中学，后考入黄埔军校第6期步兵科。毕业后，参加北伐战争，历任国民革命军排长、连长、营长、副团长等职。抗日战争全面爆发后，凌则民任第36军第96师288团副团长。1939年参加桂南会战，凌则民奉命率部猛攻昆仑关，重创日军，因军功荣升上校团长。战斗中，凌则民左腿中弹负伤，被送往后方医院治疗。1942年初，凌则民晋升为少将团长，随第96师编入远征军第5军战斗序列，远征缅甸，抗击日军。4月，第96师奉命抵平满纳阻敌。日军第55师团和第18师团主力在空军、重炮和坦克的掩护下，向该师猛攻。该师利用既设阵地逐次抵抗，与敌人苦战8天。因平满纳以北地形多为开阔平坦，很少要隘可以利用。日军不断增兵，将凌则民团包围，该团坚守阵地，苦战日久，粮弹缺乏，伤亡惨重，凌则民率余部官兵反复冲杀，直至牺牲。

海凤阁（1909—1942）八路军前敌总指挥部通信科科长兼通信营营长

男，回族，1909年出生，河南睢县人，1936年加入中国共产党。1928年入西北军无线电学校学习。毕业后在西北军总部和第26路军电台工作。1931年11月随第26路军在江西宁都起义，参加中国工农红军。曾任红5军团、红1军团司令部无线电台队长。1937年抗日战争全面爆发后，奉命到华北抗日前线工作。1938年任八路军总部通信科长兼通讯营营长。他在从事无线电工作十余年中，对党的通信事业作出了重大贡献。1942年5月，在太行山北部地区反“扫荡”中，被日军炮弹击中牺牲。

陶净非（1912—1942）东北抗日联军第5军2师政治部主任

原名陈世有，又名陈明亚。男，1912年出生，吉林德惠人，1932年10月加入中国共产党。1933年初，与王光宇等人到中共宁安县委工作。1935年2月任东北反日联合军第5军1师1团连指导员。3月中旬，1连和2连伏击了宁安二道河子伪靖安军第1团3连，歼灭日、伪军20余人。1936年2月，任东北抗日联军第5军2师4团政治委员。1937年冬，任5军2师政治部主任。1938年5月27日，与4军军长李延平率领西征部队从宝清县到桦甸县与第1路军副总司令魏拯民部会合，完成了西征任务。经研究决定，5军2师与第1路军3方面军一起活动。率部先后进行夜袭寒葱沟，寒葱岭伏击战等，均取得胜利。1942年春，陶净非奉命率领一支部队，在五常、舒兰县附近、老爷岭以西地区，建立游击根据地，坚持抗日斗争。不久，陶净非所率游击队的踪迹，被敌特探知。5月，游击队在黑龙江东南部老爷岭一带遭伪警察队袭击。陶净非在掩护战友突围时牺牲。

黄君珏（1912—1942）新华社华北总分社经理部秘书主任

女，1912年出生，湖南湘潭人，1930年加入中国共产党。15岁参加革命，在长沙从事妇女工作。后到上海读书，毕业于复旦大学。1934年参加远东情报局，收集日本军事、政治情报。曾被逮捕判刑，经受了严酷考验。1937年抗日战争全面爆发后，她先回长沙开展抗日救亡工作，旋赴八路军总部所在地的太行山区，任《新华日报》华北版、新华社华北总分社、华北新华书店的编辑、秘书主任、审计室主任等职，一手拿枪，一手拿笔，在战争环境下进行抗日的宣传、文化工作。1942年5月，日军以3万人对八路军总部所在地实行“铁壁合围”，进行篦梳式搜山清剿。黄君珏奉命带领部分同志转战于日、伪军缝隙之间。6月2日晨5时，她和10余名同志隐蔽在山西辽县（今左权县）庄子岭一带的山间，遭遇了上百名日、伪军的搜山清剿。黄君珏和译电员王健、军医韩瑞三人隐蔽的道士帽峰顶的山洞被敌人发现，她们三人沉着应战，从清晨到傍晚，始终没让敌人接近洞口。

夜幕降临时，敌人终于摸索着逼近洞口，黄君珏举枪打倒了几个日本兵，再次阻滞了敌人。晚7时，日军从后山爬上山顶，点燃柴草从上至下掷堵于洞口。滚滚浓烟涌入洞内，呛得人喘不过气来。在弹尽粮绝、无法突围的最后关头，黄君珏抓住敌人稍不注意的瞬间，猛然冲出洞口，纵身跳下悬崖，壮烈牺牲。

萧辉锡（1917—1942）新四军第7师19旅55团政治委员

男，1917年出生，湖北阳新人。历任红军团政治委员，中共县委书记、中共湘鄂赣省委常委，中共湘鄂赣省委书记。1934年10月红军主力长征后，在南方坚持了艰苦卓绝的三年游击战争。抗日战争全面爆发后，1938年1月湘鄂赣边红军游击队改编为新四军第1支队1团，萧辉锡任团政治处宣传教育股股长，后任副营长、团政治处主任。1940年11月，任第1团（老1团）政治委员。1941年1月，在皖南事变中突围，后任新四军第7师19旅55团政治委员，参加了巩固和发展巢（县）无（为）抗日根据地的斗争。1942年5月于安徽省无为县土桥战斗中牺牲。

崔兰仙（1915—1942）冀鲁边区妇女救国总会主任

女，1915年出生，河北盐山人，1937年加入中国共产党。1932年考入省立第九师范学校，在学校积极参加抗日救亡运动。1935年毕业后，回乡兴办“贫民小学”，宣传抗日救国的道理。1937年抗日战争全面爆发后，崔兰仙不顾婆家的劝阻，毅然投身革命。她积极宣传、发动群众，在她的影响下，兄妹4人都参加了抗日。经她介绍加入中国共产党的就有20多人。1938年8月，冀鲁边党组织派她到盐山县抗日民主政府教育科工作，她很快在盐山各地办起了抗日小学、青年夜校、妇女学校和识字班。同年11月，党组织又派她筹建冀鲁边区妇女救国总会，她被选为妇救总会主任。并协助和指导边区各县成立了妇救会。她经常来往于日、伪军据点之间，活动在各个村庄之中，帮助农村妇女解决遇到的困难和问题。为加强妇女干部的思想建设，她还创办了《妇女解放》月刊，在边区的《烽火报》上开辟了“战地妇女”专栏。1939年，她在乐陵一带创办了妇女干部训练班，对妇女干部进行革命气节教育。她积劳成疾，仍忘我工作。1942年6月12日，崔兰仙跟随军分区和边区农救会领导在东光县刘大瓮村南花子坟一带，遭“扫荡”的日、伪军包围。在与敌人拼杀中，身负重伤牺牲。

韩国钧（1857—1942）苏北临时参议会名誉议长

字紫石,男，1857年出生，江苏海安人。民国成立后，历任江苏省民政长，安徽巡按使，江苏巡按使、省长、督军等职。抗日战争全面爆发后，韩国钧极力主张抗日。他连连去信，敦促国民党江苏省政府主席韩德勤、鲁苏皖边区游击副总指挥李明扬、李长江和税警总团陈泰运，要求他们抗日。1940年9月中旬，韩国钧出面召集苏北各界知名人士参加海安召开的联合抗日座谈会。随后，又在曲塘主持召开了“苏北抗战和平会议”。此后，韩国钧为建立“三三制”的抗日民主政权，动员各界民众团结抗日，扩充地方武装，做了大量工作。韩国钧坚决拥护中共的抗日主张，主动与新四军领导人结交。陈毅到黄桥后，曾亲自登门拜访，建立了深厚友谊。1940年，陈毅率部移师海安时，韩国钧盛情邀请陈毅住进家中。其间，刘少奇、陈毅、粟裕等新四军将领曾会集于韩公馆共商抗日大计。1940年11月，在苏北临时参政会议上，韩国钧被推为苏北临时参议会名誉议长。1941年，他身陷日伪地区而坚贞不屈，拒绝出任伪江苏省省长。敌伪对他施行软禁。最终因忧愤成疾，于1942年1月23日逝世。陈毅誉之为“民族抗战之楷模”。

程绍芬（1898—1942）浙江松阳县寿年小学校长

字笃哉，浙江松阳人，1898年出生。1921年毕业于浙江省立第十一师范学校。1931年5月任毓秀小学校长。1932年10月任县教育局教育课长。曾担任县教育巡回指导员、县府督学、县民众教育馆馆长和县救济院院长等职。“九一八”事变前后，程绍芬任县民众教育馆馆长，当时正值日军侵略我东三省，全国上下抗日声势逐渐高涨。每逢集市日，程绍芬都组织同仁学生上街宣传，揭露日军阴谋，唤起民众爱国之心。1935年，为了解决县城南门片学童的入学困难，参与筹办寿年小学，任校长。1937年，“七七”事变后，抗战全面开始，全国同仇敌忾声讨日军，程绍芬组织学生教唱抗日歌曲，上街宣传、演出，声讨日军罪行，为抗战发声呐喊，激发民众、学生爱国之心，弘扬民众报国之志。1942年8月2日傍晚，日军从龙游、丽水两方向进犯松阳。百姓纷纷向城外和山区逃难。8月3日程绍芬安排疏散学校教职员工后携带重要校具资料和家人离开县城前往望松乡山仁下村亲戚家。因担心学校财物受损，当天深夜，他孤身潜回学校。8月4日，他随身携带文件资料返回途中，遭遇下乡掠夺的日军。日军持枪迫其挑运物资，面对日军的刀枪威逼，程绍芬坚决不从，并痛骂日军。日军恼羞成怒削掉程绍芬耳朵，将刺刀剜其舌，程绍芬栽倒在地，但仍发出含糊不清的怒吼声，最后遭割喉。

赖国清（1918—1942）八路军鲁南军区第3军分区政治委员兼政治部主任

男，1918年出生，江西兴国人。1930年参加中国工农红军，次年加入中国共产党，参加了长征。1938年任东进抗日挺进纵队第6团政治委员、运河支队第5团副政治委员、115师峄县支队政治部主任，1941年12月任115师鲁南军区第3军分区政治委员兼政治部主任。1942年11月在山东南部作战中牺牲。

褚雅青（1902—1942）峄县县大队副大队长

男，1902年出生，山东微山人，1933年加入中国共产党。1919年离开家乡，南下福建、广东投身军伍8年，曾任班长、连长。1927年“四一二”后，愤然离开军队到徐州基督医院学医。两年后结业，到枣庄、峄县等地行医。还在枣庄矿区开办学校，白天行医，晚上帮工人补习文化。其间，结识共产党员郭子化，在他帮助和引导下，走上革命道路。他的雅青医院成为中共鲁南临时特委的联络点。1937年褚雅青被临时特委派到运河两岸发动群众，组建抗日武装。1938年3月，任人民抗日义勇总队第3大队第3中队队长。5月任人民抗日义勇总队军医处处长。1939年4月调任八路军山东纵队陇海游击支队（9月改为陇海南进支队）作战参谋。1940年任八路军山东纵队司令部第5科科长。1941年12月，任峄县县大队副大队长。1942年4月20日，日、伪军两千余人进攻微山岛。当天晚上，褚雅青被推举为岛上部队的副指挥。次日上午9时，褚雅青面对腹背受敌的严重情况，沉着应战。上午10时，他身负重伤，命令幸存的几个战士立即突围。褚雅青用仅剩的几颗子弹打倒几个日军后，自戕牺牲。

蔡良（1910—1942）苏中区税务局局长

男，1910年出生，江西万载人，1930年加入中国共产党。1929年参加红军。1937年9月下旬，湘鄂赣省委和湘赣边临时省委带领红军游击队下山接受改编时，动员群众参军抗日。蔡良发动万载、铜鼓两县的一大批青年参加新四军。抗日战争初期，曾任新四军军需处会计科科长。皖南事变后，曾任新四军第1师供给部部长、苏中区税务局局长。3月19日，苏中区军政党委员会成立，由粟裕、刘炎、钟期光、周林、管文蔚、陈丕显、蔡良7人组成核心领导集体。1942年5月8日在江苏省丹阳县访桥四九布庄，为部队采购布匹时,因公殉职。

潘维周（1917—1942）中共鲁中第2地委组织部部长

男，1917年出生，河北赵县人，1935年加入中国共产党。1934年入河北省立赵县第15中学学习。曾任中共赵县县委组织部部长。后因赵县党组织遭到破坏，一度与上级党组织失去联系。1936年“西安事变”后，赴陕北与党组织接上关系，在红15军团任文化教员。不久，入红军大学学习。毕业后，任中共中央党校干部科科长。1938年5月，随郭洪涛等从延安到山东抗日根据地，任山东抗日军政干部学校政治部主任。同年12月，调任山东分局党校教务主任、党总支书记。1940年10月，任中共鲁中区党委党校副校长。1941年2月，任中共鲁中第2地委委员、组织部部长。1942年11月2日，在沂蒙山区崮峪反“扫荡”战斗中牺牲。

薛佑之（1907—1942）平介县抗日民主政府县长

又名维祺。男，1907年出生，山西陵川人，1931年加入中国共产党。1929年考取太原三晋高中。1931年“九一八”事变后，与同学上街游行，宣传抗日救亡，声援北大学生赴南京请愿的爱国行动。1932年毕业后，任陵川县第一高小教师。1936年加入“牺盟会”，在西河底组建了一支抗日武装。后被选送到长治“牺盟会”中心区干校学习，毕业后到山西省第三专署工作。1939年任平遥县抗日民主政府科长，后任山西平介县抗日民主政府县长。他改造区、村旧政权；颁布地方法令，推行减租减息和合理负担政策；整顿金融秩序，发行地方流通券，稳定物价。组建人民武装自卫队，开展对敌斗争。由于工作得力，很快打开平介县抗日局面，受到太岳行署的表扬。1942年1月，由于汉奸告密，日军包围了平介县政府所在地南良庄，薛佑之等人被抓捕。敌人将薛佑之押到平遥县城，对其严刑拷问，始终守口如瓶。同年3月被日军杀害。

魏金三（1913—1942）八路军冀鲁豫军区第8军分区政治部主任

原名福品，别名魏晋。男，1913年出生，山东长清人，1937年加入中国共产党。初中毕业后，在长清县匡李庄小学任教。1936年初，考入公费的济南警察学校。在校期间，先后加入济南抗日救国会和中华民族解放先锋队。参与发起成立了抗日救亡团体“文化友联社”，出版宣传抗日的刊物《联系》。警校结业后，根据党组织的指示，留在警察组织内部，秘密进行革命活动。1937年“七七”事变后，回到长清指导抗日救亡工作，并发起成立了“长清县人民抗敌后援会”，组建起长清县抗日游击队。1938年1月后，任中共长清县临时支部委员、中共长清县委书记兼长清独立营政治委员。1940年至1942年，历任鲁西军区第4团第3营教导员、鲁西军区政治部组织科副科长、鲁西军区第8团政治处主任。1942年夏任冀鲁豫军区第8军分区政治部主任。同年9月30日，日、伪军数千人对第8军分区进行“铁壁合围”，他在率部突围时牺牲。

马函三（1901—1943）长山县抗日民主政府县长

又名立元。男，1901年出生，山东长山（今邹平）人，中国共产党党员。1930年在长山八区高等小学任教。1936年，被选为长山八区区队长。他以区队长和高小教师的合法身份，对全区青壮年、学生进行爱国主义教育，传播革命思想。1937年抗日战争全面爆发后，他以八区区队长身份，组织抗日武装。与马耀南等领导的黑铁山抗日武装起义部队取得联系，参加了山东人民抗日救国军第5军，任第2支队支队长。5军改编为八路军山东人民抗日游击第3支队和八路军山东纵队第3支队后，任第7团3营营长，邹（平）长（山）独立团副团长。他率部在长山长白山区和清河平原一带，与日、伪军进行了无数次激烈战斗，鼓舞了人民的斗志。1940年3月，任长山县抗日民主政府县长。他发动群众参军，建设县、区抗日武装，充实主力部队。实行减租减息，改善人民生活。他还不顾个人安危，经常深入敌占区，宣传党和政府的抗日政策，巩固、扩大抗日根据地。1943年11月11日，日、伪军对长山八区抗日根据地进行“扫荡”，他在指挥战斗中牺牲。

王珊（1911—1943）新四军第5师兼鄂豫皖军区第3军分区独立12团政治委员

男，1911年出生，陕西渭南人，中国共产党党员。新四军第5师兼鄂豫皖军区第3军分区独立12团政治委员。1943年10月16日，驻永隆河的日军100余人和伪军两个中队向中共天京潜县委所在地夏家场发动袭击。王珊率独立12团阻击敌人，使日、伪军进攻受阻。王珊指挥部队抢占有利地势，将日、伪军分割成几块，展开近身肉搏战。战斗中，亲率部队冲锋，被子弹击中胸膛牺牲。

王波（1911—1943）八路军晋察冀军区丰滦密区区队政治委员

原名慕禹。男，1911年出生，辽宁沈阳人，1937年加入中国共产党。1931年“九一八”事变后流亡关内，后考入北平中国大学。他经常阅读进步书刊，写抗日救亡的文章，向天津《大公报》投寄。1937年“七七”事变后，他把爱人、儿子送回家乡，随白乙化到绥远（今内蒙）硕公中垦区，在抗日先锋队任政治干事，主编《抗日先锋》小报。1939年6月，抗日先锋队与冀东抗日联军合并为华北人民抗日联军，他任第3大队教导员。1940年，华北人民抗日联军改编为晋察冀军区步兵第10团，任3营教导员。1940年9月，日、伪军集结4000余人对丰（宁）滦（平）密（云）抗日根据地进行大规模“扫荡”，部队主力转移到外线打击敌人，3营奉命留在这一地区坚持斗争。他带领7连与敌人周旋。一次被敌人围困3昼夜。在他指挥下，冲出了敌人的包围。他带领7连和兄弟连队一起与敌人进行了37次战斗，终于挫败了敌人78天的“扫荡”。1941年秋末，日、伪军1万余人再次对丰滦密地区进行大“扫荡”。他和营长带着部队进行游击战，在艰苦的环境下越战越勇。1941年7月，他指挥7连和8连在柏查子村伏击敌人，仅用30分钟就歼敌70多人，并缴获一批武器。1943年5月，任中共丰滦密联合县委委员，兼任联合县区队政治委员。一次他带领区队的1连，夜袭榆树底下村的“据点”，赶跑了日军，俘虏了50多名伪军，拔除了据点。1943年11月11日，敌人到南香峪抢粮，王波迅速率2连迎击敌人，战斗中头部受重伤当即昏了过去。被捕后敌人逼其投降，他坚贞不屈，遭敌人杀害。

王文（1911—1943）八路军山东纵队第5支队政治委员

原名学善，化名老井、罗文。男，1911年出生，陕西绥德人，1930年转为中国共产党党员。1927年春考入绥德省立第四师范学校，开始接受革命思想，参加爱国学生运动，不久加入中国共产主义青年团。1933年7月任中共黄河沿岸特区区委书记。1935年5月，被选为绥德县苏维埃政府副主席。同年冬，任中共绥德县委书记，1936年夏，任中共陕北东地区工作委员会书记兼吴堡县委书记。1937年调任中共米脂中心县委书记。抗日战争全面爆发后，入延安中共中央党校学习。1938年5月受中央派遣随郭洪涛到山东。6月起任胶东特委书记、胶东区党委书记、胶东军政委员会主席。主持将山东人民抗日救国军第3军与第3支队合编为八路军山东人民抗日游击第5支队（后改为八路军山东纵队第5支队5旅）。1939年

9月兼任由胶东地方武装组成的山东第3军区政治委员。1940年9月，第3军区改编为八路军山东纵队新的第5支队，仍兼政治委员。1942年7月，任胶东行政公署主任。他为创建、巩固、发展胶东抗日根据地作出重要贡献。由于长期繁重、紧张的工作，积劳成疾。然仍就忘我地工作，终使病情恶化，于1943年11月16日病逝。

王光（1921—1943）冀氏县一区副区长

女，1921年出生，山西运城人。1939年加入中国共产党。1934年考入运城省立第二女子中学，受到进步教师影响。1938年3月运城沦陷后，参加了抗日宣传工作团。同年冬到“牺盟会”乡宁中心区党员训练班学习。1940年初随212旅转移到晋东南沁源县，不久又到武乡县抗大总校学习。1941年春到安泽县从事群众工作。1942年秋到新开辟的冀氏县一区任副区长。到任后，发动群众，减租减息，拥军优属，反奸除霸，工作搞得轰轰烈烈。1943年4月，日军对太岳根据地进行残酷的“钳形合围、铁滚扫荡”，带领民兵掩护和组织群众转移时，被敌人抓捕。敌人软硬兼施，想从她口中得到情报，但她坚贞不屈，不为所动。恼羞成怒的敌人，把她吊在康庄庙前的一棵大树上，用大刀残酷地削去她的鼻子，挖掉双眼，割去双耳和两乳，最后开膛破肚将其杀害。

王石钧（1910—1943）曹县抗日民主政府县长

男，1910年出生，山东曹县人，1932年转为中国共产党党员。1931年加入中国共产主义青年团，1927年考入曹县职业学校，1931年7月考入济南高中。“九一八”事变后，他参加了山东学生南下请愿团。入党后被派往上海党中央受训。1932年冬，任共青团泰安县委书记。1933年春，山东省党团组织遭到破坏，他回到家乡曹县。1934年初考入菏泽乡村建设研究院，次年毕业后到定陶县田集乡农学校任军事主任。1937年“七七”事变后，发动地方爱国志士参加抗战。同年11月任中共曹县三区区委书记，1938年5月，帮助建立了曹县三区义合乡抗日自卫大队。1939年任中共曹县县委宣传部长，八路军冀鲁豫支队第五大队政治部主任、政治委员,率部转战陇海路两侧。1940年秋代理曹县县长，其间建立了曹县抗日政府曹东南办事处，开辟了大寨、魏湾、砖庙、李集四个新区。1941年5月任曹县抗日民主政府县长。1943年3月下旬，日军集结万余人分七路“扫荡”鲁西南地区。为了保卫人民生命财产，他亲率县大队坚持腹地斗争。3月27日，在曹县青岗集镇东聂楼与日军遭遇，激战中身中数弹，仍顽强抗敌，最后被俘。押送途中他伺机跳下汽车，日军开枪射击，并连刺数刀，王石钧遭日军杀害。

王立业（？—1943）国民革命军陆军第43军70师副师长

男，山西吉县人。县立中学毕业后，考入北方陆军军官学校。军校毕业后分配到晋军任职，投身军旅，历任连长、营长。1937年抗日战争爆发后，奉命开赴抗战前线，隶属第70师，历任团长、副旅长、旅长、副师长等职。先后参加南口战役、太原会战、晋南会战等恶战。晋南会战后，第43军70师经过整编，进驻山西稷山县。1943年2月17日，日军大举进攻，企图合围稷山县。王立业奉命率部在三交村阻击日军。激战数小时后，日军突破守军阵地，王立业亲率突击队冲锋，与敌人进行巷战，战斗中牺牲。

王纯一（1912—1943）八路军晋察冀军区雁北军分区指挥部第11区队政治委员

原名春义。男，1912年出生，河北完县（今顺平县）人，1931年加入中国共产党。先后考入县立师范学校、北平市立师范学校读书。积极参加学生运动，因赴南京向国民政府请愿，被校方开除。后到蔚县、昌平等地宣传革命，发展地下党员。1935年回到家乡，以小学教员做掩护，继续从事党的工作，参加了当地反恶霸斗争。1937年抗日战争全面爆发后，他参加八路军，在河北省阜平县入晋察冀军区军政学校学习。学习期满后，被分配到晋察冀军区第2军分区直属炮兵连任指导员，1938年任总支书记。1942年，调任晋察冀军区雁北军分区指挥部第11区队政治委员，兼中共应县县委书记。1943年7月，日军纠集灵丘、浑源等地部队，袭击应县抗日根据地。他带领第1连、特务连、直属队和县级机关200多人，向该县第1区转移途中，在浑源县穆家庄村被日军包围，在突围战斗中牺牲。

王育荣（1901—1943）八路军冀中军区卫生部副部长

男，1901年出生，河北饶阳人，1943年加入中国共产党。1921年毕业于深州中学。同年，考取河北大学医科班。六年苦学，成绩优异。毕业后分配到广东，在国民党张发奎部当医官。由于不满军阀混战，不久便离职退居乡里从医。1938年冬，冀中八路军后方医院移住饶阳，王育荣毅然参加了革命。12月，白求恩大夫率东征医疗队随120师达到冀中，王育荣积极配合白求恩工作，被白求恩称为“是具有国际水平的合格医生。”1939年2月，贺龙率部与日军激战于河间齐会，白求恩和王育荣各率一个手术组分头救治伤员，战斗三天三夜，手术也进行了三天三夜，救治了大批伤员。1939年，他担任冀中后方医院四所所长。1940年创建冀中卫生教导队，任教务主任，自编讲义，认真教学。1943年后任冀中卫生联校校长。不久调任冀中军区卫生部副部长。1943年春末，日军调集重兵突袭冀西山区根据地，他正带冀中卫生联校学员在杨家台后方医院实习，转移途中，部队在完县与敌遭遇，激战一天。夜晚突围时，在青虚山坠崖牺牲。

宁玉庭（1912—1943）新四军第5师兼鄂豫皖军区襄西支队政治委员

男，1912年出生，湖北荆门人，中国共产党党员。土地革命时期，参加荆钟北山地区的红军游击队，不久入党并任区委委员。1930年受党组织派遣，到牌楼、皮家集、黄集一带秘密组织农民协会。1932年游击区遭破坏，与党失去联系。抗日战争全面爆发后，1937年10月，找寻到党组织并重新加入中国共产党。1940年春，经党组织同意，打入钟祥皮集地方武装任班长并加以控制。同年9月，率皮集这支武装编入新四军豫鄂挺进纵队襄西独立团，任连政治指导员，先后参加石牌、横店、武装开辟荆南抗日根据地、周家集反“扫荡”歼灭战等对日作战。同年底，任新四军驻钟祥石牌留守处主任。同时，组织一支10余人枪的抗日游击队，率领游击队员神出鬼没地伏击小股日军，奇袭日军据点，夺取日军枪支、马匹和物资。在这个时期，他控制了马良、石牌一带10条水上交通船只，经常转送地下党的工作人员和枪支弹药到襄西根据地。1942年10月，在襄西处于空前严重的敌顽夹击困境时，临危受命担任中共荆当钟中心县委书记兼襄西支队政治委员。1943年，任新四军第5师兼鄂豫皖军区襄西支队政治委员。同年3月，国民党顽军分三路包围襄西支队营地。此时，日军亦纠集近百名骑兵迅速绕到襄西支队背后夹击。为掩护部队突围，主动将日军引向自己，部队冲出包围，他却中弹牺牲。

田时风（1913—1943）沁阳抗日民主政府县长

字安之，笔名矢锋。男，1913年出生，河南沁阳人，1937年10月加入中国共产党。在北平中国大学学习期间，参加抗日救亡活动。加入反帝大同盟，参加《北斗周刊》编辑工作。1935年12月考入北京大学，参加了“一二·九”运动，1937年初参加了中华民族解放先锋队。后回到家乡沁阳，通过党组织的内线关系，当上七区区长，他组织抗日救亡宣传队，排演抗日剧目，亲自参加演出。还建立农救会、妇救会、青抗先和儿童团等抗日团体。并与进驻沁阳的国民党40军39旅搞统战工作，达成共同抗日的协议。同年夏末秋初，秘密建立了中共区委，任书记。1939年10月，县抗日武装到山西阳城整编后，任晋豫游击大队新5营政治指导员，转战晋东南及豫北安阳、林县等地，参加战斗数百次。1940年后，先后任129师新1旅旅部统战科长，太岳第2军分区敌工科副科长，晋南敌工站站长、沁阳抗日民主政府县长等职。1943年12月，参加太岳军区会议时，因日军突然袭击，与会人员疏散，田时风在路过阳城县塞树腰村时，被日、伪军俘虏后，遭敌人杀害。

弗兰克·席尔（？—1943）美国志愿援华航空队队员

男，美国人。1941年随美国志愿援华航空队参与对日作战。1942年，美国志愿援华航空队改编为美国陆军第10航空队中国战区空军特遣队。1943年，特遣队再改编为美国陆军第14航空队。弗兰克•席尔在华期间击落7架日机。1943年，加入第14航空队继续与中国空军并肩作战。12月22日，在空战中牺牲。

朴吉松（1917—1943）东北抗日联军第3路军12支队支队长

男，朝鲜族，1917年8月出生，吉林汪清人，1936年加入中国共产党。1933年参加反帝大同盟。1934年参加共青团，后任汪清四区共青团书记。1936年3月加入东北抗日联军第5军。1937年7月任东北抗日联军第3军3师组织科长。1938年6月，任东北抗日联军第3军警卫团政治部主任。9月，随3军向海伦地区远征。10月到达铁力、庆城一带开展抗日游击斗争。1940年，任东北抗日联军第3路军6支队17大队政治指导员。1941年1月，12支队、6支队2个党委取消，改为党支部，任支部书记，6月任12支队支队长。当时抗联第3路军大部队入苏，朴吉松率领10余人活动在庆城、铁力一带坚持抗战。1942年先后袭击了木兰县大贵镇、石河镇、庆安县的大罗镇。1943年1月，庆城县警务科小松贵率队包围了朴吉松的住处，毙敌4人后负伤被俘，敌人对其施以酷刑，但朴吉松宁死不屈。同年9月，在北安刑场被敌人杀害。

朱大山（1908—1943）新四军第5师兼鄂豫皖军区第2军分区云梦指挥部指挥长

男，1908年出生，湖北襄阳人，1930年加入中国共产党。1930年加入红军，参加了创建襄（阳）枣（阳）宜（城）钟（祥）边界革命根据地的多次战斗。抗日战争全面爆发后，任黄龙垱特别支部书记兼军事部部长。1938年6月，任中共鄂北中心县委委员、军事部长兼黄龙垱区委书记。1939年春，中共随枣地委通过统战关系，成立第22集团军特种工作队，掌握了一支武装，朱大山任中队长。1941年4月，新四军豫鄂挺进纵队改编为新四军第5师，朱大山任随枣支队支队长。1943年1月，任新四军第5师兼鄂豫皖军区第2军分区云梦指挥部指挥长。1943年9月14日，日军从孝感、花园、陆家山等处调集400多人，偷袭中共云梦县委机关，朱大山指挥部队掩护县委机关安全转移。次日拂晓，他在观察日军动向时，被冷枪击中牺牲。

刘同方（1911—1943）漳河县抗日民主政府县长

又名刘蚧，化名杨化南。男，1911年出生，河南南乐人，1928年加入中国共产党。1929年考入河北省立大名第7师范。1932年担任7师党支部书记。1933年2月，离开7师到直南特委担任团委书记，参加大名中心县委工作。1935年，他利用特委一台油印机，印发传单，张贴标语，宣传抗日救亡，发展中华民族解放先锋队队员。1937年“七七”事变后，刘同方协同郭献瑞恢复和发展南乐党组织，建立南乐工委。1938年春，刘同方任边西县委书记，并兼任《火星报》主编。1939年任南宫战委会宣传部长。1940年任冀南文化界抗日救国总会组织部长，奔走各县，为推动和建立抗日组织做了大量工作。1942年任垂杨县抗日民主政府县长。1943年任漳河县抗日民主政府县长，他依靠群众，发展壮大抗日游击队伍，相机打击日、伪军。是年12月，日、伪军对漳河县进行“扫荡”。他带领漳河军民与敌周旋，转移群众。13日，他得知部分群众在沟南尚未转移，遂带两名通讯员组织转移。行至南台头村时，与一股日军遭遇，因寡不敌众，突围时中弹牺牲。

刘志超（1910—1943）八路军太岳军区第5军分区副司令员

原名治朝。男，1910年出生，中国共产党党员。土地革命战争时期，曾任中国工农红军第4方面军第4军10师36团政治委员、11师参谋长。参加了红4方面军长征。1937年抗日战争全面爆发后，曾任八路军129师新7旅第20团政治委员。1943年冬，任太岳军区第5军分区副司令员。当时，在中条山山区有一支匪军武装，其首领贾真一投降日寇，当了汉奸，残酷杀害共产党员，对百姓巧取豪夺。当地群众恨之入骨。八路军为了开辟中条山西部地区，决定消灭贾真一匪部。1943年8月中旬，在准备实施这一行动时，突然遭到日军的袭击。刘志超冒着密集的枪弹，率领战士突围时牺牲。

刘桂云（1911—1943）八路军晋察冀军区第2军分区19团团长

又名贵荣。男，1911年出生，湖南茶陵人，1929年加入中国共产党。幼年家境贫苦。1928年参加少先队。1930年参加中国工农红军，历任班长、排长、连长、营长等职。参加长征时，在强渡金沙江等战斗中，曾负伤7次。1937年抗日战争全面爆发后，随军开赴华北抗日前线，在晋察冀边区的灵寿、平山一带组织人民武装，成立了第8支队，一度收复灵寿县城，并在洪子店战斗中击溃了5倍于己的日军。1941年，任晋察冀军区第2军分区第19团团长。在敌人对根据地实行“三光政策”的大“扫荡”中，他率部在盂县、寿阳地区的张城堡、杨家岭、香草坪、马家驿等战斗中，巧妙地打击了敌人，保卫了根据地。1943年为配合内线作战，他组织了青杨岭、后峪沟等战斗，特别是在烟东之西黑水窑战斗中，以两个连的兵力消灭了日军一个小队和伪军一个中队，缴获轻重机枪3挺和弹药、军用品17大车，振奋了民心，鼓舞了士气。战斗结束后，部队转移到20里以外的灰窑岩宿营。10月10日，不甘心失败的敌人纠结集几百名日、伪军，对第19团进行报复性合围。刘贵荣率1连战士掩护部队突围，在激战中牺牲。

刘耀梅（1921—1943）阜平县罗峪村妇救会主任

女，1921年出生，河北阜平人,1939年加入中国共产党1937年抗日战争全面爆发时，她仅16岁，就积极参加抗日工作。1939年被推选为罗峪村妇救会主任。她组织妇女们运送公粮，站岗放哨，动员青年参军。1943年秋，日军对以阜平为中心的北岳抗日根据地进行大规模“扫荡”。11月3日夜，刘耀梅冒着生命危险穿过敌人的岗哨，把两名八路军伤员转移到曲阳的亲戚家。11月19日，正要回罗峪时，不幸被捕，敌人知道她是共产党员又是妇救会主任，就软硬兼施让她说出八路军和藏枪炮子弹及公粮的地方。她不但不说，反而怒斥敌人，日军大队长荒井恼羞成怒，于是把刘耀梅腿上的肉剜下来，当众烧后放到嘴里，荒井见她还是怒骂不止，又让刽子手割下她的乳房。最后，她的头被敌人砍下来，刘耀梅牺牲。

江春炎（？—1943）国民革命军陆军第51军114师参谋长

男，山东济南人。早年投身军旅，历任排长、连长、营长、团长等职。抗日战争全面爆发后，出任第51军114师参谋长，转战苏北、鲁南，坚持在鲁苏战区敌后游击战4年多。1943年7月，日军集结重兵，向第51军114师发动围攻。江春炎率部应战，在山东邹县与敌人展开激战，战斗中身负重伤，因流血过多牺牲。后被追赠为陆军少将。

严昌荣（1914—1943）新四军第1师3旅7团团长

男，1914年出生，湖北松滋人，1933年加入中国共产党。1930年参加红军，曾任红军第2方面军营长、团长等职。参加了长征。1938年由延安到皖南新四军工作，历任新四军教导总队军事教员、第2支队4团营长。1941年2月任新四军第1师3旅7团团长。在讨伐伪军李长江部战役中，率部歼灭伪军1个团。1942年6月在斜桥战斗中，全歼日军驻海门警备队70余人，伪军130余人。9月在谢家渡战斗中，歼灭日、伪军110余人，粉碎了日、伪军的“清剿”计划。1943年4月初，为配合新四军苏中军区第4军分区的反“清乡”斗争，第7团奉命跳出封锁圈，主动袭击日、伪军，先后攻克钓鱼庙、黄庄、草堰、戴家窑等日、伪据点。7月20日，第7团奉命攻打江苏兴化县唐子镇据点。由于该镇四面环水，工事坚固，日、伪军火力非常猛烈，突击船只难以登岸。为牵制敌火力，他亲自用掷弹筒朝敌人猛轰，因掷弹筒意外爆炸牺牲。为纪念烈士，唐子镇后改为昌荣乡。

杜邦宪（1907—1943）新四军第5师特3旅政治部主任

又名王炳朗、王开宪。男，1907年出生，湖北钟祥人，1926年加入中国共产党。1925年7月考取中强中学，在中共地下党员的引导下，传播革命理论，并担任学生会领导人。1928年春，到中共临时县委机关工作。抗日战争全面爆发后，1937年底与中共鄂中特委取得联系，积极恢复和发展党组织，开展抗日救亡宣传，培训抗日骨干。1939年1月，调任应城抗日游击队教导队政治教导员。2月，调任应城抗敌自卫总队第4支队2大队政治教导员。8月，率第2大队攻打盘踞在安陆、孝感地区的伪军，歼敌200余人。10月13日，在京山新街反“扫荡”中，率部打退日、伪军数次进攻。1940年5月，任新四军豫鄂挺进纵队第2团队政治处主任。1941年4月，第2团队改编为新四军第5师第13旅第37团，仍任政治处主任，负责团的党支部建设和宣传教育工作，创办团报《铁拳》。1942年春，调任第3军分区政治部副主任。1943年4月，国民党第5战区第9挺进纵队司令周良玉率部投奔新四军，被编为新四军第5师特3旅，任该旅政治部主任。9月14日，旅长周良玉率部叛变投敌，杜邦宪等人遭其扣押。9月25日，被押解到日军驻地秦家堤，惨遭杀害。

李汉英（1907—1943）八路军冀南军区第1军分区20团政治委员

又名梅素。男，1907年出生，河北赵县人，1933年加入中国共产党。1931年在藁城县梅花镇粮店任管账先生时，曾为共产党秘密搜集传送情报。1933年，入党后任村支部书记。同年秋，参加冀中暴动。1937年“七七”事变后，他和魏凤来组织一支武装特务队，加入马玉堂、朱诚领导的赵藁栾自由红军游击队。1938年初，改编为赵（县）藁（城）晋（城）独立支队，任政治部主任。3月、4月间又改编为八路军129师东进纵队第1支队，后称第1团，任政治处主任。转战新河、宁晋一带。后进军冀南，与日军和石友三部队作战，开辟冀南抗日根据地。1940年6月，任八路军第129师新7旅20团政治委员。1942年6月，任冀南军区第1军分区20团政治委员。1943年5月26日，李汉英率部在魏县沙圪塔与日、伪军作战时牺牲。

李亚峰（？—1943）八路军冀鲁豫军区第4军分区21团团长

原名二宝，又名李杰。男，河北饶阳人。1937年“七七”事变后，随吕正操的第53军691团改称的人民自卫军，在河北坚持抗战。后任冀中军区第1军分区19大队大队长。在晋察冀军区“抗大”学习后，1941年任冀中军区南进支队第16团政治处主任、参谋长。后任冀鲁豫军区第4军分区民军1团团长。1942年12月，接替胡乃超任冀鲁豫军区第4军分区21团团长。1943年7月，卫南战役拉开序幕。31日，李亚峰率21团协同兄弟部队主攻焦虎集守敌。8月18日，他指挥部队攻入伪第46师师部袁庄，从村西南方向登寨，夺取敌堡，与敌展开激烈巷战。伪军长急忙派兵增援，使第21团腹背受敌。李亚峰临危不惧，以一部阻击援敌，以另一部进攻村内守军。敌人很快被压缩在大街南北大院内。激战至下午4时，李亚峰中弹牺牲。

李光宇（1907—1943）八路军晋察冀军区第13军分区滦东地区敌工部部长

男，1907年出生，河北滦县人，1935年加入中国共产党。原信奉天主教。1935年在共产党员丁凯启发教育下，转而信仰共产主义。入党后负责铁北中心支部工作。1937年春，主管滦县统战工作。他祖上留下的60亩地，先后卖掉50亩，支援抗日事业。1938年参加冀东抗日大暴动，任冀东抗日联军第1路指挥部副总指挥。暴动失败后，全家遭日、伪军追捕。1939年9月，奉命到（北）平西抗日根据地学习。1943年初回到冀东，任晋察冀军区第13军分区滦东地区敌工部部长，负责迁（安）、卢（龙）、抚（宁）、昌（黎）联合县敌工工作。同年春，带几位同志到迁安包各庄一带开展工作，被日、伪军包围，为掩护同志突围牺牲。

李成华（1915—1943）八路军冀南军区独立抗日游击纵队司令员

字国选。男，1915年出生，河北魏县人，1942年加入中国共产党。“七七”事变后，他邀集本镇同学、亲友10多人，成立了“保卫家乡”的抗日“局所”，不久发展成为400多人的“独立民团”。1938年8月，八路军129师东进纵队进军豫北，连战连捷。9月底建立了各县抗日政权，他被任命为安阳县抗日游击大队大队长。1939年3月，任“五县”抗日民军第一团团长。1941年冬，日军将安阳各地的数股土匪改编为“东亚同盟自治军”。因与八路军失去联系，为保存民团实力，待机抗日，虚以接受日军改编，任自治军第1旅旅长。但内心拥护共产党，曾处死杀害八路军伤病员的旅参谋长。为反击日伪军大规模“扫荡”，1942年8月，八路军冀南军区发起元城战役，李成华恢复了与八路军的联系。遵照八路军的指示，在战役紧急关头，亲率两个团撤离战场，促成战役的最后胜利。后秘密配合冀南一分区部队解放回隆。1942年11月，李成华率部公开起义，接受八路军改编，被任命为冀南军区独立抗日游击纵队司令员。1943年5月8日，因叛徒告密，被日军逮捕杀害。

李竹林（1906—1943）滇缅警备司令

又名华侬。男，土家族，1906年出生，湖南长阳人。李竹林早年离家学徒。1930年，进入中央陆军军官学校第7期学习。军校毕业后，李竹林因学习成绩优秀，军事理论素养高而留校任教。先后在南京、武汉的中央陆军军官学校、分校任教官。抗日战争全面爆发后，赶赴抗战前线，参加淞沪会战和武汉会战。作战英勇，曾身负重伤。后调任云贵边境团团长。因功升任滇缅警备司令，授少将军衔。1943年，随中国远征军入缅作战。当年夏天，日军派兵袭击了中国军队在后方的兵站。李竹林率兵站警卫部队奋起反抗，虽然最后击退敌人进攻，保护住了军用物资，但是李竹林在激战中负重伤，送回国内医治，5月因伤势过重牺牲。

李枚青（1914—1943）八路军鲁中军区第1军分区政治部主任兼敌工部部长

原名美庆，曾用名梅青。男，1914年出生，山东新泰人，1931年加入中国共产党。1929年从新泰县师范讲习所转入山东省立第一师范学校。1932年2月，任共青团新泰特支书记。1933年2月在济南遭逮捕，在狱中坚贞不屈。1937年“七七”事变后，经营救获释，任中共新泰工委委员。1938年1月，参加了山东省委领导的徂徕山起义。6月被派回新泰任县委委员、宣传部部长。他深入群众宣传抗日救国，在一些村庄组织了抗日自卫团、青救会、妇救会等群众团体。12月任新泰县独立营政委。1938年12月，任泰山特委第一大队政治处主任。1939年任八路军山东纵队第4支队后方司令部政治部主任。11月，任鲁中第1地委委员，鲁中军区第1军分区政治部主任、敌工部部长。1943年8月13日，他由莱北去泰山地委开会途中，遭日军伏击牺牲。

李铁民（1918—1943）八路军胶东军区南海军分区政治部主任

原名荣升，字级三。男，1918年出生，山东掖县人，中国共产党党员。1936年秋考入莱阳乡师，在校结识共产党员教师王哲、何其芳等人，参加学生抗日救国会，积极参加抗日救亡活动。抗日战争全面爆发后，1938年3月，参加了中共掖县县委领导的玉皇顶抗日武装起义。曾任胶东抗日游击第3支队1大队指导员、山东人民抗日救国军第3军连指导员、八路军山东纵队第5支队14团政治处副主任、山东纵队第5旅15团政治处主任等职。1941年11月，任南海军分区政治部主任。1943年5月2日，驻地平东县（今平度）古砚镇山上村，被日伪军包围。战斗中负伤，仍用机枪扫射敌人。子弹打光后，在敌人逼近时拉响手榴弹，与敌人同归于尽。

杨世立（1903—1943）国民革命军陆军第17军84师251团团长

男，1903年出生，陕西延川人。青年时代即投身军旅，历任排长、连长、营长、副团长等职。抗日战争全面爆发后，升任国民革命军陆军第17军84师251团上校团长。1941年5月，参加了中条山会战。后坚持在敌后开展游击战。1943年4月，奉命率部队从河南渑池北渡黄河，进入山西垣曲地区开展游击战，袭扰日本侵略军据点，斩获颇多。后日军围剿中条山，杨世立所部在垣曲陕腰崖与数倍日军遭遇，激战一昼夜后，弹尽援绝，杨世立在率部突围途中中弹牺牲。后被追赠为陆军少将。

杨承德（1908—1943）八路军冀鲁边军区第3军分区副司令员

男，1908年出生,江西于都人。早年参加中国工农红军。参加了长征。到达陕北后，入延安抗日军政大学学习。1937年抗日战争全面爆发后，随八路军115师参加平型关战斗。1938年随萧华率领的八路军东进抗日挺进纵队到冀鲁边区。1939年主力部队转移鲁西后，他留守边区坚持抗日游击战争。1941年2月，任八路军第115师教导第6旅16团团长。1943年2月，任八路军冀鲁边军区第3军分区副司令员。3月17日，冀鲁边区3地委、3军分区机关在庆云县刘化风一带，突然遭到庆（云）、乐（陵）、阳（信）千余日、伪军的包围。率部转移到蔡王庄时，又遭遇一股强敌袭击。为了掩护地委、军分区机关突围，他率领一部分战士阻击敌人，激战中牺牲。

吴明（1918—1943）中共冀南第2地委宣传部部长

原名镇华。男，1918年出生，河北霸县人，1937年加入中国共产党。1935年在天津扶轮中学读书，积极参加“一二·九”运动。1937年参加中华民族解放先锋队。抗日战争全面爆发后，到冀南抗日根据地工作。曾任中共清河县委宣传部长、县委书记，中共临清中心县委书记等职。1941到中共中央北方局党校学习。1942年回冀南任中共冀南第2地委宣传部部长兼隆平县委书记。1943年10月10日，在河北巨鹿县赵庄被日、伪军逮捕。屡经敌人严刑拷打和折磨，宁死不屈，于10月31日被敌人杀害。

余志远（1917—1943）乐陵县抗日民主政府县长兼县大队大队长

原名张汉卿。男，1917年出生，山东乐陵人，1938年加入中国共产党。1936年于乐陵县师范附设班毕业后任初级小学校长。抗日战争全面爆发后，毅然投笔从戎，在冀鲁边区参加了华北民众抗日救国军。1938年9月调任黄夹区民众动员委员会主任。11月，任第7区区长兼动员委员会主任。1940年任乐陵县政府财政科科长、县政府秘书。1941年任乐陵县抗日民主政府县长兼县大队大队长，他率领县大队和县政府，积极开展抗日武装斗争，政权工作也取得显著成绩，1942年被冀鲁边区战时行政委员会评为模范县长。1943年4月，日、伪军以重兵对抗日根据地进行大“扫荡”。余志远等被包围在邢官庄一屋内。敌人得知屋内被围的是县长，遂扒开房顶，用手榴弹威逼余志远投降。余志远毅然咬破手指，在墙壁上写下：“生前不能孝父母，死后鲜血为国流，嘱我抗日诸同志，踏我血迹报国仇！”然后举枪自戕。

邹嘉甫（1915—1943）中共广灵县委书记兼县游击大队政治委员

原名占会。男，1915年出生，河北蔚县人，1931年加入中国共产党。“七七”事变后，积极发动群众参加抗日战争。平型关大捷后，带领一支抗日游击队，随八路军主力部队转战各地。1938年秋，任中共广灵县委书记兼县游击大队政治委员。1939年任县抗日动员委员会主任，动大批青壮年参加八路军，分批编入八路军120师第359旅、晋察冀5分区独立团等主力部队。1939年4月，百余名日军到狼虎坪烧杀抢掠。他率领游击大队发起突然袭击，日军被击毙击伤多人，仓皇溃退。9月29日，率部参加第359旅在张家湾伏击日军的战斗，歼灭日军正亚大佐联队一部，击毁汽车数十辆。10月28日，配合八路军主力部以在邵家庄伏击日军混成第2旅团，取得胜利。1940年积极开展瓦解伪军工作，10月26日，邵家庄据点的28名伪军掉转枪口，打死日军指挥官，弃暗投明。1943年1月24日，在陈庄子开展工作时遭到日军包围，掩护群众突围时牺牲。

宋乐三（1918—1943）中共濮阳县委书记

原名玉家，又名宝善。男，1918年出生，河南南乐人，1938年加入中国共产党。1931年“九一八”事变后，积极参加抗日救亡活动。在党的领导下，举办农民夜校，一面学习文化，一面向农民宣传抗日救国的道理。抗日战争全面爆发后，他毅然离开新婚才3个月的妻子，步行百余公里，到中共直南特委主办的抗日军政干部训练班学习，投入抗日斗争。1940年10月被冀鲁豫区党委任命为濮（阳）东工委书记。这是屡遭敌人破坏的地区，他联络失掉关系的中共党员，重建抗日组织，并在敌人严密控制的八公镇设立了地下联络站。他亲自深入敌兵营侦察敌情，趁敌人下乡“扫荡”之机，发动突然袭击，打死日军6人，缴获8支三八大盖步枪。1942年3月，宋乐三任中共濮阳县委书记。后到濮阳3区的大碾村联系工作时，由于汉奸告密，被日本宪兵队逮捕。在敌人残酷的刑讯中，他坚贞不屈，保护了党组织的完整和同志们的安全。1943年1月，宋乐三被押赴濮阳城南刑场杀害。

宋耀南（1913—1943）新四军第3师10旅兼苏北军区淮海军分区第3支队7团团长

原名光璧。男，1913年出生，江苏沭阳（今新沂）人，1939年加入中国共产党。“九一八”事变后，在淮阴师范上学时，曾因投身抗日救亡活动而被校方开除。1938年至1939年，积极寻找中共组织，先后参加抗日青年救国训练班和八路军陇海南进支队。1939年8、9月间，受党组织安排回乡组建抗日武装，先后任沭西青救大队负责人、云台大队政治处主任等职。带领所部坚持沭阳地区抗日斗争，粉碎日军“扫荡”。云台大队编为八路军陇海南进支队第9大队后，返回沭阳再行筹建抗日武装。数月后，沭阳第3区新的青救大队成立，任大队政治教导员。在日军频繁“扫荡”的恶劣环境中坚持斗争，部队亦发展到100多人，并改编为沭河大队。1941年10月，调东海县工作。1942年任新四军第3师10旅兼苏北军区淮海军分区第3支队7团团长。7月间，日、伪军3000余人对淮海地区进行大规模梳篦式“扫荡”，率领全团数次粉碎日、伪的“扫荡”，给敌以重创。1943年7月12日，新四军决定围攻位于苏鲁交通线的日、伪军重要据点——桑墟。桑墟据点深沟壁垒、暗堡林立、火力交织，易守难攻。7团奉命担任主攻。20日，在指挥部队第3次攻击敌据点时，身负重伤。8月11日，桑墟据点在8团的协助下被7团攻克。29日，宋耀南因伤势过重牺牲。

张少舫（1905—1943）国民革命军陆军第51军113师参谋长

别号植桴。男，1905年出生，江西瑞金人。黄埔军校第5期步兵科毕业，后又到中央训练团军官研究班第3期、中央军校校尉班深造。中央军校未及毕业他就到前方见习，参加了北伐战争。历任国民革命军排长、连长、营长、副团长等职。抗日战争全面爆发后，张少舫先任新兵补充旅副旅长，后转任第51军113师参谋长，随军转战鲁中、鲁南地区。1943年2月，在山东安丘反“扫荡”作战中牺牲。

张同生（1913—1943）八路军后勤部兵站第3分站副主任

曾用名张玉成。男，1913年出生，陕西华阴人，1938年加入中国共产党。1940年被党组织派往山西中条山抗日前线，在八路军总后勤部兵站第3分站任副主任。当时，3分站对外称祁太游击队，下辖3个排和1个便衣队。张同生任游击队长兼便衣队长。当时，祁太游击队的主要任务是护送祁太地区通往延安的来往干部和军需物资，传送党的重要文件。刘伯承、余秋里等回延安开会，就是由张同生护送的。祁太游击队经常深入敌人心脏打击敌人。一次，在太谷南关，日军1个排在伪军协助下袭击我游击队，在张同生机智勇敢的指挥下，只用了12分钟，就打死日军7余人，缴获很多武器。这次战斗曾在新华日报报道，影响很大。1943年5月，日军对太行山区的辽县、榆社、黎城进行“大扫荡”，游击队被敌人包围，张同生率领2个排与4倍的日军浴血奋战。终因寡不敌众，被日军俘获。面对日军刑讯逼供，他临危不惧，宁死不屈。日军把他捆在椅子上，将一壶壶开水浇在他身上，将其烫死。

张袖石（1908—1943）中共冀鲁边区第3地委副书记

化名张博。男，1908年出生，山东庆云人，1935年加入中国共产党。抗日战争全面爆发后，在家乡组织成立了抗日救国会第13分会和庆云县抗日救国会，积极开展抗日救亡活动。1938年4月，任庆云县抗日民主政府县长。后调任冀鲁边区特委秘书长、乐陵县委书记、津南地委宣传部部长、第1军分区政治部主任、冀鲁边第3地委副书记等职。1943年3月17日，驻庆云、乐陵、阳信等县的日、伪军1000余人分13路对3地委活动的三汾水（汾水王、汾水马、汾水杨）一带进行“扫荡”。地委机关在转移时于汾水王村东南与日伪军遭遇，在战斗中牺牲。

张惠民（1905—1943）国民革命军陆军第10军3师9团团长

字志润。男，1905年出生，陕西平利人。1923年高小毕业。1924年春，考入西安第二职业学校。1926年，张惠民投笔从戎，投入西安国民军杨虎城部模范营。1927年4月，考入西北军官学校。1928年军校迁往山东兖州，张惠民任步兵2队分队长。1931年，升任国民革命军第26路军27师副团长。抗日战争全面爆发后，张惠民赶赴山西，参加娘子关战役。随后，又参加徐州会战，取得台儿庄大捷，屡建奇功。在此之后，张惠民部归入第10军战斗序列，任国民革命军陆军第10军3师9团团长，驻防长沙一带，参加第二、第三次长沙会战，打退日军进攻。1943年11月，日军发动常德会战，张惠民指挥所部协同第7、第8团坚守德山正面阵地。12月4日，所部3营阵地被攻陷。张惠民闻讯后，率部反击，将阵地收复。下午2时许，在指挥战斗时中弹牺牲。后被追赠为陆军少将。

张智忠（1909—1943）西海印刷厂厂长

男，1909年出生，山东昌邑人，1934年加入中国共产党。1933年与共产党员孙朋乐等到青岛开设荒岛书店，结识了著名作家萧军、臧克家和中共青岛市委青年委员乔天华，荒岛书店由此成为中共青岛市委的秘密活动地点。1936年秋，张智忠受青岛市委派遣，回昌邑组建中共昌邑县委并任书记。抗日战争全面爆发后，他以开设文化书店和创办新文字训练班为掩护，秘密发展党员、建立组织，筹建地方抗日武装。1938年2月与鹿省三等领导了瓦城抗日武装起义。会同潍北起义部队组建了八路军鲁东游击第7支队。张智忠任中共昌潍县委书记。12月任中共胶北特委副书记兼组织部部长。1939年6月，张智忠不幸被捕，日伪军用酷刑逼供，他宁死不屈，维护了昌邑地下党组织的安全。不久，他被押往潍县南寺庙维新小学，在特务的严密监视下任教。1941年2月，经党组织营救脱险，先后任西海地区各救会民训、文协主任。1943年任西海印刷厂厂长。11月，因汉奸告密，张智忠在招远县梧桐夼村再次被捕，遭日、伪军杀害。

陈涉藩（？—1943）国民革命军陆军第73军15师45团团长

男，湖南湘乡人。早年从军，历任排长、连长、营长等职。抗日战争全面爆发后，转战各地。先后参加了武汉会战、第一次长沙会战和第三次长沙会战，屡立战功。1943年升任第73军15师45团团长。后参加鄂西会战，奉命坚守湖南南县以北40里麓湖山阵地。5月5日，随第15师守备茅草街、团山寺阵地，与日军激战，击毙日军多人。5月6日，陈涉藩率部在梅田湖、芝麻坪、三汊河、黄石嘴一线，与日军第17旅团反复争夺。战斗中陈涉潘身先士卒，率特务排英勇杀敌，陈涉藩腿部被敌军打穿后仍不后退。因手枪被炸毁，乃紧握数枚手榴弹，准备死守阵地。血战中，特务排官兵伤亡殆尽，待日军迫近时，陈涉潘连续投出手榴弹，炸死日军10余人。当大批敌人冲上来时，陈涉藩以最后一颗手榴弹与3名敌人同归于尽。后被追赠为陆军少将。

陈耀元（1910—1943）八路军冀南军区第5军分区副司令员

男，1910年出生，湖北天门人，1932年加入中国共产党。1930年参加红军游击队。1931年参加中国工农红军。历任班长、排长、连长、营长等职。1936年10月，随红2方面军长征到达陕北。1937年抗日战争全面爆发后，受中共中央北方局的派遣，曾任鲁西北清丰县的直南游击队，任第4支队第1大队中队长、大队长。第4支队改编为129师东进纵队第7支队，任副司令员兼参谋长。在冀南广宗、曲周、永年、临漳、成安等县配合地方政府活动。1938年冬，随东进纵队司令部住河北威县肖河渠。天亮时发现敌军前来围攻，战斗自早晨开始至中午，他身负重伤数处，转移至太行山区部队医院治疗。出院后到北方局党校学习。1940年分配到冀南军区，先后任第1军分区第27团团长、第5军分区副司令员。1943年8月30日，在河北枣强县北孔头反击日、伪军“合围”战斗中牺牲。

罗华明（1915—1943）八路军晋察冀军区第4军分区教导团团长

又名化民、发明。男，1915年出生，江西吉水人，1930年加入中国共产党。1930年参加中国工农红军。历任连指导员、营政治教导员、团政治委员，少年先锋队中央总队部执行委员，少共国际师政治部主任，红5军团第15师第45团政治委员，第13师政治委员，军团政治部破坏部部长。参加了中央苏区历次反围剿和长征。曾获中共中央革命军事委员会颁发的三等红星奖章。1937年后，在中国人民抗日军政大学和中央党校学习。抗日战争全面爆发后，赴华北抗日前线。1939年6月，任八路军晋察冀军区教导团政治委员。1942年9月，任晋察冀军区第4军分区教导团团长。1943年5月1日，在河北平山反“扫荡”战斗中牺牲。

周志开（1919—1943）空军第4航空大队23中队中队长

男，1919年出生，河北滦县人。中央空军军官学校第7期毕业，历任国民革命军空军第4航空大队23中队中队长，升至少校三级。抗日战争全面爆发后，随中国空军对日展开作战，数次参加重庆空战。1940年出击桂南，与日机激战于昆仑关上空，击落敌96式轰炸机1架。1943年再歼敌于汉中上空。6月日军空袭重庆，周志开由四川梁山基地起飞，单机迎敌，击落敌机3架，威震敌胆。周志开因此获得青天白日勋章。1943年12月14日，周志开单独驾驶P-40N机1架，由湖北恩施起飞，侦察澧县、石首、华容、安乡一带敌军，途中遇到敌机拦截，因寡不敌众，被击中坠落于长阳县境内，周志开牺牲。后被追赠为空军中校。

周凯东（1915—1943）八路军太行军区第4军分区3团团长

原名发海。男，1915年出生，河南陕县人，1932年加入中国共产党。1929年投身冯玉祥部，中原大战后改编为国民党军第26路军。1931年12月，随26路军参加宁都起义，编入中国工农红军第5军团。历任班长、排长、连长、营长、副团长、团长。1934年10月参加长征。1937年“七七”事变后，周凯东与洪涛等8位红军干部从延安到达山东。山东省委派周凯东、郭盛云于10月上旬到达冀鲁边区。周凯东先任华北民众抗日救国军第6团副团长,10月下旬任华北民众抗日救国军参谋长。12月中旬任冀鲁边区第31支队第3路副指挥。后调八路军太行军区，任新1旅1团副团长、第4军分区第3团团长。1943年8月中旬，八路军总部集中15个团的兵力发起林南战役。周凯东率领3团突破林县城南门，很快解决了南城门守敌。他命令机炮连掩护，又一举拿下城东门，封锁了敌人东逃之路。18日上午，日、伪军向3团发起疯狂反扑，3团四面受敌。周凯东亲自到连队察看战斗情况，被子弹射中牺牲。

侯登山（1919—1943）八路军清河军区直属团爆破队队长

男，1919年出生，山东博兴人。1940年参加八路军，在清河军区直属团当战士。1年后当了班长，被选送接受爆破培训，成为合格的爆破手。在多次战斗中，以敏捷的动作和熟练的技术，炸毁敌人火力点，被提升为爆破队队长。1943年5月，清河军区在反“蚕食”、保麦收的战役中，决定首先拔除垦利、广饶、博兴、蒲台4县交界处的三里庄据点。该据点深沟高墙、明碉暗堡，八路军鲁北部队在1年前曾组织3次攻击，均未成功。这次战斗，要求采取连续爆破的办法，突入街区，将敌全歼。侯登山向团长主动请缨，随突击连行动，指导他们搞好爆破。战斗打响后，实施了两次爆破，一次被敌人交叉火力所阻，一次炸药包置放太低，爆破手牺牲了，围墙未炸开。如果在拂晓前爆破不成，势必撤出战斗，前功尽弃。这时，侯登山夹起两个炸药包，跃出战壕，冒着密集的炮火冲到围墙跟前。但围墙土质太硬，抠不出置放点，他便毅然把炸药包放在胸前，紧紧抵在围墙上，拉着了导火索。随着一声巨响，围墙被炸开了一个3米多宽豁口，侯登山牺牲。

胡畏（1911—1943）晋察冀日报社国际新闻主编

男，1911年出生，贵州遵义人，1932年加入中国共产党。1932年，入民国大学读书时，就在上海赤色工会做工运工作。曾亲自去拉人力车，任人力车工会委员长和党组织书记。参与了上海日本纱厂工人总罢工。1937年淞沪会战后，随上海战地服务团到武汉，又转至山西临汾参加中华民族解放先锋队，在侯马地区动员青年参加抗日武装，协助抗日政府组织青年支前，开展国民教育和群众文化活动。1938年，参与率领上海抗日流亡演剧队第3队到广西、贵州演出后，奔赴延安。1939年初，进入延安抗日军政大学总校学习，毕业后分配到晋察冀边区邓拓任社长的《抗敌报》工作。1940年11月《抗敌报》改名《晋察冀日报》，胡畏任编辑部国际组组长兼国际新闻主编。1943年秋，日军对晋察冀边区进行疯狂“扫荡”，报社决定在反“扫荡”中坚持出报，胡畏既要编辑国际新闻，又要负责武装班的工作。同年9月7日夜，报社人员冒雨转移到河北灵寿县北营村村口时与日军遭遇，胡畏率报社武装班掩护战友撤退。拂晓，当大家转移至阜平县小水峪马兰村时，已被日军包围。胡畏指挥武装队与敌血战，从敌包围圈中撕开一条口子，使报社人员得以安全转移。胡畏等7位同志却在突围战斗中壮烈牺牲。

袁复荣（1909—1943）鲁西南专署专员

男，1909年出生，山东曹县人，1931年加入中国共产党，曾任共青团济南市委委员。1932年，在济南被国民党山东省政府逮捕。1936年出狱后回到曹县，曾任中共曹县县委宣传部部长、书记等职。1938年3月，到曹县西北韩集一带，建立了农民互助会、农民救国会。1939年春，到曹县东南部，主持举办青年训练班，学员毕业后大部发展为中共党员。1939年7月，中共鲁西南地委在曹县西北刘岗村建立，任地委宣传部部长，协助地委书记戴晓东，带领群众开展反“扫荡”斗争，巩固了鲁西南抗日根据地。1942年5月任鲁西南专署专员。1943年9月21日，日、伪军万余人，从济宁、徐州等地出动，分十路对鲁西南、湖西地区进行大规模“扫荡”。9月28日，他和鲁西南军分区司令员朱程等所率部队和专署部分机关被日、伪军包围在曹县西南王厂村。因寡不敌众，多次突围均未成功，袁复荣在战斗中牺牲。

袁鸿化（1909—1943）八路军冀南军区第4军分区政治部主任

男，1909年出生，陕西高陵人，1927年转为中国共产党党员。学生时代就积极参加革命活动。1927年加入中国共产主义青年团。入党后，主持农民协会工作。大革命失败后，继续进行党的地下工作。1934年参加中国工农红军。先后任军政治部干事、股长、宣传部副部长。参加了长征。1937年2月，任援西军教导团政委。1937年抗日战争全面爆发后，任八路军第129师教导团政治处主任、随营学校政委。1940年到中共北方局党校学习时，任大队党支部书记。同年7月，党校毕业后到冀南抗日根据地，任第129师新4旅政治部主任，投身敌后平原抗日游击战争。1941年奉命赴鲁西南开辟新的根据地。同年8月，又调回冀南军区，任第4军分区政治部主任。1942年参加了反击日军“铁壁合围大扫荡”。1943年10月，冀南军区发起临（清）东战役。他奉命率部进入位于山东临清以东陈官营的前线指挥部。10月21日下午2时许，陈官营指挥部突遭两股日军的偷袭，袁鸿化立即指挥部队反击，战斗中牺牲。

耿玉辉（1901—1943）丰（润）玉（田）遵（化）联合县抗日民主政府县长

原名耿兰。男，1901年出生，河北遵化人，1927年加入中国共产党。当过学徒、店员，学过武术。后任高小庶务、县教育局督学。1929年参与领导当地的农民运动。1931年“九一八”事变后，曾到关外兴隆县，秘密从事党的地下工作。1934年奉命重返已为沦陷区的遵化县，积极筹款筹枪，准备起事。1938年7月，耿玉辉率众参加冀东抗日武装大暴动，被任命为冀东抗日联军第18总队第3大队大队长，后任第5总队总队长，率队转战长城内外。10月上旬，耿玉辉率部随八路军第4纵队西移平西，任冀热察挺进军第32大队大队长。1939年11月，奉命重返冀东，任新组建的第7总队总队长，参与领导开辟丰玉遵抗日游击根据地。1940年8月，八路军冀热察挺进军第13团成立，耿玉辉任第3营营长，在团长包森的指挥下，多次打击日、伪冀东治安军。1942年7月，任丰（润）玉（田）遵（化）联合县县长、兼冀东军分区第3区队区队长、军分区武装部长、游击总队总队长等职。同年冬，在执行任务夜宿遵化县杨家峪时，被日、伪军包围，突围中身负重伤。1943年1月4日，耿玉辉等4人到藏山庄活动后夜宿于一山洞中。翌日凌晨，因汉奸告密，洞口被日、伪军包围。在突围已无可能的情况下，饮弹自尽。

夏庆贤（1917—1943）中共巨鹿县委书记兼县长

男，1917年出生，河北巨鹿人。读高小和师范期间，经常阅读进步书刊，倾向革命。“九一八”事变后，他和许多进步青年一起，投身抗日救亡运动。1933年加入中国共产党。不久回到家乡开展抗日斗争。1937年，八路军东进纵队途经巨鹿，他参加了八路军。1938年，受党的派遣到南和县任县长兼县战委会主任。他一手抓建立党的基层组织和对群众的宣传教育工作，一手抓争取伪军反正的工作，动员了近800人加入抗日队伍。1942年，调任巨鹿县委书记兼县长。当年，冀南地区遭遇百年不遇的蝗灾和旱灾，他认真贯彻冀南区党委“咬紧牙关，积蓄力量，战胜灾荒，坚持对敌斗争”的方针，带头吃野菜，穿打满补丁的衣服，并采取借粮、贷赈、精简节约、社会互济等措施，扭转困难局面。1943年12月，他带通信员到西下町执行任务时，被600多名日伪军包围，突围中牺牲。

夏祖盛（1907—1943）八路军冀南军区第6军分区副司令员

男，1907年出生，湖北黄安人，1930年加入中国共产党。1930年参加中国工农红军。历任红4方面军班长、排长、指导员、团政治处主任，红9军27师政治部主任、师党委书记、红9军党委委员等职。参加过鄂豫皖、川陕苏区反“围剿”和长征。1936年10月到达陕北后，进入红军大学学习，月底，参加西路军西渡黄河。1938年8月，任八路军129师青年抗日游击纵队第1团政治处主任。1939年9月，任青年抗日游击纵队第2团政治委员。1941年2月，任冀南军区第6军分区副政委。同年6月任政委。1942年6月，任冀南军区第6军分区副司令员。在冀南平原游击战中，他率部英勇杀敌，屡建战功。1943年5月22日，于河北省故城县大马村战斗中牺牲。

徐竞（1911—1943）新四军第3师10旅兼苏北军区淮海军分区吴集情报站情报工作人员

又名汉民。男，1911年出生，江苏灌云人。曾就读于省立扬州中学、南京三民中学。1931年“九一八”事变后，在南京加入“三民铁血团”，积极参加抗日救亡活动。后赴延安学习。1939年毕业后，到八路军陇海南进支队第3团工作。不久，调任新四军第3师9旅政治部民运科副科长。1942年秋，调新四军第3师10旅兼苏北军区淮海军分区吴集情报站情报工作。1943年春，受党派遣到新浦、海州打入敌伪内部，做瓦解敌伪军、策动伪军反正、搜集日、伪情报等工作。后被告发，在新浦被日军逮捕。关押期间，面对敌人酷刑拷打，始终坚贞不屈，严守党的机密。后被敌人推入狼狗群咬死。

徐尚武（1912—1943）八路军冀鲁边军区第2军分区副司令员

原名荣耀。男，1912年出生，山东无棣人，1938年加入中国共产党。1930年考入山东省无棣县师范讲习所，1933年毕业后在店子等村任教。1937年抗日战争全面爆发后,参加中国共产党领导的冀鲁边区抗日武装第31游击支队。1938年任庆云县战争动员委员会宣传部部长和锄奸部部长，次年调任临邑县抗日民主政府县长。在八路军东进抗日挺进纵队第5支队的配合下，建立起临邑县大队。1941年10月，任冀鲁边军区第2军分区司令员。1942年9月，115师教导6旅副旅长龙书金兼任第2军分区司令员，他任副司令员。1943年1月25日，在日军对鲁北进行的大“扫荡”中，徐尚武率50余人抢占王家楼阻击敌人,掩护分区党政军机关突围，战斗中牺牲。

徐维中（1917—1943）中共济南工委书记

又名子常、志刚。男，1917年出生，山东烟台人，1939年加入中国共产党。1939年4月，在济南莪雅坊小学任教。1940年10月，任中共济南工委委员。1941年1月7日，工委书记被日特逮捕，供出工委组织名单。工委书记被释放后，对自首十分后悔，同他商量对策，打算通知党员撤离市内。他认为此时撤离已不可能，应采取“将计就计，稳住敌人，进行反间谍斗争”。同时亲自前往中共中央山东分局报告济南工委被破坏的情况，山东分局指示济南工委“将计就计，稳住敌人，相机撤出”。1942年4月，山东分局对济南工委领导班子进行调整，任命徐维中为工委书记，以领导同日特的特殊斗争。6月，日特在得不到新的有用情报的情况下将他逮捕。敌人利用他的未婚妻（已自首）劝降，遭其怒斥。在狱中，面对日军的威逼利诱、严刑逼供，始终坚贞不屈，保守党组织的秘密。9月2日，济南工委组织18名党员和抗日群众成功撤离市区。1943年2月被日军杀害。

高道光（1906—1943）山东铁道破坏总队总队长

别号化宇。男，1906年出生，山东德县人。中央陆军军官学校第9期毕业。

早年参加东北军，抗日战争全面爆发后随国民革命军第51军自陕西东进抗日，进驻山东，坚持敌后游击作战5年。1938年夏天，在山东聊城成立了山东铁道破坏总队，高道光任总队长，受命领军扰乱和破坏日军交通线。同年秋，铁道破坏总队配合八路军第10支队机枪营在张夏站外袭击日军军车，使一列军车脱轨。1939年4月，铁道破坏总队配合第51军在大汶口车站外炸毁日军首次试运的国际列车。1943年被授予陆军少将。同年5月23日，在山东新泰县楼德镇对日军作战中受伤被俘，坚贞不屈，惨遭杀害。

陶绍唐（1906—1943）国民革命军陆军第100军63师189团团长

字尧卿，又名陶恒。男，1906年出生，河南西峡人。少时在家乡读书，青年时代投身军校。1926年受训于国民军事政治学校军官训政班。历任国民革命军副团长、参谋、团长等职。曾随军参加对日赣北战役、南昌会战、第一次长沙会战、第三次长沙会战等战役，作战勇敢，又富韬略。1942年，任第100军63师189团团长，率部参加浙赣战役，守备兰溪。1943年11月，在湖南桃源对日作战负伤，因伤重牺牲。后被追赠为陆军少将。

桑玉山（1914—1943）八路军冀鲁豫军区第5军分区民军1团团长

男，1914年出生，安徽六安人，1931年加入中国共产党。1930年参加中国工农红军第4方面军，参加了鄂豫皖和川陕根据地反围剿和长征。先后任班长、排长、连长、营教导员。抗日战争全面爆发后，从陕北到太行山。后任八路军第2纵队兼冀鲁豫军区特务营教导员和内黄、高陵两县游击大队大队长、华北抗日人民军1旅1团政治处主任等职。后任冀鲁豫军区第5军分区民军1团团长。曾率队夜袭清丰县韩村集之日军，缴获大批武器弹药。发展了内黄、高陵两县武装，给盘踞内黄、高陵、濮阳、滑县4县和卫河两岸的日、伪军很大打击，保卫了鲁西南抗日根据地。1943年9月28日，在山东曹县王厂地区指挥部队对日作战中牺牲。

黄德兴（1903—1943）国民革命军陆军第51军114师师长

号振东。男，1903年出生，河南永城人。东北陆军讲武堂毕业。毕业后参加东北军，历任国民革命军第51军连长、营长、团长等职务。“七七”事变后，黄德兴随第51军奔赴抗日前线。1938年初参加徐州会战，担任津浦路南端淮河北岸地区防务，阻击日军第13师团北上增援。后增援台儿庄前线，确保台儿庄前线反击成功。会战后，担负后卫任务，掩护大批友军撤退。1939年1月，转入山东敌后进行游击战。1943年4月，升任第51军114师师长。同年7月，在山东邹县与日军作战中牺牲。

曹云（？—1943）新四军第3师兼苏北军区供给部军需科科长

男，中国共产党党员。新四军第3师兼苏北军区供给部军需科科长。1943年，在抗日战争最艰苦的岁月里，党中央要求各地抽调优秀的真正可靠的高级干部到延安学习深造，以适应将来形势发展的需要。在苏北坚持抗战的新四军3师赴延安学习的干部队由51人组成。干部队由师参谋长彭雄任队长带队。1943年3月17日，在参谋长彭雄的带领下，由江苏盐河口乘船转山东去延安，行至江苏连云港赣榆县小沙东海面时与日寇巡逻艇遭遇。干部队誓死不当俘虏，与日军优势兵力展开激战，战斗持续了12个小时。战斗中曹云中弹牺牲。

曹介（1919—1943）中共萧宿铜中心县委书记

原名国圻，又名曹建。男，1919年出生，四川宜宾人。1938年加入中国共产党。1938年赴延安抗大学习。同年调新四军游击支队任营长。1939年底随张爱萍的新四军6支队第4总队赴皖东北开辟抗日根据地。1940年任宿县股北区委书记兼区大队长，亲自起草《告股北区人民书》。1941年6月任中共宿东县委书记。1942年11月，任中共萧宿铜中心县委书记。1943年3月16日，曹介在闵贤集召开区乡干部会议，被日本警备队百余人包围。被捕后，他受尽酷刑宁死不屈。当党组织准备营救时，他担心带来无谓的牺牲，要求停止营救。面对日军的利诱拉拢，他抓住机会，做劝降人员的工作。7月，在押送他去宿县日本宪兵队的途中跳车时中弹牺牲。

彭泰农（1915—1943）东江人民抗日游击总队港九大队政训室工作人员

又名彭泰，曾用名彭振东。男，1915年出生，广东惠阳人，1937年加入中国共产党。抗日战争全面爆发后，彭泰农在《惠州日报》发表了《告东江父老兄弟姐妹同胞书》，号召东江儿女团结起来，打败日本侵略者。不久，在坪山组织抗敌后援会，发展中共党的组织，成立了中共坪山区委，统一领导该地区的抗日斗争。1938年1月，彭泰农从坪山来到惠州。5月，成立中共惠州中心支部，任支部书记。8月，成立了中共惠（州）博（罗）中心县委，任县委书记。1939年调到东江从事党的地下工作，后又调到和平县和东区负责区委工作。1943年2月，彭泰农被调到东江人民抗日游击总队港九大队政训室工作。3月3日下午日本宪兵队突然包围了新界。彭泰农立即销毁文件，组织突围。在掩护其他同志撤退时，彭泰农不幸负伤被捕，被押到粉岭日本宪兵总部。在狱中，彭泰农受尽敌人严刑拷打，始终不透露半点机密，遭日军杀害。

韩子衡（1906—1943）八路军清河军区清西军分区参谋长

男，1906年出生，山东高青人，1938年加入中国共产党。1930年毕业于长山中学。1937年“七七”事变后，积极宣传抗日，发动群众投身抗日救亡运动。同年12月，被中共党组织任命为山东长山县（今属山东邹平县）6区区长兼区地方抗日武装中队队长。1938年初，他率区中队参加八路军山东人民抗日游击第3支队，任特务营4连连长。1940年任八路军山东纵队第3支队基干1营副营长。1942年初，任清河军区第2军分区兼清西独立团参谋主任。1943年初，任清河军区清西军分区（原第2军分区）参谋长。1943年1月，日伪军纠集重兵，对垦区、广北、清西抗日根据地进行“铁壁合围”式的“扫荡”，韩子衡率九连驻扎在樊林村。15日晨，遭敌包围。为掩护主力部队和群众突围，他率战士们同敌人展开血战。激战中，身受重伤，为了不影响部队突围，举枪自戕。

傅国光（1916—1943）冀鲁日报社社长

男，1916年出生，河北盐山人，1937年加入中国共产党。其父是一位颇负众望的中学教员，自幼受到良好的家庭教育，先后在本县高小、省立沧县2中、省立北平17中学读书。1935年积极参加“一二·九”运动，被学校开除。1936年8月、9月间，他又考入西安大学。“西安事变”爆发后，他又参加了声援张学良、杨虎城的活动。全国抗战爆发后，他毅然返回家乡，参加革命。开始，在抗日救国军政治部做宣传鼓动工作。1938年8月转入地方工作，历任盐山县抗日民主政府文教科长、冀鲁边区宣传出版部部长。1939年初，任冀鲁边区机关报《烽火报》社长兼总编辑。他带领报社人员日夜忙碌，三日刊改成两日刊，每期发行量由1000份增加到5000份，为促进边区抗日救亡运动的发展发挥了重要作用。1942年12月，冀鲁边区党委决定，《烽火报》和《前进报》合并，成立《冀鲁日报》，傅国光任社长。此时，傅国光病倒了，边区党委安排他到清河区后方养病。经过4个多月的治疗，病情稍有好转，即于1943年4月11日返回工作岗位。9月26日，傅国光正在庆云县小魏庄一带布置报社工作。次日凌晨，日、伪军突然包围了小魏庄，傅国光被捕。敌人对他施以各种酷刑，他宁死不屈，最后惨死在敌人的刺刀下。

童世明（1912—1943）新四军第3师8旅兼苏北军区盐阜军分区22团副团长

男，1912年出生，河南商城人，1930年加入中国共产党。1930年参加红军，历任通讯员、班长、排长、指导员、连长、营长、团参谋长、副团长。在红25军期间，参加过鄂豫皖苏区历次反“围剿”作战和长征。到达陕北后，参加陕北苏区的第三次反“围剿”斗争。抗日战争全面爆发后，任八路军第115师344旅687团副团长，先后参加平型关战斗、山西灵丘战斗、晋东南粉碎日军九路围攻和河北威县反“扫荡”战斗，四次负伤。1940年5月，随部队南下，支援新四军发展华中。皖南事变后，687团改编为新四军第3师8旅兼苏北军区盐阜军分区22团，童世明仍任副团长。1941年9月，在攻打伪军郑潭口据点的战斗中，协助团长在前线指挥。经过激战，全歼守敌600余人，拔掉了日、伪军插入淮海、盐阜根据地之间的钉子，打通了两个根据地的联系。1943年2月，日军对盐阜地区进行春季大“扫荡”。3月16日，新四军第3师集结主力反击。22团与敌步、骑、炮部队300余人在涟东县黄营交战，激战6小时，将敌击溃。3月19日，日军400余人，伪军600余人，进犯江苏阜宁县单家港。指挥22团连续击退日、伪军的三次进攻。战至下午，日军增援部队赶到，战斗异常激烈。在敌众我寡情况下，指挥部队转移时，被敌弹击中头部牺牲。

曾海庭（1914—1943）八路军晋察冀军区第3军分区骑兵团政治委员

男，1914年出生，江西瑞金人，1930年加入中国共产党。曾任乡苏维埃政府主席。1933年参加中国工农红军，后随红军长征到陕北。1937年抗日战争全面爆发后，历任晋察冀军区独立第1师2团指导员、教导员、政治处主任等职。后调任晋察冀军区第3军分区骑兵团政治委员。多次率部参加战斗，英勇顽强，以身作则，并善于做思想工作，深得干部战士爱戴。1943年5月，曾海庭率骑兵团在河北唐县与日、伪军激战中牺牲。

魏凤璋（1918—1943）太岳日报社社长

男，1918年出生，河南濮阳人，1939年加入中国共产党。中学时代即投身抗日宣传，被学校开除。后前往北平读书，参加了“中华民族解放先锋队”。1935年“一二·九”运动后，南下南京、上海，从事抗日救亡工作。1937年进入延安陕北公学。1940年6月，太岳区党委机关报《太岳日报》创刊，魏凤璋任社长、总编辑。新华社太岳分社与太岳日报社合并后，对外发稿仍保留太岳新华分社名义，悉归魏凤璋领导。当时，日军频繁“扫荡”我根据地。一天，魏凤璋收到军区司令员陈赓的便笺：“穴居野处，二十余日矣！有何重要新闻，请能告知一二。”原来，部队的机要电台不允许抄收新闻，陈赓苦于消息闭塞，写此便笺求援魏凤璋。魏凤璋立即决定，以后每逢反“扫荡”，都由他带领电务、文印人员和设备，随太岳军区司令部行动，以便及时向军区和根据地领导报送新闻，他们由此被誉为“新闻轻骑兵”。1943年10月，日军对太岳区进行所谓“铁磙扫荡”，太岳日报社转移至阳城南山。一天，魏凤璋带领大家准备返岳南复刊。行至阳城县枪杆村时，突与日、伪军遭遇。战斗中牺牲。

魏明伦（1917—1943）八路军冀鲁豫军区第5军分区民军1团政治委员

男，1917年出生，河南南阳人，1936年加入中国共产党。1935年在陕北参加中国工农红军。曾任文书、宣传员、宣传股长、组织股长、团政治处主任等职。1940年秋在中共北方局党校学习后，调任冀鲁豫军区华北抗日民军第1旅兼冀鲁豫军区第1军分区政治部主任。1943年初精兵简政，民军1旅整编为民军1团，任冀鲁豫军区第5军分区民军1团政治委员。同年9月28日，在山东曹县西南王厂村反击日、伪军“扫荡”战斗中牺牲。

马玉如（1910—1944）八路军冀中军区第10军分区回民大队大队长

男，回族，1910年出生。河北永清人。出身于农民家庭。1937年“七七”事变后，一度做过回奸王老善部的卫队长。不久，毅然率卫队反正，在永定河畔举旗抗日。1938年夏，所部编为八路军冀中军区5分区独立大队。同年8月，军分区成立抗日回民大队，任大队长。自1939年5月起，回民大队负责保卫军分区机关，曾多次与日、伪军遭遇，均能英勇制敌，掩护分区机关安全脱险。1940年5月，带队随分区机关驻固安县齐家营村。第二天拂晓，遭日、伪军近千人包围。他指挥战士与敌人激战至黄昏，连续打退敌人9次攻击。敌人弃尸数百，狼狈撤退。回民大队受到分区司令部嘉奖。1940年冬，调八路军冀中军区回民支队，在马本斋司令员的领导下，任大队长。后在青大战役中负伤。1942年10月，调回第10军分区，仍任回民大队大队长。1944年4月，奉命将一批生铁运往根据地兵工厂。他带警卫员回家乡河北霸县安育村，在与村干部商讨运铁办法时，被汉奸告密惨遭杀害。

马吟南（1912—1944）中共冀热边特委秘书长

又名宗周、字承武。男，1912年出生。河北玉田人。1926年考入玉田师范讲习所。1927年10月18日参加玉田农民武装暴动。1928年加入中国共产党。1929年冬回家乡马店子村教书，利用教师公开身份传播革命思想，建立农会组织，秘密发展党员。1930年6月参加玉田第二次农民武装暴动（黄林暴动），暴动失败后，辗转北上潜入哈尔滨市，先后从事家庭教师、公司职员、市政府职员、小学教师等工作。其间因编印宣传抗日救国的小册子《火线》而被通缉。1935年马吟南回到玉田县沙流河一带开展抗日救亡活动。1938年参加了冀东人民抗日大暴动，负责抗日联军新第5支队政治工作。1939年接受冀东党分委的指示，组建《救国报》社，担任社长兼编辑。白天为学生上课讲解抗日救国的道理，夜晚收听广播，整理稿件，清抄刻版，把《救国报》一期期送到抗日军民手中。1941年转移到冀东抗日根据地鲁家峪公开办《救国报》，并增办了《老百姓报》，以丰富多彩的形式宣传党的政策，鼓舞人民斗志。在日军对冀东地区实行“强化治安”时期，他率领报社人员与敌人巧妙周旋坚持办报。1943年春，调任中共冀热边特委秘书长兼《救国报》社社长，随党委机关活动。1944年10月于丰润县杨家铺被敌人重兵包围，在指挥突围中牺牲。

马登云（1906—1944）国民革命军陆军第79军98师293团团长

男，回族，1906年出生，青海民和人。早年以教书为生，后投笔从戎。先后毕业于庐山军官训练团和步兵学校校官班，毕业后分配在第98师，历任排长、连长、营长等职。抗日战争全面爆发后，随军到江西修水、湖北通城等地作战，素来勇猛善战。1938年参加武汉保卫战，率部死守战略要冲马当要塞。1941年参加长沙会战，身中3弹，仍负伤指挥反击日军，突破日军防地，受到国民政府嘉奖。之后驻防湖南，与日军多次交战。1944年8月，率军从衡阳转战东安，驰援新宁友军。途中遭遇日军伏击，战斗中牺牲。后被追赠为陆军少将。

王澄（1914—1944）新四军第1师3旅兼苏中军区第4军分区东南警卫团团长

男，1914年出生，江苏镇江人，1939年秘密加入中国共产党。1938年参加抗日游击队。1939年7月，所在部队编入国民党鲁苏皖边区游击总指挥部第2纵队5支队，任4大队大队长。1940年7月1日，率部在泰州北部港口起义，立即投入新四军保卫郭村的战斗，为郭村保卫战的胜利立一大功。该部随后编入新四军苏北指挥部第1纵队5团，任团长。后又改编为新四军第1师3旅8团，仍任团长。率部挺进通如海启地区，开展抗日游击战争。1942年11月从华中党校学习归队，任苏中军区第4军分区东南警卫团团长，率部在海启地区坚持反“清乡”斗争。曾指挥所部攻克新港镇日、伪据点；围攻聚阳镇伪军。1943年12月，兼任东南行署主任。5月22日夜，率部攻克竖河镇日、伪据点，给日、伪军以沉重打击。1944年12月26日，因电台被敌侦悉，县委、行署机关及东南警卫团驻地海门县聚星镇巴掌村被日、伪军包围，突围时中弹牺牲。

王立中（1917—1944）中共稷麓县委书记

男，1917年出生，山西平陆人，1938年加入中国共产党。早年在平陆县立第一高级小学、河南省陕县第九中学学习时，开始从事抗日救亡活动。1935年“一二·九”运动时，因发动和组织学潮，被学校开除，返家后继续从事抗日救亡活动。1937年“七七”事变后，参加了牺盟会，参与组织了平陆青年服务团。以王立中等为骨干组成的话剧团，深入乡村，先后演出了《放下你的鞭子》、《绥东之夜》、《血衣》等剧目，推动了平陆群众的抗日工作。曾任平陆二区区委书记。1940年5月，调任中共永济县委书记，不久到晋豫区党委党校学习。结业后回到永济，从事敌占区工作。1943年调稷麓县，先后任康俊仁支队5大队指导员、9支队指导员，中共稷麓县委书记等职。1944年5月，在日军“扫荡”中，于闻喜县柏林南庄指挥作战时牺牲。

王宇震（1888—1944）国民革命军陆军第15军64师参谋长

男，河南汲县人。抗日战争全面爆发后，曾赴山西战场参加抗日。1941年中条山战役中，王宇震因战功升任第15军64师参谋长。1944年5月，日军发动豫中会战，王宇震率部参与保卫洛阳，第64师拼死守备洛阳西工阵地。14日，王宇震亲临第一线指挥，用望远镜观察敌情时，被敌人机枪击中胸部牺牲。后被追赠为陆军少将。

王克寇（1916—1944）八路军冀鲁豫军区第1军分区2团政治委员

原名汝廉，又名禄清。男，1916年出生，山东禹城人，1936年加入中国共产党。1933年考入平原第五乡师。在地下共产党员李竹如、马霄鹏热心教育下，学习马克思主义，并创办《禹声报》，宣传抗日救亡。1937年8月毕业时，正值“七七”事变爆发不久，他请求校方在毕业证书上把名字改为“王克寇”，以示抗日到底的决心。1937年冬，任中共禹城县委书记，根据鲁西北特委指示，建立了八路军129师独立旅禹城武装工作团，任政治委员。1938年初，鲁西北特委以该团为主，建立了冀鲁边支队，任支队副政治委员兼政治部主任。1939年，成立鲁西3大队，任政治委员。率部在东河、茌平、高唐、齐河、禹城一带开展游击战和锄奸活动。1941年春，3大队改编为冀鲁豫军区第1军分区2团，任团政治委员。率部先后在茌平、东河、长清、高唐等地，连拔日、伪军十几个据点。1942年10月，兼任禹城县抗日民主政府县长。1944年5月26日，率第2团攻打鲁西重镇东阿县牛角店日、伪军据点时，头部中弹牺牲。

王家让（1912—1944）国民革命军陆军第13军辎重兵团少将团长

男，1912年出生，四川渠县人。少年在家乡读书，后入上海浦东中学就读。高中毕业后，东渡日本，入日本陆军士官学校第26期步兵科学习。毕业回国后，任中央陆军军官学校成都分校战术教官。抗日战争全面爆发后，王家让积极投身抗日救国斗争。1938年被送入陆军大学第16期深造。1940年毕业后，到第1战区服务，转战中原抗日前线，奋战3年多。先后任国民革命军陆军第13军参谋科长、第13军第4师参谋处处长、少将参谋长。1943年任第13军辎重兵团少将团长。1944年5月，率部参加豫中会战，在增援友军途中，遭遇日军包围。王家让团长率部奋力突围，但因联络中断，孤立无援，寡不敌众，在临汝风穴寺附近中弹牺牲。

王道平（1886—1944）八路军冀鲁豫军区第5军分区定（陶）曹（县）支队支队长

原名喜太。男，1886年出生，山东曹县人，1936年加入中国共产党。辛亥革命中毅然从戎，后升任团长。北洋军阀袁世凯篡权后，愤然弃职返乡。1926年国民革命军誓师北伐，再次从戎，任国民革命军21军特务团团长。1927年再次离开军队。为寻求真理，奔走于郑州、开封、洛阳、张家口等地。1936年在张家口结识了共产党员于子元，两人志趣相投，交往甚密。在于子元的帮助教育下，王道平加入中国共产党。1937年"七七"事变后，与于子元商定组建抗日游击队。1938年秋后成立鲁西南抗日游击大队，王道平任司令员。1939年秋，游击大队接受八路军改编，任冀鲁豫支队第2大队第3营营长。1940年任定（陶）曹（县）支队支队长。在鲁西南红"三村"保卫战中，他利用旧关系，动摇、分化、瓦解敌人，减轻了对"三村"的压力，终于取得红"三村"保卫战的最后胜利。由于长年戎马倥偬，1940年患了肺病，仍继续坚持工作。于1944年3月病逝。

今野博（1919—1944）日本人反战同盟鲁中支部长兼滨海支部长

男，1919年出生，日本人。在秋田县实业学校毕业后参军，在32师团长田敏江大队当兵。长田是天皇的亲戚，来华之前曾受天皇接见。1939年5月，他的部队在青岛登陆，经济宁进驻汶上县城。8月1日，和率部护送尻野战小队去梁山，他们共有300多人，还有伪军50多人，配有轻重机枪10余挺，两门意大利造野战重炮和1门92步兵炮，路经独山头附近时，遭到八路军115师攻击，关田敏江被击毙，今博野钻进一片高粱地，被八路军俘获。他自杀未遂，逃跑又被追回。后经八路军教育，认识到日本帝国主义的侵略本质，思想觉悟提高很快。1941年6月，被选为日本反战同盟山东支部委员、组织部长。7月1日正式参加八路军山东纵队，1942年2月2日他还在《大众日报》上题词："我们醒悟了，我们坚决站在革命立场上，为中日两国人民彻底解放奋斗到底！"1943年1月7日，延安《解放日报》专门表扬了他。同年任日本反战同盟鲁中支部长，并兼滨海支部长。随山东军区第四武工队活动，利用给日军打电话，给日军写信、送宣传品、慰问信和在战场上喊话等形式，开展反战工作。1944年春，在日照县边沿区突然被日军包围，负伤被俘。在被囚禁中，仍然滔滔不绝地揭露日本侵略罪行，宣传反战同盟的主张。八路军曾设法营救未成。今野博被秘密杀害。

史蔚馥（1891—1944）广西绥靖公署高级参谋

字从吾。男，1891年出生，江苏溧阳人。青少年时即加入陈其美组织的反清秘密团体，参加辛亥上海起义。1912年，考入武昌陆军预备学校，后被保送到保定军校第3期步兵科学习。毕业后，历任排长、连长、营长、团长、旅长、副师长等职。抗日战争全面爆发后，史蔚馥返回原籍，担任苏浙皖边区游击总指挥部高级参谋，从事游击作战，牵制日军。1939年，转任兵站总监部第10兵站分监，为桂南会战筹措军需。1940年起，调任广西绥靖公署高级参谋，负责地方治安事宜。1944年，日军发动桂柳会战，攻陷桂林。史蔚馥随部撤退途中，在永福县遭遇日军第13师团，力战不敌被俘。日军劝其投降，史蔚馥坚贞不屈，严词拒绝，并痛斥日军罪行。日军恼羞成怒，将其乱刀刺死。

毕学法（1914—1944）新四军第3师10旅特派员兼苏北军区淮海军分区沭阳总队总支书记

又名长汪。男，1914年出生，河南济源人。1937年9月参加八路军。1940年6月随部队南下华中。1942年冬任新四军第3师第10旅兼苏北军区淮海军分区第3支队特派员，做锄奸工作。后任苏北军区沭阳总队总支书记。1944年5月，在苏北沭阳高流战斗中牺牲。

吕光（1914—1944）中共冀热边特委宣传部副部长兼救国报社社长

原名陈照。男，苗族，1914年出生，云南思茅人，1937年加入中国共产党。1935年考入北平朝阳大学，参加了“一二・九”运动。后被捕入狱，出狱后，进入日本早稻田大学学习。1937年全国抗战爆发后，回到祖国延安，入陕北公学分校学习，毕业后留校任宣传科长、华北联合大学组织科长，并随校迁往晋察冀边区的阜平。1942年调任中共冀东地委宣传部副部长，1943年任中共冀热边特委宣传部副部长兼救国报社社长。他将全部精力投入抗日宣传工作，除亲自过问收录新华社消息、编辑分工、印刷版面等工作外，还经常撰写社论。根据特委决定，他在较短的时间内筹组了5个地区的《救国报》地方版，出版了综合性的文艺刊物《新长城》，还创办了特委党刊《坚持》。1944年10月中旬，为了粉碎敌人“扫荡”，吕光和报社人员与特委机关一起从丰润县皈依寨村转移。17日凌晨，特委机关和报社与从丰润县城出动的敌人遭遇。在突围战斗中，吕光中弹牺牲。

刘万里（1912—1944）八路军晋察冀军区定易涞支队副支队长

男，1912年出生，江西吉水人，1932年加入中国共产党。1930年参加中国工农红军。参加了长征。到达陕北后入红军大学学习。毕业后，任晋冀军区第1军分区第3团第2营副营长，率部参加了雁宿崖歼灭战、黄土岭围攻战等战斗。1940年秋，率部参加了百团大战。1944年6月，任八路军晋察冀军区定易涞支队副支队长，率部在定兴县伏击姚村特务工作队，毙敌18人，缴枪20余支。此后，多次率部打击久安庄附近敌人，拔掉大任敌据点，切断敌人的联络。1944年10月，在河北省定兴指挥伏击敌人的辎重车队时，中弹牺牲。

李颐（？—1944）国民革命军陆军新编第6军预备2师5团上校团长

原名万育，字易白。男，湖南醴陵人。1928年考入黄埔军校第六期炮科。1929年毕业后，历任国民革命军排长、连长、营长、团长等职。抗日战争全面爆发后，任新编第6军预备2师5团上校团长。随军参加滇西和远征缅甸战役。1944年5月，为策应中国驻印军在缅北对日作战，打通国际交通线，发动了腾龙战役。7月，预备第2师和第116师联合攻打云南腾冲城垣，李颐率部由城西门冲入城内，与日军展开激烈的巷战。战斗中，李颐被冷枪击中牺牲。后被追赠为少将军衔。

李日新（1912—1944）新四军第5师兼鄂豫皖军区安（陆）应（山）指挥部指挥长

原名文德。男，1912年出生，湖北安陆人，1943年加入中国共产党。1938年10月安陆沦陷后，积极参加抗日斗争。曾任安陆县国民兵团独立第2中队中队长。1939年7月24日，率部参加新四军豫鄂独立游击支队，任第1团队第3大队第9中队中队长。在新街战斗中率部坚守寨外阵地，顶住日军毒气瓦斯袭击，打退了日军多次进攻。1941年7月，任新四军第5师安随应游击支队支队长。8月，指挥了安陆县烟墩店反“扫荡”战斗。1942年6月，调任新四军第5师15旅45团团长。同年12月，任新四军第5师兼鄂豫皖军区安（陆）应（山）指挥部指挥长。为巩固发展安应地区的抗日根据地，他长期抱病战斗。1944年9月，在安陆赵家棚病逝。

李平东（1914—1944）南宫县抗日民主政府代理县长

原名振瀛。男，1914年出生，河北南宫人，1934年加入中国共产党。1930年考入南宫县立中学，开始接受革命思想影响。1931年“九一八”事变后，积极投身抗日救亡运动。1933年夏考入冀县河北省立第6师范学校。1936年6师毕业后回乡任教。以教书为掩护在本村从事党的地下工作。1938年初，八路军129师东进纵队到达南宫后，他积极组织学生为部队站岗放哨，张贴标语，散发传单，配合“东纵”各项工作的开展。1940年冬，日军调集重兵对我华北各根据地进行疯狂的“蚕食”、“扫荡”、“清剿”。此时，他被调任南宫县一区区长。为鼓舞群众斗志，打击敌人的嚣张气焰，他领导广大群众一方面坚持对日作战，另一方面开展锄奸斗争。仅他亲手处决的汉奸就有十几名。1943年9月，调任南宫县抗日民主政府代理县长，同年11月，在贾待郎村开会时不幸被捕，关押在邢台监狱中，敌人对其进行严刑拷打，始终坚贞不屈。由于敌人长期摧残，1944年11月在狱中病逝。

李恒泉（1915—1944）八路军渤海军区第2军分区副政治委员兼政治处主任

男，1915年出生。河北唐县人，1936年加入中国共产党。1930年8月在保定育德中学读书。1934年7月在保定农学院当工人。1937年9月与党组织失去联系。抗日战争全面爆发后，1938年7月重新入党。同年12月，在高树勋部任军委会书记、师政治部宣传科科长、军教导总队政治处主任。1939年7月任冀南军区第6军分区政治处主任，同年11月任津南支队政治处主任。1941年1月任八路军115师教导6旅16团政治处主任，同年2月任17团政治处主任。1942年9月任冀鲁边区2地委委员兼第2军分区政治部主任。1944年1月任渤海军区第2军分区副政治委员兼政治处主任。1944年9月，在山东临邑县城战斗中牺牲。

李箸前（1920—1944）中共邯郸县委书记

原名屏藩，又名介同、李腾。男，1920年出生，河北永年人，1937年加入中国共产党。13岁考入县师范学校，参加爱国学生运动。1936年加入中国共产主义青年团。1938年春任邯郸工委书记，发动群众，筹建抗日政权。7月，任邯郸县农会主任。1939年调任永北县委民运部长兼农会主任。深入农村发动群众，开展减租减息、增资运动。1940年春节前夕，率民兵和农会会员突袭铁磨头匪团，缴获大批枪支弹药。自筹资金办起修械所，修理枪支，制造炸药和手榴弹，有力地支援了抗日斗争。1941年底任邯郸县委副书记，不久任县委书记兼县大队政委。1944年7月，县委在牛堡召开会议，被日、伪军包围，在突围战斗中牺牲。

杨尚武（1907—1944）国民革命军陆军暂编第15军新编29师85团团长

别号铸成、持中。男，1907年出生，湖南汉寿人。自幼天资聪颖，勤奋好学。1923年在沅江民智学校毕业后投笔从戎。以军功晋升为副排长、排长等职。1931年由部队选拔进入湖南长沙军官干部学校学习。结业后担任连长，不久复入中央军校洛阳分校深造。毕业后，升任第15师少校参谋。1938年至1940年任湖南邵阳永保师管区补充团中校副团长，1940年冬调任中央训练团中队长。1943年，调任第31集团军第29师85团上校团长，奉命驻防许昌。1943年4月31集团军第29师改隶暂编第15军，杨尚武任暂编第15军新编29师85团团长。1944年4月，日军集中优势兵力猛攻许昌，新编29师伤亡惨重，师长吕公良阵亡，杨尚武奉命代理师长，身先士卒，屡挫敌锋，终因弹尽粮绝，在许昌郊区大公良阵地与日军作战牺牲。后被追赠陆军少将。

吴云（1915—1944）八路军山东军区滨海支队第25团政治委员

原名金堂。男，1915年出生，山东平原人，中国共产党党员。1934年考入济南省立第一师范学校，在校期间积极参加抗日救亡活动。1937年抗日战争全面爆发后，先后入山西运城民族革命大学、陕北公学学习。在陕北公学加入中国共产党，担任中队党支部委员。1938年10月，由陕北公学分配到八路军西安办事处工作。1940年调中共中央山东分局，任职工科科长兼党总支书记。1942年后，先在借用东北军番号、实际由共产党领导的57军独立旅任政治部副主任，后任八路军山东军区滨海支队25团政治委员。1944年10月27日，在与日、伪军作战中牺牲。

吴展（1908—1944）国民革命军陆军第31军131师392团上校团长

字镜清，号洪光。男，1908年出生，广西恭城人。中央陆军军官学校南宁分校第2期炮兵科毕业。后入南京中央陆军军官学校高等教育班学习。历任国民革命军第13军排长、连长，第31军特务营营长等职。抗日战争全面爆发后，随军转战南北，先后参加台儿庄战役及黄广战役，立有战功。1939年，日军进犯桂南，吴展率部与日军在南宁至宾阳一线周旋。1941年，吴展被保送到陆军大学特别班受训，但因时局紧张而转任第131师392团上校团长，率部驻防邕宁、龙州、水口关一带，巩固边陲。1944年日军入侵桂林，吴展率团守卫桂林北门，利用岩洞构筑的阵地顽强阻击日军。11月8日，日军使用重炮猛轰阵地，吴展在激战中中弹牺牲。后被追赠为陆军少将。

吴剑学（1883—1944）原湖南省政府委员

字熙农。男，1883年出生，湖南湘乡人。1908年毕业于湖北武备学堂，派送日本陆军士官学校第6期步兵科学习，期间加入同盟会。1909年3月回国。1912年回湘，任湖南陆军守备队司令、第2师第4旅旅长、第5混成旅旅长。率部参加孙中山先生领导的护法运动。1923年任湘南第2军中将军长。1929年任湖南省政府委员。1935年退休闲居。抗战爆发后，迁回湘乡，以读书自遣，但仍关心抗日战争。1944年6月30日，因严词拒绝日伪逼任伪职，拒当汉奸，被日军枪杀。《新华日报》以“湘乡吴剑学正气凛然，不当汉奸被敌杀害”为题，刊载了生平简历及遇害消息。

张化南（1895—1944）冀南第2专署专员

男，1895年出生，河北隆尧人，1938年加入中国共产党。毕业于邢台直隶第4师范学校，曾任隆平县立高级小学校长、邢台直隶省立第4师范附小主任。1937年抗日战争全面爆发后，返回故里。12月，参加隆平县战委会工作，积极为抗战服务。冀南行署成立后，历任秘书、教育处处长等职。1942年冬任冀南第2专署专员兼第2地委委员，领导滏西人民抗战。1943年主持冀南军政干部学校工作，培养了一批抗日骨干力量，并且开始筹建大型抗战学院和冀南师范。因积劳成疾，医治无效，于1944年1月25日病逝。

张寿昌（1908—1944）八路军第120师359旅补充团团长

男，1908年出生，湖南浏阳人，中国共产党党员。1930年春参加农民赤卫队。4月，编入赤卫军6师。在多次战斗中，勇敢机智，立功受奖，并在火线上加入中国共产党。1932年春，调红18师任排长，长征结束时任连长。1937年抗日战争全面爆发后，编入八路军第120师359旅717团，仍任连长。年底，在雁北广灵作战中，他率部攻入日军指挥所，歼敌数十名，缴获大量军火物资。战后任副营长。1941年任补充团团长。1942年5月下旬，他奉命赶赴辽县，参加反击日军“扫荡”，行至麻田时，得知八路军副总参谋长左权不幸牺牲，形势十分严峻。他审时度势，分兵两路，一路边战斗边转移，一路埋伏待敌，歼灭追敌100余人，打击了日军的嚣张气焰。正当他布置收拾战利品时，又一股追击的日军赶到。激战中，他身负重伤，两颗子弹穿过腹部，一颗子弹穿过股骨。贺龙师长非常关心他的伤情，安排他到延安医院治疗。1944年春，因伤口突然恶化逝世。

陈发鸿（1915—1944）新四军第3师8旅兼苏北军区盐阜军分区22团团长

男，1915年出生，陕西延川人，1935年加入中国共产党。1935年参加红军第26军。历任班长、排长、连长。抗日战争全面爆发后，任八路军第115师344旅687团营长、副团长，参加了平型关战斗。1940年6月，随新组建的八路军第5纵队南下华中，进军苏北，与新四军汇师。皖南事变后，先后任新四军第3师8旅兼苏北军区盐阜军分区22团副团长、团长。所部作战英勇，号称“虎团”。1944年10月，新四军第3师决定攻打日、伪军合德镇据点。19日夜，他率第22团先行赶到江苏阜宁合德镇，指挥部队攻击日、伪军炮楼，摧毁敌人火力点。21日，发起总攻，他身先士卒率部进攻，中弹牺牲。

陈廷禹（1923—1944）广东人民抗日游击队东江纵队独立第3大队中队长

男，1923年出生，祖籍广东澄海，1941年加入中国共产党。出生于泰国，曾在进步侨校读书4年。抗日战争全面爆发后，参加泰国华侨学生抗日救国会，积极为祖国抗战进行募捐活动。1938年，陈廷禹回国参加抗战。1939年，在惠阳坪山曾生领导的新编大队特务队当战士。1941年任小鬼班副班长。1943年5月，到广东人民抗日游击总队直属中队任小队长。在部队第一次袭击福永伪军的战斗中负伤。1944年，任广东人民抗日游击队东江纵队独立第3大队中队长。1944年8月，部队攻打莺岗日伪据点，陈廷禹中队担任主攻。突击队爆破成功后，陈廷禹带领战士迅速通过突破口，向纵深发展与敌展开巷战。激战一天一夜，攻占5个炮楼。次日，敌大队援兵进逼。陈廷禹率战士勇猛冲杀，击退反扑之敌，毙伤敌60多人，俘敌10多人。当战斗即将胜利结束时，陈廷禹头部中弹牺牲。

林谋盛（1909—1944）136部队马来亚华人区区长

男，1909年出生，福建南安人。幼年就读于厦门鼓浪屿英华书院，16岁南渡新加坡，进入莱佛士学院学习。1927年毕业后，转入香港大学攻读商科，后继承父亲的产业，成为华人社会中的青年领袖。抗战爆发后，林谋盛以抗日救国为己任，联络当地爱国人士，抵制日货，筹措赈款，支援祖国。1941年太平洋战争打响后，日军南侵，林谋盛组织数万名劳工支援当地政府对日作战。日军占领新加坡后，林谋盛回到祖国，担任国民政府军事委员会咨议兼福建省临时参议员。后参加136部队（中英联合军团），任马来亚华人区区长，于1943年11月初从印度乘潜艇返回马来亚。在怡保设立秘密电台，主持谍报工作，指挥敌后抗日。1944年5月27日，被日本宪兵队逮捕。林谋盛在狱中坚贞不屈，于6月29日牺牲。

松野觉（1918—1944）日本人反战同盟苏中支部宣传委员

男，1918年出生，日本人。1940年1月被征入丸山旅团平间大队押川中队当上等兵。1941年12月8日，松野觉随驻掘港的日、伪军冒雨向如东县丰利奔袭，在双友山一带遭新四军3旅8团攻击，被俘。经新四军敌工人员的耐心启发教育，他逐步认清了浸华战争的罪恶，毅然参加了新四军。1943年12月，在华日本人反战同盟（1944年初改称日本人民解放联盟）苏中支部在东台县三仓河成立，松野觉当选为宣传委员。不久，又加入了在华日本共产主义者同盟苏中支部，从此，成了一名真正的革命者和国际反法西斯主义战士。他每到一处，都亲自动手刻写，油印传单，教新四军战士日语。1944年2月，新四军一师在攻打日伪军泾口据点时，他冒着生命危险，结合自身经历向日本士兵喊话，收到很好的效果。同年3月，车桥战役打响后，他又活跃在战场上，在向日本士兵宣传时，中弹牺牲。

易凤翔（1907—1944）国民革命军陆军第97军196师588团上校团长

别字羽羊。男，1907年出生，江西宜春人。黄埔军校第6期步兵科毕业。后历任国民革命军排长、连长、营长等职，中央军校第二分校学员总队中校大队副、上校大队长等职。抗日战争全面爆发后，易凤翔任中央军校教导总队第2旅上校团长，第97军副官处长，第196师588团上校团长，参加了淞沪会战、南京保卫战、武汉会战及桂南会战。1944年，日军企图打通大陆交通线，发动桂柳会战。中国军队仓促应战，桂林、柳州相继失陷，撤退到黔桂线上的宜山南北一线布防。11

月24日，日军第13师团进逼中国军队阵地，遭到第97军顽强阻击。双方激战4日，日军突破中国守军阵地，易凤翔团长在兄弟部队撤退后仍旧坚持战斗，激战中中弹牺牲。后被追赠为陆军少将。

罗会廉（1914—1944）新四军第4师兼淮北军区司令部侦察科科长

男，1914年出生，贵州普安人，1938年加入中国共产党。曾在暨南大学学习土木工程。1937年赴延安，先后在抗日军政大学和中共中央军委参谋训练班学习。1939年，调到新四军游击支队工作，历任新四军游击支队侦察参谋、新四军第4师兼淮北军区司令部侦察通讯科副科长、侦察科科长。1942年11月，参加了淮北反“扫荡”战斗。1943年参加了恢复豫皖苏边区的历次战斗，出色完成侦察敌情、搜集情报任务。1944年12月，率6名侦察员到安徽萧县执行侦察任务，突遭日、伪军300余人袭击，战斗中牺牲。

罗裕庭（1888—1944）湖南戏剧界抗敌后援会常务委员兼戏剧编纂委员会委员

男，1888年出生，湖南宁乡人。从小学唱湘剧，吹拉弹唱，无一不精。1931年，罗裕庭组织长沙湘剧界共同创作了大型抗战新剧《血溅沈阳城》，激发了广大群众的爱国热情，对湘剧艺人抗日救亡起到了前驱作用。抗日战争初期，罗裕庭任湖南戏剧界抗敌后援会常务委员兼戏剧编纂委员会委员，编辑了小戏《讨学钱》在各地抗日宣传队演出。1938年前夕，罗裕庭召集在长沙的湘剧演员，分赴湘东、湘南的城镇乡村，进行戏剧抗日宣传。同时协助田汉在长沙市北区三公祠举办歌剧演员战时训练班,提高戏剧艺人的爱国思想和民族自强观念，使戏剧艺术真正成为抗日宣传的利器。1944年4月，罗裕庭在耒阳涌金戏院演出时，突遭日军和汉奸围困，整个戏班和他一家全被扣留。日军得知罗裕庭是编写抗日剧本的作者后，立即将他关押进行拷打。罗裕庭在狱中誓死不屈、绝食抗议，遭日军杀害。

季安（1909—1944）中共蓟（县）遵（化）兴（隆）联合县委书记

原名安禄，曾用名占中。男，1909年出生。河北蓟县（现属天津）人，1938年加入中国共产党。出身于木匠家庭。1930年，在中国共产党领导下，积极投入抗捐增资斗争。1937“七七”事变后，蓟县沦陷，伪政府下令收缴民团枪支。他奔波于各村，散发传单，揭露敌人的阴谋，动员群众拒绝交出枪支。7月中旬，参加了中共发动的冀东抗日武装大暴动。后被编入蓟县抗日联军第16总队，任总务处处长。他坚决执行党的抗日民族统一战线政策，发动各界人士为部队征集物资，保证了部队的后勤供应。1939年9月，他奉命到下营一带开展抗日工作。仅半年时间，几十个村都相继建立了中共党支部。他还在马兰峪一带率领民兵伏击日、伪军据点。从1940年到1944年，历任中共蓟（县）平（谷）密（云）联合县委委员、中共蓟（县）宝（坻）三（河）联合县八区区委书记及社会部部长、组织部部长，八路军晋察冀军区第13军分区6区队政治委员，中共蓟（县）遵（化）兴（隆）联合县委书记等职。1944年5月，他在蓟县下营团山子主持召开县、区干部会议被敌人得知，18日拂晓，遭300多名日、伪军包围。他同200多名干部、战士与敌人展开搏斗，战斗中他镇定自若，一边迅速烧毁文件一边指挥突围。在突围时中弹牺牲。

周文彬（1908—1944）中共冀热边特委组织部部长

原名金成镐。男，1908年出生，朝鲜族，1926年加入中国共产党。1914年其父迁居北京通县。1916年举家加入中国国籍。1927年任中共通县潞河中学支部书记。后长期从事党的秘密工作。1936年夏，任中共河北唐山工委书记。1938年5月任中共冀热边特委委员。7月，率领开滦、赵各庄煤矿2000多工人，参加冀东抗日武装大暴动。1939年1月起，历任中共冀东地委书记、冀热察区党委冀东分委委员、冀东分委东部地委书记、冀东地委组织部部长、冀热边特委组织部部长等职。参与领导了创建冀东抗日根据地的斗争。1942年组建军工厂，狠抓军工生产，并使之成为八路军冀东部队武器弹药的重要来源。1944年10月，冀热边持委召开减租减息工作会议，会场突遭日、伪军包围。周文彬带领机关干部转移时，头部中弹牺牲。

赵乃禾（1916—1944）八路军晋察冀军区第3军分区骑兵团政治委员

原名秀升。男，1916年出生，辽宁安东（今丹东）人，1937年加入中国共产党。1931年“九一八”事变后，去北平东北中学就读。1935年参加“一二·九”运动。1936年9月，加入中华民族解放先锋队。1937年7月抗日战争全面爆发后，9月参加八路军，在八路军115师政治部工作。被派往阜平发动群众，组建抗日武装和抗日政权。同年冬到晋察冀第3军分区工作。历任营教导员、团组织股股长、军分区宣传科科长。1939年12月，任晋察冀军区第3军分区20团政治委员。1942年8月，任晋察冀军区第3军分区41团政治委员。1943年5月，任晋察冀军区第3军分区骑兵团政治委员。1944年1月，在曲阳县与日军作战时牺牲。

赵驭欧（1912—1944）中共晋察冀第13地委敌工部部长

又名李培德、秦奉孝。男，1912年出生，河北滦县人，中国共产党党员。在大学读书期间，受进步思想影响，加入了中国共产党，并积极参加革命活动。1938年7月，参加了冀东抗日武装大暴动。后回家乡开展抗日活动。1943年在冀热边特别区行署第4专署负责公安保卫工作期间，及时破获了打入抗日根据地的日本女特务王枫一案，并以此案为突破口，迅速查清和掌握了一大批敌特分子，为抗日根据地消除了隐患，确保了党政机关的安全。随后，在担任中共晋察冀第13地委敌工部部长时，又担负起唐山和唐山以东地区情报部门的领导工作。当时，在敌情复杂、环境残酷的情况下，经常深入到敌占区发展进步力量，建立秘密情报关系，健全和恢复情报交通站，确保了情报畅通。1944年春，赵驭欧到唐山丰谷庄执行任务。由于汉奸告密被敌包围，在突围时牺牲。

赵自新（1922—1944）归凉县5区游击队指导员

男，1922年出生。内蒙古乌兰察布人，1940年加入中国共产党。他童年以放牧、种地为生。1939年，在大青山抗日根据地蛮汉山区第5区参加游击队，担任归凉5区游击队指导员。1941年夏，他带领4名队员趁夜潜入西壕坎，击毙了残害人民的“防共”1师汉奸便衣队长宿殿臣。1941年冬，5区游击队在东十号老四沟与日、伪军激战。他带领战士掩护区政府和游击队，用火力把敌人引到蛮汉山区的轿子台附近，又命两个战士撤退，他一个人在敌人小钢炮的轰击中机动灵活地射杀敌人。最后，他凭熟悉的地形跳下悬崖，安然撤走。1942年冬，5区游击队在白石头沟村被日、伪军100多骑兵包围。为掩护战友撤退，他只身阻击敌人，坚守阵地达3个小时，全身七八处负伤。子弹打光，他砸烂枪支，准备跳崖，因流血过多，被敌俘获。后经组织营救出狱。1944年冬，他与几位党的负责人奉命开辟石玉、平鲁、清水河、和林等地区的工作，在山西平鲁蒋家坪被敌人包围，激战中牺牲。

胡乃超（1912—1944）八路军冀鲁豫军区第9军分区参谋长

原名李铁英。男，1912年出生，吉林德惠人，1931年加入中国共产党。“九一八”事变后，在北平参加东北救亡总会，积极投身北平的抗日爱国学生运动。1937年春加入东北军。同年7月，任第53军691团3营排长，领导该营中共地下工作。“七七”事变后，随吕正操率691团开赴平津一带抗击日军。后乘国民党南撤之机，全团于小樵镇誓师，改为人民自卫军，北上冀中敌后，重振抗日声威。1938年春，任军部特务团团长。同年7月，人民自卫军改编为八路军第3纵队，特务团改编为第27大队，任大队长。翌年春，入抗大2分校学习。结业后分配至第3纵队任南进支队第21团副团长，后任团长。1942年7月，调任南进支队第16团团长。12月，任冀鲁豫军区第4军分区参谋长，后任第9军分区参谋长。1943年3月，粉碎了伪军孙良诚部东犯之企图；8月中旬，奉命挥师西向，挺进滑卫。袁庄一役，歼灭伪军第2旅。小山设伏，俘虏伪2方面军参谋长。1944年5月25日，在河南滑县双营村，遭到伪军4个团的阻击，胡乃超腿部负伤。因伤口感染，医治无效牺牲。

钟若潮（1911—1944）广东人民抗日游击队东江纵队第3大队独立中队政治委员

原名计延，又名李中。男，1911年出生，广东梅县人。早年赴泰国谋生。1938年10月，回到香港参加香港惠阳青年会回乡救亡工作团，开展抗日救亡斗争。1939年春，任东江华侨回乡服务团增龙队副队长，在增城、福和地区开展抗日活动。1940年后，到沦陷区开展地下工作。1942年冬，调任广东人民抗日游击队东江纵队第3大队独立中队政委，率部参加大小战斗几十次。1944年5月，率部与袭击东江纵队司令部的日军展开激战，在抢占马山阵地时牺牲。

姚铁民（1898—1944）八路军晋察冀军区冀东军分区政治部联络科科长

男，1898年出生，辽宁海城人。1936年参加革命。1937年抗日战争全面爆发后，奉命由延安到冀东开辟抗日根据地，历任迁（安）遵（化）兴（隆）联合县县长、晋察冀军区第13军分区政治部联络科科长、长城工作团团长等职。在进入冀东活动的初期，曾和包森等28名同志，在极度艰苦的条件下，创建冀东第一支抗日武装——包森支队，并团结和发动各方面的抗日力量，给日、伪军以无数次打击。后任八路军晋察冀军区冀东军分区政治部联络科科长。1943年2月5日，在兴隆蘑菇峪一带活动时，被合围的日、伪军逮捕入狱。在狱中受尽敌人的折磨和虐待，染上严重疾病，但他丝毫没有屈服，还与难友们策划狱中暴动。暴动夭折后，继续领导狱友与敌人斗争，直到病情加重，于1944年4月30日牺牲。

袁益州（？—1944）新四军第5师兼鄂豫皖湘赣军区第4军分区司令部情报科科长

号绍钧，字金门。男，重庆云阳人。1936年秋考入云阳县立中学，积极参加抗日救亡宣传活动。1938年夏奔赴延安，先后在陕北公学和抗大六分校学习工作。1939年底，先后在八路军晋东南保安司令部，新四军第4支队、2师、5师工作，曾任抗大六分校油印股长、新四军第5师兼鄂豫皖湘赣军区第4军分区司令部情报科科长等职。1944年在鄂东黄安（今红安）县城执行侦察任务时，不幸被捕，惨遭日军杀害。

晋耀臣（1916—1944）中共房涞涿县第七区委书记

名显枢，字耀臣。男，1916年出生，北京房山人，1938年加入中国共产党。1939年6月起，历任房良联合县3区、7区、1区区委书记。1941年6月，房良县与涞涿县合并为房涞涿县，晋耀臣先后任9区、7区区委书记。他组织武工队，担任指导员，一方面坚决镇压汉奸、特务，另一方面做伪大乡长等人的工作，争取他们抗日，使群众性的抗日斗争声势越来越大。1944年4月，晋耀臣到郑家磨村开展工作，被敌人包围。他和两名武工队员从后墙跳出，敌人拼命追赶，晋耀臣看情况紧急，命令武工队员赶紧往西边跑，他连开3枪吸引敌人。敌人朝他扑来，晋耀臣在郑家磨村的桥头上，撕碎随身带的文件扔进河里，终因寡不敌众，被敌人抓捕。晋耀臣被捕后，受到百般折磨。敌人在押解他去石亭的20多里路上，用铅丝穿着他的锁骨拉着走，被送到石亭后，敌人将他倒挂在墙上，用开水浇身，见他毫不屈服，又用刺刀戳瞎双眼，在他身上连砍数刀，晋耀臣被折磨得遍体鳞伤，血染全身，气息奄奄，敌人仍不死心，又叫狼狗撕咬晋耀臣的身体，最后将其推入山下的壕坑中活埋。

柴世荣（1894—1944）东北抗日联军第5军军长

原名兆升。男，1894年出生，山东胶县人，1934年加入中国共产党。5岁时全家迁到吉林和龙县。1929年在二道沟当巡警，后任巡长。“九一八”事变后，组织起一支抗日队伍，后率部加入王德林领导的救国军，任救国军第4旅旅长，率部活动在东满各地，同日军进行多次战斗。1934年春，参加绥宁反日同盟军任军事委员会委员。1935年2月，成立东北反日联合军第5军，任副军长。1936年春，部队改编为东北抗日联军第5军，任副军长。1937年9月，任东北抗日联军第5军军长。1938年5月，率领第5军主力西征。同年秋，又率领部分队员回到吉东地区。1940年，任中共道南特委委员。1941年4月，任东北抗日联军第5支队支队长兼哈绥道南游击司令。1942年春，率部回到苏联野营，于8月任抗联教导旅第4步兵营营长。1944年牺牲。

徐翼（1917—1944）八路军冀鲁豫军区第8军分区6团政治委员

原名宏仁。男，1917年出生，辽宁辑安（今吉林集安）人，1935年加入中国共产党。1928年考入沈阳省立第一中学。初中毕业后正值日军侵占东北，于1932年流亡到北平。1934年考入东北大学工学院。1937年“七七”事变后，按照党的指示到鲁西北工作，任阳谷县政训处干事，参与举办政工人员培训班。1938年在范筑先将军处任山东省第六区政治部巡视员，并兼任鲁西北第3地委武装委员。年底调中共鲁西南特委工作。1939年先后任中共鲁西一地委委员、战争动员部部长，中共鲁西二地委委员、军事部部长。他深入农村，发动群众，组建抗日武装，在聊城、阳谷、东阿一带成立八路军129师抗日先遣队第4游击大队，任大队长。1940年4月第4游击大队改编为鲁西支队，任支队副司令员。10月，任阳谷县抗日民主政府县长。1941年先后任鲁西军区第4军分区副司令员、冀鲁豫军区第4军分区副司令员。1942年底调任冀鲁豫军区第1军分区3团政委兼政治处主任。1943年起任冀鲁豫军区第8军分区6团（基干团）政治委员。1944年8月，在消灭山东省郓城大汉奸刘本功的战斗中，身负重伤牺牲。

殷逸（1919—1944）新四军苏中军区第4军分区南通警卫团团长

原名朝法。男，1919年出生，江苏丹阳人，中国共产党党员。1935年考入丹阳黄墟师范，立下“为拯救中华而读书”的誓言。1938年参加梅嘉生等领导的抗日自卫武装。9月随梅嘉生部编入新四军挺进纵队第3支队，从事军需工作。1940年，任新四军苏皖支队营长。1940年，率部挺进长江以北的通如海抗日战场。1941年入设在的盐城新四军抗大5分校学习。1942年9月，调任南通警卫团参谋长。1943年4月初，随所部参加反“扫荡”，曾只身闯入敌人驻地，一次缴获8支枪，立下战功。1943年10月，升任新四军苏中军区第4军分区南通警卫团团长。1944年4月，日、伪军20多人化装成下海渔民，突然偷袭驻江苏省南通市如东县兵房东南七管的中共南通县委、南通县抗日民主政府和警卫团机关。殷逸立即指挥负责警卫的两个排进行反击，在战斗中牺牲。

高农斧（1912—1944）新四军第3师10旅兼苏北军区淮海军分区第2支队政治委员

男，1912年出生，陕西绥德人，中国共产党党员。大革命失败后，毅然辍学返乡，走村串户宣传革命道理，发动群众秘密组织农会、妇女会、少先队、儿童团等，发展中共党团组织。1935年，任红军第26军78师政治部民运科长。抗日战争全面爆发后，历任八路军第115师344旅政治部民运科科长、组织科科长、独立团政治委员。1940年4月，任八路军第2纵队344旅政治部主任。6月，随部南下华中。第344旅先后改编为八路军第4纵队第4旅、新四军第4师10旅，仍任政治部主任。1941年10月，任新四军第3师10旅兼淮海军区政治部主任，随部转战华北、华中，开创抗日根据地。1942年11月，苏北军区成立，任新四军第3师10旅兼苏北军区淮海军分区政治部主任。为反击日、伪军的疯狂“扫荡”，10旅部队地方化，高农斧调任中共泗宿中心县委书记兼新四军第3师10旅兼苏北军区淮海军分区第2支队政治委员。率部配合县、区、乡武装和民兵，开展破路、炸桥、拔据点等一系列反“扫荡”斗争。11月中旬，高农斧带领的一团遭日军包围，他身先士卒，成功率部突围。1943年奉调返回延安，入中共中央党校学习。因积劳成疾，1944年10月，在延安病逝。

高桥（1915—1944）八路军晋察冀军区第13军分区3区队区队长

原名明海，化名高桥，曾用名苏然。男，1915年出生，辽宁辽阳人，1938年加入中国共产党。1931年“九一八”事变后，拒绝做亡国奴，流亡关内寻求民族解放之路。1934年入国民党陆军军官学校洛阳分校4期学习，毕业后到冀东唐山投奔共产党，参加冀东抗日大暴动。历任冀东抗日联军司令部作战参谋，八路军晋察冀军区第13团1营营长、第11团参谋长等职。1943年5月任中共承平宁联合县工委委员、晋察冀军区第13军分区3区队区队长，率部开辟承平宁抗日根据地，在伪满洲国境内与日、伪军作战。1944年3月29日在赤峰市宁城县老西沟，被日、伪军讨伐队包围。激战中，高桥身负重伤牺牲。敌人铡下他的头颅，悬挂示众。抗战胜利后，宁城人民把高桥的头颅和躯体合葬在一起，并为烈士修建了陵园。

郭义鸿（1913—1944）新四军第7师兼皖江军区供给部副部长

男，1913年出生。福建龙岩（今龙岩市新罗区）人，中国共产党党员。早年，投身农民运动和农民武装斗争。1930年5月，参加中国工农红军第20军1纵队，后转入红12军。曾任战士、文书，参与建立以金丰大山为中心的永东游击根据地。1934年红军主力长征后，留闽西坚持艰苦卓绝的三年游击战争。抗日战争全面爆发后，所在部队编入新四军第2支队。曾任新四军政治部管理科副科长。皖南事变后，1941年调任新四军第7师供给部副部长。1943年3月，在安徽巢（县）无（为）中心区反“扫荡”战斗中不幸被俘。他坚贞不屈，与日军作殊死斗争。1944年，在南京被日军杀害。

郭满福（1922—1944）八路军山西繁峙支队1连4班战士

男，1922年出生，山西繁峙人，中国共产党党员。1941年参军，被分配在繁峙县大队1连，不久加入中国共产党。入党后，他处处严格要求自己，成为服从命令、执行纪律、完成任务的模范。入伍3年多，先后立大功1次，小功3次。1944年，抗战形势大为改观，八路军开始局部反攻，但敌人困兽犹斗，不时对我根据地进行“扫荡”。同年夏的一次反“扫荡”作战中，他们1连在完成伏击歼敌任务后，发现正被敌大量增援部队包围，连长命令他所在的4班阻击敌人，掩护连队主力转移。4班打退敌人两次进攻后，连队已安全转移。班长决定留下他和另一位战士坚守阵地，掩护全班撤离。激战中，他们用光了弹药。这时，敌人蜂拥包抄上来。他毅然拉起战友，纵身跳下悬崖牺牲。

黄友（1927—1944）东江抗日游击队独立第3中队班长

男，广东东莞人，1927年出生，中国共产党党员。1942年4月任东江抗日游击队独立第3中队副班长，10月在清溪三峰与日军战斗中，腿部负伤，仍顽强击毙敌人，缴获敌军枪支。因作战英勇，1944年1月任班长。2月15日第3中队在凤凰山红猪岭伏击日军，黄友带本班战士击毙敌机枪手。7月21日晚，第3中队攻打平湖谭屋村的伪军，黄友冲在前面，用炸药包炸开敌人防守的祠堂后门，带领全班冲进祠堂消灭了敌人。在部队撤退时突与日军遭遇，黄友率4名战士掩护部队主力突围。激战近1个小时，4名战士相继牺牲，黄友多次负伤，子弹打光，最后投出手榴弹与冲上来的敌人同归于尽。东江纵队司令部授予黄友“抗日英雄”称号。

曹一川（1914—1944）龙（关）赤（城）联合县民教助理

男，1914年出生，北京密云人。1931年高小毕业后任小学教员。长城抗战失败后，密云县被划入“非武装区”，他不甘心忍受日本帝国主义的压迫，参加抗日救亡活动。1941年任丰（宁）滦（平）密（云）联合县第三区教育助理，同年夏末被捕。任凭敌人施以各种刑罚，始终没有暴露组织秘密，敌人因未抓到把柄不得不将他释放。伤势刚一好转，又投入斗争。后再次被抓，敌人逼他当特务，它假意应允，趁黑夜逃出，继续坚持革命工作。1941年底敌人对丰滦密地区进行万人大“扫荡”。抗日斗争形势恶化。为保存革命力量，组织将他调到平北龙（关）赤（城）联合县，先后任公安、民教助理，在锄奸反特斗争中做出很大贡献。1944年11月17日，第三次被日、伪军逮捕后，严词拒绝了高官重金的利诱。在敌人的酷刑下坚贞不屈。敌人凶狠地用刺刀绞断他的舌头、打断其双腿、挖掉双眼，最后残忍地将他杀害在龙赤县石城镇后城东门外。1945年2月6日《晋察冀日报》发表文章，揭露敌人暴行，沉痛悼念这位牺牲的烈士。

康俊仁（1908—1944）八路军太岳军区第5军分区司令员

男，1908年出生，山西夏县人，1938年加入中国共产党。早年任夏县周村村长，与封建势力斗争，深得群众拥护。1937年“七七”事变后，目睹日军暴行，义愤填膺；他常以村长身份做掩护，进城为共产党侦探敌情。1939年任周村党支部书记兼村长，后奉命参加冯虎林游击队，任第二中队中队长，做争取这支部队的工作。1941年国民党收编冯虎林游击队，根据中共条西地委指示，以2中队为基础成立了夏县抗日游击队康大队，率部打鬼子、杀汉奸、除恶霸，给日、伪军以沉重打击，深受百姓拥护。因而，康大队很快发展到近千人，同时也多次遭到日军重创。后在条西地委的帮助指导下，总结经验教训，收集散落枪支，重振军威。1941年底，成立“康俊仁抗日游击支队”，任支队长。1942年5月，率直属队百余人，在反正伪军接应下，占领楼底村炮楼，解决了30多人的警备队。7月，歼灭了进驻康支队活动区域，掠夺民财、骚扰百姓的李永贵部300多人。1943年击溃反共通敌的贾真一部近千人，扩大了抗日游击区。11月，八路军太岳军区成立第5军分区，康俊仁任司令员。12月上旬，他领导5分区军民取得反“扫荡”的胜利。下旬，精心安排，周密布置，又一次击退日军大规模进攻。1944年1月22日，为重挫日军新制订的作战方案，康俊仁深入敌占区侦察敌情，因他身穿日军服装、配带日军指挥刀，返回途中，被哨兵误击牺牲。

覃子斌（1891—1944）国民革命军陆军第54军198师594团团长

男，土家族，1891年出生，湖南大庸人。少年家境贫寒，1908年被清军抓夫，编入新军。辛亥革命时，曾参与武装起义。民国成立后，被保送到云南讲武堂学习。1918年参加湘军，后参与北伐战争。1930年到中央陆军军官学校高等教育班学习，毕业后被提升为198师594团团长。覃子斌为人正直，带兵训练严格，部队纪律严明。抗日战争全面爆发后，曾参加粤北会战，挫败日军通过粤北入侵滇桂的企图。1943年，随军远征缅甸，后转入印度受训。1944年5月，覃子斌率部强渡怒江，配合友军攻击日军所占据的高黎贡山北的重要据点北斋公房。1944年在云南攻击日军北斋公房战斗中腿骨折断，仍坚持战斗，因伤势过重牺牲。后被追赠为陆军少将。

焦占宝（1922—1944）新四军第3师10旅兼苏北军区淮海军分区第2支队6团政治委员

男，1922年出生，宁夏中卫人，1938年加入中国共产党。1936年参加红军，曾任勤务员、宣传员。抗日战争全面爆发后，所部编入八路军第115师344旅687团。历任团政治处干事、连指导员、旅直组织干事。曾参加平型关战斗。1940年6月，随部队南下华中，进入苏北。1942年入新四军第3师青年干部队学习。1944年初，调任新四军第3师10旅兼苏北军区淮海军分区第2支队6团政治委员。率部在泗阳、宿迁一带打击日、伪军。1944年12月5日，为粉碎日、伪军“扫荡”，淮海军分区部队奔袭日、伪据点灌云县大伊山。他指挥部队向日、伪据点发起猛烈攻击，与兄弟部队共同奋战。6日黎明，拔除据点4个，歼灭日、伪军120余人，俘伪军200余人。在打扫战场时，被冷枪射中牺牲。

曾锦云（1908—1944）八路军晋绥军区塞北军分区政治部主任

男，1908年出生，江西永兴人，1927年加入中国共产党。曾带领200多名农民参加永兴暴动，任队长，当选为苏维埃政府主席。暴动失败后率多人参加红军。历任支部书记、连指导员、营特派员、股长、科长等职。1937年抗日战争全面爆发后，开赴山西前线。任八路军晋绥军区塞北军分区政治部主任。在绥远、大青山一带敌后进行抗日游击战争。1942年抗日战争最艰苦的时期，曾锦云率领部队在偏关县一带坚持抗日斗争。在对日、伪军的作战中，他出生入死，先后7次负伤，为建立大青山抗日根据地作出了重要贡献。1944年10月23日，日军对晋绥根据地进行大“扫荡”。曾锦云在偏关县西南的黄树坪突围战斗中牺牲。

谢骙（1910—1944）泗阳县抗日民主政府县长兼县总队总队长

原名家骙，字仲佶。男，1910年出生，广西宜山人，1939年加入中国共产党。1929年考入中央军事政治学校第1分校第3期，毕业后分派部队任职。1936年任连长。抗日战争全面爆发后，随部队北上抗日。1938年任桂军第7军138师414团副团长兼2营营长。1939年7月，任国民党霍丘县县长。1940年3月，因共产党员的身份暴露，被国民党安徽省当局通缉，便回到新四军，进入抗日军政大学第4分校学习。9月，调任淮上行政公署民政科科长。1941年2月，调任蒙城县抗日民主政府县长。1942年冬，任皖东北保安司令部参谋长、淮上行政公署民政处处长。1943年1月，任泗阳县抗日民主政府县长兼新四军泗阳县总队总队长。1944年3月，日军“扫荡”泗阳县界集、龙集。谢骙率泗阳总队一个班在杜墩一带与日军遭遇，战斗中负伤牺牲。

鲍志椿（1914—1944）新四军第1师3旅兼苏中军区第4军分区东南警卫团政治委员

男，1914年出生，江苏常熟人，1936年转为中国共产党党员。1929秋考入省立无锡师范学校，在校期间加入中国共产主义青年团。曾任共青团无锡中心县委委员。抗日战争全面爆发后，在家乡组织抗敌后援会，后在上海做难民工作。1938年7月，到皖南参加新四军，在教导总队学习。从1939年至1944年，曾任新四军挺进纵队第2支队政治处主任、新四军挺进纵队政治部秘书、新四军第1

师3旅8团政治处主任、中共东南县县委书记兼新四军苏中军区第4军分区东南警卫团政委等职。曾参与起义的颜秀五部第4大队的整编工作。在东南县工作期间，在领导当地军民进行反“清乡”的斗争中，英勇善战，屡创日、伪军。1944年12月26日，因电台被敌侦悉，县委、行署机关及东南警卫团驻地海门县聚星镇巴掌村被日、伪军包围，与团长王澄察看敌情时，被敌发现中弹牺牲。

谭志诚（1909—1944）八路军晋察冀军区第14军分区16团政治委员

男，1909年出生，江西永新人。1931年参加中国工农红军。历任战士、排长、连长、指导员、营教导员等职。1934年参加长征，1936年入抗日红军大学学习。1941年到（北）平西抗日根据地，任中共平西地委武装部负责人。同年春到冀东工作，1942年任冀东西部地区地方武装部长。1943年2月，任冀东军分区第2区队政治委员。后任晋察冀军区第14军分区16团政治委员。1943年9月，他率一队八路军战士，在甘营和望马台村设伏，歼灭日、伪军130多人。1944年2月，他率队痛击夏垫据点参与“清乡”的日、伪军后，又到南张岱附近设伏，毙伤俘30多名伪军。同年12月底，日、伪军长途奔袭，谭志诚和团参谋长关旭被围于大官庄地区，几次突围未成，关旭参谋长牺牲。谭志诚继续指挥大家突围时负伤。负伤后，他坚持掩护大家转移，后自戕牺牲。

颜竹林（1914—1944）中共巨南工委书记

原名景隆。男，1914年出生，山东临清人，1937年加入中国共产党。1935年于山东省立第三师范学校毕业后参加革命工作。1937年任中共临清县特别支部组织委员。抗日战争全面爆发后，参与组织抗日游击队活动。1938年2月赴冀南抗日军政干校学习，结业后任山东省第6区抗日游击司令部第16支队教官，中共临清工委书记，中共鲁西北特委委员。1939年春，调任中共鲁西第一地委委员、宣传部长。1939年秋，赴延安中央党校学习，1940年7月结业后，到鲁西区党委党校任教育科长。1941年2月任中共巨南工委书记，后兼八路军冀鲁豫军区第11军分区9团政治委员。1944年5月，于成武县郝海村被日、伪军包围，在突围战斗中牺牲。

穆岳（1910—1944）中共桑干河工委书记兼武工队政治委员

原名春芳。男，1910年出生，辽宁盖平（今盖州）人，1937年加入中国共产党。1931年考入东北大学，“九一八”事变后随东北大学流亡北平，在东北民众抗日救国会里，积极进行抗日救亡活动。1935年参加“一二·九”运动，后被国民党当局监禁。1937年“七七”事变后，奔赴山西抗日前线。11月，任五台县窑头区委书记。1938年2月，调到晋察冀边区第2地委工作。7月任中共浑源县委书记，领导浑源人民成立各级农、青、妇抗日团体，建立浑源县基干游击队。同时担任县战地动员委员会主任和县参议会议长，并任雁北地委常委。1941年，日军对浑源县进行反复“扫荡”，强制推行“治安强化运动”。浑源县基干游击队已编入八路军主力部队，调赴晋察冀边区腹地，八路军雁北支队也转入外线作战。7月，地委批准成立桑干河武工队，穆岳兼任武工队政治委员，领导军民坚持开展游击战争，用自造的土枪、土炮、手榴弹、地雷等打击敌人。1943年下半年，率领武工队捣毁两个日、伪村公所和3座日、伪军炮楼，迫使日军退出浑源。1944年7月，中共雁北地委和晋察冀第5军分区司令部决定扩建桑干河游击队，并确定由穆岳主管武工队的工作,穆岳调任桑干河武工队政委、工委书记。8月，穆岳带领一个连前往赴任时，在浑源县石墙村遭到500多名日军包围，突围时中弹牺牲。

王舟平（1913—1945）中共河南渑池县委书记

字奉运。男，1913年出生，河南南阳人，1934年加入中国共产党。1926年参加南阳的反帝爱国运动。1931年夏，参与发起成立“旅汴同乡会”，主张打倒贪官污吏，投身自治自卫运动。抗日战争全面爆发后，1937年8月，受中共中央北方局派遣，到冀北抗日民军从事统战工作。参与发起成立流亡学生战地工作队，负责救济灾民、宣传抗日。1940年1月，任中共临（汝）鲁（山）地委书记兼鲁山县委书记。他积极发展共产党员，先后建立5个中共基层组织。加强统战工作，争取进步人士，掌握了200多人枪的武装，准备成立抗日游击队。1941年7月，根据河南省委指示，撤往延安。11月，到中央党校学习。1942年2月，任中共中央直属机关党委干事。1944年9月，参加河南区党委南下干部队。1945年1月任中共河南渑池县委书记，河南军区独立第7旅政治委员，整顿改造这支新改编的部队。5月，该旅旅长发动反革命叛乱（豫西事件），王舟平与旅参谋长白云、政治部主任李星三、1团政委邹先师、2团政委陈洪忠等同时遇害。

文立正（1911—1945）中共鲁南第2地委委员兼宣传部部长

又名立征，化名赵宓。男，1911年出生，湖南衡山人，1938年加入中国共产党。1934年秋考入北平辅仁大学化学系。1935年积极投身于“一二·九”爱国学生运动，组织本校进步学生参加示威游行，开展抗日救亡宣传活动。抗日战争全面爆发后，与平津流亡学生一起南下到山东。1938年，在鲁南人民抗日义勇队总队政治部做宣传、民运工作。同年7月被派往第五战区特种工作团第五大队邵剑秋部做政治工作。同年秋被派往国民党第3专署第5旅任政治部主任，协助朱道南改造这支部队。1939年底，邵剑秋部改编为八路军115师运河支队后，文立正任政治部主任。1940年底任支队副政治委员。1941年任鲁南军区第3军分区政治部主任。1943年冬，任鲁南独立支队政治委员兼铁道大队政治委员。1944年11月，任鲁南第2地委委员、宣传部部长。1945年2月在临城六区检查工作时，因叛徒告密，遭日、伪军袭击牺牲。

卢嘉温（1919—1945）新四军第3师兼苏北军区独立旅第2支队5团团长

男，1919年出生，陕西保安（今志丹县）人，1935年加入中国共产党。1933年参加红军。1940年6月，随八路军第2纵队主力南下华中。1941年2月，随八路军第5纵队编入新四军。1945年4月，任新四军第3师兼苏北军区独立旅第2支队5团团长，奉命率部增援皖江地区。5月初，5团在无为、巢县交界处的黄龙岗担任对日、伪军警戒，掩护独立旅主力休整和根据地的夏收。6月9日，日、伪军一个混编大队400余人前来进犯。卢嘉温率5连在孟家嘴北侧高地阻敌，与6连协同，连续击退敌人多次进攻，毙伤敌军130余人。在指挥作战时，中弹牺牲。

宁德青（1910—1945）八路军晋绥军区塞北军分区情报处处长

名秉彝，化名叶茂。男，1910年出生，山西稷山人，1937年加入中国共产党。1931年考入北平师范大学教育系。时逢“九一八”事变，国土沦丧，民族危亡，他受到极大震动，开始学习马克思主义书籍。1935年任太原成成中学教员，结识了一些中共地下党员。1937年10月10日，参与组建“成成中学抗日游击队”，开赴晋西山区，归属国民政府第二战区战地总动员委员会的游击4支队，任政治部主任。1938年2月，率4支队参加八路军120师主力反击日军的晋西北战役，连克岢岚、五寨、保德、河曲、偏关、神池等地区。1938年9月，与4支队随120师358旅政治委员李井泉开辟大青山抗日根据地。1939年5月，中共绥远省委派他潜入归绥（今呼和浩特市），化名叶茂，领导归绥地下抗日救亡运动。领导绥蒙各界抗日救国会，搜集军事、政治情报，筹集抗日作战物资、款项，选送进步青年赴延安。1940年任中共归绥工委书记。后返回大青山根据地，任大青山骑兵支队第4支队政治处主任。1941年调任中共绥察边区委员会绥西地委社会部长。1942年初，任大青山地区情报委员会委员兼政治情报科长、情报处处长，晋绥军区塞北军分区情报处处长。1945年8月15日，因患伤寒在山西省偏关县病故。

吕怀忠（1917—1945）八路军晋绥军区第8军分区副参谋长

男，1917年出生，山西崞县人，1937年加入中国共产党。1936年考入晋绥军官教导团学习军事。抗日战争全面爆发后，参加晋西北新军抗日决死第2纵队，历任营长，3团参谋长，5团副团长、代理团长。1940年率部参加百团大战。1941年任八路军晋绥军区第8军分区第6支队副支队长、第1支队代理支队长等职。1944年调任八路军晋绥军区第8军分区副参谋长。1945年9月1日，在收复山西文水县城战斗中，他亲临前沿阵地指挥作战，被城墙暗堡内日、伪军击中腹部牺牲。

齐学启（1900—1945）国民革命军陆军新编第1军38师副师长

字敦镛，别号梦赉。男，1900年出生，湖南宁乡人。中学毕业后，考入北京清华大学。后赴美留学，就读于美国诺维琪军校。1929年回国，担任南京宪警学校大队长。1930年，任宪兵第6团团长。1932年初齐学启奉命率宪兵团赴沪维持治安。“一·二八”淞沪抗战打响后，齐学启率部投入对日作战。淞沪停战协定签订后，齐学启团被改编为上海保安2团，仍驻沪维持治安。1937年“八一三”淞沪会战爆发，齐学启再次在上海与日军作战，多次打退日军进攻。1938年，任财政部税警总团参谋长。后所部改编为国民革命军新编第1军38师，任副师长。1942年，新编38师入缅作战。4月，齐学启率部取得仁安羌大捷，解受困英军之围，扬威海外。此后，奉命转战卡萨、温早一带。5月，在一次执行任务返回途中，发现有受伤官兵落伍，齐学启毅然弃车解救，亲率其突围，不料与日军遭遇，负重伤被俘。后被关进集中营，囚禁三年。在此期间，日伪多次劝降，均遭其坚拒。日军于1945年3月唆使叛徒将齐学启杀害。后被追赠为陆军中将。

阮朝兴（1918—1945）新四军第1师兼苏中军区泰州独立团团长

男，1918年出生，福建周宁人，中国共产党党员。1933年参加红军，在闽北坚持了三年游击战争。抗日战争全面爆发后，所在的闽东独立师编为新四军第3支队6团。曾任战士、班长、排长、连长、营长。参与开辟茅山抗日根据地、挺进苏南东路地区的多次对日作战。随部到达长江以北的苏中地区后，又参加郭村保卫战、姜堰战斗、黄桥决战、讨伐伪军李长江部和粉碎日军“扫荡”如东丰利镇等战役战斗。1943年人抗日军政大学第9分校学习。10月，调任苏中军区泰州独立团参谋长。1945年1月，任新四军第1师兼苏中军区泰州独立团团长。8月，率部攻克黄桥，歼日军1个大队和伪军1个团。同月23日，在与从泰州撤逃南通日、伪军的战斗中中弹牺牲。

李少清（1921—1945）广东人民抗日游击队东江纵队第1支队猛豹大队政治委员

男，1921年出生，安徽潜水人，1942年加入中国共产党。1938年初，在家乡参加宣传抗日的“孩子剧团”。1940年，到重庆文化工作委员会当图书资料管理员。皖南事变后，因散发《新华日报》被捕。后在中共组织营救下离开重庆，到广东参加东江人民抗日游击队。任游击队政治指导员和中共党支部书记。1944年秋，任东江纵队第1支队猛豹大队政治委员。1945年1月18日，曾率游击队在东莞县凌屋村与日军激战，毙、伤、俘敌250余人，缴获大批武器弹药。6月9日，率部在贝岭村附近围歼前来抢粮的日伪军时，中弹牺牲。

李纯斋（1897—1945）新四军第5师兼鄂豫皖湘赣军区第3军分区襄西支队政治委员

男，1897年出生，湖北荆门人，1927年加入中国共产党。1926年参加革命，在荆门参与组织农民暴动。暴动失败后，从事党的联络工作。1929年5月，因叛徒告密被捕入狱。1930年夏，领导难友越狱。回到荆门后，曾任中共荆南区委书记、中共荆门县委书记。抗日战争全面爆发后，先后任中共襄西地委委员、中共荆南县委书记、中共荆当中心县委书记、中共襄西中心县委副书记兼新四军第5师兼鄂豫皖湘赣军区第3军分区襄西支队政治委员。他积极发展党员，重建党的组织，建立群众抗日团体和抗日游击队，并率领所部多次与日、伪军作战，扩大游击队活动范围。1942年秋，日、伪军4000多人对荆南地区实行大规模“扫荡”，率领地方武装和民兵进行破路斗争、夜袭日军据点，粉碎了日、伪军的“扫荡”。1945年7月24日，在湖北省荆南县团林召开县委扩大会议，研究部署武装保卫秋收工作。由于叛徒告密，深夜遭日军偷袭，在与敌激战中牺牲。

李锦堂（1913—1945）新四军第5师兼鄂豫皖湘赣军区第2军分区应随独立团团长

字传坤。男，1913年出生，河南信阳人，1937年加入中国共产党。1937年春参加鄂豫边红军游击队。1940年以后，先后任新四军豫鄂挺进纵队第3团3营副营长、信应罗礼指挥部副指挥长、信南中心县委指挥长。1943年，任新四军第5师独立第25团团长。1944年初，任应北总队总队长。同年秋，从云梦调来1个连和应北总队3个连合编为应随独立团，李锦堂任新四军第5师兼鄂豫皖湘赣军区第2军分区应随独立团团长。1945年4月，率1个加强连，参加第5师主力收复白兆山的战斗。5月，日、伪军在应山至马坪公路沿线抓来大批民夫，驱赶到马坪以北的新河口抢筑公路，直接威胁应北抗日根据地。为了粉碎日军阴谋，李锦堂率独立团于25日对日、伪军进行突袭。战斗中，李锦堂在团山包前沿观察敌情，被子弹击中。他身负重伤仍指挥战士与日军激战直至牺牲。

邹凤山（1913—1945）新四军第5师兼鄂豫皖湘赣军区天京潜总队总队长

字顺美。男，1913年出生，湖北天门人，1929年加入中国共产党。1929年，参加中国工农红军，历任战士、班长、营长，转战湘鄂西。参加了两万五千里长征。抗日战争全面爆发后，赴延安抗日军政大学学习，结业后分配到八路军第120师358旅715团任营长。1939年任大青山骑兵支队第1团团长。而后在大青山下、河套平原同日军进行了五年艰苦卓绝的斗争，屡创日军，战功卓著。1945年初，随王震率领的八路军南下支队到达鄂豫边区，任新四军第5师兼鄂豫皖湘赣军区天京潜总队总队长。为打通通往大洪山抗日根据地的要道，他多次派游击小分队在天门的渔薪镇、张截港、多宝镇一带歼灭小股伪军。6月，国民党地方顽军伙同土匪偷袭汪家新场，并派500兵力驻守，企图切断新四军的运输线。6月14日拂晓，邹凤山指挥部队向顽军发起进攻。正当邹凤山率战士猛冲时，突然出现日军1个班，以重机枪拦阻射击。邹凤山亲率1个班反击日军，被躲在暗处的敌人击中头部牺牲。

沈标（1919—1945）广东人民抗日游击队东江纵队第1支队猛豹大队大队长

原名剑光。男，1919年出生，广东郁南人，1941年加入中国共产党。早年在香港做工，抗日战争全面爆发后，积极投身抗日斗争。1940年，参加了广东东江人民抗日游击队，曾任抗日游击队小队长、中队长等职。1944年，任广东人民抗日游击队东江纵队第1支队猛豹大队大队长。1945年8月，在东莞新基伏击日、伪军的战斗中受重伤，后医治无效牺牲。

张智法（1907—1945）八路军冀南军区第3军分区26团团长

原名勇义。男，1907年出生，陕西韩城人，1927年加入中国共产党。当过雇工、船夫。1927年11月任韩城第一个党支部范家庄党支部书记，领导过抗粮、抗款、分粮等斗争。以后任中共县南区委委员、韩城赤卫队分队长、陕西东府游击第2支队中队指导员等职。1937年抗日战争全面爆发后，随八路军第129师386旅奔赴抗日前线。历任排长、连长、营长、民运科科长、漳河县武装科科长。1942年11月任漳河游击大队副大队长。1943年，冀南军区政治委员宋任穷向全区提出每县捉一个日本兵的号召，张智法一次就抓回一名日本宪兵和两名武装特务。1944年9月任路南支队副司令员、司令员。1945年任八路军冀南军区第3军分区26团团长。5月率领部队在战斗中缴获伪军机枪25挺、俘虏敌人500余人。后被2000多名日、伪军包围。在激战中，左臂受伤，仍继续率领3个连向敌军猛烈冲击，歼敌200多人，缴获机枪6挺。8月，率领全团转战漳河两岸。25日，在成安县北鱼口村与日军战斗中，率领该团一个营同百余名日军激战，身负三处重伤，仍坚持指挥作战。不久，因伤势过重医治无效，在馆陶县孩寨村牺牲。

陈焕（1911—1945）新四军第5师兼鄂豫皖湘赣军区京安指挥部指挥长

男，1911年出生，河南光山人，1929年加入中国共产党。1928年参加红军。1935年6月，随红军第25军长征到达陕北。抗日战争全面爆发后，入延安抗日军政大学学习。1939年调到鄂豫边的新四军游击第6大队工作。1940年春，调任新组建的京安独立营营长。1942年4月，京安独立营和应城独立营合编为新四军第5师第2军分区独立第5团，任该团政委。同年夏，驻应城日军对驻安陆桑树店一带的京安县党政机关进行“扫荡”，陈焕率部参加反“扫荡”作战。之后又在京山罗店伏击日军车队。1944年2月独立第5团在兄弟部队援助下，拔掉了安陆同兴店、双路口、席棚等日伪据点。5月，又与兄弟部队配合，进行了大小鹤山反“扫荡”作战。同年夏，陈焕率部在陈家沟伏击外出抢粮的日、伪军，歼敌20余人。1945年春，陈焕任新四军第5师15旅45团副政委。6月，调任新四军第5师兼鄂豫皖湘赣军区京安指挥部指挥长。6月29日，率部打击活动于罗庙、田店一带的伪顽两面派武装。拂晓，正在安陆西南翟家庙附近进行战斗时，一股日军突然从后面冲杀过来。陈焕在战斗中牺牲。

武克鲁（1921—1945）祁县抗日民主政府县长

原名师曾。男，1921年出生，山西祁县人，1938年加入中国共产党。1937年考入太原进山高中。1938年夏参加“牺盟会”训练班（后改为抗日民族革命学校）。11月结业后，到县抗日工作队，做宣传抗日、发动群众工作。12月，祁县抗日游击队整编为交通队，被任命为指导员。专门负责护送党政军领导同志通过敌人封锁线。在日军岗哨林立、戒备森严的同蒲铁路上，先后完成护送朱德、刘少奇等首长的任务。1940年8月，任第129师385旅连长。1941年任祁县独立营副营长，开辟了白晋路西游击区。1942年2月，带领9名战士化装成日本便衣队，巧取了鲁村据点。1943年1月，率领一个排，深夜埋伏在古县村伪军出早操的打谷场周围。待敌人出操时，指挥战士一拥而上，将架在打谷场上的枪支全部缴械，俘虏全部伪军。1944年冬任祁县抗日民主政府县长兼独立营营长，指挥部队参加了攻打祁县城战斗。1945年6月5日，他一行8人住在山西祁县阎家山村，因汉奸告密，被日、伪军包围，突围中牺牲。

罗化民（1905—1945）新四军第5师兼鄂豫皖湘赣军区第5军分区天京潜县游击大队参谋长

男，1905年出生，湖北天门人，1938年加入中国共产党。1929年，自发串联船工多次为中共地下组织运送粮食。抗日战争全面爆发后，在家乡皂市镇发动群众，组织“民族抗日先锋队”，开展抗日救亡运动。1938年春，赴汤池训练班学习。不久，被分到应城盐矿工作，担任矿区工会主任兼第五区区长。多次组织矿工开展反日斗争。同年冬，被日军逮捕。经中共地下党组织多方营救出狱，被派往钟祥、京山地区工作。1940年1月，到设在京山八字门的新四军豫鄂挺进纵队随营学校学习，结业后，先后任京南办事处主任、中共潜北区委书记、新四军第5师兼鄂豫皖湘赣军区第5军分区天京潜县游击大队参谋。率领游击队在皂市镇一带打击日、伪军，惩治汉奸。1943年夏，率领游击队员袭击了日、伪船只，击毙船中全部敌人。1945年8月日本投降，罗化民受上级派遣，带着通讯员奔赴皂市对日、伪军宣传政策，促其投降。日、伪军顽固分子对其恨之入骨，以重金收买叛徒充当诱饵，将其绑架。在狱中，罗化民被打断双腿，踢瞎双眼，受尽酷刑，宁死不屈。8月27日，被敌人残杀于湖北天门皂市镇五华山白龙寺旁。

周斌（1913—1945）印度尼西亚抗日反法西斯同盟主席

又名方淦、君雅、怀昂。1913年出生，浙江乐清人。1918年毕业于温州三育中学。国民革命时期，曾参与组织乐清学生救国会和农民协会。1929年，以半工半读形式进入南京三育大学文科学习，后兼任校长室秘书和电机部主任。1937年抗日战争爆发后，赴印度尼西亚苏门答腊岛，在棉兰的华侨火水山中小学任校长、教务主任和大地书店经理。1938年10月，经新加坡、香港，返回内地，由廖承志等人介绍、入延安抗日军政大学学习。1939年1月，加入中国共产党。同年7月，学习期满，受党组织派遣再度南下，从事组织"国际抗日统一战线"工作。他在旅印尼的华侨中建立了共产党秘密组织。随后，成立了"抗日反法西斯同盟"，任主席。在中共党组织领导下，发动爱国华侨，扩大"抗盟"组织，亲自编写和散发抗日书刊，宣传抗日救亡。同时，通过香港的联络点，和国内中共党组织保持联系。长期坚持反对日本帝国主义侵华战争的斗争，发展了侨胞中的抗日民族统一战线。1944年4月，因住处泄密，遭日军统治当局逮捕。敌人施行种种酷刑，他受尽摧残，坚贞不屈。1945年3月7日，在印度尼西亚苏门答腊岛棉兰市第一刑务所被日军杀害。临刑前，他从容走到刑场，和刽子手怒目相对。刽子手连发四枪均打不中要害，他笑着大骂："没有用的畜生！不能打准一点吗？"刽子手吓得不敢继续开枪。周斌被敌人活埋。

郑维发（1905—1945）新四军第2师兼淮南军区路东军分区六合县总队副总队长

男，1905年出生。湖北黄安（今红安）人，1929年加入中国共产党。曾在红军第4军第11师任排长、连长、游击队长。在鄂豫皖边坚持了艰苦卓绝的三年游击战争。抗日战争全面爆发后，1938年2月，所在部队编入新四军第4支队，先后任连长、营参谋长、东乡区医院政治委员、六合县抗日民主政府军事科副科长、马集区副区长兼区大队大队长等职。1944年9月，任新四军第2师兼淮南军区路东军分区六合县总队副总队长，并兼方山大队大队长。1942年5月下旬，率马集区大队痛击日、伪军。1945年1月11日，率方山大队俘虏伪军130余人，扫除了淮南至苏南抗日根据地地下交通线上的障碍。1945年2月初，亲率1个连在六合县小项庄伏击日、伪军，战斗中身负重伤，仍掩护战友突围，因流血过多昏倒，被日军杀害。

高永祥（1912—1945）八路军晋绥军区第2军分区副司令员

男，1912年出生，甘肃灵台人，1932年加入中国共产党。出生于贫苦家庭，10岁时当缝纫工人，15岁被国民党军抓去当兵，编入第26军。1931年12月，随该军参加宁都起义，编入中国工农红军。历任连长、营长、团长等职。长征到陕北后，入延安抗日军政大学学习。西安事变后，奉命到太原，帮助阎锡山训练新军，任游击训练班教员。1937年11月，率部分学员至清徐县打游击，所部被编为山西战总会第1纵队第2支队，任支队长。1938年所部改编为山西保安2区第1支队，不久又改编为暂编1师第36团2营，任营长，率部转战神池、五寨、岢岚一带。1939年阎锡山发动“十二月事变”，率部配合决死4纵队反击顽军，所部正式编入八路军序列。1940年2月，在对日军作战中，带头冲入敌阵展开肉搏战，歼灭日军高桥大队150多人。6月，任第36团团长。1941年春，在率部反击日军大“扫荡”中，毙敌100余名。1944年5月，指挥所部在地方武装和民兵配合下，拔除五寨县县城以外的10多个日、伪据点。1945年4月，率部收复沦陷7年的五寨县城。而后升任八路军晋绥军区第2军分区副司令员。1945年7月23日，指挥部队在神池与五寨之间的横山一带伏击进犯的日军时，头部中弹牺牲。

郭光裕（1923—1945）中共泗阳县委书记

男，1923年出生，江苏邳县人，1938年加入中国共产党。从小受时任苏鲁豫皖边区中共组织早期领导人的父亲影响，13岁就参加党的地下工作。1937年赴延安抗日军政大学学习。1939年5月到山东工作，任青年训练班政治指导员。1939年9月，任苏皖边区党委青年部青年科科长。1940年2月后，先后任中共泗县、泗南县委宣传部部长。1941年1月，任中共泗阳县委书记兼泗阳县独立团政治委员。他积极开展党建工作，整训部队，在各区乡建立地方武装。1941年秋，郭光裕染上肺结核病。为了取得程道口战役的胜利，他带病坚持工作，组织民工支援主力部队作战，向前沿阵地运送粮草、弹药，转运伤病员。程道口战役后，郭光裕的病情日益严重，1945年1月16日病逝。

黄闻（1916—1945）广东人民抗日游击队东江纵队第7支队政治处负责人兼中共惠东县委副书记

原名文华。男，1916年出生，广东惠阳人，1938年加入中国共产党。抗日战争全面爆发后，组织了“海岸话剧团”，在大亚湾、大鹏湾向广大群众演出宣传抗日救亡的剧目。1938年，在家乡建立了10多人的抗日自卫队，主动出击敌人。广州、惠州等地沦陷后，在惠州地区把许多进步青年组织起来，成立了锄奸队，负责对各村的警戒及盘查任务。同时，还动员了一批青年参加了惠宝人民抗日游击纵队。1939年3月，任中共惠阳县平白区委书记。1941年，调任中共陆丰县委书记。1942年夏，广东各地党组织遭到破坏后，黄闻在淡水、稔山等地以教书为掩护，从事党的地下工作。1944年以后历任东江纵队惠阳大队政训室主任、东江纵队第7支队政治处负责人兼中共惠东县委副书记、惠东县行政督导处民运部长等职。1945年6月，黄闻在淡水县新屋仔村召开区委书记会议，突遭日军袭击，突围时中弹牺牲。

萧刚（1919—1945）新四军第5师兼鄂豫皖湘赣军区第4军分区40团团长

男，1919年出生，安徽金寨人，1935年加入中国共产党。1932年参加红军第四方面军，曾任排长、连长。参加了两万五千里长征。抗日战争全面爆发后，1939年3月从延安到湖北工作，后任新四军豫鄂挺进纵队1团警卫连连长。1942年，任新四军第5师13旅37团2营营长。同年12月，在大、小悟山反“扫荡”的战斗中，奉命掩护师直机关和38团、39团突围，在内线与日、伪作战。亲率2营与日、伪军周旋数日。随后，跳出包围，奇袭敌夏店据点，并配合兄弟部队粉碎日、伪军的“扫荡”。1943年，调任第4军分区挺进17团团长。11月，率部与41团挺进樊湖，发展鄂南。1944年调任40团团长。5月23日，率部与42团粉碎了日、伪军对龙王山地区的“扫荡”，毙伤日、伪军近百人。10月，鄂豫皖湘赣军区成立，任新四军第5师兼鄂豫皖湘赣军区第4军分区40团团长。1945年2月18日，率部南渡长江，参加创立湘鄂赣边抗日根据地的斗争，先后率部攻克背港陈、金塘、大源、杨林等日、伪据点。1945年4月9日，率3个连在兄弟部队配合下，一举攻克嘉鱼县高铁岭伪军据点。战斗中中弹牺牲。

萧俊岭（1897—1945）国民革命军陆军暂编第1师参谋长

字秀峰。男，1897年出生，河南淮阳人。中学毕业后，即投身革命，参加北伐战争，屡立战功。抗日战争全面爆发后，任国民革命军第4军团长，率部转战各地，在交通补给困难的艰苦条件下，勉励部属为国而战，取得多次胜利，因军功调升暂编第1师参谋长。1945年 3 月，随部队调往河南叶县。不久，日军兵分两路向叶县发动钳形进攻。萧俊岭随同师长亲临前线指挥战斗，鼓舞士气，所部官兵顽强奋战，击退敌人，在乘胜追击途中，中弹牺牲。

曹向经（1900—1945）国民政府军事委员会资兴游击区副总指挥

字月锄。男，1900年出生，湖南资兴人。早年参加革命，随军北伐。历任国民革命军连长、营长、团长等职。后入中央陆军军官学校高等教育班第1期学习。1937年9月，浙赣铁路通车，曹向经调任浙赣铁路局警务处处长。1938年10月，广州、武汉相继沦陷后，浙赣铁路也随之遭到破坏。曹向经回乡，一面开辟农场，一面秘密组织地方武装，准备抗日。1945年2月3日，家乡资兴沦陷。曹向经积极组织资兴抗日游击总队，先后担任大队长、副总队长、游击区副总指挥等职，从事抗日武装斗争。1945年春，曹向经等四人结伴取道龙虎山，经凤凰山往资兴城，行至良田唐家附近，被日军第68师团第61大队第2中队高桥敬逸等人所俘。日军初诱其担任伪职，遭到严词拒绝。敌人施以酷刑一周后，将其杀害。

赖勤（1906—1945）八路军冀南军区供给部政治委员

又名静波。男，1906年出生，江西泰和人，1927年加入中国共产党。1925年考入上海南洋医科大学。北伐战争开始后，离校返乡投身农民运动。1927年入南昌方志敏办的农民运动训练班学习。1929年10月参加中国工农红军。曾任团政治处宣传股股长、连政治指导员、中革军委供给部秘书、管理科科长、供给处处长等职。参加了长征。到达陕北后，任野战司令部第3科科长及供给部军需处处长。1937年任援西军供给部长。抗日战争全面爆发后，任八路军第129师供给处主任、军需处政治委员、供给部政治委员。后任晋冀鲁豫边区冀南行署财经处处长、冀南军区后勤部部长、供给部政委、冀南银行路东行经理。1943年7月兼任冀南银行总行行长。1944年10月又兼任太行区工商总局监察委员。在长期艰苦的工作中，积劳成疾，于1945年6月9日病逝。

裴香斋（1907—1945）八路军冀鲁豫军区第3军分区路南支队司令员

男，1907年出生，河北魏县人，1942年加入中国共产党。简师毕业后任小学教员。1937年“七七”事变后，面对国破家亡的时局，联合附近各村组织自卫团，被选为团长。1938年秋，任大名县第3区抗日大队参谋兼特务队长，后任副大队长。1940年春，任八路军冀南军区第2支队第2大队副大队长。5月，调任冀南军区新9旅第26团3营营长，参加了百团大战。1941年任魏县县大队副大队长。1942年7月，奉命组建武工队并任队长，重返广（平）大（名）路南开展工作。9月，冀南军区组建第3军分区路南支队，被任命为副司令员，后任司令员。他率部活跃在漳河两岸，巧妙与敌军周旋，不断给日、伪军以重创。每次作战身先士卒、勇猛顽强。1945年4月，在河北魏县蔡小庄区与日、伪军作战中牺牲。

嘎丽娜·瓦西里耶夫娜·杜别耶娃（1928—1945）苏联远东红军第88步兵独立旅特别军使

俄语爱称嘎丽娅，女，黑龙江绥芬河人，1928年出生。自幼聪明伶俐、勤奋好学，通晓汉、俄、日三种语言。1936年1月，嘎丽娅就读于绥芬河俄侨学校。1941年12月毕业留校代课。1944年，她曾以一首《白色的刺槐花》获得哈尔滨音乐会女中音一等奖。由于才貌出众，品学兼优，她在绥芬河家喻户晓。1945年8月9日，苏联红军向中国东北的日本关东军发起攻击，但盘踞在绥芬河天长山要塞的日军挟持部分中日妇女和儿童仍在负隅顽抗。为使妇女儿童免遭战争伤害，苏军决定上山劝降。因嘎丽娅懂三国语音，被苏联远东红军第88步兵独立旅所属的由菲多尔琴科领导的一支小分队招募为特别军使翻译。8月11日，在88旅菲多尔琴科上尉带领下，嘎丽娅一行到天长山要塞执行劝降任务。到要塞前，日军只许嘎丽娅一人前往日军阵地进行劝降，直到黄昏前，菲多尔琴科上尉听见日军要塞内传来枪响，嘎丽娅作为特别军使被日军杀害。年仅17岁。

薛惠民（1917—1945）新四军苏中军区第6军分区副司令员

男，1917年出生，江苏常熟人，1934年加入中国共产党。1938年8月，参与创建常熟人民抗日自卫队（简称“民抗”），开展敌后武装抗日斗争。1939年5月，“民抗”主力随新四军江南抗日义勇军行动，任“民抗”总部参谋长。1941年“皖南事变”后，任江南保安司令部警卫2团副团长。6月初，兼任常熟县抗日民主政府县长。7月，率部参加反击日、伪对苏常太抗日游击根据地发动的大规模“清乡”斗争。8月初，奉令率部突围到达苏北，被任命为新四军6师18旅作战科长。1942年冬，薛惠民调离部队，领导苏常太地区的秘密工作和恢复工作。1943年初，薛惠民到达上海，设立秘密联络站。在加强秘密工作的同时，陆续向苏常太地区派进武装小分队，开展敌后游击斗争，并逐步恢复党组织，建立和扩大苏常太游击区。1944年12月，中共苏常太工委成立，任工委书记。1945年4月，任新四军苏中军区第6军分区副司令员（未到职）。在长期艰苦的斗争环境下罹患严重的肺结核病。由于工作繁重，劳累过度，1945年4月20日病情恶化，在江苏常熟包家湾病逝。

抗联十二烈士（1938）东北抗日联军第5军3师8团1连

1938年春，东北抗日游击战争进入最艰苦的阶段。东北抗日联军第5军3师8团1连连长李海峰、政治指导员班路遗带领战士，驻守在位于黑龙江密山、宝清、勃利县交界处的蓝棒山麓。3月18日晨，李海峰连长带领15名战士接应护送携带重要文件的总部交通副官张凤春前往李炮营与大部队会合，途中遭遇400余名日、伪军，为不暴露正在集结的大部队行踪，即在石灰窑南沟小孤山阻击敌军。经一天激战，打退敌人4次进攻，凭借有利地形，毙伤敌百余人。指导员班路遗、排长朱雨彦、战士王发、李才、王志仁、陈凤山、魏希林、李芳邻、张全富、夏魁武、杨德才英勇牺牲。李连长双腿被炸断，他命令张凤春率3名负伤战士突围。夜晚，日、伪军趁夜幕再次发动进攻，李连长打光子弹，拉响最后一枚手榴弹与敌人同归于尽。为纪念英勇牺牲的抗联12烈士，东北抗日联军第2路军总部,将小孤山改名为“十二烈士山”。

华灵庙二十四勇士（1940）国民革命军陆军暂编第37师3团8连

华灵庙，坐落在山西省乡宁县至汾城间的半山腰，自古为兵家必争之地。1940年6月7日，日军200多人向国民革命军陆军暂编第37师3团3连驻守的华灵庙阵地发起疯狂进攻，遭到3连战士英勇还击，数次进攻均被打退，日军死伤过半。8日，日军纠集汾城新窑洞之敌200余人驰援，以及其猛烈的炮火向华灵庙3连阵地发起猖狂攻击，3连官兵伤亡殆尽，阵地岌岌可危。此时8连100多名官兵在连长彭永祥的率领下，火速增援。当全连官兵赶到华灵庙时，未等喘息立即投入战斗，给日军以重大杀伤。临近中午，战斗呈胶着状态。彭连长命令道：“活炸弹与敌俱尽”，即率23名官兵冲入敌群拉响手榴弹，与敌同归于尽。日军死伤大半，所剩无几。彭连长及23名官兵壮烈牺牲。他们是：连长上尉彭永祥，中尉排长郭文光，少尉排长李树屏，中士班长牛苗荣、葛志义、王振全、景新吉，下士班长李贵生、吴庆周、陈元海，上等兵王福祀、杜锡山、邵君山、周家宽、罗华周。一等列兵李发成、张鎾、张三娃、康三保，二等列兵胡孝成、徐顺德、周秀恒，传令兵赵卯娃、梁德昌。

苏村阻击战126烈士（1941）八路军第115师教导3旅特务3营

1941年1月8日，八路军115师教导第3旅，在山东郓城县潘溪渡取得击毙日军95人、伤32人的胜利。1月中旬，日军第32师团、第21师团和伪军一部共1万余人，坦克20余辆、汽车300余辆，在10余架飞机支援下，对鲁西抗日根据地进行“扫荡”。日伪军对在观城、范县以南的鲁西区党委、鲁西行署、教导第3旅旅部、第7团和从冀南南下的第129师新4旅，形成了包围态势。教导第3旅旅长杨勇、政治委员苏振华决心以特务3营营部率第9连和第10连，在山东莘县的苏村，阻击牵制敌人，掩护鲁西党政军机关等突围转移。1月17日清晨，3营开始构筑防御工事。此时，敌人从东北方向运动过来。营长钟铭新马上组织战士们进入工事猛烈阻击。战斗一直持续到上午10时左右，敌人未能突破我军阵地。这时，3营的弹药快打光了，能参加战斗总共不到130人。而日军已由原来的三四百人增加到1000多人和10几门山炮，空中还有6架飞机助战。为牵制日军，为首脑机关的安全转移抢夺时间，3营指战员死守苏村，同时做了最坏打算，把全部文件销毁，把重伤员隐藏起来。在战斗中，八路军战士个个把生死置之度外，打退了日军对苏村阵地的4次进攻，日军指挥官看到八路军的奋勇表现，误认为鲁西党政军机关就在苏村，马上调集所有战略预备队，把苏村团团包围，从东、南、北三个方向发起总攻击。3营的战士们与强敌展开了殊死搏斗，敌人曾一度攻入村内，但是都被3营指战员打了出来。敌人以坦克为掩护从东面向九连的阵地发起攻击，9连2排排长刘勇拉响手榴弹与坦克同归于尽。敌人的进攻越来越凶，战斗进入残酷的巷战，八路军战士们分散在村内与敌人展开激战。日军死伤惨重，3营也伤亡巨大，到下午4时，还能战斗的只剩下20多人，他们仍然顽强抵抗。敌人施放了毒气弹，战士们都被毒气呛晕过去。日军攻破苏村后，没有找到鲁西党政军机关的踪影，恼羞成怒的敌人，对受伤被俘的战士严刑拷问，3营的战士没有一个人屈服。日军最后把被俘的战士们押到苏村东南方的麦地里残忍杀害。在苏村阻击战中，仅有8名战士幸存，其余包括营长钟铭新在内的126名指战员全部壮烈牺牲。3营以130余人的兵力，阻击了1000多日伪军的进攻，击毙日军400多人，保障了鲁西党政军机关的安全转移。

渊子崖抗日楷模村村民（1941）山东省莒南县渊子崖村

渊子崖村位于山东省莒南县县城西15公里处，抗战期间属沭水县。1941年12

月19日，盘踞在小梁家的伪军150多人到渊子崖征集粮草，被村自卫队用土炮打跑。次日清晨，日、伪军1000多人包围了抗日堡垒村莒南县渊子崖，扬言要将全村斩尽杀绝。敌人在大炮的掩护下，向村庄发起了一次又一次的疯狂进攻。面对敌人的嚣张气焰，全村男女老少同仇敌忾，他们凭借围墙用土炮、土枪向敌人猛烈反击，打退了敌人的6次进攻。当敌人将围墙炸开缺口，疯狂地冲进村里时，村民们用铡刀、菜刀、铁锹、镢头、棍棒同日军展开肉搏。街头巷尾，杀声震天，血流成河。有夫妻双双在院里同日军拼杀，有母女协力在巷口阻击敌人，有父子、爷孙共同与日军扭打在一起，血战持续到黄昏。傍晚，板泉区区长冯干三、区委书记刘新一、区委宣传委员赵同和八路军的一个连闻讯赶来增援。日军见有八路军增援，便撤出了村子，在村东北的小岭上，同八路军展开激战。战斗中，县委宣传部长徐坦身负9处枪伤，后经抢救得以脱险。冯干三、刘新一、赵同和40多名八路军县区中队战士，因寡不敌众全部壮烈牺牲。区长冯干三的腹部、胸部、头部都被刺刀戳穿，全身血肉模糊。天黑时，八路军山东纵队二旅五团大部队赶到。日军边放冷枪冷炮，边朝东南方向撤去。此次保卫战中渊子崖自卫队员共歼灭日、伪军80多人，147名自卫队员和村民在战斗中牺牲。渊子崖保卫战的事迹很快在滨海专区传扬开来，大大振奋了人们的抗日精神。为表彰渊子崖村民的英雄事迹和纪念在战斗中英勇牺牲的烈士，1942年春，滨海专署授予渊子崖村“抗日楷模村”的光荣称号。

抗日外交九烈士（1942）国民政府驻菲律宾马尼拉和北婆罗洲山打根外交使节

1941年12月7日，日军偷袭珍珠港，太平洋战争爆发。日军向菲律宾进攻，菲律宾首都马尼拉陷入日军的包围之中。1942年1月1日，日军攻占马尼拉。2日，日本驻菲律宾领事馆约国民政府驻马尼拉总领事杨光泩面谈，要求立即集中菲律宾华侨各界领袖等候发落，遭到杨光泩严词拒绝。4日，日军将国民政府驻马尼拉领事馆杨光泩、朱少屏、莫介恩、姚竹修、萧东明、杨庆寿、卢秉枢、王恭玮8位外交官软禁，要求他们在菲律宾华侨中为日军筹款，外交官们义正词严地拒绝了日军的无理要求。之后他们被日军囚禁在圣地亚哥炮台地牢，遭受酷刑，始终没有屈服，1942年4月17日8名外交官被日军杀害。中国驻北婆罗洲山打根领事馆领事卓还来1942年1月被日军抓捕，拒不投降，1945年7月被日军在根地咬机场附近杀害。抗战期间国民政府驻菲律宾马尼拉和北婆罗洲山打根9位外交使节被日军杀害，史称“抗日外交九烈士”。

英雄“岱崮连”（1943）八路军鲁中军区第2军分区11团8连

1943年11月9日，1万余日伪军“扫荡”鲁中抗日根据地，企图消灭八路军鲁中军区部队，进而寻歼山东军区主力及山东分局机关。鲁中军区决定留下第2军分区第8连，坚守沂蒙山区中部的南北岱崮，以牵制敌人主力，使我军主力部队到外线寻机歼敌。南、北岱崮位于蒙阴城北部，两崮陡直峭立，之间隔着一道小山梁。8连指战员占据岱崮后，立即构筑工事。11月13日，日军在飞机、大炮掩护下，向岱崮发起攻击。8连的93名指战员，在副营长张栋的率领下，凭险抗击敌人。每当敌人接进崮顶时，我方指挥员便发起猛烈攻击，敌人始终被阻在悬崖之下。敌人抽调兵力近4000人，日军石井师团长亲临指挥，飞机轮番轰炸，将崮顶的工事全部炸毁。从23日开始，敌人集中火力攻击南岱崮南门。战士刘贵祥、李应斗被击中牺牲。烈士的牺牲，激起指战员的愤怒，他们用刺刀挑，用石头砸，一次次把爬上来的敌人打了下去。由于与外界联系完全中断，弹药不够了，就用石头代替；粮食短缺，就用野菜充饥。经过十几个昼夜的激战，8连指战员胜利完成了牵制敌人的任务，有力地配合了外线部队作战。并以牺牲2人、负伤7人的代价，取得毙伤300多敌人的重大胜利。27日夜，接到撤退命令的战士们，摸出敌人四五里纵深的包围，在预定地点与大部队胜利会合。战后，八路军山东军区通令嘉奖了英勇顽强的第8连，并授予他们“岱崮连”荣誉称号。

血战大鱼山岛四十二烈士（1944）新四军浙东纵队海防大队1中队

1944年，新四军浙东游击纵队为到舟山群岛开辟海上隐蔽的抗日游击根据地。8月19日晚，新四军浙东纵队海防大队1中队派出6个战斗班，乘5艘大帆船出发，于21日清晨，抵达浙江舟山海域的大鱼山岛。25日上午9时，驻舟山日、伪军500余人，在2架飞机的掩护下，乘炮舰1艘、中型登陆艇2艘、装有重机枪的汽艇5艘和大型机帆船5艘，向大鱼山岛我新四军海防大队阵地发起联合突袭。敌先以飞机扫射和舰炮轰击我阵地，然后登陆进攻，被我军打退。下午1时许，久攻不下的日军被迫改变战术，依仗密集的炮火步步为营，以拉网式攻击向我阵地进逼。这时大多数战士子弹已用尽，一面用手榴弹和石块阻击敌人，一面砸毁枪支。面对四面冲上来的敌人，战士们跳出战壕与日军展开白刃搏斗。有的抱着日军一块摔下悬崖，有的拉响手榴弹与敌人同归于尽，指战员们与敌激战约7小时，终因弹尽粮绝、寡不敌众，副大队长陈铁康、指导员严洪珠等42名指战员壮烈牺牲，其余指战员跳海或跳崖突围。此战，毙伤日军50多人、伪军30多人。新四军将士在绝境中奋起迎战，面对装备精良的日、伪军海陆空联合作战时，毫不畏惧、宁死不降，打出了“铁军”威风。此战，被誉为“海岛狼牙山战斗”。

后 记

在中国人民抗日战争暨世界反法西斯战争胜利70周年之际，我局编辑出版了《国家级抗战纪念设施、遗址》和《著名抗日英烈和英雄群体》丛书。该书通过丰富翔实的文字、图片介绍，使读者更加全面地了解中国人民艰苦卓绝的抗战历程，学习缅怀顽强奋战、为国捐躯的抗日英烈，教育引导人们“铭记历史、缅怀先烈、珍爱和平、开创未来”。

从2014年2月开始，由民政部牵头，会同军地14个部门开展抗战设施、遗址和抗日英烈资料的收集遴选、核实论证等工作。期间，我们通过网上征集、各地推荐上报等方式，广泛征集抗战纪念设施、遗址和抗日英烈资料；联系协调国家档案馆、中国第二历史档案馆、解放军档案馆、地方党史史志、烈士陵园等部门和单位，查阅大量档案资料和史料书籍；安排专人赴全国27个省、自治区、直辖市实地查看抗战纪念设施、遗址的实际情况，了解掌握一手资料；邀请社会科学院近代史研究所、八路军山东抗日根据地研究会、北京新四军研究会等研究机构的专家参与英烈事迹整理；先后多次组织中央党史研究室、社会科学院、军事科学院、国家博物馆、军事博物馆、解放军后勤学院等单位的专家进行集中研究讨论，并征求相关部门和各地意见。经过多方共同努力，最终完成国家级抗战纪念设施、遗址和著名抗日英烈的遴选整理和编撰核实工作。在丛书编辑出版过程中，也得到了中华英烈褒扬事业促进会、中国宋庆龄基金会的有力支持。在此，对所有给予我们帮助支持的部门、单位和个人表示衷心的感谢。

在编写过程中，我们主要以官方档案和史料为依据，但由于时间久远及战争原因，许多抗日英烈的原始资料和事迹没有得到完整保存和记载，再加上编撰时间紧张，书中内容可能存在疏漏，希望有关专家、学者和广大读者批评指正。

编 者

2015年9月